Office Work : Cases , Methods and Techniques

【 面向二十一世纪的高等学校文科教材系列 】

办公室工作：案例、方法与技巧

（第二版）

李正春　编著

暨南大学出版社
JINAN UNIVERSITY PRESS

中国·广州

图书在版编目（CIP）数据

办公室工作：案例、方法与技巧／李正春编著．—2版．—广州：暨南大学出版社，2016.12
ISBN 978 – 7 – 5668 – 2034 – 1

Ⅰ.①办…　Ⅱ.①李…　Ⅲ.①办公室工作　Ⅳ.①C931.4

中国版本图书馆 CIP 数据核字（2016）第 313575 号

办公室工作：案例、方法与技巧
BANGONGSHI GONGZUO：ANLI FANGFA YU JIQIAO
编著者：李正春
···

出 版 人：徐义雄
策划编辑：杜小陆
责任编辑：胡艳晴　陆祖康
责任校对：刘雨婷
责任印制：汤慧君　周一丹

出版发行：暨南大学出版社（510630）
电　　话：总编室（8620）85221601
　　　　　营销部（8620）85225284　85228291　85228292（邮购）
传　　真：（8620）85221583（办公室）　85223774（营销部）
网　　址：http：//www.jnupress.com　http：//press.jnu.edu.cn
排　　版：广州良弓广告有限公司
印　　刷：广东广州日报传媒股份有限公司印务分公司
开　　本：787mm×960mm　1/16
印　　张：21.5
字　　数：410 千
版　　次：2010 年 12 月第 1 版　2016 年 12 月第 2 版
印　　次：2016 年 12 月第 4 次
定　　价：49.80 元

（暨大版图书如有印装质量问题，请与出版社总编室联系调换）

第 2 版前言

《办公室工作：案例、方法与技巧》第 1 版已经走过 6 个年头了。据出版社反馈，本书在网络渠道的销售情况非常好，这让我备受感动和鼓舞。部分读者在给予本书好评的同时，提出了一些宝贵的意见和建议，这也让我感到由衷的欣慰。随着秘书学本科专业建设的深入推进，本书的一些案例内容也有待进一步调整。至此，是对本书进行系统修订的时候了。

第一，与第 1 版相比，本书对案例、方法与技巧的评述成分增加了，这样有利于读者对案例的理解更加深入。如"秘书语言表述'十忌'"中，增加了"一字不当，险失合作良机"，"一言不当，令其他部门不悦"等内容，突出了秘书讲话的重要性。在"调查研究"一章中的"桃花村现象"也加强了点评，突出了调研的重要性。"信访工作"一章中，撤销了一些较为陈旧的案例，换成"供销社门市点该包给谁""齐鲁制药有限公司董家基地信访事件"、"247省道'11·29'交通事故引发群体上访案"等具有时代感的新案例。与此同时，对一些与当下形势不太相符的其他案例也进行了撤换。

第二，增补一些新的内容。具体而言，"秘书的素养"部分增加了"保持亲和""抢占风头""小冯与小谢""责任心是秘书第一素质"；"与领导相处的艺术"部分增加了"怎样与领导建立和谐融洽的关系""秘书与领导之间"；"信息工作"部分增加了"苏珊的信息之'道'""上报信息的数据统计要科学""两则信息引发的不同结果""一次紧急信息报送失实事件的启示""新媒体背景下信息服务的策略"；"调查研究"部分增加了"报喜与报忧""前'热'后'冷'""调查研究应把握的'十二要素'""做好调查研究工作需处理好六方面关系""秘书调查研究的'六求'""做好调查研究应把握'四个三'"；"参谋与辅助决策"部分增加了"秘书参谋的六种方式""如何为领导出谋划策""善谏是秘书重要的必备技能"；"督查工作"部分增加了"从一则成功案例看督查工作'五要素'""秘书督查工作'三忌'""督查工作如何破'四难'""创新督查方法，提高督查效率""决策督查要处理好'十个关系'""督查工作要'四个到位'""督查工作亟待矫正的'四重四轻'"；"文

书工作"部分增加了"一起伪造国家机关公文案引发的思考""新旧公文格式差异";"档案管理"部分增加了"几起违法案例的启示""文件归档";"会议组织"部分增加了"英特尔的开会文化""牢记会议服务的'三字经'""会务工作易疏忽处及对策""会务工作'四字诀'";"信访工作"部分增加了"用关怀和爱护对待干部诉求""注重信访调查,把信访苗头制止在萌芽状态""信访督查的作用及方法""新加坡处置群体性事件'三部曲'";"协调工作"部分增加了"当有领导在你面前非议其他领导时怎么办""总工病了""不吃'独食'""秘书的协调艺术""从王熙凤管理宁国府谈起";"秘书的公关意识"部分增加了"当领导遇到困难或公司出现危机时怎么办""一张订单";"事务工作"部分增加了"先来后到""违规用印的后果""电话号码""压缩会议""小李错在哪里""值班工作'五字诀'";"保密工作"部分增加了"同学聚会上的炫耀""真实的谎言""不知该说什么好""'速效救心丸'泄密事件的启示""秘书人员的保密艺术";"秘书的应聘技巧"部分增加了"第十二个应聘者""两次秘书求职经历""招聘者需要的求职信""勿把求职简历当商品广告写""国有企业对秘书人才的要求""董事长秘书招聘条件"。相对第 1 版,第 2 版增加了七十多则案例、方法与技巧,拓宽了覆盖面,使秘书工作的全部内容都在案例中有了体现。

第三,结合秘书工作最新发展,对新工作手段尽可能有所体现。如秘书的信息工作中就注意到新媒体的运用,增加了"新媒体背景下信息服务的策略"。同时,有意识与国际上其他国家秘书工作相对照,如"英特尔的开会文化""新加坡处置群体性事件'三部曲'"等。

第四,对全书文字进行了全面、精细的修改和润色。纠正了一些错误,使语言更加顺畅,案例内容更有针对性,方法与技巧更实用,相信对秘书工作者和初学者的帮助会更大。

本书修订及增补案例工作由李正春完成。

本书案例来源于《秘书》《秘书之友》《办公室业务》等杂志和中国知网,为节约篇幅,文中未一一署名,在此谨表说明并致以诚挚的谢意!

由于作者的水平有限,书中难免有不足之处,敬请广大读者批评指正。

李正春

2016 年 4 月 30 日

第 1 版前言

办公室工作是非常具体的工作，通常说的办文、办会、办事，就有不少是具体的事务工作。而正是在这些具体的事务工作中，秘书的作用得到充分发挥，才干得到展现，经验、能力和水平也得到积累、锻炼和提高。选择一些具有典型性，或者给自己留下深刻印象，并能给人以启示的案例，以及行之有效的办事技巧、经验等写成文章，并加以评述，这就是秘书工作的案例分析。案例是以往实践活动中形成的工作先例，它具有真实性、依据性、可比性等特点。正因为其带有先前认识、实践的痕迹，故通过剖析，会有利于启迪人们的思想，有一定的研究和借鉴价值。对于实践工作者来说，在案例分析和技巧、经验介绍中能获取可供借鉴的东西；对于理论工作者来说，案例又可作为研究秘书学理论的活生生的材料；对于教学工作者来说，案例是提高教学质量的有效手段；对于学生来说，通过案例的分析，能有效地掌握秘书工作的基本规律、技巧和经验，提高分析问题和解决问题的能力。

近年来，不少秘书刊物和教学单位开始重视秘书工作案例的整理和研究工作。应当说这项工作是十分必要的，也是很有意义的。但这种工作目前进展得并不十分顺利。这主要表现在两个方面：一是研究重点不甚突出。实际上，无论是成功还是不成功的案例，也无论是大案例或小案例、新案例或旧案例，都应该经过合理筛选，找出其中最具有代表性、最具有研究价值的案例来进行分析、评论。然而，目前各有关部门在案例选择上捉襟见肘，案例的随意性太大，重点不突出，且往往只是就事论事，找不出能"一言以蔽之"的东西。二是案例的系统性不够。案例评述要紧紧围绕秘书工作改革的总体目标、基本要求、实施步骤、实际进程做好同步性、配套性研究，使案例研究与实际需要保持内在的同一性。然而现状却不尽如人意。为数不多的案例，基本上集中于一些事务性工作，而对于此外的许多环节尚未有真正意义上的案例分析出现。这不能不说是一种遗憾。对初学者来说，这是一个欠缺；对实务工作者来说，这也是一种惭愧。正是出于对这两点的思考，笔者不揣冒昧，在数年教学之余，悉心收集了一些案例，并对其中的绝大多数进行了认真的梳理和评述。虽

然尽力涉及秘书工作的方方面面，并力求所用案例典型且有说服力，但限于能力和条件，书中尚有一些案例未必是最有说服力的，有些可能还存在以偏概全的嫌疑，有些"技巧"和"经验"也不一定具有"放之四海而皆准"的代表性，因此，读者要用批判的眼光来学习和借鉴。

本书共分"秘书的素养""与领导相处的艺术""信息工作""调查研究""参谋与辅助决策""督查工作""文书工作""档案管理""会议组织""信访工作""协调工作""秘书的公关意识""事务工作""保密工作""秘书的应聘技巧"15 个部分，共选取 67 个案例，每个案例后都有相关的评述。既有正面的经验，也有反面的教训，对秘书颇具启迪意义。

本书既适用于在一线工作的秘书们，也适用于大中专院校秘书专业的教师和学生，对有志于从事秘书工作的青年也是一本很好的自学参考书，可与《秘书学与秘书实务教程》配套使用。

作　者
2010 年夏于苏州

目　录

第 2 版前言／1
第 1 版前言／1

1　秘书的素养／1
　　一、做好"我"自己／2
　　二、"善谋"——秘书的必备素质／6
　　三、当好领导的身边人／7
　　四、善于"说话"与"听话"／9
　　五、秘书语言表述"十忌"／11
　　六、学会分辨电话里的声音／13
　　七、不为情绪所困／13
　　八、企业秘书要懂法／15
　　九、秘书应该严格要求自己／16
　　十、保持亲和／17
　　十一、抢占风头／18
　　十二、小冯与小谢／19
　　十三、责任心是秘书第一素质／20

2　与领导相处的艺术／23
　　一、学会投石问路／24
　　二、贵在勤奋／24
　　三、谨防粗心／25
　　四、巧言"进谏"／26
　　五、兑现承诺／28
　　六、领会领导的暗示／29
　　七、秘书应有委曲求全的肚量／31

八、克制性格弱点 / 32

九、防止越位 / 33

十、秘书汇报方式"四忌" / 35

十一、甘当配角 / 36

十二、怎样与领导建立和谐融洽的关系 / 38

十三、秘书与领导之间 / 41

3 **信息工作** / 43

一、信息预测的常用方法 / 44

二、严肃慎重地处理数字信息 / 48

三、为领导提供高层次信息 / 49

四、苏珊的信息之"道" / 53

五、上报信息的数据统计要科学 / 55

六、两则信息引发的不同结果 / 56

七、一次紧急信息报送失实事件的启示 / 56

八、新媒体背景下信息服务的策略 / 57

4 **调查研究** / 61

一、秘书怎样做好调查研究工作 / 62

二、调查研究应遵循实事求是、为公为民的原则 / 65

三、秘书在主持座谈会时插话的艺术 / 67

四、改进调研作风，讲究调研方法 / 68

五、报喜与报忧 / 69

六、前"热"后"冷" / 70

七、调查研究应把握的"十二要素" / 71

八、做好调查研究工作需处理好六方面关系 / 73

九、秘书调查研究的"六求" / 75

十、做好调查研究应把握"四个三" / 77

5 **参谋与辅助决策** / 81

一、认识领导的性格与气质 / 82

二、学会"补台" / 83

三、审时度势，随机应变 / 84

四、雪中送炭 / 86

五、三篇古文的启示 / 87

六、适应"强将",尊重"弱将" / 89

七、巧妙应对领导的"你看着办吧" / 91

八、秘书参谋的六种方式 / 93

九、如何为领导出谋划策 / 96

十、善谏是秘书重要的必备技能 / 97

6　督查工作 / 99

一、督查工作的五点要求 / 100

二、突出会议决定事项的督查重点 / 103

三、办理领导批示件的"十法" / 104

四、从一则成功案例看督查工作"五要素" / 105

五、秘书督查工作"三忌" / 107

六、督查工作如何破"四难" / 108

七、创新督查方法，提高督查效率 / 111

八、决策督查要处理好"十个关系" / 112

九、督查工作要"四个到位" / 114

十、督查工作亟待矫正的"四重四轻" / 116

7　文书工作 / 119

一、正确理解领导对文件的"圈阅" / 120

二、准确理解"同意""拟同意""原则同意"三种签批意见 / 121

三、文件处理中应该防止出现的四种做法 / 122

四、催请领导阅批公文的方法 / 125

五、起草领导讲话"五忌" / 125

六、工作总结常见病十种 / 126

七、办理批办件要细心 / 129

八、文书工作检查的方法 / 130

九、正确选择上报公文的文种 / 132

十、如何整理好领导的讲话 / 133

十一、如何写口头汇报提纲 / 136

十二、一起伪造国家机关公文案引发的思考 / 140

十三、新旧公文格式差异 / 141

8 档案管理 / 147

一、认真做好文书档案工作 / 148

二、确保档案安全 / 149

三、认真执行《档案法》，严肃查处违法行为 / 151

四、加强领导档案管理意识 / 152

五、重视档案管理工作，做到防患于未然 / 153

六、开发利用现有的档案资源，实现档案的价值 / 155

七、几起违法案例的启示 / 155

八、文件归档 / 157

9 会议组织 / 159

一、会议室巧安排 / 160

二、真实地拟写会议通知 / 160

三、充分做好会前准备 / 161

四、组织会议应注意"时间管理" / 162

五、协助领导开好会议 / 164

六、不做"画蛇添足"的事情 / 165

七、从一次不和谐的表彰大会所想到的 / 167

八、秘书工作时时、处处要讲政治 / 168

九、文秘工作者要不断加强学习 / 169

十、英特尔的开会文化 / 171

十一、牢记会议服务的"三字经" / 172

十二、会务工作易疏忽处及对策 / 173

十三、会务工作"四字诀" / 174

10 信访工作 / 177

一、给信访者"号脉" / 178

二、给群众写复信 / 186

三、用关怀和爱护对待干部诉求 / 188

四、注重信访调查，把信访苗头制止在萌芽状态 / 191

五、信访督查的作用及方法 / 192

六、新加坡处置群体性事件"三部曲" / 194

11 协调工作 / 199

一、顾全大局，维护领导威信 / 200

二、秘书的传话技巧 / 200

三、秘书应有正确的角色定位 / 202

四、秘书的缓冲技巧 / 205

五、协调工作切忌过分自信 / 208

六、交谈中巧用逻辑避冲突 / 209

七、要善于为他人提供"台阶" / 211

八、善于透过现象看问题 / 214

九、当有领导在你面前非议其他领导时怎么办 / 216

十、总工病了 / 220

十一、不吃"独食" / 221

十二、秘书的协调艺术 / 222

十三、从王熙凤管理宁国府谈起 / 224

12 秘书的公关意识 / 227

一、用真情实意感动人 / 228

二、谨防仿效而掉入"陷阱" / 229

三、公关活动需精心策划 / 231

四、公关策划的技巧 / 234

五、善于辨析"弦外之音" / 238

六、公关谈判中的"好道具" / 240

七、学会拒绝 / 241

八、公众演说中突然出现"短路"怎么办 / 243

九、谈判桌上的策略 / 244

十、秘书应处理好十大关系 / 248

十一、当领导遇到困难或公司出现危机时怎么办 / 250

十二、一张订单 / 251

13 事务工作 / 253

一、认清授权，提高办事效率 / 254

二、如何处理领导交办的非公务性事宜 / 256

三、冷静处理突发事故 / 258

四、妥善处理"家属参政"问题 / 261

五、接打电话的技巧 / 262

六、秘书合理挡驾"三要诀" / 264

七、克服用印的十种消极心理 / 267

八、秘书要"分身有术" / 269

九、协助领导管理时间 / 271

十、先来后到 / 272

十一、违规用印的后果 / 273

十二、电话号码 / 274

十三、压缩会议 / 275

十四、小李错在哪里 / 275

十五、值班工作"五字诀" / 276

14 **保密工作** / 279

一、严格控制泄密渠道 / 280

二、加强涉密档案的保护 / 280

三、泄密事件的负效应 / 282

四、泄密的心理动因 / 286

五、构筑保密大堤 / 290

六、加强办公自动化的保密 / 291

七、同学聚会上的炫耀 / 294

八、真实的谎言 / 295

九、不知该说什么好 / 296

十、"速效救心丸"泄密事件的启示 / 297

十一、秘书人员的保密艺术 / 298

15 **秘书的应聘技巧** / 301

一、秘书应聘应讲究技巧 / 302

二、扮演好自己的特定角色 / 305

三、第十二个应聘者 / 306

四、两次秘书求职经历 / 307

五、招聘者需要的求职信 / 308

六、勿把求职简历当商品广告写 / 310

七、国有企业对秘书人才的要求 / 312

八、董事长秘书招聘条件／316

附录一：宝钛集团有限公司招聘党办秘书例题选析／318
附录二：秘书应聘面试五十题／320
附录三：女秘书，你能晋升管理决策层吗／322
附录四：如何与难缠的老板打交道／326

参考文献／330

后　记／332

1

秘书的素养

一、做好"我"自己

领导身边的秘书如何保持自我？这是每一位秘书都十分关注的问题。常听秘书说"做秘书难"，新秘书则说"做新秘书更难"。"难"在何处呢？难就难在"做自己"。古往今来，人们往往困惑于如何"做自己"。丧失自己，往往源于长时间的心理压抑。探讨新秘书如何"做自己"的话题，或许可为新秘书提供可资借鉴的方法与技巧。

案例一：探讨自己的本性，研究自己的特长

有一位女性，从小就很敏感害羞，长得很胖，圆圆的脸使她看起来更胖。上小学时，她总是躲在角落里，看其他小朋友快乐地玩耍，自己甚至连体育课也不上。她害羞得近乎病态，只觉得自己异于常人，对人生全然不抱希望。长大之后，她嫁了一个比她大好多岁的男人，但她的本性依旧未改。她看着别人充满自信，做事那么容易，也曾尽力向他们学习，结果情况更糟："他们越是想把我拉出我的内心世界，我越是一头钻进我的象牙塔里。我变得暴躁易怒，避开所有的朋友，甚至怕听到门铃声。我清清楚楚地知道自己是一个失败者，但又害怕我的丈夫发现这个事实。因此，每当在大庭广众之下，我都装得很高兴，成功地掩饰了真相。可往后漫长的岁月怎么过呢？每当想到这里，我便惴惴不安。我不知道活着有什么意义，我绝望地企图自杀。"

一个偶然的话题改变了这位生活在忧郁之中的女性。有一天，她的婆婆向她回忆起养孩子的经验时说："不论发生什么事，我一直坚持要我的儿女做他们自己——做好他们自己。"

听"婆"一席话，胜读十年书。她从"做他们自己"这句极普通的话中，顿悟了一切——所有的忧伤和不快，原来是因为盲目地想改变自己，去做一个完全不是自己的人。从此，她拉开了"做她自己"的序幕，演出了"做她自己"的话剧。她开始尝试探讨自己的本性，研究自己的特长。她发现了适合自己的色彩、形象、服饰，以及其他种种——"这才是我呀！"她参加社交活动，加入了一个小社团。起初安排她演节目时，她当场愣住了。不过，她发现每多一次说话的机会，信心就增加了一层。她知道自己"努力正未有穷时"，但她的快乐的确远远地超过了她以前所能想象的范围。在教育孩子时，她记住婆婆赐给她的警句，总是告诫孩子："在任何情况下都不要模仿别人，要做你自己。"

是的，新秘书更应该学做自己，做好自己。

案例二：正视自己的欠缺，亮出自己的本色

有家大型企业的人事部主任，先后接待过 60 000 多名求职者，写了一本《求职必读》。书中讲道："求职者犯的最大的错误就是掩饰自己的本来面目。他们总是毕恭毕敬地说些自以为很中听的话，态度不够诚实。"事实上，任何人的自然属性与社会属性都不可能是完美无缺的，正是"优劣相兼"或"美丑相依"才构成我们每个人的本来面目。这是人人皆知的常识，却不是人人皆能掌握的道理。谁能以这种常识指导自己，谁就能做他自己。

一位公共汽车售票员的女儿，从小就希望成为一名歌星。她在"做自己"的征程中，历尽了千辛万苦。她其貌不扬，牙齿参差不齐。第一次演唱是在一家小酒吧，她极力用上唇盖住不整齐的牙齿，千方百计地使出魅力。结果，丑态百出，一败涂地，她伤心极了。好在那晚的观众席中有位别具慧眼的男士，觉得她挺有歌唱天分，便站起来向她打招呼："嗨！我看了你的表演，发现你一直掩掩藏藏的，你是为自己的牙齿长得不整齐感到羞耻吗？"她顿时面红耳赤。男士说："怎么啦，牙齿不整齐是罪过吗？不必企图掩饰，张开你的嘴大声唱，观众肯定会喜欢你！说不定那口你恨不得拔光的牙齿会给你带来好运。"她听从了男士的劝导，不再痛恨自己的牙齿，表演时只关心听众。她引吭高歌，尽情歌唱，"唱"出了自己，"歌"喜了别人，最终成了影歌双栖明星。她说："自己就是自己，自己不是别人，顺着自己的自然特性塑造自己，才能解除自身欠缺的压力，让自己本来的面目相容于周围人群。我感谢那位男士的赐教，他的直言是我新生的纲领。"

就新秘书来说，关键在于推陈出新，不断完善自己，这不是空道理，而是务实论。

案例三：发挥自己的潜能，书写自己的历史

研究表明，在未曾发现自己潜能的人当中，可发挥潜能的不过 10%。就恪尽职守的人而言，也只花了一半气力，仅仅发挥了自己聪明才智中的一小部分。人有许多潜能，可惜都尚未真正地发挥出来。笔者敢说只要把自己看作是一个崭新的人物，就会懂得"人争一口气"的道理——发挥自己的潜能，书写自己的历史。

《如何实现自己的目标》的作者戴尔·卡耐基讲过："对于'做你自己'这个问题，我自己也有刻骨铭心的体会。"他一直想当演员，并且自以为发现了一条成功的"捷径"，即了解大明星，模仿大明星，集大明星的优点于一身，这样就会成为当代大明星。结果呢？正如他自己所说的："我真是愚蠢无

比！浪费了很多年时间，只为了做别人。事实上，我根本不可能成为别人，我是天生的密苏里乡下人！"但这次教训并没有使他从模仿别人的"沉迷"中"清醒过来"。他又"立志"写一本"包罗万象"的有关商业会谈技巧的"空前巨著"，为此花了整整一年时间。"但结果证明我仍然是个傻子，没有一个商人会有耐心去读完这部七拼八凑的书。"挫折，使他这样鞭策自己从头做起："喂！戴尔·卡耐基，你就是你，你不是别人，好坏都是你自己，你不能变成别人。"他放弃了模仿别人，努力抛开别人的影响，着手写他自己的第一本书——《演讲的技巧》。他希望将牛津大学的英国文学教授拉莱爵士的教诲付诸实践："虽然我不敢与莎士比亚相提并论，但我能写出代表我自己的作品。"

如同其他人一样，每一个新秘书都是普通的一员，又都是独一无二的。他们在为领导服务、为基层服务、为群众服务的工作岗位上充分发挥自己的天赋才能。所有的这些服务都是"自传"，都是在完善自己的人格，写出自己的历史。"你必须是自己的遗传、环境与经验的组合和优化"，不论情况如何或条件怎样，每一个人都得亲手打扫自己的"庭院"，塑造自己的形象，演奏自己的乐章，做一个名副其实的自己。

案例四：胡乔木当秘书的启示

胡乔木同志是毛泽东的政治秘书，被誉为"中共中央一支笔"。他在毛泽东身边工作了 25 年，堪称新中国第一代秘书的优秀代表。从他当秘书的经验中，我们可以得到许多启示。

（一）要有善于学习的精神

作为清华大学的高才生，胡乔木本来就喜欢阅读书籍，调往毛泽东身边工作后，受毛泽东感染，他更扩大阅读范围，开始读各种各样的书。后来，读书便成了胡乔木最大的兴趣爱好，他甚至同时看五六本内容截然不同的书。到胡乔木晚年时期，家中藏书达 3 万多册，装在 140 个书架上。即使这样，他还要经常到北京图书馆、中央编译局图书馆等处借书。另外，他还有一个习惯，每到一处就逛书店买书。在中央领导人当中，胡乔木是读书较多的一位。因工作需要，他还大量阅读了中国共产党的有关文献。他担任毛泽东秘书的"第一课"就是协助编选《六大以来》，接着，又协助毛泽东编选了《六大以前》和《两条路线》两部重要历史文献，还参与起草了《关于若干历史问题的决议》等，这些与胡乔木的刻苦学习是分不开的。

（二）要有甘居幕后的精神

胡乔木在毛泽东身边工作，从不抛头露面、标榜自己，他甘居幕后，默默地工作。1945 年 8 月 28 日，毛泽东赴重庆与蒋介石进行谈判。胡乔木作为毛泽东的政治秘书也一同前往。然而，各大报纸都未曾提及他。在整个国共谈判过程中，见报的中央代表只有毛泽东、周恩来、王若飞。关于胡乔木在重庆的情况，1950 年 2 月 3 日新加坡的《南侨日报》报道为："胡乔木在担任毛泽东政治秘书这一期间，他的思想、修养获得极大的进步，深得毛泽东的赏识。他的长处是思想周密，眼光透彻，才文并茂。他随毛泽东到重庆期间，中共在政治上所遭受的各种歪曲的指责，经常都由他在《新华日报》上撰文予以驳斥。他的文章紧凑锋利，短而有力，学的是鲁迅的作风，常把最精彩的意思用精练的笔调描写出来，精辟动人。"胡乔木为《人民日报》所写的评论、社论都是以编辑部的名义发表的。

胡乔木在担任毛泽东的政治秘书期间，只有两次"露面"。一次是新中国成立，胡乔木被任命为新闻署署长和中央人民政府发言人之后成为"新闻人物"，当时的一些报纸刊登了介绍他的文章，使这位一直身居幕后的人物首次"亮相"。另一次是为庆祝中国共产党建党 30 周年，胡乔木为刘少奇起草了题为"中国共产党的三十年"的报告，毛泽东阅后，批示此文以胡乔木名义发表。

（三）要具有很强的写作能力

作为一名出色的秘书，必须具有很强的写作能力。胡乔木被选中担任毛泽东的政治秘书，是因为他发表在《中国青年》杂志上纪念五四运动 20 周年的文章为毛泽东所赞赏，毛泽东称"乔木是个人才"，将他调到身边工作。此后，胡乔木成为"中共中央一支笔"。胡乔木一生中，写了许多评论、社论性的文章，参与了党内许多文件的起草工作。重庆谈判期间，他接二连三地发文批驳蒋介石，揭穿蒋介石假和谈的"外衣"。新中国成立后，苏共二十大会议上赫鲁晓夫所作的《关于个人崇拜及其后果》的秘密报告中，全盘否定斯大林，否定无产阶级专政。受毛泽东的批示，胡乔木参与起草了《再论无产阶级专政的历史经验》对此予以批驳，之后他又撰写一系列文章进行批驳。他还参与修改过《中国人民政治协商会议共同纲领》，参与《毛泽东选集》的编辑工作等。

（四）要具有很高的政治理论水平

胡乔木担任过多种职务，任过新华通讯总社社长、《人民日报》社社长，肩负着全国新闻报道、政治宣传和政府发言人的职责，具有很高的政治理论水平。这尤其体现在他所写的评论和社论中，仅 1946 年，胡乔木就为《解放日报》撰写社论 23 篇之多。其中大部分是与蒋介石"论战"的。胡乔木成了中共方面与蒋介石"论战"的重要"笔杆子"之一。这些文章充分体现了胡乔

木较高的政治素质和政治理论水平。他经常阅读政治理论方面的书籍。新中国成立前，他就阅读过许多马列主义著作，如《社会发展史》《政治经济学》《共产党宣言》《社会主义从空想到科学的发展》《论列宁主义基础》《"左派"幼稚病》等。这为他以后参与起草各类文件打下了坚实的理论基础。

秘书的素质是多方面的。胡乔木除了以上四种精神值得我们深入学习以外，其他如人品修养等方面也为我们树立了榜样。作为秘书，一定要努力学习，不断提高自身素质，提高参谋辅助能力和办事效率。

二、"善谋"——秘书的必备素质

秘书是领导的参谋和助手，其在日常工作中是唯唯诺诺、被动行事，还是敢于进言、能参善谋，是衡量秘书是否称职的基本标准。

《晏子春秋》中有这样一则故事：齐国晏婴让高纠给自己当管家，但只用了三年就把他辞退了。周围的人认为高纠三年中没有犯过什么错误，也不争权势和地位，不应辞退他。晏婴说："只有圣人才称得上完人，而我晏婴是个愚陋之人，不可能没有缺点错误，如辅佐我的人从不向我提批评意见，那么我的礼仪道德就不端正了。高纠这个人给我办事，三年中一次也没有指出过我的错误，所以我辞退了他。"晏婴是个明智之人，他不仅时时检点自己的言行，而且要求身边的人监督自己，因而，那种唯唯诺诺、没有主见的平庸之人，被他辞退就在所难免了。

古人如此，今人又如何呢？老一辈无产阶级革命家陈毅同志换秘书的故事更能引起我们的深思。陈毅在上海工作期间，身边有两个秘书，他在批改文件、决定问题时，秘书总是对他说诸如"这个决定太英明了""这个批示太正确了"之类的话。起初他并未在意，可事后检查起来，有些批示并不完全正确。他说："秘书恭维我虽然不是坏心，更不是有意害我，但因听不到不同意见，就免不了要出现失误。"后来他换了秘书，并鼓励身边人员监督他的工作，对他提不同意见，甚至反对意见。陈毅同志这种崇高品质表现了一个无产阶级革命家的胸怀和气魄，当为各级领导为官、做人的楷模，自然也值得秘书深思。

虽然两则故事发生的时代背景不同，却说明了一个共同的道理：有作为、有头脑的领导，是不会容忍秘书阿谀奉承、盲目服从的。秘书若唯权势、唯上司之命是从，不能、不善谋事，就不是称职的秘书。可见，"善谋"是一个合格秘书必备的素质。

由于秘书直接为领导提供服务，对领导提供精力和智力补偿，因而人们常称秘书为领导的"外脑"，当好"外脑"就是秘书"善谋"的应有之义。

秘书"善谋"一旦博得领导者的赏识，就能在辅助决策的过程中迸发出璀璨的火花。那么，秘书怎样才能做到"善谋"呢？首先，要有正确的角色意识。秘书具有"外脑"职能并不意味着就可以乱发议论、自作主张、左右领导。秘书必须注意使自己的言行符合角色规范，做到既尊重领导、坚决执行领导指示，又不迷信盲从，始终把为领导提供有价值的决策依据及参谋意见作为自己的重要职责。其次，要深刻领会领导意图。要"参"到点子上，"谋"到关键处，必须正确理解和把握领导意图。要善于通过间接或直接的方式，把领导的所思所想、所筹所划弄清楚，既使内容能够按领导意图正确"发挥"，又不自作聪明、越俎代庖。在此基础上，以敏锐的洞察力抓住工作中的关键环节，经过深思熟虑，形成有价值的参谋意见。最后，注意进言技巧。要根据领导的心理、行为特征，选择适当场合和最佳时机，从要害问题切入，用委婉、含蓄的语言，巧妙地说出自己的见解或不同意见。

要做到"善谋"还必须谨防三个误区：一是"参政"意识过"度"，把自己摆到"准领导"或副职的位置，把幕后工作放到台前。二是轻易抛出"夹生"想法，自以为是，强加于领导。三是出"馊主意"，帮倒忙。要避免陷入以上误区，就要用良好的职业道德约束自己，踏踏实实地做好工作，而不靠刁滑奸诈去应付领导。

三、当好领导的身边人

《资治通鉴》中记载了这样一个故事：齐威王听了身边的人对即墨大夫和东阿大夫不同的评价后，派人到他们统治的地方进行调查，得到的真实情况却与平日所闻相反。于是齐威王先召见即墨大夫，对他说："自从你主持即墨的政事之后，天天有攻击你的流言蜚语传到我的耳中。可是我派人考察后却发现，那里的荒地都开垦出来了，老百姓生活富足，民事纠纷很少，齐国东部因此太平安定。你的政绩显著却遭到诽谤，这是因为你不会收买我身边的人来帮你说话啊！"于是赏给即墨大夫一万户的封邑。接着，齐威王又召见东阿大夫，对他说："自从我把东阿政事交给你之后，每天都有赞誉你的话传到我的耳朵里。我派人考察了东阿，发现那里的荒地没有开垦出来，老百姓穷得饿肚子。赵国攻打鄄城时，你不去救援；卫国夺走薛陵，你竟不知道。你如此玩忽职守，却有人为你歌功颂德，这是你用重礼收买我身边的人而换来的虚名啊！"齐威王说完后，下令烹杀了东阿大夫和身边曾经被东阿大夫收买过的人。这一赏一罚，使大臣们大为震惊，从此再也没有人敢欺瞒齐威王，大家尽忠尽职，齐国安稳太平，很快成了诸侯中的强国。

从齐威王的故事中可以看出，由于职业特点和所处的特殊地位，领导

"身边人"的一言一行，对领导用人和决策都有不可忽视的影响。古今中外，类似正反两面的例子数不胜数。作为领导的身边人，对此应该予以足够的重视。

（一）要当好领导的"身边人"，必须求真弃假

秘书是收集和处理领导信息的枢纽，经常接触大量各方面的信息。这些信息在未经处理之前，一般都是粗糙的、肤浅的，有时甚至真假混杂、是非难辨。因此，秘书对这些信息一定要加工处理，去粗取精，去伪存真。经过认真筛选，把那些真实可靠的信息提供给领导，做到一是一、二是二，不掺杂使假，不徇情夹私，这样才能使领导掌握客观实际情况，正确地作出判断和抉择。在前面这则故事中，由于"身边人"提供的信息不准确，齐威王开始听到的对两个大夫的评价是不真实的。如果齐威王误听偏信，就会使坏人得志、好人受气，造成严重的后果。

（二）要当好领导的"身边人"，必须务实避虚

齐威王听了身边的人对两个大夫的评价后，不是一听就信，而是派人到两个大夫任职的地区进行调查，这是他的高明之处。秘书要想得到真实的情况，也必须深入实地进行调查，仅仅坐在办公室里看文件材料，或者仅凭道听途说、捕风捉影，所得到的情况往往是不全面、不准确、不真实的。即使进行调查，也要注意认真、细致、扎实，切忌主观臆断、走马观花，否则所得到的情况也难免是表面的，甚至是虚假的。我们可以猜想，齐威王身边的人，因受人好处而有意讲假话的毕竟是少数，多数人则是因为缺乏调查研究，人云亦云。因此，秘书要当好领导的"身边人"，一定要务实避虚。

（三）要当好领导"身边人"，必须倡廉肃贪

秘书在领导身边工作，权力不大，影响力却不小，故而有人戏称其"菩萨不大，神道大"。一些别有用心、不走正道的人，往往利用秘书的特殊地位，千方百计打开通往领导的渠道，以达到自己并不光明正大的目的。于是，有人向秘书吹捧讨好，也有人向秘书行贿送礼。在这种情况下，秘书如果不严于律己，而是贪功求利、徇私舞弊，昧着良心和原则办事，就会颠倒是非，欺上瞒下，把白的说成黑的，把长的说成短的。长此以往，不仅会导致个人身败名裂，而且破坏社会风气，损害党和人民的事业。齐威王在烹杀东阿大夫的同时，把身边曾经收受贿赂、吹捧过东阿大夫的人也杀了，这个教训值得每一个秘书引以为戒。

四、善于"说话"与"听话"

作为行政或企业领导的助手和参谋，秘书向上司进言，提意见或建议是职责以内的事；作为决策者，上司听取下级的意见，则是决策正确的保证。"说话"与"听话"都要讲究效果和艺术。

司马光在《赤壁之战》中记叙诸葛亮能言善辩，语藏机锋，咄咄逼人，用"激将法"说服孙权；周瑜慷慨激昂，义正词严，用"激励法"说服孙权；而鲁肃说服人则是用另外一种方法。

鲁肃言事质朴切实，条理清楚。书中记载，荆州牧刘表卒，鲁肃对孙权说："荆州与国邻接，江山险固，沃野万里，士民殷富，若据而有之，此帝王之资也。"一句话阐明了荆州的重要战略地位和占有荆州的重大政治意义。鲁肃接着说："今刘表新亡，二子不协，军中诸将，各有彼此。刘备天下枭雄，与操有隙，寄寓于表，表恶其能而不能用也。"这两句话对荆州内部矛盾重重的形势作了极为简明的分析，这意味着趁机谋取荆州的可能性是存在的。然后，鲁肃针对荆州可能出现的变化，提出了相应的对策："若备与彼协心，上下齐同，则宜抚安，与结盟好；如有离违，宜别图之。"最后，鲁肃请求出使荆州。短短一段话，包括了对"做什么""为什么""据什么""怎么做""谁去做"等一系列问题的回答，这简直就是一个完整的提案了。鲁肃言事语调平和，条理清楚，很有说服力，难怪孙权听后要"即遣肃行"了。

秘书向上司陈述意见，应学习鲁肃的方式，这可以使自己的意见被上司所理解和采纳。

鲁肃言事推心置腹。他出使荆州，与刘备会于当阳长坂，说服刘备与孙权结盟，共同抗曹。他说："今为君计，莫若遣腹心自结于东，以共济世业。而欲投吴巨，巨是凡人，偏在远郡，行将为人所并，岂足托乎。"他站在刘备的立场，设身处地为他着想，轻易地打动对方。鲁肃说服孙权拒绝接受张昭降曹的主张，则晓之以利害："今肃可迎操耳，如将军不可也。何以言之？今肃迎操，操当以肃还付乡党，品其名位，犹不失下曹从事，乘犊车，从吏卒，交游士林，累官故不失州郡也。将军迎操，欲安所归乎？愿早定大计，莫用众人之议也！"鲁肃的话语重心长，引导对方关心自己的切身利益和命运，而不是像周瑜那样，鼓励孙权"为汉家降残去秽"。

秘书向上司提出意见，如果能像鲁肃那样处处为单位的利益着想，并在言辞上强调这一动机，那么上司就会从感情上倾向于接受意见。

鲁肃言事注意把握时机，选择场合。在东吴内部发生的降战中，以张昭为首的主降派甚嚣尘上，不容置喙。在这种场合，"鲁肃独不言"，没有在一片

主降声中力排众议，坚持抗曹主张。因为在这种情况下，自己的观点往往会被淹没在反对声中，无法被孙权所听取。因此，鲁肃选择了孙权起身更衣的时机，"追于宇下"，在一个无人干扰的场合下单独表明自己的看法。孙权听后叹息道："诸人持议，甚失孤望，今卿廓开大计，正与孤同。"这是鲁肃注意把握说话时机和场合所取得的功效。

在两种意见尖锐对立的场合，秘书言事如果能够像鲁肃那样避其锋芒，选择有利的时机与场合，从容表达自己的看法，则其意见更有可能被上司听取和采纳，此时意见可能会更受重视。

此外，鲁肃言事能注意争取他人赞和。秘书随上司外出谈生意、谈业务，从旁做好谈判对方下属的工作，以获得对谈判对方具有影响力的人员的赞和，将有利于谈判。诸葛亮是刘备所倚重的谋臣，能够对刘备施加影响。鲁肃深知诸葛亮态度之重要。因此，在与刘备会谈时，鲁肃对诸葛亮说："我子瑜友也。"于是"子瑜者，亮兄瑾也，避乱江东，为孙权长史"。

孙权的听话艺术也可作为领导学习的榜样。赤壁之战是决定东吴政权存亡关键之战，也是决定孙权个人命运的一战。当时年仅26岁的吴主孙权，泰山崩于前而色不变，广泛听取各方面意见。诸葛亮游说江东，虽是"奉命求救于孙将军"，主张抗曹是为了刘表，但对曹军弱点的分析切中要害，鞭辟入里，于是孙权听后大悦。张昭主降，大讲敌方优势，虽使孙权"深失所望"，但张昭对敌情的分析可使孙权避免盲目乐观，轻敌冒进，因此，孙权也耐心听取。鲁肃反对降曹，言辞恳切，孙权从中明白了战降之利害。周瑜力主抗曹，对敌情的分析与诸葛亮的言论互为印证，这为孙权作出可靠的决策提供了依据。孙权从众说纷纭中获得有价值的信息，最终形成了正确的决策，并以少胜多，以弱胜强，打赢了这场战争。这一决定性的胜利，很大程度上归功于孙权善于听取意见的个人品质。

事态不明，不作断语。在《赤壁之战》中，写孙权听话的时候多，而写其说话的时候少。孙权听取众人的意见时十分慎重，不轻信，不偏信。鲁肃、张昭、诸葛亮、周瑜等人说话的对象几乎都是孙权。诸葛亮的真知灼见虽使孙权大悦，但孙权也不立即采纳，而是"与群下谋之"。鲁肃的话虽然使孙权发出"今卿廓开大计，正与孤同"的慨叹，但还是召回在鄱阳操练水兵的周瑜议事。即使张昭的主降言论让他"深失孤望"，孙权也不立即将张昭驳回，而是"权起更衣"，回避当场表态，以免堵塞言路，导致决策失误。

当断则断，处事果决。诸葛亮劝孙权道："今将军外托服从之名，而内怀犹豫之计，事急而不断，祸至无日矣！"这是诸葛亮使用的"激将法"。事实上，孙权决策审慎，绝非优柔寡断。鲁肃首倡孙刘联盟，道理说得充分，孙权当即派鲁肃出行，毫不迟疑。经过降战之争，道理越辩越明，待周瑜发表抗曹主张并主动请命后，孙权成竹在胸，当场作出决策："老贼欲废汉自立久矣，徒忌二袁、吕布、刘表与孤耳；今数雄已灭，惟孤尚存。孤与老贼势不两立，君言当击，其与孤合。"孙权的话气壮而理直，字字掷地有声。"因推刀斫前奏案，曰：'诸将吏敢复有言当迎操者，与此同！'乃罢会。"此言此行示下属以与曹操血战到底的决心，并果断地结束了降战之争。

当然，孙权决非蛮干家，他不仅在决策过程中注意倾听下属的意见，而且积极备战——集结军队、屯集粮草、置办战具、任命将帅、制订作战计划，真可谓是万事俱备了。

细节动作，表示亲切。下属言事，往往拘谨、紧张、心存疑虑，因而难以尽意。孙权听下属说话，善用细节动作，造成上下亲密无间的气氛，使下属表情轻松，知无不言，言无不尽。例如，"权起更衣，鲁肃追于宇下，权执肃手曰：卿欲何言？"周瑜夜见孙权，再次陈述意见，"权抚其背曰：'公瑾，卿言至此，甚合孤心。'"亲切、理解、支持、赞许，皆在这细节动作之中了。

由此可见，上司如果想从下属口中获得一些更有用的信息，应该学学孙权，讲究点听话的艺术。

五、秘书语言表述"十忌"

办公室秘书处在一个单位的"窗口"和枢纽部位，工作中要与各种各样的人员打交道，因此语言表述在其工作中就显得非常重要。秘书除了要具备口齿流利、表述清楚等基本功外，还应该注意以下"十忌"：

一忌信口开河。说话不像写文章那样可以从容修改、润色，说话是瞬间的事，"一言既出，驷马难追"。秘书往往要代表单位和领导发表意见和看法，因此，演讲、谈话之前，应先准备好有关资料或打好腹稿，切不可信口开河。

二忌人云亦云。秘书是领导的耳目，向领导反映情况、汇报工作、传递信息，既要坚持有喜报喜、有忧报忧，又不能当传声筒，对所见所闻应经过必要的分析、归纳、筛选，然后再向领导汇报。对有些不便说的事情，比如领导之间、同事之间的相互矛盾和隔阂，只宜运用巧妙的方式化解，切不可鹦鹉学舌，到处传播。

三忌花言巧语。秘书是领导身边的工作人员，其一举一动、一言一行都应给人真诚、实在、信得过的感觉，在各种社交场合，说话都要正直、诚挚，丁是丁，卯是卯，切不可滑头滑脑，夸夸其谈，巧舌如簧。

四忌装腔作势。秘书在传达领导指示、接待来宾、洽谈业务、处理问题时，要平易近人，不要居高临下、打官腔、摆架子、耍威风。

五忌出言不逊。言语是一个人学问品德的表现。秘书在各种社交场合都要注意语言修养，表现出温文尔雅的风度。

六忌模棱两可。对不便谈的事情，可以避而不谈，拒绝表示意见，但切不可事事模棱两可，叫人听后弄不明白意思。在汇报工作时，更不能用"大概""可能""也许""差不多"之类的模糊语言。

七忌晦涩难懂。一般来说，说话要明白易懂，除非与专家学者讨论学术问题，否则不宜满口深奥的专业术语，以免引起别人的反感，以为你是在故弄玄虚，炫耀自己的才学。

八忌唯唯诺诺。在社交中，对人说话恭敬、客气是一种美德，但过犹不及，如果见面客气话、恭维话说得太多，甚至点头哈腰、唯唯诺诺，就显得油滑、虚伪。正确的态度是不卑不亢、大方得体。

九忌手舞足蹈。与人交谈中，使用自然得体的手势有助于口语表达，能增强谈吐的效果。但手势做得太多或动作幅度太大，手舞足蹈，就会使人反感。

十忌冗繁啰唆。演说、谈话或开会时发言，对应该说的事情，要长话短说，点到即止。要为听者着想，顾全听者的兴趣，没完没了的演讲、发言，只会使听者厌烦。

案例五：一字不当，险失合作良机

一外地客商到某地某公司商谈投资合作事宜，公司上下非常重视，早早作出了各种安排。公司经理安排专门的时间，在会客室专候，并准备了烟茶水果，还派自己的秘书提前在公司门口等候。客商进公司大门后，迎候在门厅的公司经理秘书马上上去和客商握手，可能是知道事情的重要性，反倒有些紧张，竟然对客商说："我们经理在那边（指会客室），他叫你过去。"客商一听，当即非常生气：他叫我去？我又不是他的下属，凭什么叫我？你们现在就是这样对待合作者的？那以后还了得？合作应当是关系平等的。于是这位客商回答说："贵公司如有合作诚意，叫你们经理到我住的宾馆去谈吧。"说完拂袖而去。

案例六：一言不当，令其他部门不悦

"喂，财会室吗？我是总经理办公室。今年全年的工资统计表你们做出来了吗？"这是某公司总经理办公室的秘书在给公司的财会室打电话。财会室回答说："统计出来了。"这位秘书又说："我正在给领导写年终总结，急着要这个表，你给送来吧。"财会室的人听了这话，有些不高兴了，说："我们也正忙着，你自己来抄好了。""啪"，电话断了。

说话是一门艺术。俗话说，"会说话的令人笑，不会说话的令人跳"。秘书工作在领导中枢，负有沟通上下左右关系的责任，如果说话不讲究艺术，有时会带来不良或严重后果。如果那位秘书不说"叫"，而说"请"，情况又会如何呢？如果那位秘书换一种口气，请求对方给予支持协助，情况又会如何呢？

六、学会分辨电话里的声音

身为秘书，必须有分辨电话里的声音的本事。曾经听过一位朋友赞美一位秘书，说："每逢我打电话过去，'喂'了一声之后，秘书小姐就能把我认出来，亲切地跟我聊几句，可见'名将门下无弱兵'，此言非虚。"秘书的教养可反映上司的社会地位与素养。

在电话中能辨认出对方的声音，除了易于建立人际关系外，还对秘书本身的工作大有帮助。很多人打电话进来，老是报称朋友，秘书能知道对方是否是朋友，或是哪一类朋友，从而知道应对与接待的态度，这对做好适当的礼仪服务是十分必要的。

辨别电话内的声音是秘书的一种专业技巧。

如果有这种功夫，就不会错误地把上司不愿意接听的电话接进来了。这看上去是小事，但在秘书的职责上就犯了很大的错误，要想为上司所器重就不大可能了。

担任守卫之职，却任由不相干的人擅自闯进"私人重地"，是为失职。因此，秘书让一个完全不需要上司应付的电话接进他的办公室去，一样应被视为失职。除了分辨声音之外，秘书对名字的认识一定要有相当的把握。尤其对那些跟老板业务有关的人物的名字，更应牢记不忘。

新上任的秘书有三个方面的人物名称须立即弄清楚，那就是同行同业内的知名人士、公司业务上有密切往来的人物及上司私交甚笃的朋友。尤其是前两种，非要在第一时间内弄个明白不可。

假如换了新秘书，旧客户与相熟的朋友打来电话，秘书问："你是从哪儿找到他的呢，找他什么事？"那就真是自露其短了，失态至极。

七、不为情绪所困

秘书工作是极其复杂的，秘书在生活和工作中并不总是一帆风顺的，他们毫无例外地要遭遇一些挫折。如生活中的变故、工作上的失误、突发性事件等，都会对秘书的心理产生不良影响。在日常工作中，一个秘书不可能事事完成得很好，时时受领导和同事的赞扬。但有些秘书的自尊心太强，对工作中偶

尔出现的失误不能原谅，常产生自责心理；也有些秘书事事争强好胜，太看重他人的扬抑褒贬，心理常常处于失衡状态。这些经受不住小挫折的秘书往往易被各种各样的精神包袱所困扰，愈陷愈深，甚至导致心理上出现严重障碍。秘书如何调节这些不良情绪呢？

（一）自我鼓励法

自我鼓励就是用生活中的哲理或某些明智的思想开导自己，鼓励自己同痛苦和逆境作斗争。自我鼓励是人们精神活动的动力源泉之一。一个人在痛苦、打击和逆境面前，只要有效地进行自我鼓励，就会感到有力量，就能在痛苦中振作起来。秘书如果遇到了痛苦和不幸，应当扩张理智，抑制情感，多寻觅自慰之法，多作些自我鼓励，鼓足勇气，树立起生活信心。

（二）逆情思维法

有些人在受挫时，由于自身心理承受能力不强，便越想越不是滋味，很容易走向极端。这是因为挫折所引起的心理情绪对思维起了支配作用，即人们容易顺着情绪的走向去考虑问题。而逆情思维法正是对这种情绪指向的逆转，要求人们在遇到挫折时"回头想"，多想想有利因素，把自己的思维从情绪指向中拉回来，从而平息情绪波动。用逆情思维法可以使秘书人员时时保持冷静、理智的情绪，避免产生过激的行为，做出追悔莫及的蠢事。

（三）环境调节法

环境对人的情绪同样起着重要的影响和制约作用。素雅整洁、光线明亮、颜色柔和的办公环境使人产生恬静、舒畅的心情；相反，昏暗、狭窄、肮脏的办公环境则给人带来憋气、不快的情绪。因此，改变环境，也能起到调节情绪的作用。有些人在受到不良情绪的影响时，喜欢到外面看看，散散心，这是很积极的做法。大自然的美景，能够旷达胸怀，欢娱身心，对于调节人的心理活动有着很好的效果。

（四）能力代偿法

代偿是指在某方面不能取得成功时，可以在自己力所能及的方面发挥特长，取得成就。如因公致残的公职人员，他们可能要从此远离自己原先熟悉的工作，但他们对党的忠诚、对工作的热爱并未结束，他们往往会克服重重困难，从事一些力所能及的简单劳动。

（五）动机升华法

动机升华是指个人欲望因条件限制不能满足，其原有的内部动机便转化为社会性动机，追求更高一级的目标。动机升华是人们消除由挫折造成的心理压力的有效办法。林肯有句名言：悲伤的时候，工作就是良药。如有些秘书不因为失恋、家庭变故等沉溺于痛苦中，而是将原有的爱情动力、家庭感情转化为对事业的执着追求，努力工作，从而达到心理补偿和心理平衡。

（六）活动转移法

秘书在将要遇到会引起情绪激动的场面时，可以先想想别的或干点别的事情，来推迟情绪的爆发。例如，在感到快要发火时，最好的方法是立即走开，转移"视线"，这同样能起到自我调节情感、情绪的作用。

八、企业秘书要懂法

四川省某食品企业经过多年努力创造出一种地方名牌产品，在消费者心目中享有相当的声誉。后来由于种种原因，该企业分成了甲乙两个企业。在进行财产分割时，由于两位企业领导缺乏无形资产的意识，两家企业在分家时都只注意了资金、设备等有形资产的分割，而未对企业的无形资产——名牌商标进行处理，因此两厂仍共同使用原来的商标。分厂后，甲厂招聘的秘书运用《商标法》的知识，建议厂长将那个名牌商标抢先注册，并亲自落实了商标注册、公告等手续。乙厂秘书对《商标法》一窍不通，对甲厂的商标注册、公告等动作未作任何反应，也未建议厂长对甲厂已公告的商标提出争议，因而在公告发布后的很长一段时间内仍在糊里糊涂地使用原商标。甲厂不动声色，等到商标可争议期限一过，就向法院起诉乙厂，并获胜诉。因为不懂法，乙厂就这么糊里糊涂地丢掉了自己对名牌商标的可能拥有权，只好另起炉灶，重新注册另一个商标。虽然乙厂的产品质量不低，但因为没有名牌效应，在消费者中影响不广泛，因而销售不畅，企业经营步履维艰。而因为原名牌商标的声誉，甲厂产品则占有了大部分市场份额，获利颇丰。

由此不难看出，在法律建设日趋完善的今天，企业秘书的法律素质至关重要。一些市场经济发达的国家，如美国、日本等，对企业秘书的法律素质要求很严格。美国秘书协会章程将"熟谙各种商业往来中的法律关系"列为秘书的必备条件之一。日本对秘书进行技能考核时，也将法律特别是经济法律列为重要考核内容。

企业秘书之所以要懂法，有如下三方面原因：

（1）许多所谓的秘书"本职工作"就包含有大量法律因素，工作本身就要求秘书必须懂法。例如文书起草工作，一般被认为是秘书的"本职工作"，以起草经济合同来说，如果不懂经济合同法，写出的经济合同势必留下许多空子给对方钻，为对方违约创造条件，本企业的利益就很难保障了。

（2）秘书是本企业人员，律师不一定是，内外有所区别。秘书与企业是息息相关的，许多企业秘密秘书应知道，律师却不宜知道。例如本企业为与其他企业竞争，制定了一套竞争策略，但这套竞争策略的实施合不合法、会不会引起诉讼纠纷、引起纠纷可能胜诉还是败诉之类的问题，因涉及企业秘密而不宜向企业律师咨询，否则，有可能暴露本企业的商业秘密。如果本企业的秘书懂法，情况就不同了，其既能为这一策略的实施把好法律关，又能具体实施这一竞争策略，对企业十分有利。可见，律师难以取代懂法的企业秘书。

（3）即使企业遇到诉讼纠纷而需要委托律师代理诉讼，企业秘书也需懂法。因为不同的法律有不同的特点，不同的律师也有不同的专长。精通刑法的律师不一定精通民法，精通行政法的律师不一定精通经济法。企业打不同的官司，应聘请不同的律师。如果打经济官司却请了精通刑法的律师代理诉讼，那就增加了败诉因素。而且，律师代理企业诉讼也需要企业提供协助。这一协助律师的工作，一般都会落在企业秘书的头上。懂法的企业秘书平时就可能留心对各种证据的保存、搜集，一旦发生法律纠纷，就能拿出充分的证据协助律师打赢官司。不懂法的企业秘书就很难做到这一点，甚至还可能因为不懂法做出自毁证据的蠢事来。

九、秘书应该严格要求自己

基层秘书由于对自己要求不太严格，或者是一时的不注意和不检点，容易在工作和生活中发生一些不该发生的事情，给企业和自己造成不良的影响。下面的案例希望能给未来的秘书带来一些有益的启示。

案例七：常委会的"温度表"

人到中年的赵秘书担负着县委常委会议的记录工作，与已经升任为县委县政府部长、局长的一些同事们相比较，没有什么实权，但他能参加一个县最高司令部的决策会议，令人刮目相看。

老赵当然深知保密工作的重要性，一般情况下，他对不该说的重大机密基本上能做到守口如瓶。但老赵有一个弱点——虚荣心强，有时爱显摆自己，还好讲所谓义气。如果有意向他打听县委常委会议某种情况的人给他说几句好听的，或给他戴个"高帽子"，他就有点坚持不住了，认为别人打听的事也不算什么国家机密，就可能用暗示的语言泄露一些消息给别人。如常委会决定提拔此人，他就会说一句"准备请客吧"；如决定处分此人，他就会说一句"情况不妙"，这实际上等于说出了常委会的决定。虽说这些事情不一定是国家机密，但它们都需要一定的办事程序，有一定的保密期。泄露应该保密的事情，很可能给工作带来影响，甚至造成不良后果。于是，一些人给老赵起了个外号，叫他"温度表"，意思是从他身上能看出常委会的有关情况。县委领导发现这个问题后，为了对工作和他本人负责，及时给他调换了工作。

"秘书工作无小事"，这不但适用于高层的秘书工作，也同样适用于基层的秘书工作。赵秘书被人当作"温度表"是因为多说了一点儿话，虽然原因只是"一点儿"，但给工作、给领导、给自己带来的影响却远不止"一点儿"。由于秘书工作直接服务于领导的特殊性质，也由于秘书人员所处的承上启下的特殊位置，秘书从业人员在任何时候都应当严格要求自己，谨慎谨慎再谨慎，细心细心再细心，时刻保持清醒的头脑，不忽视和放过任何一个"一点儿"，只有这样才有可能真正做好"三服务"工作。

十、保持亲和

小丁与小孙同时进入某机关担任秘书，两个人同样有较强的工作能力，无论领导交给他俩什么任务，他俩都能非常圆满地完成。为此，两个人经常受到领导的表扬。

在同事之中，他们俩却有不同的地方。大家都喜欢小丁，有什么事总是找他帮助。而小丁也的确为大家做了许多事，因为他谦逊又有能力，与大家非常合得来；而小孙则不同，虽然他能力也强，但大家都不太与他合得来，有什么事也不会找他帮忙，因为小孙这个人的个性有些高傲。小孙也意识到了这种差别，但他并不想改变这种状态，他以为这样很好。无论同事们怎么对自己，领导总还是喜欢自己的，有领导撑腰，他不必总是顾虑再三。况且这样也不错，他可以按照自己的个性安排一切，不必因别人的看法而改变自己的生活。从心底而论，小孙有些看不起小丁。小孙认为小丁那种谦让态度十分虚伪，是一种做作的表现，很俗。当然，小孙并没有把自己这种感觉表露出来。他认为无论小丁怎么做，都是人家自己的事，别人不应该干涉他。可见，小孙也是具有一定容人之量的，但可惜他没有把这种量度表现出来。就在小孙按照自己的个性工作的时候，领导说要在他们之中提拔一名宣传干事（副科级），而且这次领导有明确指示，一定要坚持群众选举，任何人不得从中作梗。面对这样一个好机会，小孙从心底认为自己应该能上去，因为他不但喜欢这份工作，而且坚信自己一定能干好，绝对不会辜负领导的厚望。但是，听说这次不是领导任命，而是由群众直接选举，他的心真的有些凉了。他明白凭自己的群众关系，自己绝不是小丁的对手，况且小丁在搞宣传的方法上也有其独到的能力。小孙认识到了这种差距，但他不是一个小肚鸡肠的人，即使明白自己有不足，他也要进行一番公平竞争。

结果正如他所预料的那样，小丁几乎以全票得到了这个职位。其实要是小孙去了，工作照样能做好。一个本来平等的机会，结果由于两者个性和人脉的不同而导致了巨大的偏差。这个教训值得每一个人认真思索。

这个案例告诉我们：笑脸是一个人最好的名片，而亲和则是你成功的一大保证。作为秘书，学着让自己在别人尤其是同事面前呈现出亲和的一面，肯定有助于你的才能发挥。而对于协调与同事的关系，有的人马马虎虎，以为同事之间无所谓，大可不必左右逢源，协调四邻；而有的人则极为看重，在同事中间拉帮结伙，找领导做靠山，形成自己的势力，以为凭此就能高枕无忧。其实，这两种人都错了。协调同事之间的关系是非常有讲究的，对待同事既不能漠不关心，不闻不问，也不能拉帮结伙，那样只会害了自己。要想有一帮适合一起开展活动的好同事，就必须真心帮助他们，在谦和中充分展露自己的个性。事事为大家着想，处处关心他人，这在平时并不显眼而且似乎还处于一种被动地位，所以有些人就是不愿意"干"。从小丁的例子来看，他与小孙能力相当，只是小丁的人缘要好些，所以同事选小丁也在情理之中了。像小丁这样的人才称得上"老谋深算"，在平时就已经为自己日后的发展打下了基础，到时候只要有机会，就可以水到渠成了。亲和，会让你积聚到很多人气，只要你在单位中有人气、群众关系好，升职也好，加薪也好，都要容易得多。

十一、抢占风头

某女士在一家美国公司驻香港分公司做第一秘书，她在商场上有很高的声誉。但她却因一件小事而被迫辞职。

事情是这样的：美国总公司的几位最高领导者决定在港举行宴会，除了香港公司的总经理及一些要员外，美国总部的要员当然也少不了，再加上一向合作无间的大客户，宴会非常盛大。作为香港分公司第一秘书的她乐于以女强人自居。在任何方面，她都要求自己要干得非常出色，这也是她引以为傲的。不知是否是被胜利冲昏了头脑，她在一些宴会中，展露的风头有时竟凌驾于总经理之上。总经理是一位"好好先生"，在不损及自己利益的情况下，每每让她发言。

总公司与分公司联合宴会的机会很少，她还是头一次经历这样的场面。由筹备宴会开始，她抱着很谨慎的态度，务求取得总公司主管的赞许。宴会当晚，她周旋于宾客间，确实令现场气氛甚为欢乐。直至由总公司的高层主管及分公司的总经理分别致辞时，她在旁边逐一介绍他们出场。轮到她的上司，即子公司总经理上场时，她不知怎么在介绍之前，竟先说了一番致谢词，感谢在场客户一贯的支持。虽然只是三言两语，却已让总公司的主管皱眉，因为她负责的，只是介绍上司出场，而非独立发言。在宴会中，总公司主管与她交谈，发现她在提及公司的事时，总是以个人主见发表自己的看法，全没有提及总经理的意见。给人的感觉是，她才是分公司的最高主管。结果，分公司总经理被上级邀请开会，研究他是否忠于自己的职位，是否懒散到由秘书代为处理日常业务。自此之后，总经理对她的态度也有所转变。最后，她终于主动辞职，原因是她认为被总经理削权，可她不知道是自己的锋芒太露、喧宾夺主才导致了这个结局。

秘书的任务主要是协助上司。在公司高层人物的眼中，你做出的成绩，自然也是公司主管领导下的成果。下属尽力完成上司指派的工作是分内的事，假如你硬要"出风头"，只会让人觉得你不自量力、不懂大体。同时，如果你锋芒毕露，上司会从心理上感到压抑、烦躁，在感情上会很反感，你就会变成上司的心腹之患，即使不会排挤你，你以后也别想有更大的发展了。而如上文中的第一秘书那样，因为她过于越位的表现，导致总部怀疑她的上司是否失职，就算她的上司是"好好先生"，也会采取行动保全自己。

十二、小冯与小谢

市机械进出口某分公司经理在出国考察期间，曾与某国外商社签订出口技术含量高的成套机床的意向书，外商总经理即将前来考察，最后落实出口事项。这一信息传到分公司时，时间已经相当紧迫。主持工作的副经理找来谢秘书和冯秘书，要他俩在两天内分别完成两个材料的写作任务：一个材料是概述我国，特别是新中国成立后生产该成套机床的历史发展状况；另一个材料是详细介绍改革开放以来，以星火厂代表的生产厂家为提高该机床质量所做的各种努力，以及销售状况。两个材料都必须以确切的统计数字来说明。副经理布置任务后，强调一定要将材料写好，使外商感到满意。最后，他问两位秘书需不需要找人帮助翻阅资料，冯秘书要求派人帮助，谢秘书表示不需要。谢秘书多年来收集积累了几十万字的各种资料，有关本公司、本行业、本系统的各种数据、资料特别丰富。他分门别类，装订成册，平时翻阅，烂熟于心，任务来了，翻出所需材料，便倚马可待。第二天一早，他将已写好的材料交给了副经理；到了下午还不见冯秘书交材料，副经理派人去催问，得到的回复是，还有些数字和材料尚未查到。为确保万无一失，副经理又找来谢秘书，要他再辛苦一晚上将第二个材料写好。谢秘书在接受副经理再次下达的任务时，产生了种种考虑：方案一，接受任务，按副经理意见办事，代替冯秘书完成第二个材料的写作任务。方案二，借口第二个材料早已分给了冯秘书写，自己再插手，会影响关系，而加以拒绝。方案三，既不拒绝不管，也不全由自己揽过第二个材料的写作任务，而是背着副经理暗暗帮助冯秘书按时按质完成任务。方案四，在副经理再次布置任务时，明确表示，自己愿意提供素材和数字，帮助冯秘书完成任务，而不另起炉灶去取代他。谢秘书认为，此时，副经理是在客观情况紧急之下，为迅速完成任务而作出走马易将的决定。从领导角度看，有合理性的一面。然而，这样做的结果将给秘书队伍内部的团结、冯秘书今后的处境，以及自己与冯秘书的关系，带来一系列的不利因素。因此：如采用方案一，完全接受领导分配任务，似乎不错，但其结果会带来不必要的副作用。如果照方案二办，显然违背了秘书按领导指示办事的工作原则。若是按方案三处理，谢秘书不争名利，乐于助人，似乎很高尚，然而，确有违秘书的角色地位和工作原则，同时也有违秘书必须具备忠诚品格的要求，反而有沽名之嫌。谢秘书在很短的时间内，经仔细斟酌后，采用了方案四，在向副经理说明了理由后，副经理也觉得很好。经谢秘书向冯秘书提供必要的材料和数据后，冯秘书按时按质完成了任务，从中，冯秘书向谢秘书学到了很多东西，提高了业务能力。谢秘书既协调了同事之间的关系，又维护了秘书队伍的和谐与团结，一举多得，各方满意，何乐而不为呢？

这一案例涉及秘书工作中多方面的问题。总体来看，是秘书本身素养的问题。一个政治素质高的秘书，在按领导意图办事时，第一，他必须判断领导意图正确与否，有无偏颇之处。如果领导意图有偏颇之处，则应设法尽力劝说领导，修正乃至改变初衷。第二，一个优秀的秘书，其内在品质应顾及整体，顾及他人，处理好同事之间的关系，注重发挥他人的积极性。第三，秘书应注重平时练好"内功"，全面提高自己的素养，才有可能在被动中争得主动，出色地完成任务。第四，秘书在接受任务时，应有较强的判断力和迅速作出反应的能力。

十三、责任心是秘书第一素质

假期刚过，一家公司的经理就把自己的秘书给辞退了，原因是她责任心不够。春节前，一位企业老板给这位经理发送电子邀请函，连发几次都被退回。与他的秘书联系，秘书说邮箱满了。四天过去了，还是发不过来，再来问，秘书还是说邮箱是满的！无奈之下，对方选择了放弃，这位秘书所在的公司因此丧失了一个非常重要的商业机遇，而她被辞退也就在所难免了。作为秘书，每日查看、清理邮箱，是最起码的职责，而这位秘书显然是责任心不够。试想，这四天之内该有多少邮件遭遇了被退回的厄运？而这众多被退回的邮件当中是不是还会有更重要的内容？如果秘书能考虑到这一点，恐怕就不会让邮箱一直满着。

责任心就是这么重要。需要责任心的地方，并不一定都直接关系到企业的生存，但往往是那些看似并无大碍的小节之处，积少成多，积小成大，从而影响到企业的命运。

有一位自考本科生应聘到一家外贸公司，她的职位意向是经理秘书，但是，公司开始却安排她做办公室文员，具体任务就是负责收发、复印文件。她犹豫后，还是积极地投入到工作中去了。同事们交代的事情，她都能准确且及时地完成，同事们说她责任心很强，交给她工作很放心。有一次，经理十万火急地拿一份合同让她复印，细心的她习惯性地快速浏览了一遍，当经理有些不耐烦地催促时，她指着一处刚发现的错误给经理看。经理看后，惊出了一身冷汗。她的细致为公司避免了几百万元的损失。随后她很快被任命为经理秘书。我们不少人往往有这样的偏见，认为只有能力不强、没有开拓精神、素质不高的人，才会那么婆婆妈妈，那么注重细枝末节。而事实恰恰相反，责任心，是每一个身在职场的人所应具备的最基本素质。有了责任心，就会对自己的工作表现出积极、认真、严谨的态度，而工作态度决定着开展工作的方式，决定着投入时间、精力的多少，进而决定着工作的成效。有责任心的人，往往会在事业和生活中取得骄人的成绩，能够使自己走向成功，有时还能创造奇迹。

几年前，美国著名心理学家艾尔森博士对世界各个领域中的 100 多位杰出人士做了一次问卷调查，结果让他感到十分惊讶——其中 61 位杰出人士承认：他们所从事的职业，并不是他们内心最喜欢做的，至少不是他们心目中最理想的。后来通过跟踪了解，艾尔森发现，因为种种原因，这些人被安排到他们并不十分喜欢的领域，从事并不十分理想的工作，然而他们却能全身心投入，尽心尽力，尽职尽责，最终干出了成绩，成就了事业。

有责任心是一种职业道德，是一个职业人必备的素质。意大利诗人但丁在谈论人的知识和人品时说过这样一句耐人寻味的话："一个知识不全的人可以用道德来弥补，而一个道德不全的人却很难用知识去弥补。"可见道德是超脱于知识之上的，责任心有时候比兴趣和能力更重要。强烈的责任心使人对工作、对生活、对他人、对自己都会表现出热忱和活力。更高的职位意味着更多的责任，而担负起这些责任必须要有更多的责任心。

2

与领导相处的艺术

一、学会投石问路

1949 年 4 月中旬，毛泽东接见了国共和谈时期南京国民党政府代表之一的刘斐先生。由于刘斐对于和谈的前途尚有疑问，就试着问毛泽东："你会打麻将吗？"毛泽东回答说："晓得些，晓得些。""你爱打'清一色'呢，还是'平和'？"毛泽东听出刘斐话中之话，就笑着说："'平和'，只要'和'了就行了。"意味深长的谈话，使刘斐先生疑惑顿释。从这个例子可以看出，刘斐投出了"打麻将"这个石子，"问"到了国共谈判前途的"路"。

二、贵在勤奋

"业精于勤荒于嬉，行成于思毁于随。"孔夫子把用竹木简写成的几十斤重的《易经》抱回家，逐字逐句仔细阅读，一遍不懂就读第二遍，还不懂就读第三遍。这样三番五次读来读去，因为读的遍数太多了，把串在竹木简上的牛皮带子都给磨断了三次。最后，他终于将《易经》读懂了，并向人详细地介绍了这部书的内容。后人把这个故事编为一句成语叫"韦编三绝"，形容勤奋好学的精神。

三国时期有一个叫董遇的人，当别人问他怎样挤时间读书时，他说"应当利用'三余'"，并进而解释道："冬天，是一年里的空余时间；晚上，是一天的空余时间；阴雨天，也是一种空余的时间。"由于他善于利用时间，勤奋读书，终于成了三国时期的著名学者。

北宋杰出的文学家欧阳修，一生写了许多好文章。欧阳修写文章善于利用零星的空闲时间进行构思，每写一篇文章，便把草稿贴在墙壁上，从早到晚，边读边改，直到自己满意为止。他告诉别人："余平生所作文章，多在'三上'，乃马上、枕上、厕上也。"为了整理自己的文稿，欧阳修逐字逐句反复斟酌，用心良苦。他的妻子劝他："何必自讨苦吃呢？你这么大年纪了，难道还怕先生责备吗？"他回答："不是怕先生责备，而是怕后生笑话。"

毛泽东的秘书田家英聪明过人，干一行，专一行，懂一行。作为毛泽东的秘书，他自始至终参加了我国第一部《宪法》的起草工作。他收集了大量有关宪法和法学的理论著作，去杭州起草《宪法》时，带了两箱子书。在起草《宪法》的过程中，田家英读了很多法学书籍，还向毛泽东推荐这方面的书籍。

作为部属，尤其是领导身边的秘书，应将"勤奋"二字作为座右铭。具体内容有以下三方面：

（1）要充分利用业余时间。日本有位企业家叫士光敏夫，他认为能否成为一个有作为的企业家，关键之一在于业余时间是怎样度过的。他说："在上班时间开动脑子好好干，那是理所当然的，大部分人也是这样做的，在能力上也不会出现大的差异，然而下班回家后人们在业余时间使用上的不同，天长地久就会形成差距。""三上"也好，"三余"也好，无非是说要抓紧时间学习知识本领。只要有锲而不舍的精神，"滴水"终究是可以"穿石"的。

（2）要处处留心。《红楼梦》里有一句话："处处留心皆学问，人情练达即文章。"秘书要备好三个本子：一个是剪贴本，将报上的好文章剪下来贴在一起供查阅；二是摘录本，看到、听到的好文章随手记录一段，就连名胜古迹的名联也摘抄收录；三是情况本，自己了解的情况和别人反映的情况也要有重点地记一记。这三个本子，充分反映了一个人勤奋好学的精神。脑子里要经常装几个问题。对一个问题思考时间久了，钻研得深了，终究能够得出独到的见解来。

（3）要经常深入实际。实践出真知，最新鲜的东西往往来自基层。"纸上得来终觉浅，绝知此事要躬行"，只有深入实际才能了解鲜活的、真实的情况。那种想当然的处事方式显然是不符合办公室工作的。

三、谨防粗心

综观当今的机关工作，一些秘书人员不同程度地存在着粗心大意的毛病。有的秘书在调查研究中粗枝大叶，不能为领导者决策提供准确、及时的依据；有的秘书办事丢三落四，往往一件不大的事也要领导反复"补台"才能完成；有的秘书遣词造句不严谨，印发的文件漏洞百出，损害了领导和机关的威信；有的秘书不善于领会领导的意图，只是被动地完成领导交办的具体事情，不能为领导出谋献策当参谋等。要改变这种局面需要从以下四方面入手：

（1）手勤。在领导身边，不妨建立一个"备忘录"，把每天要办的事纲目式地记录下来，下午下班前再"过"一遍，力争把当天的事办完。同时要根据工作性质，注意收集领导所需要的信息资料，以备不时之需。

（2）脑勤。要按领导的意图和中心工作主动思考问题。平时，脑子里要多装几个"为什么"，多思考几个问题。这样，天长日久，养成"多思"的习惯，就能有效地克服信口开河、随心所欲等毛病。要及时将思考所得汇报给领导，特别是好的建议和意见要毫无保留地传达给领导，进而变成领导的决策并付诸实施。

（3）嘴勤。要多向周围的同事请教，特别要多向领导请示报告，以便得到领导和同事们的帮助和支持。嘴勤不等于喋喋不休，说个没完，问个不停。要注意把握分寸，哪些该汇报，哪些不该汇报，什么时候汇报，都要事先考虑好。汇报的次数要根据具体情况而定，对重要的、领导关心的事情，要适当增加汇报次数，这不但不会让领导反感，反而有利于工作的完成，也会赢得领导的信任和好感。

（4）腿勤。要尽可能地跟随领导下基层了解情况，多调查研究，积累经验，以便更好地辅助领导。

四、巧言"进谏"

在实际工作中，由于种种原因，领导的决策或批示有时并不符合客观实际，甚至出现错误，作为秘书应该努力使领导改变初衷，重新作出符合实际的决策。巧言进谏就是改变领导初衷的方法之一。具体来说有四点值得注意：

（1）将意见变通成问题提出来。当认为领导的决策、批示不正确时一般不要直接反对，更不要在大庭广众之下批评领导的决策、批示。可以将意见变通成问题，当面向领导提出来。在提问时将可能产生的后果一并阐述清楚，特别是对领导事先没有掌握的情况和考虑不周之处，要"借题发挥"，以动摇领导原先的决心，最终改变主意。提问时应该抓住重点，突出关键。同时，还要注意表达的语气分寸，使领导觉得你是诚恳的、善意的，不要因为表达不当，而使领导误认为你在"要花招"，变着法子反对他。

（2）提供几个方案供领导选择。即不直接地反对领导的决策，而是通过提供优劣不同的几种方案，间接地提出你的意见和主张，让领导权衡利弊，通过肯定其中的某一方案而改变原先的主张。因此，在提供多种方案时，要详细说明每个方案的优劣。对领导认可但实际效果不佳的方案，要尽量把新情况、新问题摆出来，把利害关系讲清楚，便于领导重新考虑原先决策的正确性。对隐含你的主张和建议的方案，要尽量讲得客观严谨些。要将论据有条理地、逐一地呈现在领导面前，以引起领导的重视。无论哪种方案，都要讲明它的优缺点。如果领导决定采纳隐含你的意见和建议的某一方案，或表示将吸取多个方案的优点，重新设计新的方案，那么你的进谏就真正起到作用了。

（3）向领导提供坏消息，婉转地表达你的意见和建议。如果你认为领导的决策不正确，而且在实践中已产生了不好的影响，就应该准确、迅速地向领导提供坏消息、坏情况，以促使领导重新认识原先作出的决策，进而修正原先的决策或作出新的决策。向领导提供坏消息时要注意有选择，不能信口开河，要尽量客观一些，婉转一些。要选择那些对全局有影响并具有典型性的事例，必要时还应该有能说明问题的数据和资料。这种事例贵在精而不在多，用好了就能收到"以一当十"的效果，还可以防止领导产生"逆反心理"。

（4）要讲究进谏的语言艺术。有句话说得好，"会说话的令人笑，不会说话的令人跳"。《战国策》里有一篇文章《触龙说赵太后》,讲的是触龙善于揣摩赵太后的心理,以叙家常的方式,迂回委婉地平息了赵太后的怒气,说服赵太后让她的爱子长安君为赵国出使齐国。这篇文章为秘书向领导进谏提供了许多有益的启示:①进谏时必须考虑领导的心境、情绪、神态等因素;②要设身处地为领导着想;③要从最要害的问题入手向领导进谏;④进谏时要有耐心和信心。

案例一:东方朔智救乳母

《太平广记》卷一百六十四记载:"汉武帝欲杀乳母,母告急于东方朔。曰:'帝怒而傍人言,益死之速耳。汝临去,但屡顾,我当设奇以激之。'乳母如其言。朔在帝侧曰:'汝宜速去。帝今已大,岂念汝乳哺之时恩耶?'帝怆然,遂赦之。"

这个故事说的是如果智谋用得恰到好处,就能起到事半功倍的效果。东方朔通过自己的智慧使汉武帝改变了初衷,其进谏的智慧值得秘书学习。具体来说,有如下三点值得注意:

(一)因人用智

汉武帝贵为天子,平时金口玉言,没人敢反抗,且当时在盛怒之下,弄不好就会适得其反。东方朔多年服侍皇上,懂得其心理,深知此事宜曲不宜直,须采用一定的策略才能说服皇上。这给了秘书工作一个有益的启示:秘书在参谋、辅助决策过程中,要根据领导的气质、思维模式、工作方法等,采取领导能接受的方式,适度参谋咨询。否则,秘书的"金点子"不但得不到领导的重视,反而容易引起领导的反感。

(二)动之以情

这是东方朔成功的另一重要原因。他向奶妈提了个好主意,即临刑走向刑场的时候,要一步一回头,看着当年的养子——今日至高无上的皇帝,表现出悲伤的神态。神态有时比语言更能打动人,奶妈悲伤的神态令武帝不能不"怆然"而"赦之"。

(三)因势用智

汉代朱浮《为幽州牧与彭宠书一首》说:"智者顺时而谋,愚者逆理而动。"假如东方朔不是用这种委婉曲折的方式劝导,而是让奶妈去向汉武帝求

情："皇上，我是你的乳母，你要想想养育之情，原谅我，别杀我。"那样反而弄巧成拙，招来杀身之祸。可见，秘书要说服领导，不讲道理固然不行，但是光有机械的推理和强硬的雄辩也不行。在我们的工作中常常会出现这样的情景：下属的建议理由充分，但与领导感情不符，更有甚者，由于感情上的隔膜，领导根本就不愿听下属的任何建议和意见，近乎蛮不讲理。因此，秘书要真正做到能参善谋，除了要提高自身的素质以外，还要掌握提建议的艺术。因人、因时、因势而动，动之以情，晓之以理，这样领导必会悄然动容，从而接受合理的建议。

五、兑现承诺

在与领导相处的过程中，秘书应该树立"言必信，行必果"的自身形象，始终做到"言而有信"。要使领导对秘书"放心"，觉得他"靠得住""信得"，一个重要的因素，就是兑现对领导的每一个承诺。

战国时期有商鞅南门立木的故事。说的是商鞅起草了一个改革的法令，但朝臣都持反对意见，秦孝公最终力排众议支持变法。法令刚推行时，商鞅怕老百姓不信任他，不按照新法律去做，就先叫人在都城的南门竖了一根三丈高的木头，下命令说："谁能把这根木头搬到北门去就赏谁十两金子。"不一会儿，南门口围了一大群人，大家议论纷纷，有的说："这根木头谁都能拿得动，哪儿用得着十两赏金？"有的说："这是成心开玩笑吧？"大伙儿你瞧我，我瞧你，就是没有一个人上去搬木头。商鞅知道老百姓还不相信他下的命令，就把赏金提到五十两。没有想到赏金越高，看热闹的人越觉得不合情理，仍旧没人上去扛。正在大家议论纷纷的时候，人群中跑出来一个人说："我来试试。"说着就把木头扛到了北门。商鞅立刻叫人传出话来，赏给扛木头的人五十两金子，一文也不少。这件事传开后，一下子轰动了秦国，老百姓说："左庶长（商鞅的官名）的命令不含糊。"商鞅知道他的做法已经起作用了，就把他起草的法令公布了出去，并很快加以执行。这个故事告诉我们，说到做到，是一个人立身处世的根本。商鞅不但遵守了对百姓的承诺，也遵守了对秦孝公的承诺，变法取得了成功，秦国国力更加强盛。

为此，在领导身边工作的秘书要作出承诺时应该考虑如下四点：

（1）不急于表态。当领导交代任务、下达批示时，应该洗耳恭听，直至听完，中途不要打断领导的话，更不要在听懂一点皮毛的时候就自以为完全明白了领导的意图，随便保证或承诺。一定要耐着性子仔细琢磨领导的每一句话，并真正弄懂原意；没有听懂的地方，在领导讲完以后，可以提出问题向领导讨教，直到弄清领导的意图。尤其是不要在领导尚未把话说完的时候就急于表态，好像已成竹在胸，甚至比领导还要高明，这样做的结果，一般都会让领导反感，从而损害自身的形象。

（2）表态时不要信誓旦旦。办任何事都要"从最坏处着想，从最好处努力"，不可想得太天真，以为什么事情都是可以顺利办成的。因此，不论领导交代的事情是大事还是小事，是难事还是易事，是急事还是缓事，都要全力去办。尤其是一些看来是小事、易事、可从容办理的事，都不能不屑一顾，甚至在表态时大言不惭地乱吹一气。这样容易给领导留下一种浮躁、不踏实的印象。要是事情没办成，那效果就更不好了。

（3）表示承诺时要留有余地。有把握也好，没有把握也好，都不要把话说得太满。尤其是预感到完成领导交办的任务有困难时，更不能违心说空话，盲目表示"没问题"。一般可表示"我努力去办""我争取提前完成""有问题我及时向您报告"等。难度越大的事，在表态时越要留有余地。

（4）作出某种承诺后要使领导对你充满信心。不论向领导作出什么样的承诺，都应使领导觉得你考虑得很周到，你完全有能力去办这件事，尤其是在你提问题、摆困难时，使领导觉得你的态度是严肃的、积极的，不是那种唯命是从、看领导眼色行事的人，从而赢得领导的信任。

六、领会领导的暗示

暗示就是用间接的、含蓄的方式表达自己的意见和态度。在与领导相处的过程中，必须懂得领会领导的暗示。为了领导的尊严和威信，秘书也必须要及时准确地给领导以某种暗示。这种互相暗示的过程，便是默契配合的过程。

《左传》中有个故事，说的是晋灵公劳民伤财要建九层高台，并下令臣属不得劝谏。大臣荀息笑道："大王，我给您表演个小把戏吧。"大王问："什么小把戏？"答："我可将九个棋子垒在一起，上面再加十二个鸡蛋。"晋灵公很感兴趣，让他表演。荀息把棋子垒完，又把鸡蛋一个一个地加上去，这时晋灵公不禁喊道："危险！"荀息淡淡地说道："这没什么，还有比这危险的呢！"接着痛切地说道："大王为造九层高台，到处征集民夫，导致地无人耕，布无人织，国家已近溃亡，难道不是比这更危险吗？"晋灵公幡然悔悟，于是下令停建高台。

1974年1月19日，中国与入侵西沙海域的"南越"军队爆发西沙之战。中南海毛泽东的书房，邓小平拿着一份电报匆匆赶来。"报告主席，海军要求增兵西沙战场。"邓小平边说边递上电报。认真研究了作战地图的毛泽东看完电报后，立刻表示"同意"。邓小平刚要离开，毛泽东忽然说："慢！"他略一深思，然后一字一字地说："直接走。"没过几天，台湾"国防部"的一份电

报送到蒋介石手里："中共4艘导弹护卫舰清晨抵达东引岛一侧，企图穿入台湾海峡。"台湾海峡当时被国民党海军和美国第七舰队控制。过去中国人民解放军海军的舰艇从东海调防到南海，或者从南海调防到东海，都要绕道台湾东南的公海，以避免在台湾海峡内发生摩擦和冲突。当时的蒋介石正在阳明山养病，对西沙战事亦很关注，看到电报，几乎未加任何思索说了一句："西沙战事要紧。"台湾军方心领神会，作了妥善布置。当天晚上，解放军东海舰队4艘导弹护卫舰顺利通过台湾海峡，国民党军队不仅没有开炮，还打开探照灯让解放军的舰队通过。

党的"八大"时，毛泽东交代秘书田家英写"八大"开幕词，只说"不要写得太长，有个稿子带在口袋里，我就放心了"。就这么一句话，要准确领会主席的意图就是个难题。田家英毕竟是中国当代秘书第一人，他敏锐地捕捉到了主席的真实意图：宣传七届二中全会精神，警惕党内骄傲情绪和腐败现象。这一意图有两层意思，它们互为前提，即"宣传七届二中全会精神"应来源于一段时期以来秘书田家英对主席的心意、态度、立场和观点的准确把握；"警惕党内骄傲情绪和腐败现象"则来自田家英对社会现实和党的现状的深刻洞察和敏感。最终，田家英写的"八大"开幕词不仅让毛泽东十分满意，而且还创造出了脍炙人口的格言："虚心使人进步，骄傲使人落后。"

这几个例子告诉我们秘书应该懂得领导的暗示：

（1）要学会"听话听音"。领导的意图、想法、观点等都会通过他的言谈表露出来。因此，好的部属完全可以"听话听音"，与领导"心有灵犀一点通"。当然，领导也会通过旁敲侧击、点到为止等方法，及时暗示秘书该不该做什么和说什么。这种暗示有时很深沉、含蓄，不用心体会是不能明了其中的意思的。

（2）善于察言观色。领导的一个手势或一个表情，有可能表达一种不愿用语言来表达的意思，因此，秘书必须留心观察领导的喜怒哀乐，以把握领导的心理，做好汇报工作；不善于观察领导神态的人，往往会在领导面前"碰钉子"。我们在机关组织汇报会，总有人在领导一而再，再而三地提示"简短些""这个情况我知道"的情况下，仍然唠叨个没完，最后没有不受到批评的。这就是他们不能领会领导意图而造成的。

（3）要有点"灵气"，要熟悉领导的生活习惯、思维习惯。秘书要随时随地捕获领导发出的各种暗示，准确加以"破译"。一般来说，领导的暗示往往有两种表现方式：一种是通过"体态语"，即通过表情、姿势、声音、服饰、距离等非语言的手段进行信息传递和沟通，诸如打手势、递眼神、做动作等；另一种是通过"隐语言"进行沟通，分为事先约定和临时发挥两种。前者也叫"暗号",它是活动前领导与秘书根据可能发生的情况而约定的;后者是根据领导和秘书日常的默契配合、反应能力、日常习惯而采用的。

七、秘书应有委曲求全的肚量

在工作中,理智地委曲求全,能收到很好的效果。作为部属,有时难免受到领导的误解,甚至不正确的批评。面对这种情况,秘书一定要"沉得住气",要有委曲求全的肚量,千万不要暴跳如雷,马上给领导"颜色看"。那样做既伤害了秘书与领导之间的感情,也无益于事情的解决。

委曲求全不是怯懦,而是一种顾全大局的表现。从某种意义上来说,委曲求全是对领导者的最大尊重。在需要委曲求全的场合,秘书应怎样做呢?

(1)要站得高,看得远,不要计较个人的名利得失。受委屈而不发作,受委屈而能心平气和,这从某种意义上说也是一种牺牲。这种牺牲虽然没有战场上的出生入死来得悲壮,但也是值得人们尊敬的。一个人如果对个人的名利得失斤斤计较,他可能在受到委屈时"拍案而起",与领导闹得势不两立,那样就一定会影响工作,贻误大事。因此,作为部属一定要加强学习和提高思想修养,善于从政治上观察和处理问题,多从大局着想,有高度的自我批评精神和自我牺牲精神。

(2)要正确看待领导的批评。部属的委屈大都是由领导者的指责、批评甚至训斥引起的。部属对来自领导者的批评要正确看待,特别对有出入、不完全正确的批评,更要正确对待。领导是人而不是神,他也可能说错话、办错事,也同样难免在批评人、训斥人时颠倒事实的本来面目,感情用事或凭个人好恶待人。遇到这种情况,唯一的办法就是先硬着头皮洗耳恭听,不加解释。领导正在气头上,越解释越会火上浇油。这种情况下说一句解释的话也是多余的。对于领导的正确批评,不论其在什么场合以什么方式提出,都应该虚心、诚恳地接受,并努力改正。如果你做了99件好事领导没有表扬你,但你做错一件事领导就批评你,而且是在大庭广众之下批评你,你也不要感到委屈。因为领导对你信任、器重,往往表现在对你的严格要求上。对于领导不正确的批评,也不妨先接受,以后找机会再说明,这比马上争辩以示清白要高明得多。

(3)要相信领导。作为部属,如果对自己朝夕相处的领导失去信心,那么,他就很难满怀信心地去迎接前进道路上的挫折与失败。相信领导,首先要相信领导能实事求是,明辨是非,知错改错。所以,当部属受了点委屈时,不要感到心灰意冷,更不要一蹶不振。如果部属认为自己没有错,就应该允许领导有一个认识的过程。应该相信,领导在明白事情的真相后,是能够正确处理的。彭德怀给洪学智赔过礼,毛泽东也曾因对一名卫兵发脾气而三次向卫兵赔

礼道歉。要相信，一个合格的领导是不会让部属一直受委屈的。

（4）受到委屈时，要多从下面几个问题检查自己是否真正做到了委曲求全：对领导的批评虽未马上反驳，却愤愤地离开；中途打断领导的话，为自己辩解；文过饰非，嫁祸于人；用刻薄的语言含沙射影地给领导以某种暗示；故意转移话题，假装没有听懂领导的话；对领导的批评表现出漫不经心和不屑一顾；对领导的批评立即作出反批评；灰心丧气，工作出工不出力。

八、克制性格弱点

案例二：祢衡之死

东汉末年的祢衡是一个才子，但也是一个狂傲之士。孔融把他推荐给曹操，他不但托病不见，而且还把曹操骂了一顿。曹操当时正招揽人才，虽然恼怒，但也不好加害。知道祢衡善击鼓，就招他为击鼓小吏。一日大宴宾客，曹操让祢衡击鼓助兴，用意是想借此侮辱祢衡，没想到这个才子在换装束（有专门的鼓吏衣服）的时候，竟当着众宾客的面把衣服脱得精光，使宾主感到没趣。曹操对孔融说："祢衡这小子，我要杀他，不过像宰一只麻雀或老鼠一样罢了！只是想到此人一向有些虚名，杀了他，远近的人会说我毫无容人之量。"于是，曹操想了一个借刀杀人的办法，强行把他押送到荆州牧刘表那里。

刘表及荆州人士早就知道祢衡的大名，对他的才学十分佩服，所以对他并不歧视，相反还礼节周到，把他当作上宾。他让祢衡掌管文书，"文章言义，非衡不定"，在工作上对他放手使用，十分信任。但祢衡这个才子的致命弱点就是目空一切。有一次他外出，刚好有份文件要马上起草，于是刘表叫来其他文书，让他们共同起草。他们"极其才思"，好不容易把文件写好了。谁知祢衡一回来，拿起文件看都没看完，就把它撕得粉碎，掷于地上。接着他硬要来纸笔，一气呵成写了一篇给刘表。他写的这份文件因"辞义可观"，深得刘表好感，但把其他的文书给得罪了。他不但经常说其他文书的坏话，而且渐渐地连刘表也不放在眼里，说起话来总是隐含讥讽。刘表本来就是一个心胸狭窄的人，自然不能容忍祢衡的放肆和无礼，但他也不愿担恶名，就把祢衡打发到江夏太守黄祖那里去了。

刘表把祢衡转送给黄祖，是因为他知道黄祖性情暴躁，其用意是想借刀杀人。祢衡初到江夏，黄祖对他也分外优待，同样让他做文书，负责起草文件。祢衡起初颇为卖力，工作干得相当不错，凡经他起草的文稿"轻重疏密，各得体宜"，甚得黄祖赏爱。有一次黄祖拉着祢衡的手说："处士，此正得祖意，如祖腹中之所欲言也。"祢衡和黄祖的长子黄射是较好的朋友，黄祖虽然是个急性子，但祢衡只要稍微收敛一下锋芒，克制一下过强的个性，对周围的人有礼貌些，黄祖不会无缘无故地杀他。然而让人扼腕的事还是发生了。有一次黄祖在战船上宴请宾客，祢衡的老毛病又犯了，竟当着众人的面，说了一些无礼的话。黄祖呵斥他，他还骂黄祖："死老头，你少啰唆！"当着这么多人的面，黄祖哪能忍下这口气，于是命人把祢衡拖走，吩咐将他狠狠地杖打一顿。祢衡还是怒骂不已，黄祖于是下令把他杀掉。黄祖手下的人早就对祢衡一肚子气，得到命令，黄祖的主簿（也是文书）便立时把他杀了。当时祢衡才 26 岁。

祢衡的死让人惋惜，却不让人感到意外。他太傲慢了，正如颜之推所说，是一种"诞傲"，即不合情理的、荒唐的傲慢。他要是能自重一些，有一点自知之明和容人之量，想必不会英年早逝。特别是他作为一个秘书，既对领导不尊重，也对同事不礼貌，恃才傲物，看不起任何人，这样的性格如何与人共事？他虽是生于乱世才遭受不幸，但就是生活在和平年代，像他这样的性格，即使没有杀身之祸，要在社会上立足也是很难的。一个秘书如果没有良好的人际关系，得不到领导的支持和同事的帮助，本事哪怕再大也是开展不好工作的。骄傲使人失败，确是放之四海而皆准的真理。

人人都有性子，而且各人性子不同。作为秘书，当然不能患"软骨病"，一天到晚看别人的脸色行事，一副见风使舵、奴颜媚骨的样子，但也不能目空一切、心高气傲、出言不逊、狂傲无礼。人不可无骨气，但不能有傲气。有一副对联是这样写的："虚心竹有低头叶，傲骨梅无仰面花。"对联中讲的也是这个道理，做秘书的一定要记住这一点。

九、防止越位

秘书是辅佐领导的助手。秘书要甘居从属地位，不逾矩，不揽权；要出力不越位，做到脑清、心诚、言慎。三国时期魏军行军主簿（即为曹操掌管簿籍和文书的官员，相当于现在政府的秘书长）杨修，才思敏捷，头脑灵活，颇具才华，但屡"犯曹操之忌"。《三国演义》中记载了这样几则小故事：一则是曹操去看新造的花园，在门上写了一个"活"字，众人皆不知其意，杨修说："门内写活，乃阔字也。丞相是嫌门太阔了。"曹操知道后，口里虽称美，"心甚忌之"。二则是塞北送来一合酥，曹操在盒子上写了"一合酥"三字，杨修即"取匙与人分食"，曹操问其原因，杨修说："丞相已写明一人一口酥。"曹操"虽喜笑，而心恶之"。三则是曹操欲试曹丕和曹植的才能，杨修却多次为曹植出谋划策，使曹操认为杨修与曹植联合欺骗自己，于是就有了杀杨修之心。最后，当曹操兵退斜谷前，被马超所拒，退又恐蜀兵讥笑时，传出夜间口令为"鸡肋"，杨修就叫士兵收拾行装，准备归程，因为"鸡肋""食之无味，弃之可惜"。最终，曹操以惑乱军心罪杀了杨修。

杨修的死，书中写的原因是"才误"，好像是"才"害死了杨修。但是从秘书学的角度讲，杨修根本不了解秘书工作的性质，他虽才华出众，却不具备秘书的素质，难免招致杀身之祸。

（1）作为秘书，对领导要有深切的了解。只有了解领导的人生哲学、处世态度、个性爱好、工作方式、生活习惯等，才能很好地领会领导的意图，配合领导工作。如果对领导不甚了解，就容易错误地领会领导的意图，这样非但达不到预期的目的，而且会适得其反。杨修虽然才华横溢，却忘记了曹操是主角，自己是配角，只顾自己出风头，毫无顾忌地表现自己，当然会引起曹操的忌恨。

（2）秘书工作有很强的政治性。秘书是为现任领导人和领导集团服务的，秘书工作应体现领导的意图和愿望，这就决定了秘书应该立足秘书的岗位，协助领导总揽全局，提供全方位、全过程的服务。而杨修"恃才放旷"，作为军中主簿，应该恪尽职守，很好地为曹操服务，处处维护曹操的威信，而他却数次瞒着曹操为曹植出谋划策，参与曹丕与曹植的权力斗争，严重干扰了领导的决策和权威，与其"主簿"的身份严重不符。

（3）秘书工作的辅助性和被动性的特点，决定了秘书的位置是在指挥台的后面。秘书工作具有被动性，并不意味着秘书工作是消极的，而是要求秘书在被动工作中求主动，要有超前意识为领导服务，但这种超前服务必须适度而且可行。秘书只能参谋，不能决策，既要超前服务，又不能越位，否则就会造成秘书的"权力膨胀"或"越位超权"，从而使领导和秘书都陷入被动的境地。

杨修具有超前性思维，能从错综复杂、瞬息万变的战争形势中，分析出魏军的处境，意识到如果不撤退，将会遭受失败，他从口令中也体会到曹操的这种心理。此时的杨修，应该辅助曹操作出正确的决策，而不是擅自命令将士准备行装，因为主帅并没有下令撤退。因此，曹操有充足的理由将他斩首。

作为秘书，必须摆正自己的位置。辅助决策不等于决策，秘书要很好地发挥参谋、助手作用，但绝不能越位、越权。现代社会，有的秘书自以为经常在领导身边，所以到了基层往往以领导自居，以领导的口气发号施令，指手画脚；有的秘书除决策越位外，还常常表现在工作越位、表态越位、礼仪越位等方面。因此，秘书必须摆正自己的位置，恰如其分地为领导服务。

十、秘书汇报方式"四忌"

秘书在向领导汇报工作或情况时，应注意以下"四忌"：

（一）忌汇报不得要领

领导听汇报（领导主动也罢，秘书主动也罢），最基本的目的是要了解某一方面的工作情况。因此，从心理学角度讲，此时领导最想知道的是带有结论性的东西，而之后才针对情况了解事因和过程。在发生紧急情况时尤其如此。如果秘书在汇报时不能把领导最想知道的结果及时告诉他，他当然不满意。长篇大论，面面俱到，却始终不见"庐山真面目"，不但浪费领导的时间，关键还在于违背了人们心理活动的规律。

（二）忌汇报中掺杂个人恩怨

在我国，各级领导都是人民的公仆，全心全意为人民服务是领导者职业道德的根本。只有无私，才能公道。古人云："政在去私，私不去公道亡。"摒弃私心，处事公道，是对每一个领导的基本要求。这也就决定了他们在听取汇报时必须采取的基本态度，即希望听到真实的，不掺杂任何水分、"杂质"的情况。每一位正直的领导都讨厌那种掺杂个人恩怨的汇报。

（三）忌事实与个人推断混为一谈

一位从事机关宣传工作的秘书，向领导汇报干部和职工理论学习情况时，有这样一段话：

"最近通过对干部和职工进行党的基本路线教育，提高了大家的觉悟，增强了主人翁的责任感，焕发了大家的工作积极性……我想，最近全厂的生产进度一定有大幅度的提高。"

"提高了多少？"领导马上问了一句。

"说不具体。"

"说不具体怎么知道有大幅度提高？"

领导之所以对这位秘书的汇报不满意，症结在于他把事实与个人推断混为一谈了。"通过理论教育，焕发了积极性"，这些恐怕都是事实，但"我想最近全厂的生产进度一定有大幅度的提高"就是个人推断了。

（四）忌语言逻辑混乱

有位党委秘书如此向党委书记汇报工作："您出差后，厂党委召开了全厂职工大会，大力进行表彰和奖励，颁发了证书和奖状，登上了光荣榜，并向家属送喜报，形成了一个学先进、争先进的新风气。"

这段话让党委书记不解：

第一，厂党委向谁颁发了证书和奖状？

第二，厂党委颁发的是什么"证书""奖状"？是"先进生产者证书""模范共产党员证书"，还是"产品合格证书"或什么奖状？

第三，"形成了一个学先进、争先进的新风气"的主体只是家属，还是全厂干部、职工和家属？

显然这段汇报中存在着严重的逻辑问题。

十一、甘当配角

案例三：一封电子邮件导致秘书被"炒鱿鱼"的启示

某公司一位秘书给总经理写了一封电子邮件，被炒了鱿鱼。事情的来龙去脉是这样的：

某一个晚上，某公司总经理回办公室取东西，到门口才发现自己没带钥匙。此时他的秘书已经下班。总经理试图给秘书打电话，但是一直联系不上。数小时后，总经理难抑怒火，于是在深夜 1 点 13 分通过内部电子邮件系统给秘书发了一封措辞严厉的"告诫信"，内容为：

王秘书，星期二我曾告诉过你，想问题、做事情不要想当然。可是今天晚上你仍把我锁在门外，我要取的东西都在办公室里。问题在于你自以为是地认为我随身带了钥匙。从现在起，无论是午餐时段还是下班后，你都要确认你服务的每一名经理没有其他事后才能离开办公室，明白了吗？

王秘书收到电子邮件后，没有承认错误并接受总经理的批评，而是在两天后以强硬的态度和咄咄逼人的气势给总经理回了一封令人吃惊并导致自己被炒鱿鱼的电子邮件：

第一，我做这件事是完全正确的，我锁门是从安全角度上考虑的，因为一旦丢了东西，我无法承担这个责任。第二，你有钥匙，你自己忘了带，还要说别人不对。造成这件事的主要原因是你自己，不要把自己的错误转嫁到别人的身上。第三，你无权干涉和控制我的私人时间，我一天就 8 小时工作时间，请你记住中午和晚上下班的时间都属于我的私人时间。第四，从到单位的第一天到现在为止，我工作尽职尽责，也加过很多次班，我也没有任何怨言，但是如果你要求我加班是为了工作以外的事情，我无法做到。第五，虽然咱们是上下级的关系，也请你注意一下你说话的语气，这是做人最基本的礼貌问题。第六，我要在这儿强调一下，我并没有猜想或者假定什么，因为我没有这个时间也没有这个必要。

从秘书的这封邮件内容来看，她所讲的句句都是实话、真话，但是，她忘记了自己的秘书身份，漠视了与总经理之间的上下级关系，对自己的角色定位理解不深，把握不准，导致最终丢了饭碗。作为秘书，应认清自己的角色位置，摆正和领导的关系，受到领导批评时，要做到不急不怨。特别是当领导弄错情况、批评方式不当时，如果秘书沉不住气，受不得一点"冤枉气"，自恃有理，与领导大吵大闹，不仅有失角色行为规范，而且可能导致角色崩溃，也影响到单位的整体形象。这样的秘书无论能力多强，到哪里都不会受欢迎。那么，秘书该如何对给自己所扮演的角色正确定位呢？关键是秘书必须有明确的甘当配角、甘当服务员的意识。

一是甘当配角。人们在探讨秘书工作的地位和作用时，常常用主角与配角这一形象、恰当的比喻来形容领导与秘书之间的关系。这是因为秘书工作是伴随着领导活动，依照领导活动的需求而设置和存在的。离开了领导活动，就不存在独立的秘书工作。所以，从领导和秘书在工作中的地位来看，领导对工作具有支配权、处置权，在工作中处于领导和支配地位，对事物的发展起着主要作用。而秘书必须培养和树立强烈的服从意识，通过办文、办会、办事等具体工作，为领导当好助手和参谋，提供各方面的方便和服务，从而使领导从繁杂的事务中解脱出来，集中精力抓大事。

二是甘当服务员。作为一个秘书，必须树立和培养鲜明的服务意识。秘书所承担的每一项具体工作都是具有服务性质的，主要是为领导服务，也包括间接为机关、基层服务。秘书必须把服务作为基本职能，自觉树立服务意识。秘书应该明白，领导的需要就是自己的工作，领导的要求就是秘书的职责。秘书应随时准备听候领导的差遣，招之即来，来之能战，战则能胜。即使是业余时间也应随叫随到。另外，秘书还应是多面手，小事能干，大事也能干，只要是工作需要，就应该努力去完成，主动服务。

这个事例中，由于秘书没有正确认识自己的配角地位，没有树立服务意识，没有摆正自己的工作位置，没有正确地理解和贯彻总经理的意图，因而做了与秘书身份不相符的事，说了与秘书身份不相称的话，那么她被"炒鱿鱼"也就不足为怪了。

十二、怎样与领导建立和谐融洽的关系

秘书是领导的参谋和助手，秘书与领导是关系最为密切的搭档。按理，秘书与领导处理好关系不成问题，但事情并不像人们想象的那么简单。由于每个领导的气质、性格、习惯、工作作风、对秘书的要求、爱好和能力等都不尽相同，所以秘书人员要想与领导建立一种和谐融洽的友好关系就必须掌握一些与领导相处的方法和技巧。

（一）准确定位，绝不越位

"越位"是秘书在与领导相处中经常会犯的一种错误。其主要表现有决策越位、表态越位、工作越位、答复越位、场合越位等。秘书发生越位行为的原因很多，从领导角度说，有的单位或部门可能"兵强将弱"，领导控制不了秘书；有的单位或部门的领导可能对权力撒手太过，一些本来应由自己办的事也交由秘书办，缺乏及时的、必要的集权等。从秘书角度来说，可能有的秘书心理品质有问题，不把领导放在眼里，认为自己比领导高明，因此凡事好为领导先；而多数有这方面错误行为的秘书则是由于不能准确认识到自己的角色定位，在不知不觉中出现了越位行为。

秘书越位往往会对其与领导的关系带来严重危害。秘书越位严重必然会导致领导偏离帅位而大权旁落，无法实施领导行为。因此，出现这类问题领导只要还有能力来纠正，他就一定会毫不犹豫地纠正。秘书屡屡有意发生这种行为，领导就会视之为危险人物，对其处处警惕、事事留心，利用各种办法和力量来制约他。在这种领导对你控制唯恐不及的情况下，你绝不可能与领导建立和保持良好关系。

在现实生活中，有一些秘书工作干了不少但效果不佳，究其原因恐怕与越位有关。尽管越位有有意和无意之分，但只要你越了位就会引起领导和同事的反感。因此，秘书要处理好与领导的关系，就必须给自己准确定位，固守角色本分，注意防止和克服越位现象。

（二）除了尊重，还是尊重

秘书在工作中最忌讳的就是冲撞领导、挑战权威。因此，不管你的领导平时多么平易近人，多么和蔼可亲，你也绝不可不尊重他。因而你在和领导相处时，要牢记一个原则：除了尊重，还是尊重！这也是秘书工作的基本准则。

某单位秘书小侯送一份材料给领导审阅，这位领导提笔改动了材料中某名人的一段话，小侯立即对领导说："这句话不能改。""为什么不能改？""这是某名人的原话！""某名人也有错的时候！"领导显然不高兴了。"不用这段话也行，但改动原话恐怕不太好。"小侯还在坚持自己的意见。"我就是要改！"领导有些恼火，小侯快快而去……

不尊重自己的领导或者冒犯领导的权威，实际上就是在和自己过不去。能否被提拔晋升，才干和成绩只是其中的重要因素，与领导的关系才是决定性的因素，因此秘书在工作中应注意时时处处树立上级权威，维护领导形象，充分地尊重上级。

有些下级发现上级是平庸之辈，因而采取敷衍应付的态度，这样终究会影响与上级的关系和个人的前途。因此，对平庸的上级也应给予应有的尊重。因为不论多么平庸的上级，终归是一个组织的核心人物，维护他的权威和形象实际上也就是维护了整个组织的形象。

（三）主动辅助，拾遗补阙

领导也不是全能的，在某些方面可能不如秘书。因此，秘书应该主动辅助，弥补其不足，共同将工作做好。

秘书小陈的外事工作知识相当丰富。在公司的一次人事变动中来了一位新领导，小陈发现这位领导很欠缺外事工作知识，在接待外商时表现得很外行。有一次，公司要接待一名前来访问的外商，新领导为了表示足够的重视，决定亲自布置接待场所。小陈发现领导不知道该放一些什么样的鲜花和装饰品，于是便对领导说这些小事无须领导亲自动手，由他代劳即可，领导同意了。最终，这次接待活动搞得非常成功。此后小陈在与领导闲聊中又讲了许多外国人的禁忌和偏爱，让领导学到了不少知识，小陈也由于能与领导谈得来而受到领导器重。

（四）根据领导作风，确定自己的行事风格

从领导作风上分类，可以把领导分为专制型、民主型和放任型三种。专制型领导要求被领导者绝对服从，这种领导在工作中喜欢发号施令，表现出雷厉风行的作风；民主型领导看重集体智慧，重大事情由集体讨论决定，也诚恳地欢迎下属提出一些建设性意见，注重单位内部人际关系的和谐；放任型领导喜欢把权力分散下去，善于调动广大员工的积极性，给人一种随和、不拘一格的印象。无论你的领导属于哪一种类型，你都必须很好地适应领导，与领导在同一条跑道上奔跑。

（五）根据领导关心的对象，设计自己的外在形象

从领导所关心的对象来看，可以把领导分为重工作型、重组织型和重关心人型三种。关心工作和组织的领导在谈话中会较多地谈到单位的工作，在这种领导面前你就得尽量表现出自己对待工作、事业的热忱、积极性以及良好的专业素质和能力。重关心人的领导一般希望单位内上下级关系融洽，大家团结协作，因此你必须给领导一个具有合作精神、尊重他人，尤其是尊重领导、不计较个人得失、宽以待人的良好印象。

（六）了解领导的好恶，减少摩擦

作为组织中的核心人物，领导也有自己的好恶。好恶的形成往往没有什么道理可讲，即使有些好恶看起来似乎违背了常规、常理、常态，但若未对他人造成侵害、对社会秩序形成干扰也就无须加以指责和校正。人生百态，每个人的好恶都是其中一景。你只有了解领导的好恶，使自己尽快适应，才能与领导处好关系。如果你的喜好与领导大相径庭，就要自己主动调适，而不能让领导去适应你。

有趣的是，我们常常看到周围一些人对别人既无伤大雅又与他人无关的行为方式横加非议，理由就是看不惯。其实大可不必如此。这个世界不会按照任何人的喜恶去塑造芸芸众生。与领导相处要学会宽容，以达观的态度面对领导。在与领导相处中你会发现，具有善良本性的领导不一定都具有让人喜欢的行为方式。让自己适应领导要比让领导适应你容易得多。如果你这样去想、这样去做，那你就会减少与领导之间许多无谓的摩擦。

（七）批评领导，要讲究方法

领导是人不是神，领导也会犯错误。领导犯了错误，作为下属的秘书也可以批评。但为了既让领导接受你的批评又不影响关系，你就要讲究一些方法技巧。

一是要以提醒代替批评。生活中，我们常会遇到这样的领导：他曾与某个客户约好中午吃饭，可自己却忘记了，反过来责怪你没有提醒；本来是领导自己将你整理好并已交给他的文件放在一边忘了翻阅和签字，当有关部门追要时反而质问你为何不提醒他或早点给他。如果你的领导三番五次犯同样的错误，你就可以经常提醒他：别忘了今天的约会，有份文件还没有签。这样一来，每件事情都会做得井井有条，也顾全了领导的自尊，让他认识到你的重要性。

二是以关心体谅代替批评。如果你只看到领导的缺点而看不到自己的错误

和过失，那么你批评领导就不会设身处地为他着想。也许他有种种苦衷，你只有充分地理解领导、体谅领导、关心领导，批评领导才能收到好的效果。

三是私下交流。大多数人都不喜欢被批评，尤其不喜欢别人当众批评他的错误。所以，对领导的一些不当的做法要找个适当的场合私下说。另外，还要注意说话的语气。有许多人"吃软不吃硬"，所以，用委婉的语气提出领导的错误更容易让他接受。

（八）韬光养晦，大智若愚

秘书队伍中不乏才高之人。"才高被人忌"，这是古今职场的通病。秘书最好学会韬光养晦，做到大智若愚，这样才能善始善终。明朝的徐达智勇兼备，是朱元璋手下的一员得力干将，几乎每逢大战役他都会被委任为元帅。朱元璋在每次出征前总要对他说："将在外，君不御，将军认为该如何就如何好了。"话虽这么说，他却能随时随地控制徐达，他的爪牙无时不在监视着徐达的一举一动。徐达深知其中的机关，所以，并不因为有朱元璋的那句话而任意妄为，而是每遇稍大一点的事都派亲信报告给朱元璋，这才使得他一直没有遭遇被贬甚至被加害的厄运。通常情况下，人们是不会同一个"温顺"之人计较的。所以，一些识时务的能人俊杰面对各种可能的忌妒，常会以隐藏实力来保全自己，避免各种暗箭的伤害。

十三、秘书与领导之间

丁丽是某局长的秘书，她是资深的老秘书了，深得局长的信任。因为工作的关系，她跟领导最亲近，经常向领导们请示汇报工作，所以局里领导们的事她最清楚。她最近有些心烦，因为她发现局里两位副局长——王副局长和刘副局长之间的矛盾越来越深了。有时王副局长还在她面前抱怨几句刘副局长，丁秘书不敢有所表示，每次都借故避开话题。她心里明白王副局长这样说，是希望能得到她这位局长秘书的支持。本来也是，局长年纪大了，还有两年就要退休了，很有可能就从两位副局长中选一个扶正。两人本来在工作上就时常有不同的意见，再加上涉及个人前途，他们之间的争斗就更复杂了。丁秘书身在其中，有时觉得很难做，处理事情都是小心翼翼的。有一天，丁秘书送文件去王副局长办公室，敲门进去以后，发现刘副局长也在。丁秘书定睛一看，看到刘副局长面色铁青，好像刚才正在与王副局长激烈地争论着某个问题。丁秘书见状马上说："对不起，我过一会儿再来。"但刘副局长叫住她说："丁秘书，你等会儿再走，过来听听，我们俩的意见谁有道理。"丁秘书马上说："对不起，刘副局长，我没时间，局长让我送完文件后马上就去他办公室，他还有急事让我办。还有王副局长，局长说这份文件很重要，请您看完后抓紧时间落实。"说完，就退了出去。其实，丁秘书撒了个谎，局长没有急事让她办，可要不这么说，刘副局长就不会让她走，两位副局长意见有分歧，让她一个做秘书的作评判，她又能说什么呢？

这个案例告诉我们：秘书与领导者群体的关系远比与单个领导的关系复杂。若处理不当，会使秘书处于左右为难的境地。秘书要想处理好这种关系，首先，应该认识到领导群体有矛盾是正常的，绝对没有矛盾是不可能的。再者，当领导群体有矛盾时，秘书应该坚持以大局为重，以利于领导群体团结为原则。按照矛盾的不同性质、程度和表现方式，秘书可考虑采用沟通、回避、中立的方式妥善处理，不能以个人感情的好恶来取舍，支持一边，反对另一边，更不能为一边提供反对另一边的材料，扩大他们之间的分歧，加深他们的矛盾。

3

信息工作

一、信息预测的常用方法

在秘书工作中，根据以往的资料，根据工作过程中的经验和教训，根据客观事物发展变化的规律，通过定性或定量分析、计算方法，来预想或推知某一工作、某一情况、某一事物的未来发展变化，这就是预测。一个尽职的秘书，对本单位、本部门工作的未来趋势和结局，应有一个合理的预见和推测，并在此基础上积极动脑筋考虑对策，最后将这些一并交给领导，供领导决策时参考。同时，在事情紧急的情况下，还应积极主动地做些实际准备工作，免得贻误时机。信息预测的内容十分广泛，凡是能引起事物变化的因素，都有可预测的内容。下面介绍几种常用的预测方法。

（一）经验预测法

在调查研究的基础上，秘书通过对一系列情况进行分析，依据平时的经验，对事物的发展前景作出判断。这种判断有一定的主观性质，但它是以长期对事物发展的一般规律的认识与掌握为依据的。经验预测实际上是意识的反作用在信息预测中的应用，所以有一定的准确性。

（二）系统预测法

零碎、分散、片面的信息对信息预测作用不大，如果我们分层次、按领域，根据事物的不同范畴，将这些信息分别储存起来，分门别类，则可以收到由偏到全、由零到整的效果，使之成为具有连续性和系统性的信息类别。比如进行党务信息预测，应侧重积累与党委部门实施政治领导有关的政策、思想、改革等信息；工厂进行产品信息预测，则要以原料供应、产品销售、市场供求等信息为主。

（三）潜在预测法

有些信息是明显地暴露在人们眼前的，具有表面性、动态性特点，这样的信息容易被人们采集和利用。然而，表面、动态信息的背后，往往蕴藏着许多隐蔽情况，这些隐蔽情况又多是未被人们认识和利用的超前性信息。这种隐蔽信息比表面信息价值更大，它可以使信息的运用者走在别人的前头，取得工作的主动权，产生独家信息。例如，某地羊毛一时跌价，但不会长期低下去，一年后，羊毛价格将会上涨。有的养殖专业户就利用了这个潜在的信息，在羊毛低价时发展了养羊业，并因此而致富。所以，搞信息预测绝不可以忽视对潜在信息的发现。

（四）相关预测法

信息同其他事物一样，具有与自身之外的一些事物的内在联系（如因果、相关联系），这些事物的变化和发展，影响着信息自身的变化和发展。对信息作相关性分析，可以找出相关信息之间的变化关系和规律，据此预测事物的发展趋势和结果。这种根据事物的相关性进行预测的方法，称为相关预测法。这种方法多用于中长期的信息预测。

（五）引申预测法

随着时间的推移，信息现象常处在不断变化发展之中，进行信息预测，就要不断地研究这种变化，探索变化规律。引申预测法就是寻求这种发展变化规律的一种方式。它是以时间序列反映的政治、经济、生活等社会现象在不同时间发展变化的规律性为依据，进行引申外推、预测未来发展趋势和水平的常用方法。如农业生产的预测，在通常情况下，可用若干年的产量算出其年平均增长量或平均增长率，来预测后几年的发展水平。时间序列引申预测范围很广，很多事物都可以编入时间序列，其预测时间应以事物发展变化情况来确定长短。在不妨碍预测目的的前提下，应将预测期限尽可能缩短。

（六）类比预测法

类比预测法是指通过联想的方式，由甲想到乙，由此类事物想到彼类事物，触类旁通地进行思维模仿、扩散，这样能够从某类信息中收到举一反三的效果。当看到其他行业某一产品出现滞销时，就要想到本行业的类似产品的销售前景是否也有这种趋势，外地出现某种情况，要联想到本地是否也有可能出现类似情况。美国有个很特别的企业家，名叫保罗·道密尔，他专门收购濒临破产的企业，而这些企业一到他手中就变得很有生气。一次，他看中了一家即将倒闭的工艺品厂，以较高的价钱买下进行整顿。以前这家企业采用的是传统的推销办法，他大胆引进现代营销模式，五年后这个企业大为改观。还有一次，他买下一家玩具厂，发现该厂倒闭的原因在于包装破损太多，全是包装粗心和搬运不慎造成的。于是他规定"凡破损率超过千分之一的，就扣工资；凡弄坏产品隐瞒不报，被客户退回来的，隐瞒者将被解雇"。从此，破损事故很少发生。保罗·道密尔的成功其实就在于他能运用类比预测法，找出别人失败的原因并加以避免。

（七）比例预测法

比例预测法即根据日常生活中存在的比例关系，进行比例推算预测。比如产品和生产成本之间的关系、人口基本生活资料需求的比例关系等。我们只要掌握了某地供应范围内的人口数量和构成，就能推算出米、面、油、盐、酱、醋、柴等的需求量。同理，如果知道了产品和生产成本之间的比例关系，则可以推测今后一个时期的生产成本。

案例一：一条信息引资 300 万元

南漳县是湖北省的桑蚕生产基地。1995 年 10 月，南漳县桑蚕喜获丰收。但由于桑蚕收购资金没有纳入计划，致使收购旺季资金缺口达 800 万元，蚕茧收购出现了"打白条"现象。于是，农民用白条交纳"三提五统"，桑农用白条来看病就医，学生用白条来抵交学费。当时秋播在即，桑农情绪很不稳定，部分桑农甚至毁桑种粮，生产积极性严重受挫。10 月中旬，正在襄阳市做调查研究工作的湖北省委办公厅信息处王处长闻讯后，专程到南漳县座谈了解，并安排县委办公室迅速编写了"南漳县蚕茧生产收购资金缺口达 300 万元"的信息上报省委办公厅信息处。信息处的同志处理后立即专报正在丹江口市考察的省长。省长高度重视，当即批示由副省长和省政府秘书长召集有关部门研究解决。时隔一周，省、市有关部门为南漳县解决了 300 万元专项收购资金，缓解了蚕茧收购的燃眉之急，稳定了桑农的情绪。

一条信息引资 300 万元，给秘书的启示是：

（1）信息是解决问题、缓解矛盾的减压器、减震器。反映问题、化解矛盾是信息工作的重要任务。问题信息和矛盾信息反映、解决的过程，就是为基层减压、降压的过程。这一点在信息中表现得尤其突出。

（2）信息是促进地方经济发展的推动器。信息工作的指导思想是"三服务"，即为上级领导服务、为本级领导服务、为下级领导服务。其根本点是为经济工作这个中心服务，为发展地方经济服务。从这个角度讲，信息是地方经济发展的推动器。

（3）信息是促进经济发展最便捷、最经济的黄金通道。信息是一种速度快、产出效益高、附加值高的精神产品，信息高速公路是一条充满希望的黄金通道。一条 300 字的信息，竟换取了 300 万元的经济效益，真可谓"一字万金"。如果按照常规办法去争取资金，也不知何时才能到位，问题和矛盾更不知拖到何时才能解决。事实证明，信息是看不见的"摇钱树"，是最大的效益工程。

案例二："多打"信号弹"，少放"马后炮""

秘书的信息服务要超前，做到多打"信号弹"，少放"马后炮"。

一次，某厂领导办公会在会议室召开。会上分管设备的副厂长罗大佑提出了技术改造方案，以提高企业的竞争能力，要求把刚刚收回的一大笔货款重点投放到机械设备上。管财务、生产的副厂长表示这个方案是有远见的。当厂长正要拍板决策时，在一旁记录的秘书小陈向在座的有关领导提供了他所掌握的四则信息：一是我国粮食进入市场，粮食价格上涨趋势十分明显；二是国际上几个主要粮食出口国和粮食进口量大的国家今年均遭自然灾害，国际性粮食歉收趋势已定；三是供应我厂工业粮食原料的产粮区今年都遭到严重的水灾；四是今年是乡镇企业发展最快的一年。这些乡镇企业起步时较多利用其资源优势从事投资少、见效快的食品和酿酒业，这些都将以粮食为原料。根据以上情况，陈秘书认为，期粮价必将上涨，而且涨幅较大，本厂每年工业原料用粮10万吨，若每公斤原料用粮上涨0.3元，全年就是3 000万元！因此，陈秘书冒着被人误解的危险提出了自己的看法：当务之急是在粮食涨价之前购进原料，这样可以降低成本，提高竞争力，获得一笔可观的经济效益。然后，再把获得的盈利投入技术改造。由于经济实力更强，届时技术改造的起点可以更高，最好能多点投入，以达到国际先进水平。这样，工厂的技术设备实力就可以登上一个新台阶，为本厂的产品参与国际市场竞争打下坚实的基础。

陈秘书对粮食原料价格变化的分析和预测，提供了一个认识问题的全新角度，引起了与会领导的关注与认真对待，大家在"先搞技术改造，还是先购进即将涨价的粮食原料，待取得经济效益后再以更大的投入去从事高起点的技术改造"之间进行了分析论证，最后大家一致决定采纳陈秘书的建议。事实证明，陈秘书的预测是正确的，他的方案使企业获得了巨大的经济利润。如果陈秘书在会上一言不发，企业势必会遭受重大经济损失。那么，秘书应如何做好信息的超前服务呢？

（1）要立足当前，着眼全局。秘书是领导的"助手"和"耳目"，应当具有高瞻远瞩的战略眼光，善于纵观全局，审时度势，作出正确判断。为此，秘书必须做到"三个了解"：一是了解上情，深刻理解党的路线、方针、政策，知道党中央当前提倡什么、肯定什么、否定什么，这样秘书参谋才能心中有数；二是了解下情，知道群众在想什么、议什么、干什么，最喜欢什么、最讨厌什么，这样工作才能有的放矢；三是了解领导的意图，知道领导想什么、议什么、在做什么、想抓什么，这样才能提供"适销对路"的决策参考信息。

（2）要热中求冷，冷中求热。所谓热中求冷，就是在大好形势下要看到存在的问题和不足，提醒领导在成绩面前保持清醒的头脑；所谓冷中求热，就是在问题较多的情况下注意寻求解决问题的办法和措施，协助领导驾驭矛盾，总揽全局。

（3）要适应形势，了解新情况。在改革开放的新形势下，各种新生事物层出不穷。作为秘书，头脑里要时刻装一个"新"字，务求新情况早了解、新问题早发现、新经验早总结。为此，必须在"勤"字上狠下功夫，做到脑勤多想、眼勤多看、耳勤多听、手勤多记。这样才能有效地掌握时代脉搏，增强工作的预见性，把参谋、服务提高到一个新的水平。

二、严肃慎重地处理数字信息

秘书所经手的信息有很大一部分是数字信息。在基层单位，统计工作大多由办公室兼管，即使有专门的统计人员，各种统计数字也需报到办公室，由秘书整理或汇总后形成报表或文件材料，再上报有关领导或各级机关。秘书部门处在数字汇总的"枢纽站"。这就要求秘书部门在处理数字信息时要严肃慎重，以防失真。

近年来统计数字弄虚作假的突出表现是报成绩、论功劳时使用"放大镜"，摆问题、提缺点时则用"缩微镜"。河北某县在 1984 年展开"增百"（人均收入年增百元）活动中，虚报该县农村人均收入增长 107 元。同是该县，1988 年为了评上"贫困县"，享受国家优惠待遇，虚把当年人均收入下压了 50 元。该县的两次虚报，就是统计数字造假的一个缩影。

要想彻底改变统计数字的浮夸造假之风，除上级领导带头转变作风，加大查处力度，最关键的还是从基层抓起。

（1）基层领导要端正心术，不可有意造假。现实情况表明，许多数字造假是经过领导授意的。某乡 1992 年计划生育工作在评估中呈落后状态，为跨入"先进"行列，使年终不被"一票否决"，乡党委书记多次主持召开党政领导会议，商量对策，并认可了分管计划生育工作的副乡长提出的"改年龄、改出生"及编造假材料、假报表的主张。该乡实际排队应在 57 位，属"一票否决"之列，但对统计数字进行"技术处理"后，排在了 21 位，还获得进位奖金 1 050 元。不难看出，该乡统计数字作假，是乡党委研究决定的，主要责任在领导。

（2）基层的秘书要严把关，设置去伪存真的防线。秘书在日常工作中兼管统计数据的收集、计算、整理、核实、汇总及上报等具体事务，所以应严把统计数据运转环节的各个关口。为保证数据的准确无误，秘书应重点把好以下四关：一是计算关。有时，包括秘书在内的统计人员本无意造假，但由于计算有误，就错把不实的数据上报了。这种数据也属虚假统计数据。比如，某县1992 年刑事犯罪 51 件，1993 年刑事犯罪 18 件，秘书在上报材料中写道："1993 年刑事犯罪数比 1992 年下降了 1.83 倍。"这个倍数令人觉得不可思议，下降了 1 倍（100%）就等于零了，何况还是 1 倍多！原句应改为：1993 年刑事犯罪数比 1992 年下降了 64.7%。此例说明，唯有秘书和统计人员认真对待，才能保证统计数据的准确。二是核实关。各部门将统计数据报至秘书部门后，秘书应以高度负责的态度，对每一个统计数据进行核实，发现虚假不实的数据应及时改正处理。某乡往县里上报统计报表，1992 年上报的工业总产值为 2.795 3 亿元，比上年增长 296.86%，而该乡上报的月份报表表明，1～11月的实际工业产值是 1.375 3 亿元。也就是说，在 12 月这一个月里，该乡竟完成 1.42 亿元的工业产值，相当于前 11 个月的总和。这种情况有经验的秘书一眼就能看出其中有诈，须及时予以核实纠正，或交给领导处理。三是监督关。秘书要充分发挥监督作用，协调领导加强对基层实情的跟踪检查，切实做好信息、调研和督查工作，从而使浮夸造假者无机可乘。四是处理关。以往处理统计数据浮夸造假的问题，存在几种倾向：口头上喊得响，纸上写得多，但动真格的少；强调"今后"的多，着眼"现在"的少；查处拖拉的多，雷厉风行的少。要真正维护统计数据的真实性和严肃性，还有待各级机关的领导和秘书学法、懂法、用法，依法严厉处罚浮夸造假者。

在一些浮夸造假成风的基层单位，面对真真假假的统计数据，确实难以辨别，难以取舍。但只要上级领导转变工作作风，基层干部戒除蒙哄之心，秘书严把统计数据运转的各个关口，统计数据造假之风必会根除。

三、为领导提供高层次信息

信息是各级部门领导决策的重要参考依据。信息的层次越高，引发领导决策的可能性就越大。因此，秘书不仅要及时向领导提供各种信息，更要提高信息本身的"含金量"。

（一）提供"对路"信息

从各种会议中，从跟随领导下乡中，从新闻媒介中判断出领导最近需要解决哪些突出问题，哪些是领导所关注的难题，信息人员要"察言观色"，及时提供"对路"信息。如四川省宜宾县的中堡岛是三峡工程坝址所在地，因三峡工程的兴建，该岛需全部挖掉，因而国内外游客纷至沓来，作告别旅游。
1993 年 4 月，当地有关部门在调查中发现，该岛秩序十分混乱，收费极不合
理，不少游客怨声载道，报纸也不时曝光。信息部门得知这一情况后立即撰写
了《三峡大坝坝址中堡岛秩序亟待整顿》的信息，省政府、市政府当即转发，
省电台《内部参考》也刊载，这一信息受到当地有关部门的高度重视，经过
综合治理整顿，中堡岛的秩序大为好转。

（二）立足部门，提供特色信息

特色信息是本地区别于外地且明显优于外地的一些信息，上级机关对这一
类信息特别感兴趣。因此，秘书要十分注意抓住当地的特色，做好特色信息。
如山东省烟台市的特色就有这五方面：①沿海开放城市。全市 11 个县有 10 个
县对外开放。②水产条件好。全市年水产量达到 27 万吨，占全省水产总量的
1/4。③水果之乡。全市有各种水果种地 164 万亩，1987 年年产量已达
615 944 吨，其中苹果达 410 680 吨，占全省总产量的1/4。④黄金基地。全市
黄金矿点达到 300 多处，1987 年年产量占全省的 85%。⑤乡镇企业比较发达，
有不少名牌产品。如果我们的信息工作能围绕这些方面做文章，领导的满意度
将会大大地提高。

（三）抓住时机，提供"热点"信息

所谓"热点"信息不仅是指近期阶段性的日常工作部署、措施，也包括
群众关心并希望解决的问题。"热点"信息往往关系到工作的全局和改革的成
败。比如烟台市某一阶段抓的三方面工作就是"热点"信息。一是住房制度
改革。烟台住房制度改革方案在全国率先出台，受到党中央、国务院的高度重
视，中央领导同志给予很高的评价。1987 年，市委办公室紧紧围绕这一问题，
先后抓了 10 条信息，多次向各级领导报告，受到中央办公厅的重视，先后被
中央和省委办公厅采用了 9 次。1988 年以来，烟台市被中央办公厅采用的 8 条
信息中，有 3 条就是关于住房制度改革的。二是企业承包经营。烟台市对承包经
营的进展情况和经验、反面问题及各种建议等，都积极搜集，大量反映。1988
年来，烟台市委办公室发企业承包经营方面的信息 100 多篇，占发信息总量的
10%。三是劳动制度改革。劳动制度改革牵涉到千家万户，关系到每个人的切身
利益。这方面的信息不仅是领导所关注的，也是老百姓所关注的。

（四）高瞻远瞩，提供"超前"信息

信息工作更重要的是要用"换位法"，站在全局的高度，通过判断、归

纳，撰写出领导喜欢看的"超前"或"预测"性信息。湖北省宜昌市政府办公室信息科在 2009 年夏粮收购前一个多月采写了一篇《建议国家、省、市尽快出台粮食收购价格》的信息，就是在农村基层了解实情后采写的"超前"信息，该信息被省委、省政府和市委、市政府采用后，引起了有关领导和部门的高度重视，有利于省领导和部门及时采取对策，以调动农民种田的积极性。

（五）追踪反馈，提供"全息"信息

一级党委、政府的决策出台后，最需要了解基层的执行情况及存在的问题，以进一步完善政策。基层信息部门便要抓住"火候"，随时上报反馈这方面的信息。据内部资料载，朱镕基在担任副总理期间，每年各省、市、自治区报送的 60 000 条信息中，他要亲自过目 10 000 多条，这使他掌握了大量的基层第一手资料，采取了整顿"三角债"、财税金融体制改革等一些重大的全国经济政策新举措。

（六）兼顾好坏，提供"喜忧"信息

从信息工作来看，报"喜"的信息容易把握，也容易写，而对于"忧"的信息，哪些需要报送呢？一般情况下，凡基层解决不了的重大问题、上级重大决策在基层执行时存在的问题、重大苗头性社情、重大灾情隐患等都要上报，让上级领导知晓。如宜昌市上报的《三峡工程前期移民遗留问题》《宜昌县泰山庙、考城河出现大规模滑坡险情》等"忧"信息，省委书记亲自批示，市、县调查组到现场查看，解决脱险资金 1 万多元，使 30 多户群众搬出了险区，另择地安居乐业。

案例三："诺曼底登陆"与气象预报

1944 年第二次世界大战的形势转为对同盟国有利后，艾森豪威尔将军受命组织历史上规模最强大的舰队，开始对德军进行反击。而德军司令、陆军元帅隆美尔则正在法国北部五个省——法国历史和文化大区诺曼底的海岸线上构筑"大西洋壁垒"，以抵挡预料中的盟军的登陆。盟军对诺曼底登陆作战酝酿已久，集结了包括 1 200 艘战船舰、10 000 架飞机、4 126 艘登陆艇、804 艘运输舰、数以百计的坦克、156 000 名官兵（其中 73 000 名美军、83 000 名英军和加拿大军）等组成的一支强大部队，准备 6 月 6 日作为盟军登陆的"D日"，选定登陆的海滩从奥恩河的河口湾延伸到科唐坦半岛的东南边，英军与加拿大军攻击东海滩，美军攻击西海滩。实施突破的地面部队由英军上将蒙哥马利统率。登陆战役发起日"D日"，对气象、天文、潮汐这三种自然因素有

着苛刻的要求：海峡不能有飓风恶浪，第一次登陆船队要能赶上涨潮，满潮前要有月光以保证航空兵能识别目标。据说，1944年6月份，能够同时满足上述条件的天气，只有几天时间。而过了6月份，月象和潮汐将迫使他们在行动时间的安排上作根本的改变，登陆计划就将告吹。

6月4日，正当盟军最高统帅部在箭上弦、刀出鞘的时候，在大西洋上巡弋的气象船和气象飞机却带来了令人沮丧的消息：今后三天英吉利海峡将在低压槽控制之下，舰船出航十分危险。艾森豪威尔作为盟军统帅，只好推迟时间，统帅部里大家都很懊丧。正在这时，盟军联合气象负责人、气象学家斯塔格提出一份预报，指出有一个冷峰正向英吉利海峡移动，而在冷峰过去和低压槽到来之前，可能会出现一段较好的天气。这一情报一下子扫除了盟军统帅部里的愁苦情绪。当晚又接到气象联合小组对6月6日天气的较详细的预报：上午晴，夜间转阴。这种天气虽不理想，但起码满足了登陆的基本条件。

艾森豪威尔综合考虑了条件、可能、得失之后，拍板定案："我们必须下这道命令……我并不想这样做，但非这样做不可……"

德军对盟军这样大规模的登陆计划不是一无所知。当1944年初德军在东线遭到惨败之后，就已预感到西线的打击正在悄然逼近，因而已做好防守和一举歼灭美英登陆部队的准备。可是当盟军在出发之前的几小时，曾破译到一份德军的天气预报："从目前的月象和潮汐来看，恶劣的天气形势还将在英吉利海峡持续下去。"德军司令隆美尔看到这份天气预报后认为，盟军根本不可能在最近登陆。因此6月5日清晨他和副官一起回德国度假去了。临走他还交代："部队长期处于紧张戒备状态，目前气象条件恶劣，可以考虑休整一下。"

"D日"开始，美军第82和101空降师的部队在圣梅勒厄利城附近登陆，同时由英国突击队夺取重要的桥梁，破坏德军的通信联络。清晨盟军联合部队沿诺曼底海岸的5个滩头进行登陆。到夜晚，盟军在5个登陆地区占领相当大的滩头堡，并进行打败德军的最后战役。虽然天气不大好，使盟军的空降兵损失了60%的装备，汹涌的海浪使有些登陆舰沉没了，轰炸机投弹效果也比较差，整个登陆作战效果不尽理想，然而由于情报及时和分析准确，这一反击把德军打了个措手不及，这是历史事实。同样由于气象情报，德军那些本来能够提前发现进攻舰队的空中和海上警戒被取消了。盟军的扫雷舰队驶到肉眼可见的距离时，德军竟然没有一个人报告。

盟军顺利登陆的事例告诉我们：无论是在战场还是在商场，各种信息瞬息万变，而每一次变化中都可能蕴藏着机会，能否把握机会就决定了你在战场上是否能够取得主动权和最后的胜利。作为办公室工作的秘书，要学会敏锐观察问题、捕捉信息，提供信息给领导参考决策，使那些稍纵即逝的信息实现它的价值。

四、苏珊的信息之"道"

（一）着眼领导工作，做到有效辅助

秘书是近身服务于领导的工作人员，其工作定位必然是以领导为服务对象，以领导及其工作为核心。可以说，秘书辅助领导日常工作是一个常态，因而，那些上传下达、左右疏通、撰写文稿、会议准备、文书处理、电话处理等信息工作都是围绕其间的必要环节。秘书信息工作的基本途径理应是着眼领导工作，做到有效辅助。

这里是秘书苏珊对信息处理的几个有效做法。一是根据主管的口授笔记迅速整理出将上会讨论的事项；二是捡拾出必须由主管过目的航空信件；三是整理备忘录置于主管的签字卷夹内；四是将查阅的资料附在来信之后，置于主管的"速件"卷夹内；五是在行事历上记下主管交办的明天的事项。苏珊的一系列务实做法，正是本着为领导服务的宗旨，根据领导的实际工作需求，跟进信息工作。面对一个日理万机的主管，苏珊秉持的信息工作理念是：熟悉并适应主管的行事风格，熟悉公司的业务流程，为主管处理各项事务尽铺垫及善后之责。

毋庸置疑，领导日常工作的每个环节无不和秘书的信息处理紧密相关。譬如，当领导表示出某种意图时，秘书应当注意领会和把握其主要精神，并以此为信息处理的切入点，最终形成决策所需的文本，为解决今后的实际问题搭桥铺路。又如，当领导有外出考察任务时，秘书应当及时传递辅助信息，这其中除了制订明确的计划外，还应竭尽所能提供考察地的相关背景资料，以保障领导出行的实效性，提高其工作效率。

（二）放眼日常事务，做到未雨绸缪

作为秘书，除了接听电话、收发文件、迎来送往、参加会议等日常事务外，还要经常面对工作中随时可能出现的特殊状况。可以说，信息大量涌入且高度密集。一个职业秘书对此应有足够的心理准备，以科学的预见和充分的实战经验，使自己立于不败之地。所以，秘书信息工作的第二个途径应该是放眼日常事务，做到未雨绸缪。

对此，苏珊有这样的说法："不要以为我每天都要加班工作，我并不是每天如此。只是在绝对必要时才这样做，我认为我必须时时有所准备，以迎接这

种情况的发生。""对于会议议程表，我通常都会提前几天做好，以防临时赶不及。"在苏珊的案头始终准备着一本笔记本，翻在空白的一页，以备不时之需；她会将进餐时与客户的谈话要点记下，留供主管参考。苏珊的未雨绸缪，促进了整个工作的有序推进，创造了卓有成效的办公室文化。

现代管理日趋复杂，无形之中给秘书的信息工作带来了各种挑战。就以开会为例，召开一次会议，期间的策划、组织、协调、写作、主持等过程最能考量秘书的信息处理能力。这主要表现在：一是根据领导意图和工作方向确定会议主题；二是根据会议内容制定会议议程；三是准备会议文件；四是做好会议通知；五是根据会议要求合理调配各种资源；六是应对会议期间的各种信息疏漏情况；七是会议期间做好记录、编写简报；八是会后撰写会议纪要。如此林林总总，秘书对各种会议信息的处理非但任务重，责任也大。因此，信息工作要求秘书能在日常工作中做个有心人，练就体察世事、预测准备的内功，能够"于无声处听惊雷"。

（三）主动承担任务，做到有效沟通

主动处理信息、谨慎传递信息，力求信息工作的畅通，这是对秘书的又一项考验。苏珊曾说过这样一段工作感言："我想首先是我能专心致志，心无旁骛；其次便是自动自发的精神，不管我的主管是不是催促我，我总是按部就班地做好我该做的工作。"秘书信息工作的第三个途径应该是主动承担任务，做到有效沟通。苏珊在这方面也为我们树立了榜样。她的信息处理亮点表现在：一是对阅读的各种信息都会有针对性地进行摘录；二是在重大节庆日，会亲自致电或撰写贺信及贺卡发给重要客户；三是随时就各类问题与部门负责人沟通。

从苏珊的做法可以看到，虽然秘书并没有义务牺牲自己的私人时间投身于工作，但如果秘书主动承担任务，那样既是对自身的打造，也是一种积极的境界，更是实现有效沟通的基本前提。可以说，信息处理的良性循环便是打通管理的各种关节，理顺工作思路，使组织内的成员朝着共同的愿景努力。

当领导工作遇到疑难问题时，秘书应积极主动地思考"我能为领导做些什么"，提供解决问题的建议信息，为领导分忧；当决策执行受阻时，秘书更有责任通过调研和协调，积极沟通上下左右，直到决策得以顺利贯彻执行。

（四）重视信息反馈，做到适时跟进

日常对信息的深刻理解、综合处理及合理利用是秘书活动的基本职能，也是秘书活动中的必然内容。由于秘书信息工作受历史与自身认识能力的局限，

对社会及单位的新精神、新动向、新政策、新经验等"新鲜信息"的掌握总会有不到位的情况，这在一定层面上影响了解决问题的力度。为此，秘书信息工作的第四个途径应该是重视信息反馈，做到适时跟进。

例如，苏珊接到了盛怒之下的 B 客户的电话，客户反映的是有关账目方面的问题。她在问明原委后和有关部门联系明确结果，时隔不到两个小时便打电话将核对结果反馈给 B 客户，直到使他满意为止。同时，还将这一事情的经过记下来准备告知出差在外的主管。苏珊的这个做法凸显了信息反馈的重要性，一方面及时处理了问题，另一方面维护了企业的形象，也为以后此类问题的解决积累了宝贵经验。

又如，苏珊在开会时两度被电话打断，回到办公室后，除回复一个紧急电话外，还检查档案，获取必要的资料，仔细回复了另一个电话。苏珊对这些看似平常的电话业务从来都是认真处理，妥善解决。

的确，作为一个职业秘书，对各种细节问题绝不可小觑，因为秘书对信息的处理是于细微处见精神。从苏珊的工作中，我们可以认识到，积极主动，化繁为简，讲求实效，理应是职业秘书信息工作努力的方向。

五、上报信息的数据统计要科学

某地区遭受夏季特大洪水的袭击。在本省及兄弟省的支援下，发放给灾民衣物 178.94 万件，夏秋两季灾民的穿衣问题得到解决。但由于捐赠的衣物中，过冬的棉衣、棉被所占比例很小，某地委办公室为此给省委办公厅发了一条救灾信息，请求上级帮助解决灾民的过冬衣被问题。当时，仅知道棉被约占下发衣物总数的 0.4%，棉衣、绒衣数量不详。为统计所缺棉衣、棉被的数字，某地委办公室信息科以已发放的 178.94 万件衣物为参照数，按每 100 件（套）衣物应配发棉被 10 床、棉衣 20 件的一般标准，主观地推测全地区灾民共缺棉被 10 万套，棉衣 20 万件，并且将这一数字用于信息的标题：××地区灾民过冬尚缺棉衣、棉被 30 万件（套）。

信息发出后，省委领导非常重视，随即批示有关部门将情况了解清楚后设法帮助解决。省民政厅接领导批示后，立刻部署该地区及其受灾各县的民政部门落实领导指示，采取措施逐乡、逐村地摸清今冬灾民穿盖情况，根据有无自救能力分类排队，共发放棉被 2 000 床、绒衣 4 000 件、绒裤 2 000 件、棉衣 1 600 件。其结果与"××地区灾民过冬尚缺棉衣、棉被 30 万件（套）"差距甚远。

六、两则信息引发的不同结果

江西省抚州市一个信息员在本地报纸的一篇报道中看到有关福建、广东等地客商以高于本地 1 倍多的价格大量收购早稻的消息。于是，在没有经过核实的情况下，对本情况进行了编报。领导看到信息后指示有关部门核实情况，才发现是因为报纸在编排的时候误将 80 元写成了 180 元。

福建省委有一位领导曾在全省党委办公厅（室）信息理论研讨班上，特地向大家深情致谢，他说，上年的六七月间，省里出现大面积的稻飞虱，他看到灾情报告后，深感此条信息很重要，立即与有关部门研究决定狠抓病虫害治理工作。他深有感触地说，若不是信息来得及时，及早防治，就可能会酿成爆发性、毁灭性的灾害。

这个案例告诉我们：

（1）信息工作是领导决策的基础和依据，案例一中，信息员对新闻信息不加核实就匆忙上报是错误的，幸亏领导看到信息后指示有关部门核实情况，没有酿成严重的后果。可见信息的真实性是信息工作的第一生命。

（2）信息的及时有效性对信息工作具有重大意义，案例二中，福建省委领导在收到上年的六七月间出现稻飞虱的信息后，立即采取了相关措施，狠抓病虫害的治理工作，避免了粮食减产这一严重后果的产生。

以上两个案例从正反两个方面说明秘书信息工作必须求真求实、及时有效。

七、一次紧急信息报送失实事件的启示

紧急信息对领导的决策具有重要意义。做好重要紧急信息的报送工作，在党政信息工作中非常重要。如果因工作不慎，报送的信息内容失实，就很容易给工作带来被动。

2005 年 8 月中旬，某市收到省委办公厅转来的省委领导批示信息，称该市安置的"部分三峡移民准备回重庆市上访"。这份信息是由该市某部门报送的，省委领导同志对此十分重视，要求市委市政府重视此事，采取切实有效的措施，认真做好相关工作。接到此件文后，市委领导要求该市迅速调查了解，摸清事实真相。

原来，根据中央的统一部署，该市自 2004 年 8 月起，开始落实来自重庆市巫山县 306 名移民的安置任务。为圆满完成这一任务，市委、市政府本着移民工作无小事的原则，高度重视，成立专门机构，落实专项资金，制定详细规划，精心组织安排，切实做好移民接收和安置工作，大多数移民对此表示满

意。但在具体工作中，因文化、语言、心理等方面存在的差异，加之移民初来乍到，生活上还有一些意想不到的困难。所以少数移民落户后，因土地等问题与当地村民及村干部发生了一些矛盾，个别人因情绪激动曾经说过"回重庆去上访"这类过激的话。尽管安置在该市的三峡移民未必真的会到重庆去上访，但市委市政府对少数移民中存在的不稳定情绪还是十分重视的，及时采取了一系列措施，加大了工作力度，并积极做好理顺情绪、化解矛盾的工作。对部分移民提出的住房质量差、耕地分配不合理等问题，责成有关部门在抓紧核实的基础上尽快解决，确保移民生产发展、生活正常。该市某部门通过内部线索获取了移民中的有关动态信息后，由于该单位主要负责同志的工作变动，有关职能科室没有对这条信息进行及时处理，新领导到任后，他们才对这条信息进行了编辑，并在对事件发展变化未核实且没有经过严格审核把关的情况下，草率向上级报送，信息处理上报距离信息获取的时间长达 20 天，结果造成了主要内容失实，使工作变得被动。

这一事件至少给我们以下三点启示：

（1）提高认识，明确责任，是做好重要紧急信息上报工作的前提。中央明确要求，各级党政主要负责同志为上报紧急信息第一责任人，对本地区、本部门、本单位上报重要紧急信息负总责。重要紧急信息在决策过程中发挥着特殊作用，各级党委、政府的主要负责同志都要从讲大局、讲政治、讲党性的高度，以对党和人民群众高度负责的态度，切实抓好本地区、本部门重要紧急信息的上报工作。

（2）规范程序，严格审核，是做好重要紧急信息上报工作的保证。重要紧急信息必须按规定的程序，严控核实、审批等环节。尤其是对影响范围广、涉及敏感事项的信息，必须对其内容如时间、地点、原因、主要过程、影响范围以及目前已采取的措施等认真核实，并由单位主要领导签署意见后方可报送。

（3）及时处理，快速反应，是确保重要紧急信息发挥效用的关键。重要紧急信息的主要特点就在于其紧急程度和重要性都很高，其时效性尤为明显，对此我们必须做到尽快发现、尽快编写、尽快送审、尽快上报。否则，上报的信息成了明日黄花，也就失去了其应有的效用，甚至因时过境迁而使信息失实。

八、新媒体背景下信息服务的策略

随着互联网、微博、微信、论坛、贴吧等新媒体形式的出现，报纸、电视、广播等传统媒体的信息收集手段已不能满足工作的需要，秘书只有努力培养新媒体环境下收集信息的能力，才能从各种媒体零散杂乱的信息中挖掘出带有规律性的信息，从表面信息中发现本质性信息，从已知信息中推导出未知信息，从而实现信息的最大增值，为领导提供更有效的信息服务。

（一）充分认识新媒体环境下的信息传播特点

（1）在新媒体环境下，信息受众从单一接受转变为互动分享。报纸、电视、广播等传统媒体传播的信息是单向的，受众的接受是被动的；而在新媒体环境下，受众不仅是信息的接收者，同时也是信息的传播者，他们根据自己的喜好吸收、加工、扩散各种信息。网络里的论坛、微博、贴吧、视频网站不计其数，借助互动平台，人们不仅可以阅读各种信息，还可以发表自己的见解，甚至可以对相关信息资源作补充共享，并融入自己的观点，向另一个群体传播。

（2）信息传播速度更快捷、覆盖面更广。由于信息载体多种多样，自媒体快速增加，传播渠道多元化，一条信息可在几分钟内传遍全球。

（3）公众观点易受"意见领袖"引导。虽然新媒体时代每个人都可以成为信息的制造者，但由于普通人接收到的信息有限，对话题发声的影响力不容易引起共鸣；而网络大 V 和意见领袖所发布的信息影响范围较大，数量众多的网民常常以意见领袖的观点来代替自己的观点，这些经过网民汇集起来的意见，往往容易引起社会各阶层的关注。

面对新媒体的复杂性、多变性，秘书只有充分掌握新媒体环境下信息传播的特点，才能及时、高效、准确地获取与自己业务相关的信息资源，又快又准地向领导提供决策信息，从而及早对不利的舆情进行危机公关，避免出现被动局面。

（二）新媒体环境下秘书信息服务的策略

（1）积累并传递领导的正面信息能量。鉴于新媒体的广泛性和快捷性特点，秘书应在日常生活、工作中尽力积累领导的形象能量，传递正面信息，并及时消解不利舆情。领导干部的形象是在日常工作、生活中树立起来的，当然这个形象和领导干部个人的实际言行与道德生态密不可分。秘书作为接近领导的服务人员，在服务领导的过程中，大量的工作应在幕后完成，避免过度服务，而应该让领导在公众面前树立工作深入、生活朴实和廉洁自律的形象。在党的群众路线教育实践活动中，我们发现有些领导干部工作中由秘书打伞、端水杯、提包等，这让公众看到的是一个"老爷"形象，而不是人民公仆的形象；有些领导干部在汇报工作时照本宣科，甚至念报告稿还很不流畅，一看便知那是由秘书代劳的。这些信息一旦在公众中传递，就会大大损害领导的形象，以至影响领导的威信。为避免这种情况的出现，秘书应着力塑造、传递领导干部正面的信息能量。如在公众面前，不提供过多服务，让领导干部给群众留下亲力亲为、勤政为民的印象；在拟写报告稿时，应尽早提醒领导熟悉稿件内容，一些重要数据最好能背下来。同时，在日常生活中，秘书要有意识拓宽人脉资源，在有意无意间收集周边及下属单位关于领导干部的各种信息，并委婉地告知领导本人加以注意，以不断积累正面的信息能量。

（2）强化媒介素养，及时消解不利舆情。领导干部常常由于身份原因，不便主动与媒体接触，特别是在新媒体时代，领导更是没有时间与意见领袖、网络大V们深入沟通交流。如果出现了不利舆情，领导干部无法在合适的机会、合适的场合应对媒体的拷问，任由小道消息占据主流信息通道，那就会招致更大的危机。在这种情况下，秘书应将与媒体沟通、传递真实信息作为自己的一项重要工作。通常领导在出台一项重大决策，或决定建设一个项目前，会提前释放一些信息。为确保领导的决策与主流民意相符，秘书就应该通过多种渠道及时、有效地搜集相关舆论信息反馈给领导；同时，秘书在与媒体人员沟通时，应将正面、有利的信息巧妙设置成为媒体关注的议题，从而引导媒体加以传播，避免因"封堵"信息造成媒体的反感。

（3）活用传统媒体和新媒体的优势，整合信息资源。新媒体虽然有传播快速、辐射广泛的优点，但其汇聚的信息往往源头难找、杂乱无序，因此常常被造谣者利用；传统媒体相对来说叙述较完整、内容更全面、可信度更高。面对新媒体发出的各种信息，秘书需要深入分析、归纳整理，并找到信息之间的联系，从深度、广度两个维度予以完整展现，将文字、实时图片、视频等多种形式相结合，以满足领导对高质量信息的要求。一般整理后的信息应包括事件的相关文件资料、历史背景、类似事件、专业名词、科普性解释等。特别应针对领导及本单位人员的阅读习惯提供优质信息。此外，秘书应利用传统媒体、新媒体等不同形式，向领导传递各种信息，让领导交替关注不同的媒介形式，从而逐渐适应全媒体时代信息的传播特质。

4

调查研究

一、秘书怎样做好调查研究工作

案例一：爱尔·基琼火山爆发的调查启示

1982年2月底至3月初，墨西哥爱尔·基琼火山爆发，大量的火山灰喷到天空。拥有众多人造卫星的美国得知这一情况后，利用人造卫星对这次火山喷发进行了有计划的追踪调查。

根据调查记录，这次爱尔·基琼火山爆发喷向天空的火山灰吨量是史无前例的。参与此调查的有航天部门、气象部门、农业部门、军事部门的官员和秘书，他们针对卫星反馈的图片、数据进行了详细的分析和反复的研究，连续写了多篇描述性调查报告、探索性调查报告和预测性调查报告。喷向天空的火山灰像个"大天棚"，罩住了整个地球，使日光对地球的照射受到了严重的影响。其中一份预测性调查报告指出，在火山灰形成"大天棚"的过程中，本来向上散发的能量被反射回地球，这样地球上的气候必然发生较大的变化——促使平时不会变成水滴的水蒸气变成水滴。这份调查研究报告还预测到英国本土可能出现连续性的大暴雨。这一预测结果通报到英国后，英国的气象部门认真分析了自己积累的近百年来的气象资料，认为美国的预测结论是"可笑"的、充满"善意"的。于是，美国几个部门的官员对这项调查也就渐渐地失去了兴趣。然而，参与这项调查的几个部门的秘书仍然坚持认真地分析研究，并在计算机上进行模拟研究，连续写出了一系列调查报告。其中一份探索性调查报告认为，由于一些地区降雨量过多、过大，释放了大量热能，因而可能造成冷热空气不均匀，并预测会形成大雨、大旱、寒流、热流的组合效应，使东欧农作物大量歉收，从而影响世界粮食市场。这份调查报告最后提出一个让人瞠目结舌的建议：减少美国粮食耕种面积。美国农业部马上否决了这一建议。因为农场主们积压了大量的剩余粮食谷物，由于价格一降再降，他们已经对政府表现出不满，如要他们减少耕种面积，必然会带来经济上更大的损失，他们一定会坚决反对。

在美国，政府及其各职能部门的秘书是较为稳定的职业，这类秘书不因内阁的进退而更迭，所以他们一旦认定了的事情就不会因长官意志而随意改变。他们有一种坚韧的精神，耐心说服，用中国通俗的语言表达，则是纵使一年不"将军"，却无一日不"拱卒"。一方面，他们打破岗位界限，进行跨专业、跨行业性的区域合作，在调查研究报告中有理有据地阐明为了"得到"什么，就必须"放弃"什么，论证"放弃"的就是"成本"。另一方面，他们不断地利用论证结论和数据去说服上司，让上司相信这些建议是有益于国家利益的。后来，英国、西班牙、葡萄牙、法国等沿海国家普降大雨，世界著名雾都伦敦连续降暴雨 27 天（乃历史空前），英国开始后悔当时没有重视美国的预测结果，美国官员这才重视秘书们的调查研究报告及其建议。

经过反复研究论证，美国政府作出了一项令全国乃至全世界吃惊的决策：减少全国 1/3 的粮食耕种面积。尽管农场主们表示担忧和不满，但是美国政府坚决执行了这一决定。

事实上，东欧几个国家出现了有史以来少见的大旱，尤其是苏联农业因干旱而歉收严重。遭受干旱的国家为了国内的稳定，就大量地进口粮食。于是美国根据对墨西哥爱尔·基琼火山爆发的调查研究而作出的这一决策，收到了"一箭五雕"的效果：一是世界谷物价格上涨了。芝加哥的谷物市价升到以往的 1.6 倍。美国不仅在 2/3 的耕地上收获了全部耕地的产量，而且使原来因降价而卖不出去的谷物被高价卖掉了。二是全国 1/3 的耕地得到了养息。三是谷物价格的提高使农场主们的收入增多，这给与农业有关的如农具、农药、化肥等企业带来了良好的转机，并提升了就业率，缓和了国内矛盾。四是迫使苏联等东欧国家为了保证国内市场需求而大量抛出外汇，继而大量出卖黄金，向美国市场购买粮食，达到了削弱苏联财力的目的。当年苏美还是处在冷战对抗时期，所以这一举措显得尤为重要。五是导致了国际黄金价格的下跌和美元的升值。

这个案例给我们的启示是：

（1）实际情况是不断发展、变化的，这是一个不以人们意志为转移的客观规律。从唯物辩证法的立场来看，这是"第一性"的，而政策方针、计划、决策等是"第二性"的。只有重视调查研究，从认识客观实际出发，把从客观实际中调查得来的资料进行分类、分析、研究，上升到理性认识，形成与实际相适应的观点、理论、思想，并在这种观点、理论、思想的指导下制定政策、方针、规划，才能接近和符合实际，才可能用以指导实践。在具体实践过程中，再通过调查研究来检验这些观点、理论、思想、政策、方针、规划、决策是否正确，然后完善、发展它们。这个不断循环的过程，就是调查研究的过程。每一次循环都会带来新的东西。

（2）秘书从事办公室工作，不仅要有责任感、事业心和敬业精神，而且要处理好六种矛盾：从属性与创造性矛盾；遵命性与独立性矛盾；政策性与实践性矛盾；原则性与灵活性矛盾；规范性与开放性矛盾；被动性与参与、干预性矛盾。

秘书在调查研究过程中还要树立四种责任感：

个人责任感——信息收集和整理要及时、准确。也就是说调查研究的目标确定后，要全力以赴地投入到工作中去。

集体责任感——相互交换意见，通过讨论、争辩取得共识，并严格遵守有关工作制度和条例。

社会责任感——使所做的工作成为改造社会、推动社会前进的积极因素，时刻认识到努力对整个社会和国家利益的重要性。

职业责任感——保证职业本身的一致性，体现这一职业在全局中的必要性和责任。

为了达到上述目标，西方发达国家政府及其各职能部门对秘书定期进行三种能力的检测：一是基本能力，二是专业能力，三是研究能力。他们还把检测结果记录在案，依据记录来任用、提升、加薪或调离、解聘、辞退。

（3）进行调查研究应确立其独立性，就是说在调查研究的过程中不受外界影响和束缚，独立自主地去思考问题、观察问题、研究问题，不满足于已有的理论、原则、经验，不受权威的影响，不受上司的暗示，排除来自上下、左右的干扰，实事求是地反映问题，客观研究事物发展的动向、趋势，如实报告情况，独立自主地提出见解、方案。如果是被动地服从上级的指示、命令，不按实际情况反映问题，不积极主动地进行参与和干预，只看领导的脸色行事，顺着上司的意图"杆子"爬，或只为了印证领导者的观点正确而去找事例填充，不愿或不敢提出自己的意见，这种调查研究不仅对领导没有帮助，反而会帮倒忙，使领导者作出失误或错误的决策。客观地讲，对秘书而言，这不仅仅是一种失职，还是一种犯罪！看问题，研究问题，处理问题，要从客观实际出发，不能从抽象的原则、定义和结论出发，那种"领导定调子，办公室想点子，下到基层找例子"的形而上的调查是要不得的。

案例二：桃花村现象

小张来办公室工作已有五个年头了，他练就了一手调查研究的好本领。不久，他接到了县长的指示，要他去本县最贫困的桃花村做一个调查。桃花村是本县的"老大难"，以前小张也曾到过这里做过调查，了解资源、生产、文化、扶贫、计划生育、党员思想等状况，也写出了一些调查报告，但桃花村依然那样贫穷。

小张进驻桃花村后，便开始了调查研究。他明白此番县长让他去调研，目的是让他通过这段时间的艰苦工作，深入调查研究，拿出一套根治桃花村贫穷落后的方案来。

于是小张白天跑情况，晚上整理收集来的材料，并多次进行认真梳理，把政府对桃花村的扶持做了分析、总结：一是送救济钱物和贷款——经济输血；二是宣传方针政策——思想政治输血；三是传播优良品种、先进技术——科技输血。但多次的"输血"并未改变桃花村的"贫血症"。经济输血，却养成了一遇困难就向上伸手的"懒惰症"；思想政治输血没有激发治贫致富的事业心和责任感，却养成了事事靠上级拿主意的"依赖症"；科技输血往往是"一阵风"，不仅没有转化为生产力，而且养成了无所作为、不懂科技的"愚昧症"。

病症找到后，小张开始起草一套"治贫、治懒、治愚"的综合治理方案：变"输血式"扶贫为投资开发本地区资源、加强造血功能；变包办代替的科技输血为普及科技知识、培养科技能手和致富典型；变形式主义的阵发式说教为坚持不懈兴教育人，培养大批新型农民。据此，他相应地提出了一系列措施。他的调研方案得到了县长及其领导班子的赞同。

小张对桃花村调研的成功之处是正确地理解了县长"号脉""开方"的意图，善于动脑，自己提出问题，寻求答案，最终找到"病根"，开出了"对症下药"的"药方"。调查研究的基础，必须全面系统，必须花功夫做扎实。调研应做到腿勤、手勤、嘴勤，深入基层。多问、多记是做好调研的基础，也是全面了解、掌握情况的必要条件。脑勤是全面综合、分析归纳、系统研究，对调查材料加工的关键，有利于提高调查材料的质量和效率。调研要做到四勤相互补充，综合使用，才能取得良好的效果。

"号脉"是指进行调查，是对问题的了解与分析，不仅要全面、真实、深入地了解问题的状态，还要系统地分析问题产生的原因，搞清楚关键因素和相关因素；"开方"是指制定决策，就是要对症下药，确定解决问题的对策和具体措施，制定相应政策。"号脉"是基础和条件，"开方"是出发点和归宿。只"号脉"不"开方"或"开方"不当都难以"治病"，不"号脉"或"号脉"不准，"开方"应付陷入盲目，不仅难以"治病"，而且可能使"病情"恶化，酿成更严重的后果。

二、调查研究应遵循实事求是、为公为民的原则

案例三：问卷与"圈套"

"问卷调查法"又叫书面调查法，是研究者用控制式的测量对所研究的问题进行度量，从而搜集到可靠资料的一种方法。问卷是指为统计和调查所用的、以设问的方式表述问题的表格。

问卷调查是秘书进行调查研究的重要工具，问卷的设计对问卷调查的效果影响重大。

某厂办公室秘书小杨，颇得秘书之道，不仅善于领会领导意图，而且眼明

手快，颇有"调研功力"。对领导的想法，他非常熟悉，一旦领导要有所动作，他受命而做的调查研究材料就会有观点、有依据、有典型、有建议地摆在领导的办公桌上，观点切合上级精神，材料符合领导的口味，语言还有点领导的幽默精神。因此，他还不到二十五岁，就已经成为主任科员。他的那套"调研功法"，不知是向哪位领导学的。一般人是从实际材料去升华观点，他是先摸透领导的观点再去取材料；人家下去调研要跑掉几双鞋掉几斤肉，他却蹲在招待所里有肉有鱼有美酒，打几天麻将就能带回"对路"材料。在别人眼里这一切都是个谜。前不久小杨做了两次"调研"，本来又会是两次成功的杰作，却因为有人将情况反映到上级主管部门，上级主管部门派来了调查组，小杨的看家本领才公布于天下。以下是小杨所做的两次调研以及他的建议材料：

第一次是工厂有意改革公费医疗制度，让小杨去调查群众对现行公费医疗制度的看法。三天后，他拿出了一份有数据、有观点的调查材料。

"……调查对象，10个车间的100名职工；调查方法，抽样调查与问卷调查相结合；调查内容：对现行公费医疗制度的看法；调查结果：赞成现行公费医疗制度的占98%；其中完全赞成的占94%，认为基本好但有缺点的占4%；认为必须彻底改革的占2%。结论：本厂公费医疗制度是可行的，受到了全厂绝大多数职工的拥护。建议：继续执行。"

领导看了他的调查材料后，就把公费医疗制度改革的事给搁置了下来。只有少数知道内情的人才知道，小杨在调查之前就摸准了厂里长期公费吃进口高档补药的"一把手"不大赞成改革现行公费医疗制度，而且小杨的老婆年纪轻轻也长期泡病号吃保健品。由此，小杨才拿出了这样的调查材料，并且这样的调查材料得到了领导的赞赏。后来人们才知道，小杨到职工医院去摸过底，选取了医药费用最多的100名职工为调查对象，因为他非常清楚地知道，他们是不会赞成改革公费医疗制度的。

第二次是党风检查时小杨设计的调查问卷：

第一项：我厂五年来总产值翻了两番，人均收入提高了一倍，你认为我厂领导（　　）：

A. 称职　　　　B. 基本称职　　C. 不称职

第二项：我们厂长每周接待群众一天，下基层劳动一天，调查研究一天，你认为厂长的工作作风（　　）：

A. 好　　　　　B. 较好　　　　　C. 差

第三项：我们厂主要领导一家三代六口人，住在三十平方米的房子里；书记一家三代八口人住四十平方米，你认为我们厂领导的住房（　　）：

A. 不存在以权谋私　　　B. 有一般性问题　　　C. 存在严重问题

第四项：为了响应中央的号召，我们厂的主要领导平时外出办事很少动用公家的小车，也不让家属乱用公家的小车，你认为我们厂领导的生活作风（　　）：

A. 严于律己　　　B. 不够严于律己　　　C. 浪费公用资产

……

　　作为领导的助手和参谋，秘书小杨的调查研究方法已经严重背离了秘书工作的职业道德，也不符合调查研究工作的基本运作方式。小杨的做法，从一时效果看或从片面情况看，是满足了领导工作的要求，但实际上是犯了调研的大忌：首先，在调研的指导思想上违背了实事求是、为民为公的原则；在调查的态度上违背了深入群众、深入实际、求真务实的原则。其次，设计的问卷是愚弄群众，假借民意搞假材料，欺骗组织、欺骗群众。因为问卷所涉及的问题本身已作了肯定的评价和宣传，只要群众按问卷设计者的意图填写就行了。问卷设计者的目的不是调查群众的看法和意见，而是要群众按设计者的意图画圈，设计者把自己的主观意识强加给群众，设定"圈套"，引群众往里钻，把群众当作随意愚弄的工具，把自己的意图套在群众观点上。这种明显带"暗示性"的问卷，不仅不能调查出真实的情况，而且会因愚弄群众而导致群众对领导工作、机关作风产生不满。

三、秘书在主持座谈会时插话的艺术

　　开座谈会进行调查的第一步，应打开僵局，使调查对象轻松自如地开口说话，但这并不是每次座谈或谈话都能做得到的。常有这样的事：在座的同志互相环视，沉默不言，或虽说了几句，但都言不及义，不得要领。究其原因，或是毫无准备，或是本人对会议内容不了解，或是涉及敏感点不敢直言，或是调查人员过于严肃而提不起谈兴。这些都需要由处于主导地位的调查人去消除。调查是一门艺术，调查人应当创造出一种气氛，让对象无拘无束地谈论，有个好的开端。主持人要善于提神、鼓动，并且使人感到亲切随和，可以信赖。如果临场僵持，无法打破这个局面，最好的办法是说一两句笑话，使在座的人神经松弛下来。如果主持人自己也毫无幽默感，那就糟透了。第二步就是要诱发对象的谈兴，使其畅所欲言，争取掀起一个交谈高潮，至少做到谈话能涉及实

际，把情况谈足谈透。第三步还要有个好的结尾，使调查对象觉得"说得还不错"，觉得解决问题也许有希望，在心理上有轻松感，不会感到泄气、后悔，觉得这次谈话（座谈）没意思。做到这一切，要靠临场多练、多琢磨。

主持座谈会、调查会或个别谈话，要不要插话、表态，这对谈话是否成功至关重要。较适宜的做法是主持人可以有听有说，以听为主，但不轻易对重大问题或分歧意见表态。只听不说，对方会感到他的话没引起共鸣，就会失去谈兴。有听有说恰好弥补了这个缺点，增强说话人的自信心，但是在有听有说中又以听为主。主持人的插话到什么程度为宜，是有讲究的。要清楚自己是在做调查，是在听别人说话，自己说多了，会喧宾夺主，剥夺了说话人的机会，与"调查"这个主题不符。因此主持人插话，只能说搭桥、起兴（提神）、导向、提问的话，不能越出这个范围。搭桥，就是把对方的话连接起来，使其有体系地说下去。否则，他很可能断线、离题，不知说到哪里去了。起兴，就是鼓舞对方的情绪、谈兴，免得无精打采。导向，是使对方的说话沿着调查的主题走，不要离题漫谈。提问，除了弄清自己急于知道的事外，也是导向的一个好办法，而不必用提醒的方法纠正对方，使他感到不舒服。

但是主持人插话时要注意，对调查的重要问题（如经验、做法、分歧意见等），不能轻易表态支持或反对，以免发生导向作用，使对方离开实际情况而按主持人的意向发言，也应避免过早表态使自己陷入被动。

开好调查会或座谈会，还有很重要的一条，主持人必须始终精神饱满，神采奕奕。如果主持人自己也感到疲倦、无神，那就最好先不要开会或谈话。因为可以预见，那是绝对开不好、谈不好的。主持人应当事先做好充分的准备，不但要准备好各种调查方案和说话内容，还要准备好自己的精神状态。这一条是十分重要的。

四、改进调研作风，讲究调研方法

到基层调研，常会碰到一个问题，就是说好话、套话的人多，讲真话、实话的人少，能说出独到见解的人就更少了。要想解决这一根本问题，除了调研者要改进调研作风和讲究调研方法以外，还要注意多接触那些平时敢讲"怪话"的人。

一般来说，敢讲点"怪话"的人，大多数是性格比较耿直，脑子里经常会想些问题，眼睛能经常看出些问题，口里敢说些问题的人（而对于那些心直口快被人误认为讲"怪话"或对现实确怀有恶意而"怪话"太甚者，则另当别论）。和他们打交道，一要敢于接触。敢讲点"怪话"的人，身上都有点"火"，脾气都有点"傲"，说话都带点"刺"，接触他们可能还要受点委屈。

所以，作为调研者既要有勇气，又要沉得住气，还要受得了气。二要善于接触。对爱讲点"怪话"的人进行调查，调研者要注意在人格上尊重他们，在感情上沟通他们，在心理上认同他们，使他们对调研工作有参与感。调研者要注意有策略地引导他们瞄准目标"开火"，让他们在可以接受的范围内，把话匣打开，把有关问题说透，把憋在心里的"怪话"讲完。同时，调研者还要抓住这个时机，边听边想，尽量捕捉那些星星点点的真知灼见和稍纵即逝的调研灵感。调研者要结合调研的目的和即时的分析梳理，及时提出一些有价值的问题，再向他们重点进行咨询。调研者还要将这些问题拿到干部群众中去印证核实，以去伪存真，去粗取精。调研者对敢于说"怪话"的人的一些偏激行为，要多从道理上帮他们搞清，做到以情感人，更以理服人。

在调研工作中多接触一些敢讲点"怪话"的人，往往可以使调研者得到许多出乎意料的东西，迸发出许多新的思路和见解，易使调研工作出成果、出效率。

五、报喜与报忧

案例四：农村问题调查

某市委、市政府要求办公室联合组织一次全市农村问题调查。为了把调查搞得更好，办公室王主任集合秘书们开了一个小短会，讨论采取何种调查方式。在会上，秘书们各抒己见，发言非常踊跃，最后综合大家的意见，办公室主任决定采取"百村千户"调查方式。

"百村千户"调查采用随机抽样和问卷调查方式，直接调查全市 100 个村的 1 142 家农户。经调查掌握了粮棉跌价、农副产品收购打白条、农民负担沉重且种田积极性下降、少数干部作风不良、个别地区社会秩序不安定等问题。这些问题都是农民直接反映的，是第一手真实材料。例如，当时正值夏收刚结束、秋播即将开始的"双抢"时节，调查对象中 31.8% 的农户要求退田，85.5% 的农户未准备齐秋播种子，48.5% 的农户未备齐秋播化肥。通过调查，秘书们一致认为，农民反映情况时虽然言辞过激，但反映的问题很实在，很突出。这些问题中有些属于干部工作上的问题，有些属于政策性问题。要从根本上解决，需要市委、市政府领导高度重视，上下一起抓。对此，调查组从稳定农业基础、稳定农村大局出发，做到有喜报喜、有忧报忧，及时把调查所发现的全市农村存在的五个突出问题向市委、市政府领导作了汇报。这些问题多数属于全国性农村政策方面的问题，调查组将情况归纳后及时向《人民日报》《湖北日报》等报刊投送。

本案例中秘书所作的调查研究遵循了调查研究中的客观真实性原则。所谓客观真实性原则，是指社会调查研究必须坚持实事求是，一切从实际出发。社会是一种特殊的物质运动形态，它的发展规律是客观的，不以人的意志为转移的。所以，要正确认识社会及其发展规律，必须排除各种主客观因素的干扰，从实际出发，客观地观察社会现象和社会行为，并根据社会客观事实得出结论。

从秘书职业要求来看，作为秘书，要有求实精神，如实地向领导提供客观真实的情况，有喜报喜，有忧报忧，并及时向领导提出建议，及早消除不良影响。案例中这篇报忧材料，引起了上上下下的高度重视，并采取得力的措施解决问题，特别是市委、市政府领导，没有因为调查组反映了问题而责怪秘书，反而给予他们很大的鼓励，赞扬他们反映了真实情况。

无论是行政机关的秘书，还是企业、事业单位的秘书，都应该对领导说真话、报实情，为领导提供真实准确的信息，既报喜也报忧。并在此基础上，分析事物的发展趋势，预测发展结果，提出相应的建议，便于领导及时采取对策，解决存在的问题。

总之，客观真实性原则是调研活动的第一要求，真实、准确的调研结果是领导科学决策的基础，所以秘书在为领导决策提供服务的时候，一定要做到既报喜也报忧。

六、前"热"后"冷"

北环饭店总经理办公室耿秘书带着搜集先进个人典型材料的任务，去第一分店时，受到分店领导和群众的热情接待。他有点陶醉了，他要的材料让分店秘书给他写，同时，对下面工作中存在的一些问题，他也表示不满。回来后，他马上向总经理反映了第一分店的情况。可是，当他再次来到第一分店时，领导和群众对他却敬而远之，甚至态度有些冷漠，耿秘书有些莫名其妙，他认为向领导如实反映下面情况，是秘书的责任，为什么会造成这样的结果呢？

耿秘书带着搜集材料的目的下基层后，有如下方案可选择：

①只搜集先进个人典型材料，对其他问题一概不问。

②除搜集典型材料外，也附带了解其他问题，回来后将下面存在的一切问题均反映给领导。

③完成自己的任务后，了解基层其他问题时，发表自己见解，甚至指手画脚。回来后，又向领导"报忧"。

④搜集完先进个人典型材料，自己动手写稿；发现下面出现的问题后，与基层干部商量，介绍其他单位好的做法。回来后，一般性问题不再"报忧"，

在向领导汇报重大问题时，也要讲清基层同志的态度和所采取的措施。

作为秘书，按"办事"职能来说，完成领导交办的事情即可。因此，选择第一种方案，或第二种方案，似乎也是无可厚非的。特别是秘书要"上传下达，下情上述"，将下面存在的一切问题反映给领导，真正做到了忠于职守。第三种方案是那种走到哪里就把意见发表到哪里，以"二首长"自居、指手画脚的秘书的越权行为，是不允许的，特别不应当把这种行为看作是秘书的"参谋职能"的体现。那种做法不经综合分析，原原本本地将下面一切情况、所有信息，一股脑儿地"端"给领导，不仅让领导事务缠身，而且也没有发挥秘书的参谋作用。现代管理中，领导要考虑的事情很多，已有定见处理的事情，尽量不去干扰领导。作为秘书，从工作关系上看，他应建立全方位式的和谐的人际关系，这样，对他的工作才有利。因此，他不仅要与上对左右搞好关系，而且也应与基层干部和群众搞好正常的人际关系，不能到了下面似"钦差大臣"，给基层增添麻烦和负担。秘书接触面广，知道情况多一些，这样，他到任何一个单位都可能发现一些问题，如果不是诚心诚意同基层干部和群众一起商讨，做开导、启发工作，而是事无大小，将一切问题记下来向领导汇报，那么，下面的干部和群众只会对他敬而远之，认为他是"打小报告"的人。耿秘书便是这样。所以，当他再次来到第一分店时，别人对他冷淡就不足为奇了。这并不是说，秘书不能向领导反映下属的问题，或只能"报喜"不能"报忧"，只要我们像方案四那样，真心诚意地同他们商量，不鸡蛋里挑骨头，不背着他们"报忧"，让他们觉察到自己工作中的不足，下决心改正，并将问题的"全貌"反映给领导，这样对领导、对基层、对工作都有好处。

七、调查研究应把握的"十二要素"

调查研究是秘书的基本工作方法和工作内容，是谋事之基、成事之道。做好调查研究工作应该注意把握好"十二要素"。

情感与品格："情""诚""神""火"。

做人做事都可以清晰地看到贯穿始终的人的情感与品格。包括调查研究在内的所有工作状况，在一定意义上是一个人的人格表现，是一个人的志向、理想、情感、品格之"真我"的外部写照。

（1）调查研究应有的"情"。"情"，即情感、感情。为什么调查、调查的主题是什么、怎么调查和调查怎么推动解决问题都有一个感情问题。对职工、对工作、对事业没有倾注深厚的感情，就不可能履行好自己所肩负的职责，调查研究工作自然也不会取得成效。

（2）调查研究应有的"诚"。"诚"，即真实、实在。"诚"是"实事求是"之魂。一切要从实际情况出发，对所从事的工作、事业要忠诚，做老实人。"诚"之所以重要，是因为"无诚无成"。调查研究中有失诚信、坦诚、忠诚，调查研究工作自然也不会取得成功。

（3）调查研究应有的"神"。"神"，即精神、神明，指的是人要始终保持一种蓬勃向上、不断进取的精神状态。若没有锲而不舍、满腔激情、不达目的不罢休的精神状态与坚定信念，调查研究工作自然也不会取得成效。

（4）调查研究应有的"火"。"火"，即火红、红火，指的是做人做事始终像火一样红、一样炽热地去吸引、凝聚、合作，团结一切可以团结的力量，激活一切可以激活的积极因素。若不能像磁铁一样"吸引"、钢炉一样"熔化"，善于包容、借力、互补、共赢，则可免谈星火燎原、做成任何大业，调查研究工作自然也不会有任何成绩。

意志与本领："学""思""积""促"。

这是秘书应有的基本功，即善于学习、勤于思考、肯于积累、勇于推动工作和解决问题的意志与本领。

（1）调查研究应有的"学"。"学"，即学习、习学，指的是一学二习。即在调查研究过程中不断获得知识、提高技能与本领的过程。

（2）调查研究应有的"思"。"思"，即思考、琢磨。调查研究的过程，就是面对错综复杂的情况深入思考的过程。调查研究的深度，主要取决于对调查事物诸方面的内在关系认识和思考的深度。

（3）调查研究应有的"积"。"积"，即积累，铢积寸累，指的是事物总是通过积累来实现由量变到质变的飞跃过程。我们应努力养成坚持对问题，哪怕是一两个问题所涉及的思路、观点、问题、经验等情况不断积累的习惯。对任何事物的认识，无量无质，不积到一定的量，则难以实现认识上质的飞跃。

（4）调查研究应有的"促"。"促"，即推动、促进。调查研究的过程，应该也必须是解决问题和推动工作的过程。"促"之所以重要，是因为"不促则废"。从调查研究的角度来看，有失解决问题与推动工作，也就失去了调查研究应有的作用。

作风与方法："预""重""蹲""实"。

调查研究中的作风与方法虽各不相同，但只要我们"善预""突重""力蹲""求实"，就可能更多地获得真实情况。

（1）调查研究应有的"预"。"预"，即事先预备。用心和充分"预"是取胜的前提，也是调查研究成功的关键。凡事"预则立，不预则废"。若有失"预"字，调查研究工作则很难取得成功，平淡乃至失败也往往是必然的了。

（2）调查研究应有的"重"。"重"，即重点、重要。抓住了重点，就是抓住了全局，就必须不遗余力地去做成、做好它。没有重点就没有政策，抓不住重点就会失去全局。

（3）调查研究应有的"蹲"。"蹲"，即蹲点、蹲住。"蹲"之所以重要，是因为"有蹲则深，无蹲则浅"。调查研究若有失这种"蹲"的作风与方法，则很难找到事物的内在联系和揭示事物的本质，也就不可能找到解决问题的方法。

（4）调查研究应有的"实"。"实"，即真实、实在，指的是客观真实地了解、掌握、反映调查问题（对象）的历史和现状，真正做到不唯上、不唯书，而唯实。

综上所述，在调查研究的工作中，只要对"十二要素"从外延到内涵都真正理解了、把握了、做到了、做好了，这种调查研究必定会是成功的、有效的。

八、做好调查研究工作需处理好六方面关系

调查研究是谋事之基、成事之道，是秘书发挥参谋助手作用的重要途径，更是秘书在党委办公室系统的立身之本。当前，深刻变化的世情、国情、党情对党委秘书做好新时期、新形势下的调查研究工作提出了新的更高的要求，必须要科学处理好六大方面的关系。

一要处理好理论与技能的关系。理论与技能对调查研究工作来说是缺一不可、相辅相成的，理论为调查研究提供科学指导，技能为调查研究提供有效支撑。党委秘书要争当理论和技能的"双优者"。就理论而言，秘书要强化邓小平理论、"三个代表"重要思想、科学发展观等科学理论和秘书专业理论知识的学习，用更高的角度、更宽的视野去分析问题、思考问题，写出更具有前瞻性、指导性和实用性的调研成果。就技能而言，秘书在日常工作中要时刻注重文字表达、逻辑思维、语言组织、综合分析等能力的锤炼，让写出的调研报告表达更准确、条理更清晰、构思更巧妙、立意更深远。

二要处理好调查与研究的关系。调查与研究是调查研究工作的两个基本环节，调查是研究的前提和基础，研究是调查的深化和提炼。从调查方面看，首先要实事求是，只有实事求是地进行调查才能真正地把问题反映出来、把经验总结出来；其次要有目的性，要坚持带着问题去调查，定调查纲目，防止调查蜻蜓点水式地走过场或出现"被调查"的情况，确保调查更具有代表性、典型性；最后要创新方法，秘书应坚持与时俱进，在调查研究过程中注重把传统方法与网络、微博等新兴媒体结合运用，让调查更具有科学性、效率性。从研究方面看，首先要有实效性，调研的最终目的是解决问题，秘书在调查结束后

要认真思考、仔细分析、科学归纳、去伪存真、去粗存精，透过现象看其内在本质，找到解决问题的正确方法；其次要有开拓性，研究工作是一项创造性工作，有时会毫无经验可循，这就要求秘书具备创造性思维，要敢为天下先，不拘泥于各种条条框框；最后要举一反三，一个人的时间和精力是有限的，在调查研究过程中，秘书要不断地进行思考，能由此及彼、举一反三，看看不同种类的调查研究是否有共性的规律，从而实现效率、效益最大化，为调查研究节省时间与成本。

三要处理好主观与客观的关系。主观和客观的关系如果处理不妥，不但会让整个调查研究工作失去原有的意义，不能发挥其为领导科学决策服务的作用，甚至有可能让领导作出错误的决策，造成难以弥补的损失和影响。因此，秘书要牢固树立求真务实的工作作风，以旁观者的身份，始终保持态度中立，在调查研究整个过程中，不添加任何个人感情色彩，做到好经验、好做法不人为地虚报、夸报，存在的问题不人为地瞒报、迟报，原原本本地反映事情的实际面貌。

四要处理好主要和次要的关系。调研工作不能眉毛胡子一把抓，不分主次和轻重缓急，如果什么内容都要进行调查研究，都平均用力，结果看似全抓，其实质是什么也没有抓。秘书要善于重点重抓，牵住牛鼻子，找准支撑点，主攻突破口，以重点方面调查研究的突破带动面上调查研究工作的开展。

五要处理好个人与团队的关系。调查研究工作涉及方方面面，一个人是无法完成的，需要借助团队的力量，发挥团队每一个人的智慧，保质保量地完成。对于个人来说，秘书首先要把调查研究工作放在第一位，个人利益坚决服从团队利益，个人主动服从团队领导的安排，不过分计较个人得失，不过分张扬自己的个性；对于团队来说，在不耽误调查研究工作、条件许可的情况下，要创造条件解决成员的实际困难，让每个人工作安心、生活舒心、环境称心，激发各方活力，发挥各人的特长和潜力，实现 $1+1>2$ 的效果，为调查研究工作的顺利开展奠定良好的基础。

六要处理好成果与转化的关系。调研只是一种手段，解决实际问题才是最终目的。秘书进行调研，产生了调研成果，只是完成了从感性认识到理性认识的第一次飞跃。要实现认识的第二次飞跃，发挥调研的作用，就必须把调研成果转化为领导的决策，通过决策指导实践活动，接受实践的检验。因此，秘书在思想上要高度重视调研成果的转化工作，处理好成果与转化的关系，坚决克服"为调研而调研""为写文章而调研"的错误倾向，真正让调研成为推动当地经济社会又好又快发展的重要推手。

九、秘书调查研究的"六求"

秘书要做好调研工作，必须走得出去、沉得下去、钻得进去；必须深入实际、深入基层、深入群众；必须认真思考、深入分析、精心研究，捕捉领导机关难以听到、不易看到和意想不到的新情况，找出分析和解决问题的新视角、新思路和新对策。

一是做到"咬定青山不放松"，在调研选题上求准。党政部门的调研工作是直接为领导机关的决策服务的，因此，调研工作必须适应党委、政府中心工作的需要和领导决策的需求，在选题方面，要始终围绕"一个中心"，突出"两大重点"，把握"三个特性"。

"一个中心"，就是党的中心工作。不同时期的社会矛盾不尽相同，党的工作中心也随之变化。党政机关的调研工作，在选题时首先必须紧紧围绕党在当前和近期内的中心工作来进行。比如在当前和今后一个时期，落实科学发展观、构建社会主义和谐社会就是我党工作的中心。

"两大重点"，指的就是"热点"与"难点"问题。"热点"就是某个时期群众普遍关心的重大问题。"难点"就是指那些反复出现却又一直没能解决好的问题。一种现象既然反复出现，说明它有一些自身存在、发展的规律性的东西，如果努力解决却没解决好，说明我们还没有认识到其中的规律性。要通过调查研究，认识和把握其特点及规律。如能攻克难关，就会产生高质量的调研成果。

"三个特性"，指的是典型性、普遍性与适时性。典型性是指调研要总结富有启迪和借鉴作用的具体经验，或是反映特别突出的正在发展中的问题；普遍性则要求调研所提供的经验指导性强，所提出的问题覆盖面广，正是当前普遍存在和尚未解决好的问题；适时性是指在选题时，应当选择当前工作中亟待解决的问题。某些选题的价值并不是在任何时候都能得到体现，早了、晚了都不行，只有在特定时期，才能发挥最佳效益。

二是立足"与时俱进"，在调研手段上求变。在具体实践中，我们积累了许多行之有效的调研方法，如召开调查会和研讨会、走访调查、蹲点调查、典型调查、实地考察等。这些方法具有感受直接、体验深刻、互动性强等优点，应继续坚持。与此同时，还必须适应经济社会发展变化的新情况，创新调研方式。要积极使用统计调查、问卷调查、抽样调查、网络调查等先进手段，提高调查的效率和质量，充分利用现代信息技术进行资料的收集、整理和加工，为调研乃至决策提供快捷、全面、翔实的信息资料；综合运用经济学、社会学、信息学、系统论、控制论以及规划与优选、预测与评价、计算机仿真等方法，对已掌握的调查材料进行多层面、多角度的系统研究。只有把传统调研方法和现代调研手段结合起来，才能增强调查研究的科学性和时效性，提高调研工作的效率和调研成果的质量。

三是善于"问问家长里短事"，在调研方式上求细。调查研究成果的质量如何，形成的意见正确与否，最终都要由人民群众的实践来检验。因此，搞好调查研究工作，必须放下架子、扑下身子，深入田间地头和厂矿车间，拜群众为师，和群众交心，同群众一起讨论大家关心的问题，倾听他们的呼声，体察他们的情绪，感受他们的疾苦，总结他们的经验，集中他们的智慧。既要了解群众盼什么，也要了解群众怨什么；既要听群众的"顺耳话"，也要听群众的"逆耳言"；既要让群众反映情况，也要请群众提出意见。尤其对群众反映的热点、难点和重点问题，更要主动调研，抓住不放。只有这样的调查研究，才能真正听到实话、察到实情、获得真知、收到实效。

四是敢于"一竿子插到底"，在调研内容上求深。无论深入调查，还是潜心研究，都要有不获实情不收兵、不得真理不甘心的毅力和追求。在调查中，要抓住问题的根本和矛盾的症结，溯本求源，真正掌握第一手材料，还原事物的本来面目。要多层次、多方位、多渠道地了解情况，既要调查机关，又要调查基层；既要调查干部，又要调查群众；既要看到事物的正面，又要看到事物的反面；既要了解全局，又要解剖典型；既要到工作局面良好和先进的地方去总结经验，又要到困难较多、情况复杂、矛盾尖锐的地方去研究问题。同时，还要搜集和阅读大量的相关材料。要综合运用归纳与演绎、分析与综合、具体与抽象以及比较、分类、统计等手段，对调查中掌握的材料进行去粗取精、去伪存真，由此及彼、由表及里的深入思考和研究，透过现象把握本质，找出规律性和普遍性的东西，找到解决问题的有效办法。

五是坚持"不唯书、不唯上"，在调研作风上求实。搞好调查研究，必须坚持实事求是的原则，树立求真务实的作风，具有追求真理的勇气和无私无畏的精神。应全面了解客观情况，善于听取各种意见，勇于反映真实情况。搞调查研究，不能预设条框，先入为主；不能只看好的，不看差的；不能只报喜，不报忧；不能只总结经验，不反映教训。对调查了解到的真实情况和各种问题，要敢于"较真"和"碰硬"，不粉饰太平，不掩盖矛盾，不怕得罪人，做到说老实话、办老实事、做老实人。实际上，只有客观反映情况，尤其是将那些具有倾向性的问题和矛盾以及群众意见如实地反映给领导机关，才有助于领导机关作出正确的决策，制定有效的政策，使有关问题得到及时解决。

六是做到"好马配宝鞍"，在调研报告上求精。撰写报告是调查研究的重要环节。调查再全面，研究再深入，但文章写不好仍达不到预期目的。一般来说，写好调研报告需要注意以下几个方面：第一是做到内容和形式的有机统一。从内容上讲，要言之有物，资料要翔实，论证要有力；从形式上讲，结构要严谨，条理要分明，布局要合理。第二是做到调研主题单一性和表现形式多样性的有机统一。既把握主题、突出主线、抓住重点，善于画龙点睛，给人以启迪；又讲究写作形式的多样性，防止"千人一面、千篇一律"。第三是做到文字精练和内涵丰富的有机统一。领导日理万机，调研报告应力求短小精悍、言简意赅，意到言到、意尽言止，同时在文字表达上要力求准确、鲜明、生动。

十、做好调查研究应把握"四个三"

调查研究是秘书的一项基本功，也是做好办公室工作的基础。秘书不仅要重视调查研究，更要善于调查研究，为党委决策提供尽可能准确、详尽的素材和切合实际的建议，提高决策的针对性和科学性。下面我们就如何做好调研四大环节的工作做一些粗浅的探讨。

（一）围绕"三点"选定课题

"题好文一半。"题目选得好，问题找得准，能收到事半功倍的效果。选调研课题要从实际出发，紧紧围绕党的工作中心，紧扣工作中的重点、难点和薄弱点，抓住主要矛盾，解决主要问题，避免一般化、重复性的研究，使选题切中要害，抓住"牛鼻子"，牵一发而动全身。一要围绕工作重点选题，增强调研的针对性。党在各个时期都有不同的中心任务和重点工作，推动中心任务的完成和重点工作的落实，是党委办公室的首要任务，也是调查研究的首选课题。只有紧紧围绕党的工作中心、工作重点进行调研，才能找准突破口，扎准"穴位"，取得好的成效。二是围绕工作难点选题，增强调研的创新性。开展调查研究，既要"调研"，更要"解决"。在新的历史时期，经济社会发展面临许多新情况、新问题、新矛盾，需要从理论与实践的结合上给予准确的回答和解决。调研工作就要抓住这些事关全局的重点、难点问题，集中力量攻难关、破难题，不断探索新思路，取得新突破，开创新局面。三要围绕工作薄弱点选题，增强调研的预见性。工作有中心、有重点，也就有薄弱点。一些带有方向性和倾向性的问题，在开始时往往不被人们所察觉和认识，甚至会有争议，如果任其自然，一些好的事情可能会因未被重视而夭折，而有些不好的事情则可能因忽视而给全局工作造成被动。因此，要增强政治敏锐性和政治鉴别力，善于从政治上、全局上、发展上观察事物，分析问题，有目的地开展超前性调研，增强工作的主动性和预见性。

（二）把握"三点"开展调查

现在的调查方法、手段很多，除了召开调查会、研讨会以及走访调查、蹲点调查、实地考察等传统方法外，还有应用现代科学技术进行统计调查、问卷调查，以及专家访谈等，关键是要正确掌握，灵活运用。根据实践体会，做好调查工作，应注意把握好以下三点：一是面要广。"巧妇难为无米之炊"，没有掌握大量的真实材料，就是妙笔也不能生花。为了摸清实情，要尽可能地让调查面广一点，调查对象多一点，将调研触角延伸到各个部门、各个行业，从不同侧面、不同角度，收集各方面的情况，广泛地占有第一手材料。二是抓典型。所谓典型，一般是指具有代表性的人物和事件，他们往往代表着事物发展的趋向或社会进步的方向，因而极具研究和剖析价值。调查研究要点面结合，在全面掌握面上情况的同时，重点抓住典型，进行深入分析，力求透过表面现象，抓住本质去"求是"，总结出新鲜经验，看清问题的真相，认清事物的发展趋势，形成决策，指导全局。三是细研究。在充分调查，掌握大量情况的基础上能否进行分析研究，是决定调研能否出成果及成果质量高低的一个重要环节。要运用辩证的方法，从大处着眼，小处着手，对所收集的材料进行筛选、甄别，去伪存真，去粗取精，分类归纳，理清头绪。然后从不同角度去分析综合，从调查材料中提炼观点，探求事物的本质和规律，防止就事论事，罗列现象。

（三）"三个结合"写好调研报告

一篇好的调研报告，应该体现"三个结合"。一是理论与实际相结合。文章最忌思想苍白，内容空洞。认识要深、观点要新，要写出一篇既内容充实，又不乏真知灼见的调研报告，一方面要认真学习马列主义、毛泽东思想、邓小平理论以及"三个代表"重要思想，学习在指导思想上需要掌握的理论知识；另一方面，要细心研究国情、省情、县情，深入了解本地区、本部门、本单位的工作实际。只有在这两方面都下功夫，才能借助理论的指导，紧扣实践的需要，总结出正确且操作性强的新观点，用于指导实际工作，达到理论与实践的结合和统一。二是上情与下情相结合。调研既要为领导决策提供参谋，又要为解决实际问题寻求对策，所以必须既吃透"上情"，又明了"下情"，并善于实现两者的有机结合，做到以"上情"为准绳，以"下情"为依据，服务具体工作。吃透"上情"，就是要深刻领会党的路线、方针、政策，以及上级文件的精神实质、具体内容，领会领导的主要意图和工作思路，做到方向明确，目的清晰；明了"下情"，就是要对调研对象和各种相关情况进行全面深入的了解掌握。上情与下情相结合，就能使调研报告有深度、有针对性，也更有价值。三是观点与材料相结合。观点是文章的灵魂，材料是文章的血肉。调研报告的观点，都是在对大量材料的结合归纳、分析研究中提炼出来的。观点产生后，文章中筛选、使用的一切材料，包括综合情况、典型事例、具体数据以及引文、引言等，都要为阐明、烘托观点服务。没有材料论证的观点无异于空中楼阁，而没有观点统率的材料只能是现象罗列。只有观点与材料融合，结成一体，才能使调研报告立得起、站得住、用得上。

（四）"三条渠道"促成转化

转化是调查研究的延续和深化。调研成效大不大，关键还得看转化。评价调研工作的成效不仅要看写了多少调研报告，发表了多少调研文章，而更重要的是看调研成果对一个地方的经济社会发展和热点、难点问题的解决起到了多大的作用。用好调研成果，应重点拓宽三条渠道：一是向上反馈。即是走领导路线，尽快将调研成果转化为决策成果。如向领导口头汇报，重点汇报在调研中发现的典型经验、问题思考和对策建议等内容，争取领导认同；送清样给领导审阅，争取领导批示，并将领导批示编印下发；把调研成果写进文件和领导讲话中，寓谋于文，寓谋于会，直接进入领导决策等。二是往外扩散。即走宣传路线，把调研成果转化为社会成果。如通过报刊发表调研文章，扩大调研成果的对外影响；把调研成果作为会议材料，在会上下发，争取引起与会者的共鸣；利用调研成果开展对外交流，加强与兄弟单位的横向联系；召开专题研讨会，争取领导、专家和理论宣传工作者的支持帮助等。三是积极深化。即走下层路线，把调研成果转化为实践成果。如利用调研成果进行工作试点和改革试验，不断深化调研，或者加按语，并以文件形式印发基层，直接用于指导推进工作等。此外，利用优秀调研文章开展调研业务培训，提高秘书的写作水平，也不失为用好调研成果的一种办法。

5

参谋与辅助决策

一、认识领导的性格与气质

美国辛辛那提大学的乔治·古纳教授在讲授秘书学时，提出这样一个案例：一天，某公司经理突然收到一封无理的来信，这封信来自一位与公司交往很深的代理商。经理怒气冲冲地把秘书叫到自己的办公室，向他口述了这一封回信："我没有想到会收到你这样的来信，尽管我们之间存在一些交易，但是按照惯例，我有权将此事公之于众！"之后，经理命令秘书将信打印寄出。对于经理的命令，秘书可采用下列四种行为：

A："是，遵命！"说完秘书立即回到自己的办公室，将信打印寄出。（照办法）

B：如果将信寄走，对公司和经理都是非常不利的。秘书想到自己是经理的助手，有责任提醒经理，为了公司的利益，哪怕是得罪了经理也值得。于是对经理这样说："经理，这封信不能发，把它撕掉算啦！"（建议法）

C：秘书没有照办，而是向经理提出忠告："经理，请您冷静一点！回这样一封信，后果会怎样呢？在这件事上，难道我们自己就没有值得反省的地方吗？"（批评法）

D：当天下班的时候，秘书将打印出来的信递给已心平气和的经理："经理，可以将信寄走了吗？"（缓冲法）

乔治·古纳教授建议选择 D 行为，即缓冲法。他认为，A 行为（照办法）对于经理的命令忠实坚决执行，作为秘书的确需要这种品质，但是仅仅"忠实坚决"照办，仍然可能失职。B 行为（建议法）是从整个公司利益出发的，对于秘书来说，这种富于自我牺牲的精神也难能可贵，但是这种行为又超越了秘书应有的权限。C 行为（批评法）从秘书是经理的助手这个高度来看是可取的，但是秘书干扰领导的最后决策，也是一种越权行为。乔治认为 A 和 B 行为"虽不足道但毕竟有商量的余地"，而 C 行为最不足取，因为经理是公司的领导人，他有自己的思考角度和方式，他必须权衡与各方面的关系和利益，自然也包括和这家代理商的关系。他提出中止与这家代理商的关系，也许并非出自一时之怒，那封无礼的来信也许只是导火线而已。秘书在尚未清楚领导发火的真实原因时，就横加指责甚至干涉，是极不明智的。况且秘书只是助手而不是决策者，无权对经理的决策进行干涉。而采用 D 行为，在秘书的职权范围内巧妙地对领导的决策施加影响，既无越权之嫌，又收到了良好的效果，因而是最佳的。

但是仅仅从秘书的角度去研究应当怎样做和不应当怎样做，仍然是片面的，还应该从领导的角度去考虑，要考虑领导允许、要求、提倡秘书做什么和怎样做。只有将两者结合起来,才能找到正确答案。领导的类型不同,秘书的应对方法也就不尽相同。企图以一种行为模式来应对不同类型的领导,事实上是行不通的。

二、学会"补台"

在实际工作中,领导人的指令、意见、决策在出台后,因种种原因出现了漏洞,都需要秘书及时"补台"。领导人出现决策失误的原因是多方面的,主要有如下十种:

(1)情况不明,主观臆断。一些领导干部整天浮在上面,不到基层调查研究,仅凭"拍脑袋"进行决策,其结果难免与客观实际大相径庭。

(2)怕担风险,错失时机。在企业竞争日益加剧的今天,企业的决策者如果不能对市场变化有足够的认知,因时而变,就可能丧失发展良机。

(3)不讲民主,独断专行。从根本上讲,民主集中制是我国各级领导机关的领导制度,任何一项决策都应遵循这条基本原则,否则仅个人的智慧,容易作出违背客观实际的错误决策。

(4)好大喜功,贪图虚名。有些部门或地区的领导喜欢做"形象工程",随波逐流,贪图虚名,作出不切实际的决策,导致大量资源的浪费。

(5)盲目自负,马失前蹄。有较强的自信心是领导干部的必备素质,但自信心走向极端,便转化为盲目自负。

(6)违背程序,不讲科学。对形势判断失误,作出错误决策。

(7)病态固执,一意孤行。个别领导搞个人崇拜,迷恋过去的经验,无视他人建议,导致决策失败。

(8)学识浅薄,素质低下。有些领导者,思想水平、组织能力、业务知识都难以胜任所担负的责任,但由于种种原因,成了一级组织的领导,难免出现"一流设备,二流管理,三流质量,四流效益"的局面。

(9)行将移位,滥用权力。不少干部在行将移位前抓住有限的时间,滥用权力做好人,作出一系列有损国家、集体利益的非常规决策。

(10)营私舞弊,见利忘义。有的决策者拿了别人的"好处费",或是被美色所引诱,明知是错误的东西,也昧着良心,放弃党性原则,将错就错。

上述决策的失误,给党和人民的事业造成了损失。秘书应该发挥自己的聪明才智,尽量做好"补台"工作。主要从如下方面着手:

(1)要坚持决策制度的民主化。任何一个领导集团,任何一位领导者,都要自觉养成民主决策的作风。领导者尤其要听得进不同意见,要敢于否定自己不正确的意见,乐于采纳正确的意见,借助广大群众和专家学者的群体智慧，从万策之中谋求上策。为了保证决策真正达到民主化，各级党政组织都应建立健全"议事规则"，以防止因个人专断造成的决策失误。

（2）要坚持决策程序规范化。决策程序包括确定目标，收集信息、科学预测，制订方案、从中选优，决策执行、反馈控制，追踪决策五个方面。坚持决策程序的规范化，也是听取各方面意见、选择最佳方案的过程。通常情况下都要遵循决策程序，不能"打破常规"走捷径。在按照决策程序进行决策时，尤其要注意科学分析，认清面临的经济形势，吃透国家政策，把握新技术发展的动向，运用辩证的思维方式，尽可能预测和比较各种方案可能产生的结果，从中选择最佳方案。

（3）坚持决策过程信息化。信息是决策的依据和前提，决策的全过程都离不开信息情报。无信息的决策，或信息量少、信息不够准确的决策，都难以达到科学化。因此，决策者要建立起相应的信息网络，充分占有决策所必需的信息，从而依据系统的信息资料，进行可行性论证，对所形成的各种方案进行最优选择。在决策实施过程中，同样要重视信息反馈，以便进行必要的修改和调整，从而使决策最后达到合理有效的目标。

（4）坚持决策责任明晰化。决策失误，给国家、集体和群众造成重大损失，却谁也不承担风险和责任。对那些因贪赃枉法、以权谋私而故意作出错误决策的领导者，应严肃查处。日常决策中，对较大问题的决策都应建立决策责任体系，做到四个明确：一是有明确的责任主体。谁决策谁负责，决策群体要共同承担责任。二是有明确的责任目标。制定决策所要达到的目标，投入与产出的效益比是多少，都要事先明确。三是有明确的督查机制和措施。决策提出的同时，即开始组织力量进行检查督促，发现问题随时予以纠正，力求减少损失。四是有明确的奖罚制度。要着力强化监督体系的建立和完善，形成下级接受上级监督、党内接受党外监督、领导接受群众监督以及司法监督、行政监督、舆论监督等多种监督方式相结合的监督网，真正使决策责任明晰化。

三、审时度势，随机应变

1998年初，全国经济形势下滑，江苏省吴江市数百家乡镇企业的煤、电、原材料全面告急。其中，电煤的供应，成为决定吴江经济兴衰的关键。为此，市政府责成计委组建地方物资公司，重点解决年内4万吨电煤的供给，确保全市50%的用电计划。公司初建时，人数不满二十，流动资金不足百万元，难度相当大。为了确保完成任务，当务之急是选择一个比较稳定的、可靠的电煤供应基地。公司的几位办公室同志星夜带领人马分赴山西、内蒙古、河南、安徽、四川等地，进行了为期半个月的实地考察。考察归来，秘书根据所掌握的材料，拿出了两套方案，供领导选择。

第一方案：以山西某矿区为基地。该地区资源丰富，煤炭质量高，符合电煤供给的要求；同吴江又是老关系，易于沟通、协商。短处是该矿区以计划供给为主，市场调节部分要受计划供应的限制；另外，煤要先靠铁路运输，在铁路严重超负荷运转的情况下，要为吴江采购 4 万吨煤炭，需组织 8 000 个车皮，要落实极为困难。

第二方案：以四川东部小型煤矿为基地。该地区煤炭资源质量远不及山西，但全部属于计划外销售，估计可以自由选购；尤其是其运输条件得天独厚，可以利用长江黄金水道直下南京，电煤用地又恰恰是紧靠扬子江电厂，实际开支的费用比铁路运输低 50%。

究竟选择哪一种方案，以何者为电煤基地呢？

他们首先对煤炭市场的发展趋势作了估量。目前全国经济局面已经形成，短期恐难以扭转。煤炭是工业的粮食，越紧张，国家越是要严加控制。山西是我国计划用煤的主要供给基地，国家将会加强对指令性计划用煤的管理，严格限制计划外市场部分的增长，运输方面也必然以计划用煤优先，再加上各路人马为争夺煤炭蜂拥而来，使计划外的用煤供给更为紧张。秘书将这些想法向市政府主管领导作了汇报，得到了赞许和支持。据此，就基地的选择，领导作出了决断。

1998 年 8 月，他们受命踏上征程，去川东县洽谈具体电煤供应。从吴江出发时，议价煤已从每吨 82.5 元涨到 105 元；到达川东时，已涨到 115 元。到实地一看，夺煤风浪已经波涛汹涌。经过再三斟酌，他们立即果断决定以每吨高出 6 元的价格即每吨 121 元的价格就地收购。此价格一出台，即在川东地区引起了强烈反响。当地的主管部门和煤矿领导纷纷主动与他们联系洽谈，一下子吃进了 5 000 吨，用 5 条千吨驳船直运电厂码头，解决了吴江市电煤供给的燃眉之急。更加重要的是，吴江物资总公司因此在川东赢得声誉，局面已经打开。这些煤共发电 2 亿多度，如果以每度创造 10 元产值计算，即创造的产值达 20 亿元，公司因此获得了可观的利润。

这个案例告诉我们，在市场经济条件下，企业的决策者要根据变化的情况不断调整自己的决策行为和决策方案，以适应形势，在原则允许的范围内，作出必要的妥协、让步、变通和机动处理。秘书应该随时将变化了的情况向领导者汇报，以便决策者在第一时间内果断决策，掌握主动。本案中的应变手法和策略是值得称赞的。首先，它是以对市场竞争规律的正确认识和对煤炭价格涨跌趋势的科学预测为前提的，舍此，就无所谓科学的应变艺术；其次，它是在国家政策允许的范围之内的变通，即在国家允许计划外煤进行市场调节的范围

内对煤价进行变通和在国家地区性差价政策范围内采取薄利多销式的变通；最后，它是着眼于一个地区、一个集体的经济发展，并有利于国家经济建设，而决非为了个人利益或小集团利益，跟那种为一己私利而不择手段的"变通""应变"有本质的区别。

四、雪中送炭

一天，东风汽车厂办公室主任杨某得到一个令他吃惊的消息：西南某市在13分钟内连续发生了两次7.6级大地震，当地人民财产遭受了极大的损失。而前不久，他陪厂长考察过该市，那里的自然资源极为丰富，但交通条件非常落后，因此刚刚从东风汽车厂采购了一大批汽车。想到他们遭受的重大损失，汽车的合同可能告吹，杨主任坐立不安，连忙找到了厂长。厂长说："灾区人民现在可能是买不起汽车，但他们现在却比任何时候都需要汽车。运送救灾物资需要汽车，救护伤员需要汽车，重建家园也需要汽车，我们搞汽车的不能不管啊！""厂长，我们能不能先来个雪中送炭？""我看可以。你先拿个方案，下午办公会再议定。"

下午，"雪中送炭"的方案一致通过。一队刚刚出厂的新车满载着全厂职工捐赠的救灾衣物、粮食和兄弟般的情谊，奔驰千里，来到灾区。汽车上挂着"抗震救灾，重建家园"八个大字。当地省委、市委专门派警车为捐赠车队开道，成千上万的群众热烈欢迎，电台、电视台、报社记者纷纷追踪采访。在赠车交接仪式上，各级领导都出席了大会，全国各地的新闻界都作了报道。灾区行署副专员感动地说："我们受灾后，你们不远千里赶来慰问，还带来了我们所需要的汽车，带来了产业工人的深厚情谊，灾区人民会永远记住你们的友谊！"

除了捐赠汽车和救灾物资外，厂长和杨主任带领的慰问团还在灾区开展了汽车修理、技术咨询、司机培训等服务项目，深受灾区人民的欢迎。

在这个边远山区，不通火车，全靠公路运输，汽车的需求量很大。抗震救灾中的雪中送炭的捐车和慰问，使东风汽车厂在这里种下了友谊之树。此后，这个地区购买的汽车绝大部分是东风汽车厂生产的。

事后，厂长对杨主任说："你那个'雪中送炭'的方案，支援了灾区，灾区人民也加倍地回报了我们。看来，诚心诚意地为社会服务，胜过千百次'誉满全球'的自吹自擂……"

这个案例告诉我们：①秘书要及时捕捉重要信息，并敏锐地与本企业经营管理联系起来，作为参谋建议的基础。②要学会从全局高度和各种不同的角度来思考问题，学会从长远的角度和利益来处理眼前的问题。"不畏浮云遮望眼，自缘身在最高层。"案例中的杨主任作为领导的参谋和助手，能站在全国、全社会及企业和灾区的不同角度，从眼前与长远的大局来思考问题，构成"灾区情况—灾区需要—对企业的影响—企业该做什么"的连锁式思考路线，构架参谋建议，这一点是十分可取的。③要与领导者保持密切的思想交流和同步思维，"汇报情况和想法—交流思想和分析问题—同步思维提出建议—取得共识承担建议方案—参与实施方案"，在完成辅助决策的全过程中发挥积极的作用。

五、三篇古文的启示

《古文观止》中有三篇文章非常值得当今的秘书学习，它对学会如何处理与领导的关系，如何为领导提供辅助决策建议大有好处。

《触龙说赵太后》一文，写的是左师（官名）触龙以叙家常的方式，非常巧妙地平息了赵太后的怒气，说服了赵太后，让她的爱子长安君到齐国当人质，从而使齐国出兵救赵，解了赵国之危。文中详细地描绘了人物的行动和对话，形象地揭示了人物心情的变化，成功地表现了触龙善于揣摩人的心理、善于进谏的才能。

诸葛亮的《前出师表》一文，说的是诸葛亮受先主刘备托孤的重任，辅助后主刘禅执政。蜀汉建兴五年（227），诸葛亮进兵汉中，准备北伐曹操，以图中原。他深感刘禅软弱无能，不无内顾之忧，因此在临行前上表劝诫。表中分析了当前的形势，提出了可以依赖的文臣武将，劝告刘禅奋发有为，励精图治，要"亲贤臣，远小人"，虚心纳谏，不要"妄自菲薄""塞忠谏之路"，以完成"兴复汉室"的未竟事业。文章感情真挚，语言恳切。

《陈情表》的作者李密曾出仕蜀汉，担任尚书郎，屡次出使东吴，很有才学。蜀汉灭亡之后，晋武帝征其为太子洗马（官名），李密以祖母年老多病为由，辞不应征。文中陈述本人遭遇不幸，处境艰难，从而提出"圣朝以孝治天下"的大道理和祖孙相依为命的苦衷，最后乞求终养。文章情真意切，感人至深。

以上这三篇古文，有三点是相同的：①都是臣子向君主递送的奏章或当面向君主进谏。用秘书工作里的话说，都是下级向上级的请求、报告。②都是在危难或危急关头与君主打交道，带有明显的风险性。③这三篇文章的艺术属性都很高，一直为世人所推崇。作为秘书，这三篇文章给我们的启示是：

（1）要深思熟虑，善谋大事。赵太后从不肯让爱子当人质，并明谓左右"有复言令长安君为质者，老妇必唾其面"，到高高兴兴地让触龙安排她的爱子当人质，这中间充分表现了触龙的深谋远虑。赵太后一时爱子心切，不肯让

儿子去当人质，其心情是完全可以理解的。但其子若能去齐国当人质，不仅可解赵国之危，而且可使她的儿子有功于国家，不至于日后"位尊而无功，奉厚而无劳"。正是出于这样的长久之计，触龙才反复向赵太后阐述"父母之爱子，则为之计深远"的道理，并最终使赵太后接受了他的劝告。诸葛亮之所以要上表劝刘禅，为的是刘备未竟的"兴复汉室"的事业，其耿耿忠心，跃然纸上。

（2）要出以公心，不计名利。在与领导相处的过程中，要始终把党和人民的利益放在第一位。对领导者的正确决策、指示，要坚决贯彻落实；对领导者不全面甚至错误的主张、意见，要及时提出来。那种一事当前先替自己打算，过多考虑个人得失的做法是不可取的。触龙在赵太后怒气冲冲、阻塞言路的情况下求见她，其勇气和胆量是非常令人敬佩的。赵太后的身边大臣进谏无效，赵太后又发了怒，难道触龙就不怕赵太后一怒之下杀了他？可见触龙能够挺身而出，正是由于他把个人生死置之度外，一心为国家作长远打算。所以，当赵太后回心转意之后，对触龙言听计从，也就不难理解了。

（3）要情真意切，打动人心。李密何以凭一篇《陈情表》而使君主感动，关键是一个"情"字。从李密的《陈情表》中，我们不难看出，下级要说服和打动上级，最重要的是要做到合情合理。情是从心底发出来的情，理是于人于国可以接受的理。如果犯简单化、片面性等毛病，就不能收到预想的效果。

（4）要以诚为本，胸襟坦荡。触龙为赵太后的爱子作长远打算，体现了一个"诚"字。诸葛亮的《前出师表》更体现了一个开国重臣对后主刘禅的赤诚之心。尽管刘禅昏庸无能，不听别人劝告，但诸葛亮担负先主刘备托孤的重任，为完成"兴复汉室"的未竟事业，还是敞开胸襟，一吐为快。既毫不隐讳地劝诫刘禅"不宜妄自菲薄，引喻失义，以塞忠谏之路也"，又一一点明可以依赖的文臣武将；既用"亲贤臣，远小人，此先汉所以兴隆也；亲小人，远贤臣，此后汉所以倾颓也"的历史教训，来警醒刘禅，又用先主刘备"三顾茅庐"的英明之举来启迪刘禅，其用心良苦，实为后人赞叹。没有对国家、对君主的赤诚之心，诸葛亮是不可能如此言重，也不可能说得如此明白而不加掩饰的。因此，在与领导相处的过程中，部属对领导者以诚相待是很重要的，只要你诚心诚意、真诚恳切，即使一时说错话、办错事，领导也会体谅的。就怕居心不良、言不达理。如果那样，即使你满腹经纶，也是没有什么用场的。

六、适应"强将"，尊重"弱将"

（一）适应"强将"

如何适应各方面都比较强的领导，这也是作为秘书不能不研究的问题。

《三国演义》第七十二回中，有曹操杀杨修的故事。曹操以"惑乱军心"罪杀了主簿杨修。其实，醉翁之意不在酒。《三国演义》第六十回中，曹操称赞杨修"博学能言，智识过人"。但他却"恃才放旷，数犯曹操之忌"，结果被杀。后人评论杨修"身死因才误，非关欲退兵"。这个例子说明在"强将"手下为兵，应该想方设法"适应"，而不应该"恃才放旷"，处处与上司对着干。如下五点可供参考：

（1）要讲究提意见的方式方法。一般来讲，各方面都比较强的领导，往往个性和自尊心都比较强。因此，在你提意见和建议时，一定要准确，要有根有据，不可信口开河。把道听途说或者捕风捉影的东西拿来当意见提，容易引起领导的反感。因此，在提出意见之前，要深思熟虑，防止有意无意地损害领导的自尊心。

（2）不要过多地向领导提建议。提建议本是下属工作认真负责的表现，绝大多数领导也是乐于接受的，但是如果你的领导是个"强将"，则必须注意提出意见的次数和密度。一般情况下，不要三天两头给领导提建议，更不要摆出一副比领导还要高明的架势。否则，你的建议很难得到领导的认可。

（3）不要在大庭广众下给领导提意见或建议，如果不注意场合，往往事与愿违。尤其是对比较年轻或任职时间不长的领导，注意提意见的场合就显得更为重要了。因此，给"强将"提意见和建议，一般应当在私下以提醒的方式进行，点到为止。

（4）要防止越位。有的"强将"善抓大事，对一些鸡毛蒜皮的事根本就不管，让下级充分发挥积极性。但这种"不管"不是放任，而是一种领导的艺术。在这样的领导手下干活，一般可以放开手脚，不必事事请示报告，有时即使有点越权行为，也不会妨碍领导对你的看法。有的领导既抓大事，又善于抓小事，强调部属多请示报告，时常警惕大权旁落，生怕别人有事瞒着他，因而往往事必躬亲，显得很忙碌，也很辛苦。在这样的领导手下干活，一定要防止越权行为。在一般情况下不可超越领导意图去说话和办事，不可先斩后奏，不可自作主张处理问题和答复问题，不可过于标榜和显示自己。跟随这样的领导，应把主要精力放在贯彻落实领导意图之上。

（5）要努力创造工作实绩。俗话说，"强将手下无弱兵"。要使"强将"

器重你、信任你，创造一流的成绩才是关键所在。因此，在这样的领导手下干活，一定要有很强的成就感，要有"干一件成一件"的强烈愿望，千万不要在如何讨好领导上下功夫。只有在领导的授意下创造性地开展工作，努力成才，才能被领导所接受。

（二）尊重"弱将"

所谓"弱将"，只是一个相对的概念。在"弱将"的行列里，除极个别本来就不具备领导的基本素质以外，大多数还是能力问题。因此，部属不能片面地认为"弱将"都不是好领导。一种是表面上弱，实际上并不弱的领导。《三国演义》中的耒阳县令庞统即是代表。刘备听说庞统"不理政事，终日饮酒为乐；一应钱粮诉讼，并不理会"，便派张飞、孙乾前去巡视。书中有一段描写：飞怒曰："吾兄以汝为人，令作县宰，汝焉敢尽废县事！"统笑曰："将军以吾废了县中何事？"飞曰："汝到任百余日，终日在醉乡，安得不废政事？"统曰："量百里小县，些小公事，何难决断！将军少坐，待我发落。"随即唤来公吏，将百余日所积公务，都取来剖断。吏皆抱卷上厅，诉讼被告人等，环跪阶下。统手中批判，口中发落，耳内听词，曲直分明，并无分毫差错，民皆叩首拜服。不到半日，将百余日之事，尽断毕了……由此可见，"一时糊涂"的不能称为"弱将"，不善言辞的不能称为"弱将"，处事持重的不能称为"弱将"。对这种表面上弱实际上并不弱的领导一定要将其当作"强将"来对待。另一种是表面上强，实际上比较弱的领导。这样的领导往往刚愎自用、自视甚高。与这样的领导相处，要特别注意维护领导者的自尊心，有什么意见或建议，可选择适当的时候私下提出，尤其不能当面顶撞。

作为部属，不论遇到什么样的领导，首先，思想上应该明确，领导再弱也是你的领导，你必须尊重他。要做到这一点，需要注意三个问题：一是真诚地尊重，而不是虚假做作。他在这方面"弱"，但在别的方面不一定"弱"。因此，下属要特别注意多请示、多汇报，不可自作主张，"架空"领导。二是要真心补台。在工作中，作为下属一定要出以公心，主动及时地为"弱将"补台。他没有想到的，你要多提醒；他明显有错误的，你也不要到处声张，在执行过程中，按实际情况办，事后及时向他报告；他越是放权，你越要对他负责，尽心尽力地把事办好。三是不要有意无意地喧宾夺主。尤其是在众人面前，要注意突出"弱将"，多说他的长处，维护他的威信，以赢得众人对他的尊重。

七、巧妙应对领导的 "你看着办吧"

作为一个秘书，常常会遇到上司对下属说："你看着办吧！"究竟如何"看着办"，是一个值得研究的问题。

大致在三种情况下，上司会对你说："你看着办吧！"第一，一般例行事务；第二，上司要借机考察一下下属的办事能力；第三，以前没有出现过的新情况、新问题，上司一下子也拿不准，不知道到底该怎么办才好，需要一段时间缓冲一下，让下属先看着办。

如果是第一种情况，不必惊慌，只要认真执行，按照惯例，就能把事情办好。这从另一个角度来看，也说明上司已经对你有了一定的信任，逐步放权，让你单独处理一些事情。

如果是第二种情况，那么就应该十分小心了。首先在思想上，应该认为这是上司为自己提供的一次显示能力的机会，要格外珍惜、把握，千万不要认为这是上司与自己过不去。否则，就会影响情绪，影响能力的正常发挥。其次，在行动上，一定要把握原则，熟悉惯例，保持谦虚的作风，虚心向同事讨教，争取他们的帮助。千万不能自高自大，目空一切，指手画脚。这会引起同事、下属的不满，甚至厌恶，他们就会有一种无意识的、潜在的抵触情绪，使得交办的任务不能顺利、出色地完成。如果经过几次这样的考察都完成得相当出色，那么，可以这样说，下属已经得到了上司的信任和欣赏，成才有望。

如果是第三种情况，可就要注意了！首先是遇到了一点小小的麻烦，此时应该万分谨慎，不可急躁，要保持清醒的头脑。其次，一旦出现这种情况，可以判断出上司绝对不会像上面两种情况那样不闻不问，他也许正开动脑筋或者通过各种渠道，寻求解决问题的方法。这时更应当把握原则，认真地、仔细地分析种种情况，设计具体方案，征求改进意见，再寻找恰当时机请求上司或有关部门审核或批示，然后按修改后的方案实施、操作。在实施的过程中还要根据不断变化的情况适当调整。

经过了这一关后，上司一定会更加欣赏你，给你放权，让你独当一面，这叫"水到渠成"。

案例一：忽视咨询机构忠告的教训

美国兰德公司被誉为世界智囊团的开创者，是美国最大的咨询研究机构之一。它研究的课题是军事、政治、外交、经济、文化、教育和科学技术各个领域中最迫切需要解决的重大问题，研究目的是寻找解决这些问题的途径和措施，为各种重大决策服务。在对外政策方面，兰德公司特别注意对与国家安全有关的地区进行研究，主要是苏联和中国，也重视对欧、亚、拉丁美洲的研究。兰德公司的研究力量相当雄厚，他们以出色的研究成果，为美国政府和大企业创造了无可估量的效益。早在 20 世纪 60 年代，美国国防部部长麦克纳马拉就说："美国空军对兰德公司的投资，已经发挥了 10 倍以上的价值，它分担了五角大楼的将军们和白宫官员们在国防计划方面的一大部分责任。"

但美国政府在对兰德公司等咨询研究机构的忠告的认识上也有过不少教训。

兰德公司在研究苏联公开发表的空间技术文献之后，于 1949 年就写报告给政府，预言苏联将于 1957 年发射人造地球卫星，提出政府当年的战略措施应是加速研制人造地球卫星。但是美国政府首脑对此不屑一顾。结果 1957 年 10 月 4 日，苏联人造地球卫星真的上天了，大出美国政府所料。而且苏联人造地球卫星上天的时间与兰德公司的预言之间的误差竟不超过一周。

20 世纪 70 年代中期，美国成功研究中子弹后很是得意。兰德公司却指出，他们在 1958 年就已打报告给国防部，提出应当立即研究中子弹，政府没把它当一回事，以致延误了 10 年之久。美国政府一查果然如此。

欧洲著名的德林软件公司在朝鲜战争前夕，冒着亏本倒闭的风险，集中资金和人力，研究"美国如果出兵朝鲜，中国的态度将会如何"这样一个有重大意义的决策课题。在战争爆发前 8 天，德林软件公司就拿出研究成果，并想以 500 万美元的价格把这一成果卖给美国对华政策研究室。这个价钱在当时只相当于一架先进的战斗机。但从研究成果的最主要的结论来说，只有"中国将出兵朝鲜"7 个字，每个字价值 70 多万美元，代价就显然高得吓人了。这项成果附有 380 页资料，详尽分析了中国的国情，有丰富的历史材料和有关数据，有充足的论据证明中国绝不会坐视朝鲜危机而不救，还断定中国一旦出兵，结局是美国将不光彩地退出这场战争。一个这么重大的结论，被当时在很大程度上可左右对华政策的美国对外政策研究室的官员视为无稽之谈，从而一笑了之。后来事实发展果然如德林软件公司所言，美国在朝鲜战场上大败。美国在一个错误的时机、一个错误的地点，打了一场错误的战争。当时从朝鲜战场回国的美军司令麦克阿瑟在答记者问，以及发表对德林软件公司研究成果的看法时，不无感慨地说："我们最大的失策是舍得几百亿美元和数十万美国军人的生命，却吝啬一架战斗机的代价。"德林软件公司这项研究成果，虽已时过境迁，但仍以 280 万美元的价格卖给美国的在野党，以助其在国会辩论时言之有据。

这个案例告诉我们，在一个事关全局的问题决策时，有关部门的领导一定要多听取秘书部门的参谋建议和其他部门的咨询建议，多作分析比较，多作调查研究，切忌听不进任何意见和建议，否则"一着不慎，满盘皆输"。

八、秘书参谋的六种方式

秘书不是专职的参谋人员，更不是所谓的"谋士"或"师爷"，秘书是在具体事务处理方面为领导提供服务的人员。"参谋"是秘书的基本职能要求之一，这一职能是要通过各种各样的服务来体现的，其基本实现方式是间接的。秘书的参谋活动是与其他服务活动相伴相生的，"参谋"渗透、融汇在服务活动之中。

（一）渗透到计划方案之中

计划和方案是预先谋划未来工作的文书，拟制计划、方案是秘书的一项重要任务。要拟制计划和方案，就必须对计划的对象进行筹划。筹划得如何，关系到计划、方案科学与否、全面与否，进而关系到领导决策能否顺利实施、能否取得预期成效。在多数情况下，领导交代计划、方案的拟制任务时宏观的指导和原则要求多，而微观和具体的要求少，需要秘书把这些宏观的指导和原则要求具体化，对其中的疏漏作必要补充，使其具备科学合理性，能够付诸实施，可以具体操作。实际上，有许多单位的领导向秘书交付计划拟制任务时并不提出具体的意见和要求，至多提出几个重点，几乎全靠秘书独立完成；只是在审阅草稿时才指出哪里需要修改，却又不指出应该如何修改。由此看来，拟制计划方案的过程，其实就是出谋划策的过程，只不过这种出谋划策蕴含在完成任务的过程之中罢了。

秘书在拟制计划、方案时，要统一筹划、精心安排，使组织的各个部分在完成共同的工作任务中有机地结合起来，最大限度地发挥整体效应。在筹划时，要突出重点、兼顾一般、协调平衡，既不能平均用力又不能有所遗漏，使总体目标和具体任务以及完成任务的程序和时限要求都在计划方案中得到准确体现，以便形成一个能够发挥最大效益的网络，实现预期目的。由此可见，在拟制计划方案中真真切切地渗透着秘书的参谋作用。

（二）融进领导讲话稿中

起草领导讲话稿也是秘书的一项十分重要的任务。虽然中央一直提倡各级领导自己动手起草讲话稿，也确有一些领导人喜欢自己起草讲稿，但多数领导人在多数情况下还是需要秘书帮其起草讲话稿的。因为领导者的日程往往都安排得很满，还要审阅堆积的文件和接待来访者，处理临时出现的重要事项，根本就没有办法静下心来思考和动笔写讲话稿。从一定意义上说，这也成就了秘书，使其有更多为领导提供参谋服务的机会，可以更多地参与领导活动，凸显秘书工作的重要性。

领导讲话的内容多种多样，但归结起来不外乎三个方面：讲清道理、表明态度、提出要求。这些其实都需要秘书进行设计、选择和确定。秘书要依据宏观形势和既定方针政策，遵照相关法律法规，结合本组织的根本利益与长远目标、具体情况和任务进行系统的思考，对讲话的时机、场合、对象通盘考虑，尤其要对使用讲话稿的领导人的职务、头衔，文化水平和教育背景、一贯的风格和语气特点等作认真的分析，使得上述诸要素形成和谐、统一的有机体，从而使讲话合体、得当、圆满、精彩，既体现领导人独特的讲话风格，又取得最佳效果。由此可见，秘书起草讲话稿是一项艰巨的任务，是秘书智慧的充分运用，是秘书在代替领导思考、立言，是一项直接的参谋性活动。当然，这项参谋性活动也是以完成领导交办任务的形式进行的。秘书起草的讲话稿领导肯定会进行修改，领导对讲话稿的修改体现了秘书起草讲话稿的参谋性质。

（三）体现在请示或汇报工作中

向领导请示、汇报工作及其他事项是秘书最常见的工作方式，这是由秘书地位的从属性、被动性所决定的，也是由秘书工作的授权性所决定的。如果从常规意义上理解，请示和汇报似乎与参谋无明显的关联。但是，称职的秘书的请示决不能是询问式的而应该是建议式的。秘书在请示某一事项时，要先对该事项进行创设性思考，预先设计出几种解决问题的方案，请示时提交给领导作为决策参考甚至依据。称职的秘书绝不能问领导者某事该如何处理，而应该问某事这样或那样处理可不可以或哪种处理办法更好些。假如每件事情都要领导亲自提出处理办法来，秘书与一般办事员也就没有区别了。所以，秘书的请示形式上是请示而实质上是在参谋。

秘书向领导汇报工作有两种情况：一种向领导汇报交办任务的完成情况，另一种就是把自己了解的其他情况和发现的问题向领导汇报。对于前者来说，如果是事先汇报则与请示相近，主要汇报自己的打算和预设的方案；如果是事中汇报，汇报内容主要是执行中遇到的新问题、原计划中的疏漏等，这同样要提出自己的意见和建议、表明自己的看法；如果是事后汇报，则汇报内容主要是对任务完成情况的总结，这不但需要谈自己的认识、体会，还要汇报工作中得到的经验和教训，其目的无非是为领导在以后决策中提供参考。由此可见，秘书在汇报中其实是有意或无意地履行了参谋的职能。

（四）暗含在提醒或暗示性进谏中

人无完人，领导也有这样或那样的不足。秘书作为直接为领导工作提供服务的人员，有责任弥补领导的缺失，匡正领导的过错。但由于受职责地位的限制，秘书无法通过自己的具体工作直接地履行上述职责，多数情况下还要靠领导自己校正自己的偏失。这就使得秘书的进谏十分必要。但是秘书不同于古代的"门客""谋士"或"师爷"，秘书不便也不应该直截了当地向领导者进谏，否则就是"越位"。秘书进谏常常采用提醒或暗示的方式，领导由于工作繁忙或其他因素的干扰，思考及部署工作有疏漏或忘记既往的事项在所难免，出现这种情况时，秘书的适时提醒可以有效地避免不良后果的产生。当然，秘书的这种提醒要选准时机、把握好分寸，尤其要注意场合以及措辞和语气。这种提醒是秘书的分内之事，是参谋职能的具体体现。

一般来说，领导都是很自信的，当工作中出现差错时他们往往认为自己是正确的，在这种情况下直接指出其差错恐怕不易被接受，甚至他们可能对秘书的动机产生怀疑。所以，秘书一般应采用暗示的方法提醒，或言古及今，或言彼及此，设法引起领导的注意，让领导自己去思考、反省，然后自行改正。这种进谏方式虽然不直接，效果也不明显，却往往比直接进谏有效。

相对于前述四种参谋方式，提醒和暗示的进谏方式更具主动性，参谋的意图和动机更为明显，但实现的难度更大，领导个体的差异性对参谋效果的影响也更为突出。如有的秘书将相关报刊文章摆放在领导的办公桌上引导领导阅读，用这种办法进行提醒或暗示非常有效，但对于一位不爱阅读的领导，这种方法就根本无效。所以，如何通过提醒或暗示来履行参谋职能，需要认真思考。

（五）糅进工作日程安排中

领导机关的工作日程和领导人的工作日程通常都需要秘书统筹协调后具体安排。秘书安排工作日程并不是要设计活动的项目及其内容，而是要对既定的活动进行合理编排，确定顺序、时间、场地及部门、人员，做好车辆调配等。秘书的创造性劳动主要表现在如何保证各项活动有序高效地进行，保证各种资源的合理分配利用。因此，相对于提出活动目标和任务的一级创造来说，具体安排活动属于二级创造。但这种安排的成果，被领导认可、采用的概率要比拟制计划、方案和起草讲话稿大得多，除确有明显不妥外领导一般都要服从并执行这种安排。这种安排是否科学合理，不但关系到日常活动能否顺利开展，而且关系到单位尤其是领导机关的日常运行秩序，关系到领导人领导效能的发挥，因而对单位的长远及现实目标的实现具有十分重要的意义。从某种意义上说，这种安排类似于指挥调度，其参谋属性十分明显。

（六）写进调研报告中

提交调研报告是最直接的参谋方式，也是最有效的参谋方式。无论是经验总结性调研报告、揭露问题性调研报告还是反映一般情况的调研报告，都是决策的重要参考。总结经验、分析问题、归纳情况，都含有调研者的主观认识，通常的调研报告也都要提出自己的主观建议。由于调研报告往往针对特定的问题，具有专门的形式，因而多数能引起领导的重视，无论其中的意见建议是否被采纳，实质上都发挥了它应有的作用，实现了调研者的目的，其参谋性是非常明显的。但是，秘书的主要任务是协助领导处理日常事务，一般无法集中大段的时间去进行专项调研，所以秘书通过这种方式实现参谋职能的机会是不多的；如果秘书未经授权自主开展调查并主动提交调查报告，也显得唐突。秘书如果认为某事项确有调研的必要，应向领导建议，如果领导认可并授权，秘书就可以放开手脚创造性地完成这一任务。除此之外，秘书的自主调研一定要十分慎重。

九、如何为领导出谋划策

小张和小李同时被分配在一个机关做秘书工作。但领导遇到什么问题时，总爱找小张商议。小李感到纳闷，心想，自己的水平能力不亚于小张，为什么会受到冷落呢？

他找到了小张，请他帮助分析原因。小张开诚布公地说："我看你主要是提意见多，提建议少。做一件工作，你这也不满意那也不顺心，咚咚咚地说了一大堆的问题，可如何解决这些问题，你却很少提出办法，我要是领导，也不高兴你这样做。"小李回想了一下自己一年来的表现，点头说："你说得对，我是有这个毛病。我总想着提意见是下属的事，拿主意是领导的事。"小张截住他的话说："领导也不是神，事事都有主意，领导是很希望下属提建设性意见的。一年来，我就是这么做的。凡接到上级的通知或下级单位的报告，我都认真想一想，提出处理意见，不管领导采不采用，我都坚持这么做。时间久了，领导就对我的建议重视了。就是这么一回事。""那每一次提几条建议呢？"小李问小张。小张说："这也说不定。古人讲，上中下三策，就是说每次提好中差三个建议。我看这主要是指决定命运的大事。一般情况下，每次提一条就可以了。因为大多数事情，一种处理办法就够了。对于大事或者吃不准的事，有争议的事，不妨多提几条处理意见，供领导选用，即使提不出很好的方法，起码也要有一点建议，帮助领导打开思路，这样做，真正有作为的领导都是欢迎的。我把这个办法叫'一策备选'。你不妨一试。"

小李照着小张的办法做，不久之后，领导也经常找他商量工作了。

称职的秘书处理问题时不能是询问式的而应该是建议式的。绝不能问领导者某事该如何处理，而应该问某事这样或那样处理可不可以或哪种处理办法更好些。秘书要对存在的问题多作创设性思考，预先设计出几种解决问题的方案，提交给领导作为决策参考甚至依据。

十、善谏是秘书重要的必备技能

案例二：茅焦开塞

《东周列国志》上有这么一个故事：秦王政平了假父之乱后，当年四月，天大寒，降霜雪，百姓多冻死，民间纷纷扬扬说是秦王子不认母所致，大夫陈忠进谏秦王，请求把太后从雍城迎归咸阳，以尽孝道。秦王大怒，将陈忠杀之，陈尸于皇宫门前楼下，贴了一张榜文说："有以太后事来谏者，视此！"

进谏者有二十七人被杀，尸积成堆。齐国沧州人茅焦，在咸阳游历，听到此事后决定去劝说秦王，第二天来到皇宫门前楼下伏尸大哭，声言上谏大王，秦王政得知茅焦仍是为太后事而来，并准备做二十八宿，怒不可遏，让手下人烧上一大锅开水，准备煮茅焦。当此之下，茅焦若有半句话不慎，就会被扔到开水锅里。茅焦慢慢腾腾走到台阶前跪下，说要给秦王讲讲生死存亡之计，看大王愿不愿意听，秦王表示可以讲，茅焦说了一番忠言逆耳利于行的道理后讲，我看危险哩！秦王听此，气消了不少，说："你指的是什么事，我愿听听。"茅焦接着说："今天下所以尊秦，并非独看你秦国强盛，也看大王为天下之雄主，手下人才济济。今天你车裂假父，有不仁之心；囊扑两弟，有不友之名；迁母于外宫，有不孝之行；诛戮谏士，有纣之治。你想统一天下，却做这等事情，怎能让天下人服你。历史上这种教训已经很多了。我知道自己必死，但死后，不会有第二十九个人来劝你，到那时，大家看你这样霸道，必然离心离德，秦国的江山必然败在你手中。我要讲的都讲完了，请让我下锅吧。"茅焦站起来直往大锅处走，秦王急忙下殿，扶起茅焦，挥着右手让左右侍从赶快把开水锅撤了。茅焦说："大王已张榜拒谏，不烹臣，无以立信。"秦王又让左右收起榜文，命内侍与茅焦穿衣、让座，感谢茅焦说："以前劝我的人，总是数落我的罪过，没有人讲国家存亡大计，上天让先生开我茅塞，我怎么能不听呢。"茅焦再拜之后说："大王既然听我的话，请赶快备车往迎太

后，楼下死尸，都是忠臣，好生安葬。"秦王一一都照办了，并且拜茅焦为老师，封为上卿。

"善谏"是秘书必须掌握的一种重要能力，但话说得好与坏，效果是大不一样的。正如西汉刘向在《说苑·善说》中说的"子贡曰：'出言陈辞，身之得失，国之安危也。'"茅焦开塞的案例，在紧张的、关乎身家性命的氛围中，阐明了"一言之辩，重于九鼎之宝；三寸之舌，强于百万之师"的道理。

6

督查工作

一、督查工作的五点要求

督促检查作为办公室的一项重要职能，主要包括两项内容：办理上级或本级领导批示文件或交办的具体事项的落实，叫专项查办；采取各种措施，推动党的方针政策和重大决策的贯彻落实，叫决策督查。近几年随着领导抓落实力度的加强，其地位和作用越来越重要，标准和要求也越来越高。做好督查工作，关键是紧贴党委中心，突出工作重点。

（1）督查工作步子要"紧"。党委一个时期的中心工作确定后，各项工作都要服从和服务于这个大局。督查工作只有把握好这一主旋律，才能争取领导的最大支持并得到有效的开展。工作中要强化时效观念，突出一个"快"字。现在上下左右信息十分畅通，控制情况、抓落实的途径越来越宽，方法呈多样化趋势，各级领导普遍讲究工作的高效率、快节奏，督查工作如果经常性地见事迟、反应慢，跟不上领导的步子，就会失去应有的地位和作用。

（2）督查工作作风要"实"。督查有无地位，主要取决于实际效果大小。扎实的工作作风是做好工作的前提，也是树立督查工作形象和权威性的客观要求。如果把督查工作单纯看作是一个程序，走形式，摆过场，只为做样子给领导看，工作就难有特色和成绩。因此，我们给领导的回答不是"做没做"的问题，而应是"做得怎么样"的问题。在这点上，应该牢固树立勤恳扎实的作风，实行复线工作法，坚持两条腿走路，即对督查事项一方面依程序、按职能落实到部门，督促其落实，另一方面对阶段性进度和落实情况一竿子插到底，直接到基层部门了解掌握，与部门上报情况对照分析，力戒做"夹生饭"，影响落实效果。

（3）督查工作路子要"宽"。集中精力抓好每一时期的中心工作，还必须突破目前"小查办"的格局，走"大督查"的路子。对决策落实要主动出击、主动参与、主动协调，与各职能部门形成抓落实的合力。

（4）督查工作手段要"硬"。督查事项一般都是领导十分关注甚至直接交办的事，时间紧，任务重，要求高，没有一个强有力的手段作保障，很难高质量和高效率完成。实践使我们认识到，领导的重视程度决定着督查任务的完成效果。

（5）督查工作方式方法要"活"。督查工作要富有成效地展开，就要围绕"活"字多做文章，逐步改革"文来文往"、电话催办等传统的方式方法。近两年来，督查工作方式方法上有了新的发展，集中督查、部门督查、网络督查、现场督查的督查活动与看、听、议、评等多种形式并用，有力地促进了工作的展开。

案例一：小鲁复学

1996年2月10日，衡水市委主要领导收到一封安平县贾屯村五年级小学生小鲁的来信。这位小学生反映，他家本就经济拮据，父亲又遭车祸，在生活难以维持的情况下，被迫中途辍学，恳请领导出面帮助他回到心爱的学校。这位领导接信后当即指示安平县委千方百计解决小鲁的困难，尽快使他重返校园。安平县委随即作出安排，并要求县委督查组督查这一事项的落实。督查组依照督查程序，迅速按领导批示要求协调有关部门妥善解决小鲁的生活困难，在10日内把小鲁父亲的车祸处理完毕，15日内完成小鲁复学的任务。按照专项查办"一事一办"的原则，工作进行至此，督查部门任务已经完成，可以报结了。但是，督查组的同志紧紧抓住这一事项，在报告第一阶段办理结果的同时，通过不间断访问，不断发现新情况、新变化，把督查活动推向了第二、三、四阶段，开展了跟踪与督查。通过跟踪督查，他们帮助小鲁解决了很多新困难，协调有关部门使小鲁免费升入县第二中学，做好了将来进入高中学习的准备工作，并以办理此项批办事项为契机，解决了全县31名失学儿童的入学问题。不仅如此，在办理小鲁复学事项的过程中，他们力求"小题大做"，有意识地使各级领导和有关部门参加到活动中，并通过新闻媒体将这一事件扩散，使之从督查部门走向社会，逐渐成为全县上下和社会各界关注的焦点，从而以点带面促进全局工作，先对"希望工程"，后对扶贫解困工作，最后对全县精神文明建设都起到了有力的推动作用。

这个故事给我们的启示至少有四点：

（1）将某些专项查办转变为决策督查是现实的、必要的。当前督查工作重点正由专项查办向决策督查转移，在这一转移过程中，作为督查工作重要组成部分的专项查办，如何使其地位不被削弱，并在实践中有所作为、有所发展，这是督查工作者面临的新课题。

（2）将某些专项查办转变为决策督查离不开特定的环境和条件。就市级督查部门来说，每年都要受理大量的专项查办任务，少则几十件，多则几百件，这些专项查办不是每一件都能转变为决策督查的，能够实现这一转变的只是其中一部分。这是因为，一方面把多数专项查办都转变为决策督查会造成工作量的成倍增加，督查部门难以承受；另一方面是一些专项查办与同时期的宏观决策落实形势、环境没有直接联系，不具备实现转变的必要条件。

（3）将某些专项查办转变为决策督查的方式和途径具有多样性。受专项查办特定内容因宏观决策落实形势变化的影响，专项查办转变为决策督查的方式和途径是多种多样的。

（4）督查工作者的主动性和创造性是实现某些专项查办向决策督查转变的决定因素。促成专项查办向决策督查转变除需要一定的客观条件外，督查工作者的主观努力也是非常重要的。在上述案例中，督查人员多次深入小鲁所在的乡村及亲属中调查研究，掌握第一手材料，多次牵头召集有关部门参加协调会议，及时向县委提出有价值的建议，撰写翔实的文字材料，为督查活动的成功做了大量的基础性工作。所以说，实现专项查办向决策督查转变，关键在于督查工作者的主观努力。

案例二："甘蔗风波"

1996 年 6 月，《南方周末》刊发了一篇文章，反映某县为了增加税收，强令农民放弃水稻而改种甘蔗。农民如不愿种甘蔗，则由发包单位调整其土地给其他人承包种甘蔗，或每亩罚款 200 元用作甘蔗发展基金。农民因所得甚少，故抵制种甘蔗。为此，不少农民失去土地，甚至被抢走家私财物，一些人还被非法拷打。文章发表后引起轰动，干部群众议论纷纷。

广西壮族自治区党委办公厅信息督查室根据区党委领导的批示决定对此事立项督查，并于 1996 年 7 月初组成调查组深入该县进行督查研究工作。

调查组经过深入细致的工作弄清情况，作出符合客观实际的结论。首先，该县近几年来，为加速全县经济的发展，根据本县情况提出了"稳定粮食生产，发展糖业生产，振兴农村经济"的方针，在不放松粮食生产的同时，把甘蔗生产作为全县的经济支柱产业来抓，并制定一系列政策，让利于民，促进甘蔗生产，取得了显著成效。1995 年，全县粮食总产量达到 1.985 亿千克，创历史最高水平，人均产粮 593 千克，甘蔗总产 43.3 万吨，财政收入 1 599万元，农民人均收入 1 404 元，这几项都比 1992 年有较大的发展，尤其是财政收入和农民人均收入分别增长 70% 和 130%。事实证明，县里的决策是正确的，是一条富国利民的好路子。其次，该县在发展甘蔗生产过程中，在工作方式方法上，也确实存在操之过急，甚至强迫命令的现象，值得高度重视和警惕。对此，县领导表示：①要正视现实，认真总结经验教训，不断改进工作；②要认真学习党的各项方针政策，并对县里的一些规定进行清理，坚决改正错误，使之更加完善；③要针对群众思想实际，加强宣传教育，抓好两个文明建设。

调查认为，在《南方周末》上发表的文章确实存在片面性，主要表现在：①把某乡三个村发生的事说成是全县的普遍现象，以偏概全，把全县说得一无是处。②对一些具体的人和事的报道失实。③对一些被采访人的话，引用时断章取义，不够实事求是。调查报告通过大量的事实澄清了真相，消除了县里各级领导因此而产生的思想压力，促进了社会的稳定与发展。

这个案例告诉我们，对群众关注的"热点"和"难点"问题、新闻媒介反映的各种问题，以及一些看得到、听得到但无人过问的问题，及时立项督查，也是督查部门的一项任务。这次督查调研的主要特色，首先在于抓住群众关心的"热点"问题，并对之进行认真查处，因此，效果明显。其次是抓得紧、结案快，从立项到调查结束，前后仅半个多月的时间。再次是调查工作做得深入细致，在掌握大量第一手材料的基础上，慎重、全面、客观地得出结论，澄清了事实，促进了该县的工作。应该说明的是，凡是办公室督查项目，必须对督查事项抓得准，保证确是领导所关注的问题。同时，还必须严格按照程序呈送领导批示，按领导批示精神办理。

二、突出会议决定事项的督查重点

秘书经常要参加各种决策性的会议，做会议记录。更重要的是会后要将会议议定的各项决策向基层部门进行传达，并督促其落实。但由于会议决定的事项很多，有大有小，要事无巨细地督办，事实上是做不到的。因此，对会议决定事项的督查要善于突出重点，牵住"牛鼻子"，这样往往能取得较好的效果。

案例三：抓重点抓关键

6月，某省召开市、县委书记和市、县长会议，传达上级会议精神，结合本地区实际，全面部署下半年的工作。会后省委办公室督查组对会议的内容和下半年提出的各项任务进行了认真的分析和研究，认为这是一个很重要的会议，它关系到全省全年工作能否有一个大的突破。由于会议部署是全局性的，涉及方方面面，因此，要进行全面的督查难以办到。经过分析，他们选择了关系大局的粮食生产这个重点作为督查的主要内容。在立项时，紧紧抓住了决策中的两个关键问题，晚稻杂优品种种植面积由原来的320万亩扩种到350万亩，杂优种子播种及插秧分别在7月初和8月上旬前全部完成。并按照可操作性原则把任务落实到市、县。在分解立项时，他们注意把握三个原则：一是任务量化。将省委提出的目标分解成四大项10个小项目。二是责任明确化。根据分解的任务，县市、乡镇领导逐项负责，特别是领导包片、联系乡镇和抓点等层层落实。三是限期具体化。对完成任务和报结时间提出明确期限。在实施过程中，他们注意做好跟踪督查、情况反馈等工作。由于加强了督查工作，措施得力，各市、县基本上按会议提出的要求，按时完成了晚稻粮食生产的各项任务。

这个案例告诉我们，重要的会议精神、工作部署、决定事项等均属决策督查内容。要做好这项工作，要注意抓好三个环节：一是分解立项要科学，做到内容、目标要求、承办单位和办结时间"四准确"。要做好任务的量化，以便于操作。更要注意抓住关键问题，突出重点，避免"眉毛胡子一把抓"。二是跟踪督查要有针对性。三是综合反馈要如实反映事物本质。只有这样才能取得满意的效果。这个案例在这三方面都做得比较好，应该说是一次成功的会议精神贯彻落实的督查活动。

三、办理领导批示件的"十法"

在办公部门承担的督查任务中，党政领导同志的批示件所占的比重日趋加大。为确保工作效率，办公室秘书应该掌握办理领导批示件的方法。

1. 跟踪督查

对于情况复杂、涉及重大问题、工作难度较大的批示件，督办检查人员不能仅仅依靠坐在办公室打电话、发督办单索要情况和结果，而是要深入承办部门，及时收集承办工作的动态情况，对承办中的难点和工作组织方面的问题进行迅速反馈并采取有效措施督促协调。

2. 暗中察访

有的领导批示件背景复杂或带有疑点，督办检查人员可直接深入基层，搜集第一手材料，并以最便捷的途径向作批示的领导反馈，保证督办工作顺利进行。

3. 牵头协调

一些领导批示件涉及相关因素较多，解决或落实难度较大。因此，在具体办理过程中，督办检查人员应根据预测和反映的情况，本着认真负责的精神，及时主动地介入，准确把握领导批示意图，弄清矛盾交织点及问题性质，牵头协调，恰当地处理相关部门的利益关系，确保实现承办工作预期的目标。

4. 主动帮办

在具体事项办理过程中，督办检查人员不能以"上指下派，我督你办"的姿态简单从事，而是要及时掌握承办工作进度和实际困难。在将政策依据与实际情况紧密结合、灵活运用的基础上，千方百计帮助承办部门研究落实措施，寻求解决办法。

5. 回访验收

对一些复杂难办、容易出现反复的领导批示件，采取办结后对受益单位和当事人进行回访的办法，核对情况，征询意见，并对出现的失实、"夹生"问题及时妥善处理。

6. 举一反三

有的领导批示件其意义往往超出批示件本身。遇到这种情况，不能简单了事，而应在初次办结的基础上，积极向领导反映，主动提出建议，再次立项督办，达到横向类推、扩大战果的目的。

7. 追踪因果

督办检查人员在办理领导批示件过程中，不但要针对具体问题开展工作，按照质量、时限要求及时办结，而且要深入挖掘，纵向溯源，查找出现这一问题的环境因素以及管理上存在的疏漏，主动提出改进工作的建设性意见，以便采取防范措施或完善制约机制，从根本上避免问题再发生。

8. 结合互补

一些领导批示件常常同党委决策有着密切的内在联系，是党委决策的补充和延伸。因此，办理领导批示件工作要与党委决策尽量融为一体，在方法上有机结合（如在办理领导批示件过程中开展督查调研），以增加工作的深度，提高反馈层次。同时，力争使办理领导批示件的工作成果最大限度地转化为党委决策。

9. 综合分析

为全面掌握一个时期领导批示件的工作取向，不断提高承办水平，根据情况需要，可在单件报结和系列报告的基础上，对办理领导批示件情况进行全面分析，通报办理情况，总结经验教训，为进一步做好工作奠定牢固的基础。

10. 研究积累

办理领导批示件工作涉及方方面面，操作难度较大。为此，督办检查人员要注意广泛收集有关政策法规，熟悉具体承办部门的职责和权限。

四、从一则成功案例看督查工作"五要素"

案例四：协调督办

近期，某区督查部门成功协调解决了一个企业反映的问题。2008年2月份，区委主要领导召开企业家座谈会，解决企业发展中存在的困难，其中一家企业反映门前路段未安装路灯，给上夜班的员工带来了安全隐患。会后，区委主要领导将此问题交由区委督查室办理。经了解，该企业所处路段属背街小巷，根据区路灯管理所提供的信息，背街小巷的路灯都由各单位自己出资安装。督查室秘书协调位于此路段的几家单位，筹集了安装路灯的经费，由路灯管理所负责施工安装。

从受理此事到路灯亮起来，一共不到 20 天时间，是督查部门协调督办的成功案例之一。这个案例体现了党委督查事项办理工作必须具备的"五要素"，即有调查、有建议、有批示、有落实、有反馈，这"五要素"既不可缺少也不可倒置。

（1）调查。做好深入细致的调查工作，搞清事情的来龙去脉，为督查工作提供真实的情况，这是办理督查事项的前提。调查要亲临现场，实地勘查，直接面对问题本身。企业反映安装路灯保障上夜班员工安全的问题，从近年来区委优化经济发展环境上讲，企业有困难，区委就要尽力帮助；企业反映了问题，区委就要尽力解决。另外，从问题的本身来看，解决这个问题似乎不复杂，督促路灯管理所去办理即可。于是，区委督查室来到路灯管理所告知了此事。路灯管理所负责人没有立即表态，而是请督办人员一起到该路段察看。实地察看后才知道，此路段是该区城建部门于 2006 年投资兴建的长 2 500 米、宽 4 米的公路，路修通后，路灯一直未安装。路灯管理所解释说，按惯例，城区背街道的路灯由各单位自己出资安装，这条路段正属于背街小巷。

（2）建议。在对问题调查清楚之后，就要坐下来冷静思考，认真分析，向区委提出解决问题的合理化建议。这一要素非常关键，建议不可乱提，更不能想当然，可以说建议提得好不好，决定着督查事项办理的成败。建议要提得充分合理，站得住脚，需要把握四点原则：一是有利于尽快解决问题，二是合情合理、合乎规定，三是力求简洁便于操作实施，四是具有可行性。此案例中，由谁出资是解决问题的关键。经测算，此路段只需安装 10 盏灯具，约需资金 16 000 元。金额虽不多，但让谁来出倒是个难题。经分析，路灯管理所是事业单位，不是创收单位，无力承担这笔经费；若由区财政拨付，一是该区财力困难，二是审批手续复杂且时限上无保证。否定了以上两种方案之后，督办人员考虑将安装路灯一事定为公益性事业来办理，寻求社会力量的资助，由位于此路段的 5 家区属单位共同出资。此办法既合情合理（谁出资谁受益），又符合惯例（背街小巷路灯由单位出资）。督办人员将前期的调查情况及解决问题的建议向区委进行呈报。

（3）批示。党委督查工作是在党委授权和领导批示交办下进行的。有了领导的批示，也就有了督查的权威，扛上领导的大旗，督查工作才有力度和强度。领导的批示意见是督查工作的"尚方宝剑"，争取领导的同意，获得领导的批示，对督查工作来说十分重要。切忌在没有征得领导同意的情况下自作主张。强调这一点，并不是否定督查工作的灵活性和自主性，而是为了突出领导在督查工作中的重要性。该案例中，秘书提出的由各单位共同出资安装路灯的建议很快得到了区委主要领导的签批"同意"，这说明秘书的建议具有可行性，同时也体现了督查工作不光是滞后的督办落实，也能为领导决策提供参谋。建议一旦得到区委的认同，它就不再是纯粹的"建议"了，而是转变成区委对此项工作的安排。

（4）落实。落实的过程最能体现督查工作水平。督办落实要针对不同事项、不同对象，讲方法，讲步骤，讲技巧，还要拟订一个落实方案，分步实施。督办人员在落实区委主要领导批示意见时分三步进行：第一步，预先沟通。区委督查室上门到沿路单位做工作，排除各单位的抵触情绪，消除下一步落实过程中的阻力。第二步，召开会议。区委督查室组织召开位于此路段的5家单位负责人会议，先由路灯管理所介绍路灯安装情况，说明背街小巷安装路灯由单位出资是惯例；再由区委督查室反复强调这属于公益事业，请大家共同出资，且是区委同意了的方案，不要误以为是摊派行为；最后请各单位负责人在会上逐一表态发言。第三步，逐一督办。为了促使此事尽快办成，督办人员趁热打铁，步步跟紧，加强对落实过程每个环节的督办。会后，督查室派人带领路灯管理所人员到各单位筹集资金，由于前期工作做得好，各单位都很配合，所需资金很快筹集到位，路灯管理所及时购料安装，仅用了两天时间，此路段的路灯就亮了起来。

（5）反馈。当路灯安装完成后，企业给督办人员打来电话，表示非常满意，非常高兴。反馈这一要素也很重要，它标志着督查事项已最终办理完结，等于画上了一个句号。当一项督查工作督办完结之后，一要向区委反馈，写出一份完整性报告；二要向反映问题的当事人（单位）反馈，告之办理结果。也就是说，一件督查事项的办理，要达到领导满意和群众满意"双满意"的标准。

五、秘书督查工作"三忌"

督查工作大多是由有关部门在授权范围内代替领导去完成的，在未设督查部门的单位，这一工作往往由秘书来进行。因此，秘书素质的高低在一定程度上影响到督查工作的成败。在督查中，秘书应注意"三忌"。

一忌以文代查。由于工作繁杂等原因，秘书常常无法深入基层，多以发督查通知单的方式进行督查，然后将被督查单位上报的材料汇总。这种逐级汇总上报的督查，往往流于形式，难以收到应有的效果。如果某些问题被督查单位敷衍了事，随意上报一些失实的情况，使领导不能准确了解贯彻落实的客观实际，势必影响下一步的决策，甚至使基层误认为领导在搞形式、走过场，从而损害领导的声誉。

二忌以问代查。有些秘书下基层，往往根据事先拟定的若干问题进行问答式督查。单凭这种方式，虽可直接了解到一些情况，但被问者无论是由督查者挑选的，还是由被督查单位自定的，由于观点、观察角度、出发点等方面的差异，得出的结论难免带有片面性。如果被督查单位刻意隐瞒或突出工作中出现的某类问题，那么这种督查结果的负面效应就可想而知了。

三忌以督代查。在督查中，秘书处于十分特殊的地位：既要站在领导的角度完成对基层的督查工作，又必须从基层的角度出发，设身处地地理解他们存在的实际困难与问题。如果摆出一副领导代理人的架势，一味督促基层，而不能切实为基层着想，往往会引起被督查单位的反感。这种关系如果处理不当，要么使督查缺乏应有的权威性，要么使被督查单位误认为督查者站在其对立面，人为地造成矛盾，以致影响督查的效果。

为避免上述问题，在督查中，秘书应注意两点：

一要求实。秘书必须深入实际进行观察，在实地检查（或调查）中了解领导决策贯彻落实的真实进展情况，得出实事求是的结论。"实"还表现在秘书应对督查情况进行实事求是的分析，对导致决策不能如期贯彻落实的问题与困难，在上报领导之前就先要全面综合分析，分清哪些是可以通过自身努力解决的，哪些是需要通过协调有关部门解决的，哪些是由于主、客观原因暂时无法解决的。而不是笼统地向领导一报了事，这样才能真正起到供领导进一步决策参考的作用。

二要虚心。由于部门、专业等的限制，秘书了解的知识与情况毕竟有限。这就要虚心向被督查单位的领导和群众学习，对不懂或知之甚少的事情尤其要虚心求教，切忌主观臆断。另外，秘书进行的督查，只是为保证领导决策的贯彻落实，因此不能将自己限定在特定的督查者位置，为督查而督查；应多方设法努力帮助基层如期完成领导部署的任务，对单靠他们无法解决的困难与问题，如实地向领导反映，取得领导的理解与支持，并以此换取基层对督查工作的理解与配合，从而保证督查工作的顺利进行。为此，办公厅（室）应尽量创造条件，让秘书各有相对固定的基层联系点，使他们可以定期前往学习，熟悉环境，加深与基层的交流。在每次督查后，要组织秘书对督查情况进行归纳整理，写出督查简报或情况反映，对基层在贯彻落实中的经验、问题进行分析，提出对策建议，供领导参阅。

六、督查工作如何破"四难"

作为促进领导决策落实的重要手段，督查工作在实践中发挥着越来越重要的作用，显示出越来越强大的生命力，但同时也存在着一些不容忽视的问题。主要表现为"四难"：

（1）督查思路难拓展。督查工作重点向决策督查转移后，一些单位在开展督查过程中，存在着投入主要精力编专报、倾注主要心思搞专查、利用督查调研替督查等倾向，而没有真正围绕决策的贯彻落实，树立起高层次、全方位的督查意识，没有形成完整、科学、合理的督查工作思路。实践证明，单一、狭隘的督查工作思路，在很大程度上制约督查效应的充分发挥，无法保证领导决策得到全面贯彻落实。

（2）督查方式难创新。这些年来，大多数单位的办公部门和督查人员，无论是对领导重要工作部署贯彻落实的督促检查，还是解决群众反映的热点、难点、焦点问题，大都依靠打电话、要材料、等结果等工作方式来进行，很少深入实际，与基层同志一道，面对面地分析问题，探讨解决问题的方法。造成这种情况的客观原因是办公人员忙于事务性工作，但主观原因则是办公人员习惯于"足不出户"，按"老规矩"办事，结果导致"穿旧鞋、走新路"，很难起到为推进决策落实服务的参谋助手作用。

（3）督查反馈难唯实。把督查结果及时反馈给领导，为决策落实服务，是督查工作的一个"窗口"。领导通过这个"窗口"，可以掌握工作进度，发现存在问题，调整工作思路，完善决策行为。但目前存在的一个严重问题是，向上级和领导反馈督查情况时，难以做到客观、准确、真实、全面。产生这种问题的根源是督查人员责任意识淡薄，害怕反映问题"惹麻烦""得罪人"。

（4）督查行为难持久。督查行为本身是抓落实的一种重要手段，然而事实上，这种抓落实的手段也很难保证有效地落实。一些单位的督查制度束之高阁，成了一纸空文；一些单位督查工作弹性很大，想抓就抓，想抓到什么程度就抓到什么程度；一些单位至今尚没有完整的督查体系，谁都负责谁也不负责；一些单位没有具体考核的办法，致使督查行为随意性很大，人为因素很多，没有形成经常化、制度化、规范化的有序管理。究其原因，主要是这些单位的主要领导对督查工作没有给予足够的重视，没有把督查工作当作推进工作落实、完善领导决策的重要措施。

解决"四难"问题，关键在采取以下措施：

一是落实分工负责、包保负责，抓好领导层，提供推动力。领导督查是决策落实的"第一推动力"。为了充分发挥领导督查的主体作用，要以落实领导分工负责制为突破口，强化工作的落实。实行分工负责制，按照各自的工作分工，使分局领导对负责范围内的督查工作做到任务明确、责任到位。实行包保负责制，领导班子成员"包保一个地区督查一个面，包保一个系统督查一条线，包保一个单位督查一个点"，明确要求按照包保范围抓好调查研究和督促检查，按期报告工作落实情况，增强领导参与督查工作的自觉性。

二是实行目标导向、目标激励，抓好执行层，凝聚拉动力。为了保证执行层的督查工作得到落实，要建立以目标责任制、督办检查制和管理考核制"三环制约"为内容的目标导向和目标激励机制。所谓目标责任制，就是把督查工作同目标管理结合起来。日常工作中，注重追踪督办，确保落实。所谓督办检查制，就是一方面要求各单位、各部门主动接受分局的督促检查，另一方面还要抓好自身的组织落实和督促检查，在贯彻落实决策过程中，运用自身的力量和手段，经常性地检查本单位、本部门的工作落实情况，实现自我检查、自我监督。所谓管理考核制，就是从抓组织、抓网络、抓制度、抓队伍等方面入手，着手建立纵到单位、横到部门的督查网络，做到上下贯通、左右顺畅；着手对督查工作提要求、定目标、排名次、抓奖惩，做到细化目标、量化考核，从而凝聚起督查工作的拉动力，使督查工作进入正常的管理轨道。

三是坚持综合管理、协调运作，抓好协调层，增强辐射力。强化办公室的"龙头"作用，成立以办公室主任为组长的督查领导小组，负责牵头组织各方面力量，抓好分局重大决策的贯彻落实。在此基础上，制定《督办工作实施办法》，完善岗位责任制，在办公室内部实行责任分工、职责分解、督查分口，使需要督查的事项都能做到"事事有人管"；完善督查责任制，建立督查事项的受理、立项、催报、协调、督办、反馈、专报"一条龙"程序，使需要督查的事项都能做到"环环有人管"；完善工作制度，建立登记制度、催办制度、总结制度和保密制度，使需要督查的事项都能做到"项项有章循"。遵照这些制度，加强督查工作的协调，抓好专职督查人员与兼职督查人员的结合，奏好"主旋律"；抓好办公室与有关部门的配合，演好"天仙配"；抓好诸多参与部门的融合，唱好"大合唱"，使督查工作由点及面、层层辐射，较好地保证督查工作的有效展开。

督查工作是一项复杂烦琐的系统工程，要想解决好存在的"四难"问题，确保重大决策和重要工作部署落到实处，除了建立健全督查工作体系之外，还必须走紧扣中心、把握规律、改进方法的新路子。

一是围绕中心主动督查。首先要目标明确，不管采用什么方式，目标都是抓落实。其次内容要具体，对新形势下应该督查什么必须做到心中有数，必须把督查工作定位在围绕中心抓大事上，紧密结合阶段工作中心，一旦作出工作部署，督查工作就要紧紧跟上，一鼓作气，督查到底。再次要意图清楚，要了解领导的意图，了解决策的来龙去脉，主动参与决策的全过程。决策前抓调查研究，决策中抓参谋咨询，决策后抓督促检查。

二是确定重点着重督查。为确保督查工作取得实效，必须改变过去那种"工作范围求宽，内容任务求全，列办事项求多"的倾向，必须着重抓住对全局有重大影响的事项和问题，突出重点，各个击破，抓住两端，促进中间。

三是针对难点综合督查。难点问题实质上是小抓大难，大抓不难。解决此类问题，必须做到"快、准、狠、稳"。所谓快，就是要把握好处理的时机，当机立断，雷厉风行，力求速战速决。所谓准，就是要抓住关键，定准措施，力求切中要害。所谓狠，就是要手腕有力，处理果断，力求立竿见影、一锤定音。所谓稳，就是要讲究方法，既要坚持原则，又要灵活机动，力求督查不引发并发症，不留后遗症。实践中，我们认为，现场办公是解决难点问题的好方法。因为现场办公都是由企业主要领导带队，相关部门参加，解决难点问题的条件比较充足，所以往往都是现场研究难点问题，现场拍定解决方案，现场责任落实到人，这样就使一些难点问题甚至是一些久拖不决的问题能得到有效的解决。

七、创新督查方法，提高督查效率

做正确的事情，要有正确的方法。方法正确，事半功倍；方法不妥，被动误事。督查工作更是如此，如果方法简单生硬，结果可能是督而无果、督而无效，而且还可能增加工作落实的成本。因此，督查工作要创新方式方法，注重运用有效的、低成本的方法提高督查效率。

（1）要善于运用日询问进行督查。万事开头难。日询问最大的好处就是能够尽快把工作启动起来，迅速打开工作局面。因此，日询问特别适用于工作的初始状态。当工作步入正轨后，根据落实本身的规律，可适时调整督查周期，把日询问改成周询问，最后改成半月询问，再改成月询问。客观地讲，日询问是以增加督查部门的工作量、减少对方的工作量为原则的。日询问不需要报材料，打个电话讲清楚就行。因此，日询问比动不动就让督查对象报材料更容易让人接受。

（2）要善于运用周报进行督查。以一周为工作周期，及时反映每周工作进度是以督查促落实的有效方式。周报要逐渐由各承办单位来办，督查部门负责收集和管理。过去很多周报是综合性的，现在要把重要工作拆开，每期都是相对独立的内容，集中解决一个问题。如此一来，就事论事，主题鲜明，信息量小，容易看，容易批，容易运作，容易运转。

（3）要善于运用承诺书进行督查。在开展创先争优活动过程中，坚持把公开承诺作为争创活动的重要抓手，就是因为承诺的过程就是对问题进行深入研究的过程，有诺必践的过程就是自己主动做好工作的过程。承诺书是一种建立长效机制的办法，由组织部保管并在年终比照承诺书内容进行考核。承诺书很具体，很好考核，今后要研究怎样用好承诺书制度。

（4）要善于运用述职报告进行督查。述职报告是领导干部把自己的工作完成情况和知识、技能等反映在报告内的一种考核方法。述职报告和承诺书的性质有点类似，都是促进落实非常管用、低成本的好方法。因此，督查部门要学会使用这种方法，对照领导干部述职报告内容进行督查，强化对干部的监督。

（5）要善于运用平时考察进行督查。平时考察，主要目的是督促干部尽职尽责，督促干部提高自己的能力水平，督促基层调整那些不合适的干部。平时考察要成为干部考察的一种制度，要将平时考察与干部使用考察、年终考察结合起来，今后要做到凡是后备干部、要使用的干部，都要有平时被考察的经历。还要进行针对性的平时考察，比如针对环境卫生问题，对所有区主管环境卫生的干部进行考察，看看哪些人工作做得好，哪些人不得力，以此促进工作落实。

（6）要善于运用暗访进行督查。要建立暗访长效机制，使暗访制度化、经常化，而且要大量安排暗访。今后要每周上报一个暗访报告，一事一报。要建立一支暗访队伍，督查室、市直各部门督查人员，各县（市）区的督查人员，所有新闻单位，还有群团组织，都是可以动用的暗访督查力量。

（7）要善于运用评优评差机制进行督查。对一些专项工作要建立评优评差机制。评优是一个正面带动，评差是一种负面激励，其作用是巨大的，是有效的督促工作的办法。

八、决策督查要处理好"十个关系"

（1）在决策督查的内容上，要处理好上与下的关系。决策督查就是抓大事，既抓上级的大事，也抓本级的大事。抓好上级的大政方针的决策督查是确保党的路线方针政策的贯彻、重要工作部署落实的有效举措。开展决策督查必须准确把握"上"与"下"之间的必然联系，上要吃透决策精神，领会领导意图，不能脱离决策精神"想当然"，甚至另搞一套；下要深入基层，深入群众，调查研究，全面了解基层的情况，使决策督查的过程成为引导基层理解决策精神、帮助基层出谋划策、协助基层一起抓落实的过程。发挥综合协调作用，把上与下有机地结合起来。

（2）在决策督查的范围上，要处理好点与面的关系。党委的中心工作涉及面较宽，如果齐头并进去督办，会使督办力相对分散，难以收到好的效果。必须区别轻重缓急，突出重点，带动全面，运用重点督查和面上推动相结合的方法开展督查工作。先制定督查预案，立项细化，发出督办通知，催报面上的情况，同时组织力量深入到督查点，重点调查研究，查看决策是否真正落到了实处；然后把面上的情况与点上的调查结合起来，进行综合分析，得出定性、定量的情况反馈，从而更好地达到面上推动的目的。

（3）在决策督查的分工上，要处理好主与次的关系。党委办公室在督促检查工作中与各有关职能部门，既要尽职尽责，又要合理分工，不能包揽代替，更不能越权干预。既要到位，又不能越位，要严格处理好主与次的关系。在决策督查工作中应把握好这样的原则：凡是党委授权的督查事项，必须以督查部门为主，放手大胆地开展工作，督促落实，一抓到底。属于职能部门的工作则由职能部门负责，实行分级负责，归口管理。党委办公室要根据工作需要了解情况，发挥综合协调的督促作用。属于党委的中心工作，则要与职能部门密切配合，搞好服务、促进落实。

（4）在决策督查的方法上，要处理好虚与实的关系。根据党委决策督查工作的需要，对某件事情、某项措施的落实情况需采取"虚"的办法，如发催办单、要结果是一种基本的督查方法。督查工作还必须采用"实"的办法，要经常深入基层，深入实际，进行调查研究，实事求是，准确、全面地掌握和反映情况，促进党的方针和各项政策的贯彻落实，要善于从实践中发现带有倾向性、政策性、规律性的问题，及时向党委提出解决问题、完善决策的建议。对党委的一些重要部署，要适时组织力量，深入下去，实地进行调查研究，即在工作中虚实结合，注重实效。

（5）在决策督查的频次上，要处理好疏与密的关系。在决策督查的实践中我们常常会遇到这样的问题，一些被督查单位的领导由于不能正视督查工作和督查中发现的问题，往往督查组一来，表面应付，督查组一走，工作照旧。对此，督查部门应采取反复跟踪督查的办法，即在前次督查的基础上，组织1～2次复查。认真把握决策督查的内容，严格区分重点问题与一般问题，分清轻、重、缓、急，宜密则密，宜疏则疏，从而实现督查频次与督查效果的高度统一。

（6）在督查工作的时间上，要处理好长与短的关系。决策督查是协助领导抓落实的工作，督查工作首先要确立办实事、求实效的思想，坚持从实际出发，从实际效果出发，采取长短结合的方法，力求效果和时间的统一。对于简单的事项，应尽量通过电话、口头汇报和非正式文件的形式，争取短时间内完成一项督查任务；而对于复杂情况和疑难问题，督查部门应深入基层，深入实际，通过较长时间扎实细致的工作来完成一项督查任务。

（7）在决策督查的作用上，要处理好督与导的关系。决策督查不仅要及时了解面上阶段性的贯彻情况，发现普遍性的问题，而且对于难度较大的督查事项，还必须深入下去，按照督查中发现的情况和问题，分门别类，对基层进行具体指导，帮助基层行之有效地开展工作，把督与导有效地结合起来，切实提高督查工作的质量和实效。

（8）在决策督查的目标上，要处理好重点与一般的关系。应注意凡是上级党委和本级党委作出的决定、下发的文件，都应进行督促检查，但首先应抓住上级党委和本级党委作出的决定、下发的文件中明确要求报告结果的工作。督查部门对凡是要求报告结果的，还应重点抓住明确由自己直接承担起草报告的工作。此外，还应将党委对一个时期的中心工作所作出的决定和部署以及在不同时期关注的热点问题和敏感问题、落实中的难点问题列入督查的重点，抓住不放，一抓到底，务见成效。决策督查只有紧紧扣住党委的中心工作，才算抓住了重点。

（9）在决策督查的手段上，要处理好软与硬的关系。决策督查的权威是靠严格执行督查制度，敢于揭露矛盾，反映问题，提出建议，通过督查行为转化为领导行为来实现的。决策督查一方面是通过调查研究，把具体情况收上来，完成"软性质"的工作；另一方面，通过督查活动，发现问题，以专项查办的形式来完成"硬性质"的工作。应坚持有喜报喜、有忧报忧，侧重于报忧，侧重于反馈政策在贯彻落实过程中出现的问题。督查人员要敢于碰硬，敢于揭露问题，只有这样，才能有效地推动工作，确保决策的落实。

（10）在决策督查的方式上，要处理好明与暗的关系。决策督查所反映的问题往往是表面现象多，深层次问题少；抽象的多，具体的少；存在查小不查大、查下不查上、查近不查远、查虚不查实的现象。要搞好督查工作，真正树立起督查工作的权威，除党委领导要给予支持外，更重要的是要讲究督查工作的方式方法，发扬一督到底的精神，不能遇到矛盾绕着走。在工作方式上，如单纯靠派督查组下去，采取"明"的方式，听汇报、看材料、访典型，进行"上下配合"式的"明察实访"，往往难以发现深层次的、隐蔽性的问题，有时需采取"暗"的办法，采用适当的隐性手段，把专项查办机制引入决策督查，进行"单刀直入"式的"微服私访"，真正抓到实实在在的第一手材料，扎扎实实地查，认认真真地督，抓"老大难"、啃"硬骨头"，敏锐地捕捉问题，及时地反馈情况，迅速地落实工作。

九、督查工作要"四个到位"

肩负督促检查工作重任的党委办公室，要抓好督查工作，推动党委决策落实，确保各项任务完成，必须做到"四个到位"：

（1）思想认识到位。重视督查工作，始终坚持"两手抓"，即一手抓决策的科学制定，一手抓决策的督查落实。对每一项重要决策和工作部署都十分强调运用督查手段抓好落实，自觉地把加强督查工作作为实现科学领导的重要环节，经常向督查部门出题目、交任务、压担子，放手使用，充分调动督查工作人员的积极性。每年初印发全县督查工作意见，明确任务，落实责任。在《督促检查情况》上开辟专栏，请各乡（镇）、县直有关单位主要领导结合实际谈思路、议措施。平时注意抓好经常性督促检查，对主要工作完成情况及时通报，该表扬的表扬，该批评的批评，进一步提高各级领导干部对督查工作的地位和作用的认识，增强抓好督查工作的责任感和自觉性。

（2）工作制度到位。督查工作制度是否健全与严密，直接影响到督查工作的成效。这是督查工作上质量、上水平的一个关键问题。建立健全必要的工作制度和工作程序，使这项工作逐步走上科学化、制度化、规范化的轨道。一是强化机构，健全网络。各乡（镇）、县直各单位成立由一名主要领导为组长的督查工作领导小组，配齐专、兼职督查员，明确工作责任，从而建立起以党委办公室为枢纽，各工作部门协调配合的上下贯通、左右相连、高效灵敏的督查工作体系，确保各个单位的督查工作有人管、有人抓，做到人员到位，运行正常。二是强化各级领导干部分工责任制，建立领导干部抓督查落实责任制。县里实行四大班子领导包乡（镇）、包企业制度。各乡（镇）也制定领导干部包村、包片责任制，形成了领导抓、抓领导的督查格局。三是完善岗位责任制。在督查部门内部明确督查室正、副主任工作职责和督查人员工作职责，建立健全督查事项的受理、立项、组织、协调、催办、反馈、专报等"一条龙"的工作岗位责任制，做到岗位有目标，人人有任务，层层有责任，实行目标管理，奖惩兑现。四是建立督查工作程序制度，进一步完善工作责任制度、工作督查制度、工作报告制度和督查调研制度等。

（3）工作措施到位。在改革开放的新形势下，督查工作要在推进建立社会主义市场经济体制方面发挥应有的作用，就要不断探索新思路、新方式，探索有效的途径和方法，使督查活动开展得更有成效。一是抓好立项分解。将全县重点工作按工业、农业、乡镇企业、畜牧养殖业、对外开放、城市建设、党的建设和精神文明建设等方面，分解为单个的实实在在的具体项目，明确落实的责任和完成的时限及要求等。二是抓好跟踪督查。任务分解下达后，按照季度、半年、全年的时间要求，定期进行督促检查，将工作进展情况，及时反馈上报，对部分影响全局的重大事项以及临时性重点工作，建议并协助县委安排县委常委带队组成高层次的督查组，集中力量进行重点督查。三是加强督查调研。这是提高督查水平，促进督查工作由低层次服务向高层次服务转变的重要手段。

（4）服务协调到位。领导督查前，根据掌握的情况，及时提供督查预案，做好各项准备工作和组织工作。搞好领导与督查者之间的沟通和联系，安排和组织好每一项活动，协助领导及时发现问题和解决问题，领导督查告一段落后，协助领导及时总结经验，推广先进，批评落后，举一反三，解决带有倾向性、普遍性的问题，研究提出进一步落实的措施，纠正和完善决策等。在督查服务过程中要做到三点：一是服务意识要强。要深刻认识到，办公室只有紧紧围绕党委重大决策和重要工作部署主动地、卓有成效地开展督查，才是真正为党委决策的落实做好服务。二是服务节奏要快。要增强工作的敏锐性，做到领会决策意图快，捕捉问题准确，工作重点突出，工作部署迅速，反馈情况及时。三是服务质量要高。只有这样，办公室的督查工作才能有为、有位、有威、有活力、有成效。

十、督查工作亟待矫正的"四重四轻"

督查作为重要领导方法和领导环节，已越来越被各级领导所重视。充分运用督查手段，有效推动决策落实，已成为各地各部门的共识。但在督查工作的实践中，有些督查部门思想不够解放，工作套路不够明确，且不同程度地存在着偏向问题，尽管整天"像蜜蜂一样繁忙，像老黄牛一样勤恳"，却忙而无序，劳而无功。督查工作中的偏向问题主要表现为以下"四重四轻"：

（1）重"督"轻"导"。有的督查部门在开展督查工作过程中，常常借领导的"权威"行事，或端坐在办公室里立项分解、发号施令；或用电话收集情况，编写汇报。有时也去基层走走，但又往往以"钦差大臣"自居，对发现的问题不作具体分析和研究，一概"查办"了事。这样的督查初看力度颇大，也挺吓人，但由于缺乏必要的协调和思想疏导，只注重发现问题，不注重解决问题，使督查工作很大程度上偏离了既定的目标。这样的督查部门由于长期坚持强"督"硬查，"督"而不导，导致上下左右矛盾加剧，关系变得紧张，工作难以开展，督查的最终效果也就可想而知了。

（2）重"督"轻"谋"。有的督查部门没有认识到自身所处的地位和应该发挥的作用，被动督查的雇佣思想作祟，总认为自己搞督查是从属性的，领导是督查工作主体，领导交办了就好办，领导不交办的就不好办，因而在工作中谨小慎微，不敢越雷池半步，被动应付的多，超前介入的少，不能帮助领导当参谋。这种被动督查、被动服务的工作方法，既起不到领导参谋和助手的作用，也不能有效地提高督查工作的质量和水平。

（3）重"短"轻"长"。决策任务的落实是一个循序渐进、步步深入，最后趋向目标的动态过程，时间跨度较长，不可能一次完成、一劳永逸。有些督查部门采取每季度一次或半年一次的阶段性静态督查，虽然也能起到一定作用，但因缺乏连续性的动态督查，与决策落实不同步，推进落实乏力，有时等问题成堆才去督促检查，所以不能达到预期目的，收不到好的督查效果。

（4）重"事"轻"人"。督查工作作为决策实施过程中的一种推动力，其出发点和落脚点是各项决策的贯彻落实，这是督查工作的根本目的，也是衡量督查工作的唯一标准。但有些督查部门在督办过程中往往只重视督促工作落实情况，却忽视了对各级领导干部工作作风的监督检查。对一些地方和部门领导班子工作懒散、作风疲沓、纪律松弛的现象，睁一只眼闭一只眼，充当"好好先生"，不能及时予以批评制止这样的督查，不能从转变各级领导干部工作作风着眼，将"督事"与"督人"完全割裂开来，最终往往是事倍功半，督而无功。

督查工作中出现的上述偏向问题，其原因是多方面的，有些是社会消极因素的影响，有些是机关不良作风的误导，有些则是督查工作人员自身品格修养不够和业务素质不高所致。当前，寻求科学对策，矫正督查工作的种种偏向问题已成为当务之急。具体来说，有以下四个方面的对策：

（1）突出重点，举优督劣，强化"导"的效能。督查工作是党委、政府部门的一项重要职能，也是一种领导行为。有效的督查能提高工作效率，纠正偏差，保证党委、政府决策的正确实施，督查要抓住重点，全面分析，扎扎实实地抓，仔仔细细地查。要多树立宣传先进典型，加以正面引导，借以督促和鞭策落后者。搞督查不能居高临下、盛气凌人，以整人捅娄子为目的，而应督中有导，导中有情。对督查中发现的问题，要注意搞好协调，做好思想疏导，帮助寻求解决问题的良策，尽力把问题解决在基层。通过感情投入，处理好单位与单位之间、部门与部门之间、同级领导之间的关系，以调动基层干群的积极性，从而汇聚成巨大的工作合力，保证党委、政府的各项决策顺利实施。

（2）找准位置，开拓争先，强化"谋"的意识。督查工作必须破除被动督查的雇佣思想，增强主观能动性。在领导决策前提前进入督查角色，从做好决策的角度出发，搞好调查研究，要走出去、走下去，进街道、进企业，下农村、下基层，大兴调查研究之风，全面掌握本地区过去的、现在的社会发展状况及将来的发展趋势。在完成前一督办事项后，应及时预测到下一个交办任务，增强督查工作的主动性，随时掌握新情况、新问题，提高预测水平。同时要树立强烈的敢谋善谋意识，敢吐真言，大胆坦诚地向领导提出自己的看法和意见，主动为领导出主意、当参谋。

（3）创新思路，科学规划，扩大延伸督查成果。督查部门必须改进"一次性最终督查"的工作方法，坚持阶段性静态督查与连续性动态督查相结合，逐步向全方位连续性的动态督查转变。对那些时间跨度较长的决策要科学立项，统筹规划，连续督办，跟踪检查，一抓到底。对已经落实的，查效果；正在落实的，查进度；没有落实的，查原因。坚决摒弃那种半途而废的"半截子"督查思想，对重大决策督查要有一竿子捅到底的拼劲和韧劲，紧催勤促，真查实督，最终实现决策任务的全面落实。

（4）转变观念，启动内力，加大"督人"的力度。要正确处理"督人"与"督事"的关系，把推动各级领导干部工作作风转变作为工作着力点。作风不实是决策难以落实的一个重要原因。事实表明，一个地区、一个部门的工作之所以搞不上去，一个重要的原因就是有些地方和部门的负责同志没有一种锲而不舍、一抓到底的工作作风。督查工作要真正取得成效，必须正确处理作风转变与工作落实的关系。从根本上说，督促检查是对各级领导干部工作作风的监督和检查。只有从转变各级领导的工作作风着眼，把"督事"与"督人"结合起来，才能收到事半功倍的效果。因此，督查部门在开展督查工作时，既要督促检查工作的落实情况，又要督促各级领导班子工作作风的转变，把督查工作同考核领导班子工作作风、提高领导干部素质结合起来，不断开拓工作领域，从组织上、制度上加以完善，使之尽快走上规范化、制度化的轨道。

7

文书工作

一、正确理解领导对文件的"圈阅"

秘书由于工作的性质，经常会接触到领导干部的批阅件。在数以千计领导干部的批阅件中，秘书常常看到这样一些文件、材料，领导同志对于它们既没有提出肯定的意见，也没有提出反对意见，仅在扉页上重重地画了一个"○"的记号，表示已"圈阅"。有长期工作经验的秘书肯定知道，这"圈阅"之意实在内涵丰富，在文书处理中应当予以仔细分析。

"圈阅"究竟是积极还是消极的，究竟是有用的还是无用的，对这个问题的认识影响到对领导决策行为的评价，也包含着对领导素质的评价。这个评价又反过来影响着决策者们正确、合理地使用"圈阅"。因此，"圈阅"和其他明确批示一样有意义，只不过是以一种隐含的方式在表达着领导的"意见"。曾经有过这样一件事：有位基层同志给省委书记写信，反映该县的县委书记以权谋私，为亲戚开后门、拉关系，而这位县委书记又是省里将要调到一个更高级的领导岗位任职的后备干部，据组织以前的了解和群众反映，这位同志是比较好的。在这种情况下，省委书记没有立即表示态度，而只是画了一个"圈阅"的记号。其实这个"圈阅"并非什么也没说，而是用以表征特定心态而作的一种奥妙处理。因此，在文书处理过程中，不能因为领导无批示就将文件当作废文处理，而要转组织部门参阅、查证。事实证明，这样做是慎重的。

细细分析，在无数的"圈阅"件中，常常包含着以下内容：一是由于领导对情况还不了解，或者是同自己原先掌握的情况有出入，不能马上表态（需在查证后作出批示），画上个"圈阅"记号表示他已注意到这个问题；二是交由领导批示的方案本身不够完善，领导不够满意，但又无法在短期内提出一个新方案；三是由于分工的关系和出于对更好决策意见的尊重和期待，暂时不急于表态，因为事实上存在着领导说的话就是指令的现实背景，而此时的"圈阅"正好反映了领导的明智；四是有些请示和报告本身无法简单地用"行"或"不行"来表达，在同意与不同意之间的很大一部分意见需要用一种特定的形式反映出来。

文件处理中圈阅的"○"之意是数学上的零，是正数和负数分界的唯一中性数，是一个有意义的特定符号。例如，某组织部写了一个成立老干部活动中心的请示，呈送省委审批，因为涉及面广，经费问题涉及财务部门，人员编制涉及人事部门和编制委员会，汽车调配涉及机关事务管理局，修建活动中心又涉及城建部门，这个问题就不是简单地用"同意"或"不同意"能处理的。当这份文件被分送到省委领导后，领导画了个"○"退到秘书处。如何进行文书处理，秘书们进行了研究，认为领导之所以没有明确表示，表明简单地通过或否定这个请示是不慎重的。于是秘书分别征求各方面的意见，使问题最后得到妥善的解决。

对圈阅件的研究还是发挥秘书的助手作用，并提高其工作质量的一个重要途径。因为每天呈送领导的文件、材料不计其数，而领导能阅读的仅为少数，因此，我们可以通过观察领导对某一类问题圈阅的数量而知悉领导近期关注的问题，从而研究、分析，提供大量的背景材料，为领导正确决策做好基础工作。某省委书记在制定农业发展战略时，广博阅览，秘书们在他大量圈阅过的文件资料中得到某种启示，就多方面收集有关这方面的信息供其参考。发展农业，一靠政策，二靠科技，三靠增加投入，农业投入问题一直是制约农业发展的一个重要因素。钱从哪里来？对于这个问题，秘书们经过反复论证和大量的调查研究，最后提出了符合本地实际情况的建立合作基金的战略措施。

由此看来，对圈阅件的文书处理是一件不能掉以轻心的工作。

二、准确理解 "同意" "拟同意" "原则同意" 三种签批意见

在公文处理工作中，经常看到领导根据职权在文件上签批 "同意" "拟同意" "原则同意" 这样的意见。作为秘书，较好地理解和准确地把握领导的意图，办理好领导的批示，是一项基本的能力。

正确地理解 "同意" "拟同意" "原则同意" 这三种常见的签批意见，了解其含义的实质及其共同特点和相互之间的差异，对较好地开展工作十分必要。不难理解，"同意" "拟同意" "原则同意" 这三种签批意见，均是决策中领导根据自己的职权向某一意见倾斜所表明的态度。其差异在于各自的角度不同，所表达的意思的程度不同，所起的作用也不同。

"同意"，是赞同和肯定的表示。一般来说，签批 "同意" 是领导决策的终端意见，体现一定的法律效力。如无未尽事宜，"同意" 之后可不再加其他的意见。

"拟同意"，是打算同意的表示。领导因职权所限，如在决策中需要表示一下肯定的态度，提出一个方面或一个层面的意思，以供最后决策者参考，得签 "拟同意"。因为 "拟同意" 是决策中的非终端意见，所以一般在签批的 "拟同意" 后面，应写出具体的提示性意见或参考性意见，以便为终端决策者服务。例如，"拟同意，请某某同志审示" "拟同意某某部门意见，我意应尽快组织力量落实，请某某同志审定" 等。

"原则同意"，是大体赞同和肯定，但在局部和某些枝节问题上需要再完善的表示。领导在决策中虽然表示了肯定的态度，但对其不完善之处需要提出指令性意见，一般得签 "原则同意"，并作为终端决策意见，待决策事项完善

落实后产生一定的法律效力。领导在签了"原则同意"几个字后，对不完善之处的具体意见也要用文字体现出来。由此可见，"原则同意"之后的具体指令性意见是必不可少的，否则执行者难以具体操作。

无疑，领导签批文件，体现自己的职权，牵涉到上下之间的关系，即使是签上几个字，也需要讲究领导的艺术，这对维护正常的工作秩序，提高工作效率具有一定的促进意义。在行政管理中，一般来说，对领导各司其职、各负其责的要求是很明确的，签批意见自然要与领导的管理职权相吻合，对此在具体把握上也应该有规律可循。领导对某一事情的决策，若无异议，且是终端意见，并以此产生法律效力，就应该签"同意"；如是非终端意见，产生的法律效力还差个层次，就应该签"拟同意"，同时提出提示性或能供终端决策参考的意见；如大体同意，局部或枝节上需略加完善，无论是终端意见还是非终端意见，都应该签"原则同意"，同时提出需要加以完善的具体指令性意见。这就是说，在实际工作中，秘书对领导签"同意"的文件即视为呈批这一环节的终止，应接着进入下一个环节。"同意"的时间即为文件生效的时间，领导也随之而承担应有的法律责任。领导签"拟同意"的文件，说明呈批还未完结，只不过是其中的一个层次而已，办文还得按提示意见继续送签名册呈批。对领导签"原则同意"的，也可视作呈批的完结，但办文得按"原则同意"之后的具体指令性意见处理，该充实的充实，该修改的修改，直到达到领导要求的完善程度。

三、文件处理中应该防止出现的四种做法

当前在文件处理中常见一些被扭曲的现象，主要有：

（一）越"口"批文

早在1964年2月21日，国务院秘书厅就提出"秘书工作部门对公文文稿进行把口"的要求。《中国共产党各级领导机关文件处理条例（试行）》（以下简称《条例》）及新修订的《国家行政机关公文处理办法》（以下简称《办法》）都十分明确地规定，为确保文件质量，文件送领导人签发之前，应由秘书部门进行审核。但是，有关公文办理的这一重要精神，在实际工作中往往被扭曲。我们看到在众多的单位中，部门拟写以机关名义发文的文稿，不经办公室主任或指定的秘书进行文字、政策、体式等方面的把口审核，径直呈送分管的领导签发，分管的领导签发后，又直接退给拟文的部门，然后才由部门的秘书拿着已经由分管领导签发的文稿到办公室要发文号、交付打印。这种情况的出现有多种原因：有的是由于办公室怕麻烦，不愿承担部门文稿的把关审核工

作；有的是领导自身造成的，没有发挥秘书部门的把关作用，习惯于这种文牍主义式的"事必躬亲"；更多的是出在部门方面，喜欢"独来独往"，不愿意看到秘书部门找出自己拟文上的毛病，以求文件顺利得到"签发"。关于这一做法的危害，国务院秘书厅在 1964 年 2 月 21 日的文件中作了十分精辟的说明。该文件指出，这种现象给领导带来沉重的负担，使领导成天陷在公文堆里，不利于深入实际研究解决重大问题，而且妨害了文件处理上应当坚持的集中统一的原则，使一个单位完整的文件处理工作处于各出一门的分散状态，也不利于从整体上提高公文的质量。解决这一问题的正确做法是：部门以机关名义拟制的文稿，在呈送分管领导签发之前，要先交给办公室；办公室主任或指定负责把口的秘书，要对文稿进行审核，主要是做好"六查"，即查矛盾抵触、查政策界限、查措施落实、查程序手续、查文字表达、查文件体式。经审核符合要求后，再呈有关领导签批。对于不成熟的或者质量上有些问题的文稿，在征得拟稿部门同意或者请示领导以后，可以根据情况采取退、补、改三种办法进行处理。

（二）向领导个人行文"请示"

《条例》第二十九条规定："文件一般只发组织，不发个人。"之所以要作出如此的规定，是因为它有利于文件的统一办理，体现了公文处理工作上的集中统一原则，便于秘书部门对下级组织的来文按照不同情况分门别类、有条不紊地分别送交有关领导审批，防止下级向领导个人胡乱行文、打乱机关工作正常运转秩序的现象出现。

公文处理工作的这一原则，在不少单位被扭曲。在向上级请示时，出于获准的迫切心情，往往直接行文给上级机关许多领导人。如某县科委，要求增拨农业科研经费，这份请示主送县政府的同时，又抄报给县长及分管科技工作、财政工作、农业工作的三位副县长，还抄送给县财政局局长、两位副局长。这样的文件，让县政府办公室如何处理？它干扰了县政府的文件处理程序，给领导工作带来混乱。要把这种扭曲的现象拉直，那么此文就只能主送给上级组织，即县政府，如有必要也可抄报给市科委知晓，向那么多领导个人行文实属多余。

（三）文件归个人所有

无论是来自上级、平级或下级的文件，其所有权属于受文机关组织本身。这个机关的工作人员对文件有使用权，但不归个人。工作使用完毕的文件，要及时归还文书工作人员，不得长期滞留不交，更不得想方设法变为己有。当今有一些单位工作人员特别是领导干部中的"小文件柜"现象十分突出，俗称"账外文件"。有的领导干部调动工作了，从其办公桌及文件柜中清理出多年积存的文件竟达数十千克，还有的把清理出来的一般文件交给原单位，而把个别很有使用价值的文件资料又带到了新的单位，结果文件长期为个人所有。这些"账外文件"包括：①工作人员特别是领导干部外出参加会议带回来的文件；②工作人员外出签订的各种契约、合同；③外机关直接送给领导个人的各种报告、函件、资料；④本机关发出正式文件的副本。上述文件，本应主动交文件管理部门进行收文登记，文书工作人员应主动根据线索及时催要，但由于两个方面均缺乏主动，致使这些文件长期滞留在个人手中。文件管理上的这种扭曲现象不仅给文件管理工作带来漏洞，造成文件流失，而且给文书立卷整理工作带来难以弥补的损失。

（四）机要信函"脱轨"运行

《条例》第二十八条第十款明文规定："秘密文件须通过机要交通（通信）传递。机要交通（通信）人员在传递秘密文件时，必须采取相应的保密措施，确保文件安全。"按照上述要求，向外发出机要信函，无论采取何种方式（专人送达、通信传递），都应当坚持与机要文件无关的部门或人员，不得参与机要文件的传递工作。但是，不少地方有这样一种做法，即机关的机要交通人员，为了少跑路或不跑路，往往利用机关召开有基层单位人员参加的各种会议之机，让与会人员给本单位捎带机要信函。而这些人把文件带回单位后往往又无严格的接收或签收手续，结果有些机要信函在这个过程中处于失控状态，一旦出现差错，给追查工作带来很大的困难。一些地方到年终清退中央文件时，有的文件不翼而飞，且难以查明去向，这极可能与上述"脱轨"传递机要文件的做法有关。要把这种"扭曲"的现象拉直，就必须坚持机要文件"传递一个口"的做法，即向外发送机要信函，要由机要文书部门统一负责，由机要交通人员（或机要通信）直接送递对方的机要文件管理部门，中间不得让与机要文书工作无关的部门或人员接触机要信函。这可以说是多年文件处理工作上的一条老规矩，应当严格坚持执行。

综上所述，这四个侧面足以使我们了解到文件处理有着严格要求。它要求我们在文件处理上，必须遵循符合公文运行的原则，紧密服务于机关工作的实际需要，以减少文牍主义，不断促进和提高机关的工作效率。"越'口'批文""向领导个人行文'请示'""文件归个人所有"及"机要信函'脱轨'运行"等做法都是违背文件处理工作的科学要求的，纠正这些被扭曲的做法势在必行。

四、催请领导阅批公文的方法

呈请领导阅批公文，是秘书的经常性工作。此项工作看起来容易，做起来却有一定的难度。在实际工作中，催请领导较快地阅批公文，可采取以下四种办法。

（1）许多公文有明确的时限要求，秘书呈送公文时，可直接向领导提示公文审阅的时间，或者标明"急件"之类的字样，加深领导的时间印象，促使领导抓紧时间加以研究、答复。

（2）有些公文虽然没有具体的时限要求，但内容重要，与当前工作关系很大，或需有关部门去承办，不宜久拖。如果领导当时没有批示，秘书可在送阅后 2～3 日内向领导提示公文所涉及的事项，引起领导的重视，这样也能促使领导及早签署意见。

（3）有些制发的公文，领导觉得有必要亲自动手修改，一时又没有腾出时间。秘书觉察到这一点，可主动思考一下送阅的公文应作哪些修改，拿出适当的意见，或准备好有关的材料，直截了当地提示领导，这样做一般会立即得到领导的积极响应，而且便于直接同领导交换看法，一同修改公文，或在领导的授意下，完成公文的修改工作。

（4）在催请领导阅批公文时，秘书心理上可能会有某些顾虑，因为是下级对于上级，"催"的方式和语气比较难掌握。所以，根本的方法是平时注意锻炼自己的语言表达能力，密切与领导的思想交流。锻炼语言表达能力，目的在于准确地、从容自如地运用"催"的恰当方式和语气。密切思想交流的目的是缩短与领导的感情距离，使自己在与领导相处时有一种平等感。达到这个境界，催请领导阅批公文时就不会产生心理障碍，表达意见也就不必刻意委婉曲折，"言在此而意在彼"了。

五、起草领导讲话"五忌"

起草领导讲话切忌以下五点：

（一）忌意图不明

明确意图是写好领导讲话的前提。意图犹如文章的中心思想，只有明确了意图，才能紧密地把握住材料的中心和重点，达到会议的目的。如果会议目的不明，领导意图不清，尽管下笔千言，也会离题万里。有的讲话材料，领导想讲的没写上，没用的话一大堆，需要动"大手术"，甚至有"翻车"现象。出现这种现象的一个重要原因就是对领导意图表现不力，没有准确把握讲话材料的意图。

（二）忌老生常谈

饭菜翻新花样，才能增进食欲；讲话要有新意，听者才有兴趣。克服老生常谈，可以从三方面着手：首先，要把好讲话内容关。看看哪些内容是新的，哪些是旧的；哪些该讲，哪些不该讲；哪些详讲，哪些略讲，做到心中有数。其次，要研究表达形式。如讲旧内容，则要讲出新角度，论证老观点要变换新例子，不能照搬旧稿。再次，要留心报刊上的新东西，不断调查研究，发现新情况、新问题、新经验。

（三）忌虚话连篇

常言道：巧妇难为无米之炊。写讲话稿没有充实的内容做基础，领导的见解就成了"空中楼阁"。这就要求草拟者要有大量的材料。既要有现实材料，也要有历史材料；既要有正面材料，也要有反面材料；既要有具体、典型的材料，又要有面上的材料；既要有直接材料，也要有间接材料。只有材料充足，才能多中选优，既减少篇幅，又不泛泛而谈。当然也不要走向另一个极端，使讲话成为材料的堆砌。

（四）忌写法死板

古人云：文似看山不喜平。意思是文章要写得有波澜。试想，一篇讲话，如果平铺直叙，毫无起伏张弛，势必影响效果。为此必须做到两点：一是要在安排整体结构上下功夫。研究好讲话的大层次，力求使讲话的骨架坚实匀称，不致千篇一律。二是要研究布局结构。一个层次、一个段落、一个问题内部如何安排，都要找到完美的形式，把观点、材料、叙述、议论等串连成一体，增强说服力。

（五）忌不合口味

领导讲话不是公文，一定要坚持口语化。由于领导的讲话特点各有区别，我们要善于观察，力求使讲稿适合其特点和口味。此外，还要考虑听讲对象，要"看菜吃饭，量体裁衣"。不然，也会影响讲话效果。

六、工作总结常见病十种

秘书几乎没有不写工作总结的。然而，写好一篇工作总结并不容易。工作总结比较常见的毛病有以下十种：

（一）平铺直叙

工作总结不同于一般的工作汇报，它要求对所做的工作进行分析，把感性认识上升到理性认识，概括出正反两方面的经验，从而用以指导实践。它实际上是对工作实践的理论概括。因此有人说，没有经验的总结不是总结。目前，这种"不是总结的总结"还比较常见。比如，某单位的年度工作总结罗列了十个方面的工作，近万字的文章从头到尾平铺直叙，一笔流水账，没有讲出一句道理来，看不出有什么经验教训。这样的材料，谈不上有什么指导实践的作用。

（二）面面俱到

撰写综合性工作总结，既要全面反映工作情况，又要突出重点、抓住主要矛盾，着重研究工作实践中带有指导意义的问题。这样才能起到总结经验、鼓励先进、树立典型、促进工作的作用。有的秘书不明白这一点，把工作总结写成表扬好人好事的材料，面面俱到，八方讨好。如某单位的一篇工作总结，从开头到结尾通篇空话、套话，首先从中央文件精神的指引写起，写到省委、市委的正确领导，写到主管部门的具体指导，又写到本单位党、政、工如何通力合作，然后对一个个分管领导、一个个职能部门，无论工作好坏、成绩大小，都一一表扬，讨个"皆大欢喜"。

（三）牵强附会

工作总结应该准确地反映情况，不夸大，不缩小，不移花接木，不张冠李戴，不牵强附会。甲的成绩不能说成是乙的，乙的成绩不要说成是丙的，挂不上钩的，就不要勉强。然而，近些年来，牵强附会的现象在许多单位的总结中时有出现。比如说，一个工厂的效益上去了，便成了万能素材，各个部门都把成绩记在自己的功劳簿上。企业管理部门说是加强管理的结果，宣传部门说是因为思想政治工作发生了潜移默化的作用，工会说是建设"职工之家"调动了职工的积极性，保卫部门也说是加强了保卫工作取得的成果。总之，谁都可以任意调动情节、变换角度，让客观事实受主观愿望的任意揉搓，把与本部门关系不大甚至毫不相干的事强扭在一起。

（四）削足适履

写工作总结是一个从感性认识上升到理性认识的过程，先有感性认识而后有理性认识。也就是说，总结只能是从实践中来，而不能凭空想出来。可有些人写总结时，不做深入调查，而是按照主观意图削足适履，先闭门造车，把总结的框架虚构出来，然后带着这个框架去套材料。这样套出来的东西，不能真实地反映实践。

（五）高谈阔论

论述在工作总结中占有一定的比重，适当地引用一些典故和名言来证明观点，可以增强说服力。但是，总结毕竟不同于政论，它是事实的总结。只有从事实中抽象出道理，才能有说服力。如果过多地引经据典，而忽视对事实材料的精心选择和组织，那就不是总结了。现在有些刚从学校分配到秘书工作岗位的同志，喜欢把"满腹经纶"都搬到工作总结上，大量引用古今中外经典著作中的名句，高谈阔论，其结果却是事与愿违，写出来的东西成了公文、论文、杂文"三不像"。

（六）含糊不清

在工作总结中恰当地运用模糊语言，可以使一些问题的表达具有一定的灵活性，避免绝对化。比如，完成了任务，不说"出色地完成"，只说"较好地完成"；今后工作会取得更好成绩，不说"一定会"，只说"可望"或"将会"。但是，总结中不可频繁出现模糊语言，尤其是一些不该用模糊语言的地方，切不可滥用。从目前的情况看，有的单位工作总结相当模糊，使人很难看出"庐山真面目"。

（七）千篇一律

工作总结虽有一定的格式，但在写作技法上要讲究灵活性，不可千篇一律、千人一面，而应像"十八罗汉"一样，虽都是罗汉，但形态各异，栩栩如生，这样才有新鲜感。有的单位的月、季、年度工作总结，几乎每次都是老面孔，段落、段头摘要以及观点等都是"原装货"，只是换了月、季、年，更改了一些数字罢了。

（八）诗意十足

总结中，适当用一些比喻之类的文学修辞手法，可给总结增色。但是，公文毕竟不是文学作品，它在长期的实践中形成了自己的语言风格，在遣词造句上，公文特别要求准确、贴切、符合语法规范和逻辑规律，尽量少用形容、比喻之类的词汇。有的秘书写出的工作总结诗意十足，一副学生腔，不像总结，而像一篇抒情散文。

（九）结构混乱

工作总结的篇章常用的是"三段式"，即工作概况—经验体会—今后打算。工作总结不必像文学作品那样严密构思，但也不像一个通知那么简单，而是要将大量的事实材料通过感性认识升华到理性认识，不进行很好地谋篇布局是不行的。有的秘书往往提起笔就写，想一点，写一点，边写边想，这样写出来的东西难免杂乱无章，逻辑不严密。

（十）篇幅冗长

有人以为总结就是要包罗万象，以为文章长才显得有才华，于是千方百计把它拉长，长得叫人根本不想读下去。

以上是工作总结的常见病。其产生的原因主要有两方面：一是作者缺乏公文写作知识；二是惰性作怪，不愿动脑筋，只想应付差事。要把工作总结写好，首先必须熟悉工作总结的写作知识；其次要深入实践，调查研究；再次要多写多练，写得多了，就能写出好文章来。

七、办理批办件要细心

某单位召开一次重要会议，拟请上级主管领导到会讲话。事前派人前往请示领导能否出席会议，并送去代拟的讲话稿。

上级领导机关办公室的同志接待之后，提出拟办意见并同讲话稿呈送领导批示。这位领导批示同意出席会议，但所附讲稿未交有关同志审查修改就转至办会的同志安排会务。而办会的同志误以为所附的讲话稿是重复件，便压了下来。当临近开会时，领导找不到讲话稿，误以为是修改文稿的同志没有把讲话稿送来，查原因，是办文的同志未作检查，未把送审稿交给有关审稿部门，给会议和领导个人添了麻烦。

从这个案例可以看出：作为一个业务部门召开的会议，事前向上级领导机关请示，邀请一位领导出席会议讲话，并代拟讲话稿一并送审，工作安排是周到的。但为什么临到开会时，讲话稿还未送到领导手上呢？问题还在于秘书部门的办事机构内部管理不严，协调办事不周到。

这份领导讲话稿送审时附在一份呈办件中。当领导批示后，办文即转办会，讲稿未经修改和审定。办会者认为办文者已按常规将讲稿审核，这只是多余的一份。办文者又不检查，才最终导致这种情况的出现。主要责任应在办文者一方。

领导机关办文任务繁重，秘书处每天要处理的批办件少则十几件，多则几十件。这些批办件有的要呈送领导，有的要转其他部门办理或签署意见，有的是答复对方的。每件批办件转出、转进或办结存档时，都应按办文程序细心检查，并认真登记，有任何一环节出错，就会给工作造成损失。

八、文书工作检查的方法

文书工作不乏现成的制度、办法，从国务院办公厅到各级文书处理部门，对公文形成、处理的各个环节及其中相衔接的各道程序与手续都制定了一系列比较完善的具体规定。但在实际文书工作中，这些制度和规定执行的情况却不令人满意，造成有"法"不依、有章不循的原因之一是文书工作缺乏必要的检查。

（一）检查的组织形式

检查的组织主要可以采取四种形式：

（1）以"块块"为主，由地方政府办公厅（室）牵头，按地区现行归口管理系统分组，如工交、文卫、财贸、纺织丝绸、糖烟酒业等，按照系统组成横向检查协作检查组。

（2）以"条条"为主，由各地区内行业或系统最高管理单位办公室牵头，按现行专业分式分组，如交通、银行、邮电、医药、城建等按行业或系统组成纵向协作检查组。

（3）由地方政府办公厅（室）出面，抽调各部门办公室工作人员，组成若干个检查组，进行交叉检查或重点抽查，凡检查人员都不得参加对本单位的检查。

（4）地方政府办公厅（室）发文，安排各单位带上季度、半年、全年，或任定几个月的收、发文件及原始记录资料，集中一处，分组开展会审。

四种检查的组织形式中，后两种检查的组织方式，也可由各行业或系统组织进行。在检查的过程中，还可邀请大专院校秘书专业教学的同志参加，既可以从理论上做一些指导，又可以取得第一手资料，促进教学。

（二）检查的主要内容

开展文书工作的检查，检查重心必须放在公文的形成和公文的处理两个方面。具体内容事先统一制定，将检查事项与考核分数捆在一起，根据检查内容的重要程度分项分配分数，总计为 100 分，列成表格，便于检查考核（见下表）。

被查单位文书工作检查与评比表

序号	检查项目	考核分数	检查得分	扣分原因
1	是否制定有关本单位文书形成、处理的办法或规定	5		
2	制定的文书形成、处理办法或规定是否符合国务院和所属省市、行业部门制定的文书形成、处理办法、制度的规定或要求	5		
3	是否明确有分管文书工作的领导、办公厅（室）及文秘工作人员；是否都建立健全了部门职责和个人岗位责任制	5		
4	使用的公文撰制单（发文稿纸）是否行文环节齐全、关系清楚、符合行文要求	3		
5	使用的文头、报头是否规范，符合格式要求，鲜明美观	3		
6	公文的撰拟、审核、签发、缮校、用印、封发是否做到环节齐全，符合程序要求	8		
7	发文的内容与选用的文种是否吻合，有无文种误用、错用或一些"准公文"（如总结、计划、简报等）直接行文的现象	8		
8	发出文件行文关系是否清楚，主送抄送对象是否明确	3		
9	查看发出文件内容：（1）是否符合党和国家的方针、政策、法律、法令和上级机关的有关规定；（2）叙述的情况是否属实（必要时可作实地调查，或向有关部门进行具体了解），阐述的观点是否明确，文字是否精练，条理是否清楚，层次是否分明；（3）人名、地名、数字、行文是否准确，有无乱用简称或省略的现象，时间是否写明具体的年、月、日；（4）文件中数字的写法是否统一和符合书写要求；（5）引用的公文是否明确发文机关、公文编号、标题和发文时间	20		
10	查看文件打印质量，如文字排列是否整齐，有无错漏，字迹是否清楚，标题安排、落款、印章的布置是否合理、美观，打印时间是否及时	5		
11	收文的登记、拟办、送阅、批办、承办、催办、办复等是否做到环节齐全，符合文书处理程序	10		

（续上表）

序号	检查项目	考核分数	检查得分	扣分原因
12	文件的登记手续是否健全，登记是否准确，不错不漏，使用的收文处理单是否设计合理、符合文件传阅办理要求	5		
13	文件的送阅是否及时，对领导批办意见的落实情况有无查办单位和人员，对查办情况是否实行了注办	5		
14	查看收、发文的签字、拟办、批办的意见、拟稿有无用普通圆珠笔、铅笔、红墨水笔和签姓不签名的现象	10		
15	查看三份收文的贯彻落实情况和三份文件发文的执行效果	5		

另外，在检查过程中可以通过检查被查单位某段时间的发文次数、件数，企业发出重要文件领导动手起草修改的情况，基层单位对本部门机关制发文件的评议效果等活因素，作为加分或减分的参考，把硬指标与活因素结合起来考核，使检查结果能够尽可能地说明问题，符合实际。

（三）检查与评比方法

检查各单位的文书工作，根据检查内容和打分标准，宜采取听、议、评的方法进行检查评比。听，即检查组人员集中听取被查单位领导和办公厅（室）负责人介绍本单位文书形成和处理全过程及其各个环节的落实情况。议，即对照打分标准和检查结果，逐条逐项议出应得的分数和存在的差距。评，即将检查硬指标得出的分数和活因素相结合，按被检查单位20%的比例评选出先进单位。凡是被评选出的先进单位，还可考虑由先进单位推荐1~2名先进个人进行表彰。

九、正确选择上报公文的文种

1994年7月，某县遭受了严重洪涝灾害，损失相当严重，加上四五月份的冰雹灾害，损失就更为惨重了。但是，省救灾办发放救济粮款时，没有把该县作为重灾县来对待，第一批救济粮只发了20%给该县，而邻县却得到了80%。该县的一些老干部心急如焚，纷纷批评县领导不重视、不汇报。经查，该县对救灾工作十分重视，及时地将受灾损失和请求省政府帮助解决的问题都一一向省委、省政府作了汇报，并且是以"红头文件"上报的，为什么省里了解不全面呢？原来，该县上报文件的标题是"某某县委、县政府关于我县遭受特大洪涝灾害情况的报告"。该篇报告洋洋洒洒数万字，汇报很详细。先是讲了本县遭受了百年不遇的大暴雨，雨量集中，江河水位超过警戒水位多少米；然后是水灾造成的损失，包括水毁农田、民房，粮食损失，水毁公路、水利、通信，水毁学校……共计损失多少亿元；再是抗洪救灾的措施和涌现的好人好事；最后是要求省委、省政府帮助解决的几个问题。省委办公厅秘书处接到报告后，按"报告"的处理办法，经省委秘书长签示后转省委救灾办阅。救灾办阅后也没有把该县要求解决的几个问题进行单独处理。因此，省救灾领导小组在研究下拨第一批救济粮时只根据大概灾情分了部分救济粮款给该县。所以造成了该县同志意想不到的结果。

导致这个结果的直接原因，是他们上报公文时使用的文种不当。该县上报的是"报告"，而"报告"这个文种的适用范围是向上级机关汇报工作、反映情况、提出建议、答复上级机关的询问。省委办公厅接到报告后转救灾办阅的拟办意见不算错。该县急需上级下拨救济粮款，请求省政府批准，应该用"请示"这一文种。"请示"主要用于向上级机关请求指示、批准。平常一些领导讲的"你们打个'报告'来"，这个口语上的"报告"和公文处理中的"报告"不是一码事，而相当于公文处理中的"请示"，切不可混淆。在公文处理中，还有一个经常出现的不规范现象，就是"请示"与"报告"连在一起用，即"请示报告"，这种用法也不对，容易误事。为纠正行文时"请示"与"报告"混用的情况并正确使用"请示"这一文种，《中国共产党机关公文处理条例》规定："向上级机关请示问题，应当一文一事。""不应当在非请示公文中夹带请示事项。"各级党政机关办公厅（室）在行文时都应照此办理。

十、如何整理好领导的讲话

秘书跟随领导，很重要的一项工作就是把领导在各种场合中的讲话内容记录下来，必要时整理出来。

领导的讲话有时是在会上讲的，有时是在会下讲的；有时是针对某个问题的，有时是在某个场合下随便讲的；有时是面对他的领导或上级机关汇报时讲的，有时是面对他的下属指示讲的；有时是在公开场合讲的，有时仅仅是对秘书及他身边的工作人员讲的。

无论哪种场合的讲话，都体现着领导的想法。一些大的动作或大的举措，都往往会事先在他的各种讲话中零星地流露出来。

整理领导的讲话，有如下一些方法：

（一）抓紧记录

所谓抓紧记录，就是尽量把领导讲出的原话记下来。记录是有窍门和技巧的，不仅用速记、符号、代号等方式，而且重要的是如何把领导讲话的主要精神记录下来。

（1）记原话。这样能体现出个性特点。因为对同样一件事情，每个人都有不同的表达方式。比如讲到体育，生物学家说"体育是物竞天择式的淘汰"；心理学家说"体育是人类征服欲的宣泄"；科学家说"体育是高科技的较量"；医学家说"体育是包治百病、延年益寿的灵丹妙药"；艺术家说"体育是健、美、力三位一体的组合"；教育学家说"体育是社会文化的重要组成部分"等。从上面对同一问题的不同表达方式可以看出，记录发言人的原始语言极其重要。当然，领导们对同一事物的表达不会像上面这些"家"们这样大相径庭，但其不同的风格却是异常鲜明的。

（2）记要点。即把你认为重要的观点、语句、段落详细地记录下来。这些要点可供整理时进行扩展、引申和发展。

（3）记易忘点。包括时间、地点、人名、数字、专用术语等。

（4）记疑问点。领导在发言中，或者由于讲得太快，或者语言晦涩难懂，或者专业性太强，秘书没有听懂，或没有听清楚，就用特殊符号记录下来，以便抽空问清楚。

（5）及时追记。有时领导随便讲话时，秘书不好随时当面拿出本子就记，但又觉得非记不可，就先在脑子里牢牢记住，领导离开后赶快追记下来。

（二）及时分类

这里讲的记录本，主要是指为准备整理加工成文的一种记录。这种记录一般不要把每个人的发言按先后顺序一个接着一个往下记，而是可以按问题归类记录。比如，在某个会议上，甲领导共讲了四个问题，你可以把第一、二、三、四个问题分别记在笔记本的第1、10、20、30页上。当乙领导发言时，他也讲了四个问题，你在记录时就要思考，乙领导讲的第一个问题和甲领导讲的第三个问题差不多，于是就记在笔记本的第20页上，依此类推。

为了便于整理，在记录时对领导讲出的重点内容、重要观点，以及自己没有听明白的地方，都要用自己特定的符号标注出来，以备整理时弄清楚。

（三）引起联想

引起联想的一般方式是先顺着领导讲话的顺序往下听、往下记，听着听着可能会突然发现领导讲出了一些精彩内容，而这些精彩的话领导并没有讲全讲透，聪明的秘书能顺着这个精彩的"茬口"，来上一番"畅想曲"。这实际上就是我们平时所讲的"灵感"的萌发。这种记录即使这一次整理领导讲话时用不上，将来也会成为用得上的宝贵资料。

秘书把自己的某些"精彩联想"整理进领导的讲话内容中时，要坚持两条原则：一是必须符合领导的讲话精神，不能"瞎掺和"，如果要"掺和"进去必须事先征得领导的同意；二是联想内容必须是领导讲话精神的深化，而不是"节外生枝"。

（四）借机引导

领导讲话时，秘书是不能乱插话、乱提问、乱启发的。但是，秘书为提高领导的讲话质量，便于自己事后整理，对领导的讲话进行巧妙地引导，还是有机会的。

案例一：茹太素挨打

明朝茹太素在担任刑部侍郎时，因其万言疏"言多忤触"而使自己受杖于朝，遭到降职处理，但其冗长疏却引起朱元璋发动了一场奏疏体式改革。

《明史·茹太素传》："明年，坐累降刑部主事，陈时务累万言，太祖令中书郎王敏诵而听之。中言：'才能之士，数年来幸存百无一二，今所任率迁儒俗吏。'言多忤触。帝怒，诏太素面诘，杖于朝。次夕，复于宫中令人诵之，得其可行者四事，慨然曰：'为君难，为臣不易。朕所以求直言，欲其切于情事。文词太多，便至荧（眩惑）听。太素所陈，五百言可尽耳。'因令中书定奏对式，俾陈得失者无繁文。摘太素疏中可行者下所司，帝自序其首，颁示中外。"

茹太素挨打的根本原因倒不在于其所奏文章太长，而是因为他的奏章中"忤触"之处颇多。其言"才能之士，数年来幸存者百无一二，今所任率迁儒俗吏"显然在攻击朝廷吏治。除此之外，这则材料还记录了朱元璋所发动奏疏体式改革的原因、经过和目的。

朱元璋发动这场运动的原因是基于当时对政治形势的分析。洪武八年（1375），天下尚未安定。这位在马背上得天下的封建皇帝深知处理政事跟行军作战一样，不能不讲究效率，因而要提高政事处理效率，臣下的疏奏就必须形成"直言""切于情事"的文风。烦冗拖沓、空话连篇的风气必须坚决扫除。这一点又必须在公文的行文制度上得到保证，并成为属官们的共识。这样，朱元璋发动奏疏改革势在必行。这场奏疏体式改革，自上而下，由皇帝亲自发动，可谓雷厉风行，速战速决。其目的在于加速大明王朝这一封建国家机器的运转，以提高其政务效率，巩固其统治。

十一、如何写口头汇报提纲

1992 年 1 月，邓小平同志进行了具有历史意义的南方视察。每到一处，他都要听取政府和企业有关同志的汇报。其中深圳市委书记所作的特区改革开放以来总体情况的汇报和深圳先科激光公司所作的情况介绍，主题鲜明，事实准确，条理清晰，实事求是，给邓小平同志留下了深刻的印象，也为总设计师制定决策提供了依据。这是口头汇报的一个范例。

口头汇报是一种向上级领导、有关部门及特定听众说明情况、反映问题的信息沟通手段。它对报告事实、寻求理解、明确形势、制定政策意义重大。为使口头汇报取得成功，事前精心准备，编写详细的口头汇报提纲是必不可少的。

口头汇报提纲的编写除了遵循一般提纲写作的要求，如简洁、一致、层次清楚、事理连贯外，还需做到以下三点：

（一）分步安排，按序进行

口头汇报可分四个步骤进行：第一步是分析听众与场合。要明确什么人听报告，为什么听报告，听众对所汇报的问题了解多少，希望汇报者汇报什么内容。从这些问题出发，汇报者必须了解汇报的目的，是要介绍情况，还是要提出建议；是审查某些重要细节，还是作出决策。同时，必须了解汇报的时间，由此决定汇报的形式、所需要的辅助器材及准备工作。第二步是编写汇报的文字稿本。应该按这样的程序进行：搜集材料—吃透主题—突出要点—将要点按逻辑顺序排列—提供论证要点的资料与数据—选择视听辅助器材—审查、评改、试讲。第三步是汇报发言。总体要求是简要、客观与准确。应注意保证听众能理解，内容要简短，不能有冗长的开场白与总结。应逐一回答插话与提问，但不能让任何问题打乱汇报计划。第四步是善后工作。汇报结束后，要拟定一份备忘录存档，记录汇报的主题、日期、时间及地点，以及出席汇报人员的名单、职务。对汇报内容要扼要摘记，要记录建议及批准或修改的情况，并通知有关部门。这四步的先后顺序是固定的，提纲编写应依序进行。

（二）主次分明，突出重点

口头汇报的时间一般较短，在有限的时间内说清问题，就必须突出重点，防止"眉毛胡子一把抓"的现象出现。在提纲编写上，要求对关键问题详加解说，单独列条列项，保证说深说透；在具体方法步骤上，也应突出重点，如突出分析情况与编写初稿两个环节，就能做到事半功倍。

（三）考虑周全，有备无患

口头汇报的准备不仅是文字稿本的编写，还涉及一些单位、个人，需要一些设备。它的提纲编写应该是立体、综合而又细密的。如应写清需要的助手，计划使用的图表、沙盘、模型、幻灯片、录像等辅助器材，写明安排试讲、做最后的审查等，要通过提纲的写作使口头汇报疏而不漏、有条不紊地进行，确保一举成功。

附：口头汇报提纲（可根据需要增删）

一、情况分析

（一）听众

1. 人数。

2. 特点：

（1）听众由哪些人组成？一个部门还是几个部门？

（2）有哪些上级领导？

（3）他们的正式职务是什么？

（4）他们在何处任职？

（5）他们对汇报的问题有多少了解？

（6）他们是专家还是一般人员？

（7）他们关心什么？

（8）他们偏爱什么？

（9）预期的反应是什么？

（二）目的与种类

1. 是通报情况还是其他？

2. 形成决定？

3. 审查重要细节？

4. 协调统一行动？

（三）主题

1. 具体题目是什么？

2. 涉及多大范围？

3. 拟用多长时间？

（四）设备

1. 汇报在何处举行?

2. 需要作什么安排?

3. 视听辅助器材有哪些?

4. 有何不足之处?

5. 需要采取什么措施克服不足之处?

二、写出初稿

（一）搜集材料

1. 认真研究。

2. 熟悉主题。

3. 搜集权威性意见和事实。

（二）草拟初稿

1. 说明问题。

2. 突出重点。

3. 提出有关方案与建议。

4. 说明方案与建议的利弊。

5. 写出初稿。

6. 充实适当材料。

7. 由有关部门机构审查。

（三）修改初稿

1. 肯定文章中的事实是重要、必要、准确的。

2. 增补一切必要的事实。

3. 准备对预料问题的解答。

4. 做好文字润色。

三、试讲

1. 检查视听辅助器材的简易性与清晰程度。

2. 拟定使用方法。

3. 带助手及有关器材试讲。

4. 突出重点。

5. 熟记提纲。

6. 安排好段落之间的过渡。

7. 检查汇报者的语调、语速、姿势、精神准确度等表达艺术。

四、善后工作

1. 拟定汇报备忘录。

2. 将情况通知有关部门。

3. 存档。

案例二：惊动副总理的"一字之失"

1994 年 6 月中旬，某省委办公厅发生了一起大差错。差错是在一份以省委办公厅名义报送中央办公厅的文件中出现的。这份文件是向中央办公厅反映该省实行新税制后，提高了茶叶税，种茶农民收入减少，茶叶产业面临萎缩的问题。这个文件的附件中误将"说法"写成了"税法"。

办理这个文件的过程是：秘书起草省委办公厅的报告（起草报告的前一个星期，秘书在上班途中被自行车拉伤了腿部软组织和韧带，在家治疗和休息。领导同志认为其比较了解情况，要他起草这个报告），一位同志拿了有关材料到秘书家里，秘书写报告，由他抄录省委书记在工作组《关于×××厂反映新税制提高了茶叶税负情况的调查》上的批示意见。"批示意见"和"调查"一并作为报告的附件。整个工作完成后，秘书看了一遍，文件就被拿回机关了。经过办公厅有关处室按办文程序完备手续，送办公厅领导签发。文件就这样发出去了。

时任国务院副总理的朱镕基同志看到这个报告后，作了批示。他对报告看得很仔细，发现了这个问题。在"税法"二字下面打了个大大的问号，并在此页的右边批注：税法是中央制定的，省不能有税法。这个文件迅速反馈回省委办公厅。原来省委书记批示意见中的话是："我们省里要有个负责任的说法……"抄写批示的同志将"说法"错抄为"税法"。省委办公厅立即向中央办公厅报告说明了这一差错，并表明要从中认真吸取经验教训。

"说法"与"税法"只是一字之差，意思却完全不同。

这种差错对秘书来说，是惨痛的教训。从这个案例中，可以吸取许多经验。

（1）马虎必铸大错。处理这个文件当时过了五关：省委书记批示意见的抄录—秘书审阅—办文审稿—办公厅领导签发—印制和校对，可谓"过五关斩六将"。如果有一个环节足够认真的话，就不会出现这种差错。而事实是每个环节都忽略了。

（2）小事影响大局。秘书工作无小事，一字影响大局，惊动国务院副总理，影响省委办公厅形象。

（3）拜一字为师。这一字之差可成为秘书终生的老师。秘书起草文稿和阅读材料，都必须认真对待，不能马虎，要做到一丝不苟，认真、认真、再认真，永远以一字为师。

（4）努力学习。活到老，学到老，求知无止境。除了向群众学习、向实践学习、向书本学习，还要向错误学习，才能使自己成熟起来。秘书不仅要努力学习本岗位的业务知识，还要了解熟悉经济工作和其他方面的工作，在实践中增长才干，提高为人民服务的本领。

十二、一起伪造国家机关公文案引发的思考

1999 年 5 月 25 日，广西岑溪市对外贸易公司某负责人黄某，在云南个旧市某冶炼厂购买了 100 吨含量 60% 的焊锡锭，以梧州某工贸公司为供方，由广西五金矿产进出口公司梧州公司某部经理莫某代表本公司与哈萨克斯坦卡尔梅特 JSC 公司签订了 100 吨锡锭销售合同。为了使这批焊锡锭顺利报关出口，黄、莫找到时任某出入境检验检疫局一处土畜产品检验科科长青某，请求出具一份 100 吨锡锭出口哈萨克斯坦的检验证书。青某在未经法定部门检验的情况下，擅自伪造锡锭出口哈萨克斯坦的检验证书和商品放行单，使这批焊锡锭充当锡锭报关出口。事后，青某非法收取人民币 1.5 万元。9 月 26 日，哈方发现质量问题即向广西五金矿产进出口公司梧州公司提出索赔，形成了哈萨克斯坦、广西五金矿产进出口公司梧州公司、梧州某工贸公司三方经济纠纷案。

在本案例中，当事人青某为出入境检验检疫局干部，代表国家商检机构履行检验、监督管理职责，必须遵守法律，维护国家利益，依照法定职权和法定程序严格执法；必须忠于职守，文明服务，遵守职业道德，不得滥用职权，谋取私利。但当事人青某为应对他人提出的出具一份 100 吨锡锭出口哈萨克斯坦的检验证书的请求，在未经法定部门检验的情况下，擅自伪造了锡锭出口哈萨克斯坦的检验证书和放行单，使这批焊锡锭充当锡锭报关出口，最终造成了中外三方经济纠纷案。

在本案例中，当事人青某不仅对应当检验的物品不检验，而且伪造检验结果，更为严重的是，其利用伪造检验结果、利用职务之便，进一步擅自伪造了检验证书和放行单。商检机构出具的检验证书和放行单，实际上是商检机构作为行政机关对相关政府部门（海关）平行发出的具有法律效力的行政公文，因此，当事人青某的行为就不是徇私舞弊、伪造检验结果了，而应该定性为伪造国家机关公文。

如上分析，当事人青某利用职务之便，伪造出口商品检验证书，造成贸易当事人的经济损失，其行为已构成伪造国家机关公文罪，因此，应依照《中华人民共和国刑法》第二百八十条"伪造、变造、买卖或者盗窃、抢夺、毁灭国家机关的公文、证件、印章的，处三年以下有期徒刑、拘役、管制或者剥

夺政治权利；情节严重的，处三年以上十年以下有期徒刑"的规定予以惩处。

由于当事人青某于 1999 年提前退休，退休前当事人身为国家干部，利用职务之便，伪造出口商品检验证书和商品放行单，并有受贿行为，根据《人事部对〈关于对离退休的国家公务员所犯错误如何追究其政纪责任的函〉的复函》（人函〔2001〕27 号）第二项第二条的规定，应当由其所在单位，或者上级单位，或者监察部门依法给予相应的行政处分。

综合以上分析，依照《中华人民共和国刑法》《人事部对〈关于对离退休的国家公务员所犯错误如何追究其政纪责任的函〉的复函》（人函〔2001〕27 号）、《中国共产党纪律处分条例（试行）》和《中共中央纪律检查委员会关于共产党员在经济方面违法违纪党纪处分的若干规定（试行）》，应当由司法机关依法追究当事人青某的刑事责任，并由其所在单位或上级单位的党政部门给予其党纪、政纪处分。

十三、新旧公文格式差异

2012 年 4 月 16 日，中共中央办公厅、国务院办公厅印发《党政机关公文处理工作条例》（中办发〔2012〕14 号，以下简称"新《条例》"），取代 1996 年中共中央办公厅印发的《中国共产党机关公文处理条例》（中办发〔1996〕14 号，以下简称"旧《条例》"）和 2000 年国务院印发的《国家行政机关公文处理办法》（国发〔2000〕23 号，以下简称"《办法》"）。新《条例》自 2012 年 7 月 1 日起施行。2012 年 6 月 29 日，国家质量监督检验检疫总局、国家标准委发布《党政机关公文格式》（GB/T 9704 - 2012，以下简称"新《格式》"），替代《国家行政机关公文格式》（GB/T 9704 - 1999，以下简称"旧《格式》"）。新《条例》及新《格式》是当年党政机关公文处理工作必须遵循的基本规范。它们的出台是对党政机关公文处理工作实践经验的总结，解决了实践过程中有所争议但已趋同的一些问题，尤其是首次实现了党、政机关公文处理工作的统一，是我国当代公文法规建设进程中一次具有里程碑意义的重大变革。

（一）新旧机关公文格式的显著区别

党的机关公文原来没有配套的格式标准，只在旧《条例》的"公文格式"一章中作了原则性的规定，但由于理解不同、习惯有异，党的机关公文格式五花八门，损害了公文的庄重性。旧《格式》对行政机关公文的格式作了规定，但在使用过程中也暴露出较多问题。这次出台的新《格式》既统一了党、政机关公文格式，也对旧《格式》作了较多的调整。

1. 进一步明确装订要求

公文装订是公文制作的最后一道工序，是保证公文外观质量的重要内容。新《格式》规定，骑马订或平订的外订眼距版面上下边缘 70mm，比旧《格式》规定的"距书芯上下各 1/4 处"的表述更加明确，精准度更高。

2. 调整公文格式要素的内容

新《条例》规定的公文格式要素共有 18 个，《办法》规定的公文格式要素有 16 个。旧《条例》规定的公文格式要素有 17 个。与《办法》和旧《条例》相比，新《条例》取消了"主题词"，增加了"页码"；与《办法》相比，增加了"份号"和"发文机关署名"；与旧《条例》相比，增加了"附件说明"。个别要素的名称提法也有改变，如"发文机关标识"改为"发文机关标志"。"主题词"的作用主要是方便计算机检索，但如今计算机的检索功能已经非常强大，而主题词的标注不但麻烦，且极易出错，反而会削弱公文的规范性和严肃性。"页码"从来都有，但以前没有列入格式要素范围。在旧《条例》中，公文"正文"之后"发文机关署名"之前的"附件"其实并非真正的附件，而是"附件说明"，新《条例》对"附件说明"和"附件"进行了科学区分。

3. 科学定义公文版头

新《格式》取消了旧《格式》中"眉首"的提法，而采用日常工作中通常使用的"版头"名称，并重新定义了"版头"。版头应该是一个区域，在这个区域内包含了份号、密级和保密期限、紧急程度、发文机关标志、发文字号、签发人等格式要素。而在旧《条例》中，"版头"被当作公文的一个格式要素，实际上只是"发文机关标志"，很不恰当。此外，新《格式》向旧《格式》靠拢，将"发文机关标志"的标注统一规定为"由发文机关全称或者规范化简称加'文件'二字组成，也可以使用发文机关全称或者规范化简称"，取消旧《条例》所规定的由发文机关全称或规范化简称加括号标明文种的标注方式。

4. 改变密级和保密期限、紧急程度的标注位置

为了防止领导批示与密级和保密期限、紧急程度等相互遮盖，密级和保密期限、紧急程度的标注位置从右上角调整到左上角，同时，保密期限中的数字由汉字调整为阿拉伯数字。这些改变既符合视觉感官，又方便实际工作。此外，根据新《格式》中的图例可知，在没有保密期限的情况下，标注密级和紧急程度的二字之间均空一字；在只有紧急程度的情况下，标注紧急程度的二字之间也空一字。

5. 标题中"发文机关名称"为必要项

《办法》规定，公文的标题"一般应当标明发文机关"，这是推荐用语，所以在实际工作中有相当多的公文标题中没有发文机关名称，只有事由和文种。新《条例》明确要求，标题"由发文机关名称、事由和文种组成"，这表明"发文机关名称"是标题的必要项目，不是可有可无的或有项目。标题中标明发文机关名称，一方面可体现出公文的严肃性，另一方面也可确保在引用某一公文标题时能显示出被引公文的发文机关名称，显得比较完整。

6. 改变签发人的标注方式

旧《格式》以"眉首"大小和是否标注签发人来区分行文方向，新《格式》不再用版头大小来区分行文方向，而只用是否标注签发人来区分行文方向。新《格式》规定，联合行文时，每行一般排列两个签发人姓名，两个姓名之间空一字，回行时与上一行第一个签发人姓名对齐。这与旧《格式》有所区别。在多个单位联合行文时，每行排列两个签发人，能够有效缩短发文机关标志与红色分隔线的距离，使公文的首页显得美观，也最大限度地确保了公文的首页至少有一行正文。

7. 必须标注发文机关署名，成文日期使用阿拉伯数字

关于发文机关署名，旧《格式》规定，在单一机关行文、两个机关联合行文时，都不要求标注发文机关署名。新《格式》规定，发文机关署名是党、政机关公文格式的必备要素。关于成文日期的标注，旧《格式》规定使用汉字，旧《条例》对此没有说明，但实际工作中一般采用阿拉伯数字。新《格式》对党、政机关公文进行了统一，规定成文日期使用阿拉伯数字标注。

8. 明确版记中分隔线的粗细，调整文字的字号

旧《格式》将版记中的分隔线称为"反线"，新《格式》取消了这一概念，直接称为"分隔线"。同时取消的类似线条概念还有"正线""文武线""武文线"，原因是没有国家标准对这些概念进行统一规定，不便于理解和操作。新《格式》明确了版记中分隔线的粗细，规定首条分隔线和末条分隔线用粗线，推荐高度为 0.35mm，中间的分隔线用细线，推荐高度为 0.25mm，既有主送机关又有抄送机关时，二者之间不加分隔线。版记中的文字用 4 号仿宋体字。新《格式》与旧《格式》在版记上的这些显著区别值得注意。

另外必须注意的是，版记只出现在偶数页。即使公文的内容很短，首页有容纳版记的空间，也需要将版记放到第二页上。

9. 明确了页码的标注方法

"页码"是新《条例》规定的新的格式要素。在公文中标注页码，保证了公文的有效性和完整性，有利于对公文进行查阅、统计、检索、印制和装订，

也更有助于公文的防伪。

新《格式》规定，页码"用4号半角宋体阿拉伯数字，编排在公文版心下边缘之上，数字左右各放一条一字线；一字线上距版心下边缘7mm。单页码居右空一字，双页码居左空一字"。"版记页前有空白页的，空白页和版记页均不编排页码"，即页码只标到公文主体部分结束的那一页。

（二）新《格式》存在的几个问题

1. 对密级和保密期限之间的间隔标注自相矛盾

旧《格式》明确规定，密级和保密期限之间用实心五角星（★）隔开，新《格式》中没有这样的提法，并在《〈党政机关公文格式〉国家标准应用指南》一书的"2012版国家标准与99版国家标准全文对照表"部分强调，"密级和保密期限去掉★"，但在新《格式》的图例中，仍然是使用实心五角星隔开的形式。

2. 党、政机关公文版头中的分隔线是否应该有所区别

新《格式》及旧《格式》都规定，发文字号之下4mm处有一条与版心等宽的红色分隔线（旧《格式》中称"红色反线"）。长期以来，党的机关公文的红色分隔线中间有一颗红色"★"将分隔线分成等长的两段；行政机关公文的红色分隔线中间没有红色"★"，而是一条连续的线段。这是党、政机关公文的一个显著区别。新《格式》中没有明确党的机关公文的红色分隔线之间是否需要标注红色"★"，但实际工作中，在中共中央以及中共中央办公厅文件的版头区域中，红色分隔线之间都加上了红色"★"，比如2012年8月6日《中共中央办公厅印发〈关于进一步加强党管人才工作的意见〉的通知》（中办发〔2012〕22号）。

3. 某些表述不甚严谨

新《格式》规定，"发文字号之下4mm处居中印一条与版心等宽的红色分隔线"。既然是与版心等宽，就无所谓居中。旧《格式》就没有"居中"一说。

新《格式》规定，当标题分多行排布时，应当使用梯形或菱形。我们知道，几何图形中的梯形有几种，公文标题的排布实际使用的应该是特殊梯形中的等腰梯形。而使用"菱形"排布的说法也不甚确切，笔者倾向于使用"纺锤形"的描述。我们当然不会对《格式》进行机械理解，但作为国家标准，表述应力求严谨。

4. 纪要是否需要加盖印章

《办法》明确规定，"公文除'会议纪要'和以电报形式发出的以外，应当加盖印章"。新《条例》的规定是，"有特定发文机关标志的普发性公文和电报可以不加盖印章"，并没有指出"纪要"不加盖印章；同时在新《格式》的"纪要格式"部分指出，"纪要格式可以根据实际制定"。那么，纪要是否需要加盖印章？实在让人无所适从。

5. 发文通知究竟采用何种字体

如上文所引的中办发〔2012〕22 号文件，可以称为发文通知，用于印发、转发"条例""办法""实施方案""意见"等文件。按照新《格式》"如无特殊说明，公文格式各要素一般用 3 号仿宋体字"的规定，发文通知的主送机关、正文、发文机关署名和成文日期等要素都应该用 3 号仿宋体字，但在中共中央、中共中央办公厅下发的发文通知中采用的却是 3 号楷体字，上述所引文件即是，这与新《格式》的规定不符。不知其依据何在？

8

档案管理

一、认真做好文书档案工作

案例一：档案雪冤

唐朝穆宗年间，翰林学士、中书舍人知诰李绅，是一个能干和正直的大臣，曾多次批评和遏制宰相李逢吉的错误做法，从而引起李逢吉及其党羽的强烈不满。李逢吉等人对李绅恨之入骨，于是使出种种手段，设下一个又一个陷阱打击陷害李绅。只因唐穆宗相信李绅，李逢吉一伙的阴谋才没有得逞。公元824年初，穆宗去世，唐敬宗李湛即位，李逢吉生怕唐敬宗也会信任李绅，便让知枢密王守澄（宦官头头）对敬宗说："陛下所以能被立为皇太子，我全都知道，主要是李逢吉的功劳。像杜元颖、李绅这些人，都是要立深王李察为太子的。"李逢吉怕敬宗不信，又指使其党羽李续之等人连上奏章，证明李绅当时确实如王守澄说的要立深王李察为太子。敬宗此时虽然还只是一个十来岁的少年，但凭判断，他怀疑此事失实。李逢吉见此，便撕下伪装，"赤膊上阵"，自己出面上奏诬告李绅，并对敬宗说："李绅不忠于陛下，请予以贬谪。"敬宗考虑自己刚刚即位，需要宰相相助，也就贬李绅为端州司马。

李绅被贬出朝，李逢吉等人的目的照理应该达到了，但他们并不罢休，一定要置李绅于死地而后快。于是他们每天上书朝廷，说李绅被贬得太轻，不能就这样放过他。敬宗无奈，只好点头答应杀掉李绅。

李绅遭祸，命在旦夕。因为李逢吉权势熏天，其中又有宦官相助，于是"正人腹诽，无敢有言"，朝中大臣都不敢站出来说话，只有李绅的同事、翰林学士韦处厚仗义执言，上书敬宗，为李绅申冤。他指出，李绅被李逢吉和他的党羽进谗言诬陷，受到贬谪，人们都感到震惊，无不叹息。李绅是由穆宗提拔任用的大臣，即使他有罪，也应当本着对父亲尽三年孝道的精神，对他予以宽容，何况他根本无罪。读了韦处厚的奏疏，敬宗才渐渐醒悟过来，没有杀李绅。

李绅的冤屈最终得到洗雪，还多亏了宫中所保存的文书档案。一天，敬宗在宫中翻阅保存下来的文书，发现有一小箱穆宗亲手封存的文书，打开一看，其中有裴度、杜元颖、李绅等人上疏请立自己为皇太子的奏章。至此，李逢吉等人的谎言不攻自破，他们加在李绅头上的一切不实之词统统被推翻。唐敬宗于是嗟叹不已，把李逢吉及其党羽离间陷害李绅的上书全部烧掉，不再相信。虽然敬宗并未立即把李绅召还，但以后再有人说李绅的坏话，他一概不听。

李绅后来官至宰相，甚有声誉。史书上说他"始以文艺节操进用，受顾禁中。后为朋党所挤，滨于祸害。赖正人匡救世主，得以功名始终"（《旧唐书·李绅传》)。这当然是事实。但若不是文书档案被保留下来了，并最终为他洗雪了冤屈，即使有 10 位韦处厚这样的正人"匡救世主"，事情的真相也是永远弄不清楚的。文书档案确实具有它不可代替的特殊作用，认真做好文书档案工作，维护档案的完整与安全，是一件十分重要的事情。

二、确保档案安全

案例二：当档案面临天灾时

1989 年 7 月 21 日夜晚，吉林省蛟河地区普降大雨，绕城流经蛟河镇的南北两条大河，河水暴涨，由西向东一齐向蛟河镇涌来。7 月 22 日上午 7 点多，地处蛟河镇北的蛟河县建材厂已进水，物资被浸泡。厂长孙有现场指挥职工突击抢救仓库里的水泥和庭院中的珍珠岩等物资。9 点多，院内水深已达一米多，坐落在坎上的厂部办公室也已进了水。这时孙厂长突然指定一名副厂长继续留在现场指挥，自己却拉住张副厂长和办公室王主任及档案会计人员直向办公室和档案室奔去。水越涨越高，孙厂长敏锐地察觉到，要在极短的时间之内将 700 卷文书、会计和人事档案全部安全地转移出去，已很难办到。于是他当机立断，组织大家将室内的办公桌叠摞在一起，再将档案柜放在最高的桌子上。五个人只用了十来分钟时间就将档案转放到安全位置。就在这时，山洪已经下来，水势排山倒海、奔腾咆哮着向厂区冲来，转眼间室内水深已经齐腰，厂区院内更是一片汪洋，最深处达两米多。在这场大水中，建材厂损失 40 万元，但档案安然无恙。

灾害之后，曾有人问蛟河县建材厂的孙厂长，在大水来临时怎么会想到亲自带领人员去救档案？孙厂长不假思索地回答："当时想的并不多，也不知道为什么就突然想起了档案。我只知道档案这东西很重要，工作靠它，生产靠它，落实政策也靠它。物资受损失可以造出来，但档案是不能再造出来的。这回我们厂损失了 40 万元的物资，我们可以努力再造出来，或者比这更多。但 700 卷档案如果冲走了，那是再加 40 万元也买不到的啊！"

时隔不久，一场更大的天灾降临我国的黄岛油库。据报道，在 1989 年 8 月的黄岛大火中，当各路消防人员赶到火场后，救火指挥部命令迅速调库区档案资料，以掌握火场的布局、结构、地区、地貌等情况，制订最佳灭火方案。但为时已晚，随着一声爆炸的巨响，油库办公大楼瞬间被大火吞没，保存在办公大楼里的档案、资料连同大楼一起成为灰烬。大火过后，据油库领导和有关人员介绍，1974 年黄岛油库始建时，青岛市消防局就向油库索要图纸资料，但油库领导以保密为由没有同意。就连油库本身的消防队也没有完备的档案资料。而油库是有专门的档案室的，新、老罐区的档案都放在里面，起火后还完好无损，但爆炸时就全部烧光了。从开始起火到爆炸，中间有 4 小时 35 分钟，根据当时情况，完全有可能把档案抢救出来。然而当火势严峻危急之时，大家只顾到油库的安危，竟无人想到去救档案。黄岛大火对油库造成的损失是巨大的，对档案造成的损失同样是无法弥补的。

从以上两个事例中不难看到，当档案室面临天灾即将被损毁时，由于对档案的认识及对保护档案的意识不同，很可能导致两种截然不同的后果。档案是从事各项工作和研究的第一手珍贵材料，安全地保护好档案是一项重要的工作，也是每一个办公室工作人员应尽的责任。《中华人民共和国档案法》（以下简称《档案法》）第三条规定："一切国家机关、武装力量、政党、社会团体、企事业单位和公民都有保护档案的义务。"履行保护档案的义务是不应该分场合和附加条件的。许多地方和单位都有独特的保护档案安全的措施，如"两套制""分库制""战备柜"等，以防遭遇不测之时能保全档案。无论是哪种方法，都集中体现出"防患于未然"的意识。虽然《档案法》里没有相应的惩戒条款，但作为办公室人员，尤其是档案室工作人员，一定要时时怀有忧患意识，力求做到在任何情况下都确保自己所管辖档案的安全，哪怕是在发生天灾时，也应如此。试想，在黄岛大火中，档案室的工作人员如能及时向有关领导提出抢救档案，那大火还会将档案烧光吗？

案例三：为泄私愤撕毁档案

张某是河南省第一建筑工程公司综合档案室馆员，因对个人的住房分配问题有意见，为发泄内心的不满，于 1991 年 12 月，在整理文书档案时，利用编号、装订案卷之便，故意从 1957 年到 1961 年永久保存的档案中抽出 1 042 页档案文件，扔入装废纸的麻袋中，企图随废纸销毁，其中已撕毁的档案 87 页，撕下整页（未碎）955 页。这些被撕毁的档案内容涉及一些党员、干部、工人犯各种错误的检查及处理结果，还有一些有关党组织、党员、干部编制、机构等的登记表及统计报表。

河南省第一建筑工程公司的党政领导在发现张某撕毁档案的问题后十分重视，立即组织力量进行调查、取证，并果断采取措施进行被损档案的修复、抢救工作。经省市档案局和郑州市城乡建设管理委员会审定，张某故意撕毁档案的行为违反了《档案法》，且情节比较严重，性质比较恶劣，在群众中造成了极坏影响，因此决定撤销张某馆员职务，取消馆员任职资格，调离档案室，处以赔偿损失费 500 元的惩罚。

这个案例给各级档案行政管理部门敲响了警钟。我们在贯彻、实施《档案法》的过程中，不但要把注意力集中在保障档案事业的发展、监督社会各方面认真履行《档案法》赋予的各项职责与义务上，而且也要把相当的注意力放在档案干部队伍的素质培养与再教育上。

有效地保护和利用档案，是档案立法的根本宗旨，确保档案的完整与安全，是档案工作者应履行的基本职责与义务。为此，《档案法》第九条专门对档案工作者的素质提出了规定。张某作为一个已获得档案中级专业技术职称的工作人员，理应懂得这些常识。这种以撕毁档案发泄私愤的行为显然已经违背了档案工作者的职业道德，是一种犯法行为。

三、认真执行《档案法》，严肃查处违法行为

案例四：利用查档伪造档案事件

1992 年，安徽省档案局监察室先后两次接到歙县城镇群众来信，反映有人到档案馆查阅档案时有弄虚作假行为，随即进行立案调查。经查证实，保存在省档案馆的民国档案原件 27 宗 1 目 1 133 卷中的 63 页、69 页、71 页部分内容与歙县档案馆和县志办公室于 1985 年 6 月来省档案馆复印的该档案内容有四处不同，显然原件被人篡改过。根据查档记录记载，查阅该卷档案者共有两人，一是吴某持歙县档案局介绍信于 1990 年 7 月 26 日查阅复印过；一是汪某持歙县人民政府介绍信于 1990 年 8 月 13 日查阅复印过，其目的都是索取解决私人房产纠纷的凭证。多次内查外调取得的旁证表明，汪某是嫌疑人。经各种途径与其谈话索取到本人的交代材料，并经公安厅文检室对其字迹的鉴定，证实就是汪某篡改了档案内容。他于 1990 年 8 月 13 日至 8 月 16 日到歙县档案馆查阅《歙县城市土地地价册》材料时，擅自将 27 - 1 - 1133 档案偷带到省委办公厅招待所，在房产所有权人汪天元名下（两处）用毛笔加写了"代表"二字；在"改良物情形"栏内（两处）加写了"水东元三人共有"七个字，共在四处加写了 18 个字，然后将档案材料带回档案馆进行了复印，交由调阅接待室签字盖章，并依此向法院提供伪证，干扰了法院审理房产纠纷。

由于汪某的行为直接违反了《档案法》第二十四条的规定，属于涂改、伪造档案，应当予以惩罚。根据其所涂改伪造档案的价值，责令其赔偿经济损失 600 元；同时他违反了《国务院关于国家行政工作人员的奖惩暂行规定》的第五条第四款，构成"弄虚作假，欺骗组织"的严重错误，受到行政记大过的处分。

这是一起典型的涂改、伪造档案的案例。从举报发现违法行为到进行调查处理，说明档案部门维护《档案法》严肃性的决心是坚定的，作出的决定也是正确的。但从此案中还不难发现这样一个问题，即此案是在群众举报后才得以查处的，而非档案馆主动发现。从案件发生到被举报近两年的时间内，档案馆都没有发现档案被涂改，说明档案馆的工作存在漏洞，制度还不够完善，发现问题不够主动及时。在现实生活中，为达到一己私利而涂改伪造档案的违法行为屡有发生。是这些人不懂法吗？恐不尽然。本案例中的汪某就是一个受党教育多年的已退休的党员干部，他不会不知道私改档案是违法行为。但为了达到个人目的，仍然明知故犯，走上违法的道路。对档案部门及档案工作者来说，认真执行《档案法》，严肃查处违法行为，维护档案的完整与安全，是必要的。但更重要的是在工作中要提高警惕，尽量做到防患于未然。发现违法行为后依法坚决处理是正确的，但毕竟档案还是受了损失，所以完善制度，堵塞漏洞，不给他人以可乘之机，才能真正维护档案的完整与安全。

四、加强领导档案管理意识

案例五：误销档案

1987年底至1988年初，原商业部商科院行政处干部谢某，在临时负责本院办公室工作期间，为了给新购进的复印机设备及复印用墨粉、复印纸腾出存放地点，在未请示院领导，又未亲自查看的情况下，擅自批准工作人员将保存在四节战备柜中的、从后库运回的原商业部粮科院（后合并到商科院）1957年至1969年期间形成的档案搬出，装入麻袋存放在机要室，后又转放到油印室。此后在长达4个多月的时间里，谢某既未通知档案管理人员去整理、保管这部分档案，又未过问这批档案的下落，使得这批档案被误认为是无用的资料而被销毁。

原商业部办公厅档案处在事情发生以后，对这起误销档案案件进行了调查。原粮科院形成的这批反映1957年至1969年主要职能活动的档案，在解除战备后从后库运回了北京。由于机构改革等原因，档案运回后的管理尚未被有关部门领导重视。于是这批档案被堆放在五楼的楼道顶端隔出的一个小房间存放。后来这个小房间又充当了复印室。

1985年至1987年，院办公室档案管理人员曾对本院档案进行清理、整顿、充实，力图完善建院以来商科院的档案资料。但经几年的努力，也只补到1981年的卷，而1981年以前的档案仍未补到。这期间，堆放在五楼楼道的档案却仍未被引起重视。

当谢某临时负责办公室工作时，负责复印的同志在购进设备后向谢某请示，希望把复印室（即楼道隔出的小房间）内铁皮柜中的东西挪到麻袋里放到机要室存放，以便给复印机腾出地方。谢某以为这批东西存放了这么久也没人来用，可能是没用的东西。且认为如果购进新的铁皮柜既要专控商品办公室批准，又一时解决不了经费问题，于是他既没有请示院领导又没有到现场查看要搬走的档案有什么内容，便同意复印人员将这部分档案装入麻袋存放到机要室。后因机要室地方窄小影响办公，这些档案又被放置在油印室，直到被销毁。

这件事告诉我们，造成原商业部商科院误销档案事件发生的原因，主要在于该单位有关领导档案意识淡薄，档案管理措施不力。从后库运回的档案居然在五六年之内无人管理，也足以显示当时在任的领导对档案工作的态度及档案管理混乱到多么令人担忧的地步。

在机构改革中，国家根据需要进行调整，一些单位被撤销，一些单位被合并，工作人员乃至领导发生相应的变化，都是很正常的现象。但无论怎么变，对档案管理都不能放松，对档案工作的领导不能削弱，这是功在千秋之举。为此，国家档案局曾两次发文要求各地各部门在机构改革中要加强对档案工作的领导，加强对档案的管理，防止在机构改革中对档案及档案工作造成不应有的损失。这次误销档案事件，给我们处于变动或将处于变动中的单位一个严酷的警示。

从上述案例中，我们还应得到另一个深刻的教训，就是即使在销毁任何应该销毁的档案时，也一定要严格依法律法规办事。即在销毁档案时，一定要事先进行鉴定，鉴定小组一定要由业务部门和档案部门共同组成，在鉴定后一定要将待销毁档案登记造册，并经机关（部门）领导人批准后方可销毁，任何人未经法定程序无权擅自销毁档案。只有这样才能有效地防止那些不该销毁的档案被误销。

谢某的行为虽然是一种过失违法行为，但其直接后果触犯了《档案法》第二十四条第一款的规定，理应承担一定的法律责任。

五、重视档案管理工作，做到防患于未然

案例六：一起烧毁档案的大案

1994 年 1 月 31 日晨，内蒙古自治区大兴安岭林业管理局所属图里河林业局档案室发生火灾，存放在档案室的 25 000 卷（盒、张）科技、文书、会计、

人事、声像五大类档案被烧毁 80% ，其中永久和长期保管的档案占绝大多数。这些档案是该局成立 40 多年来在从事政治、经济、生产、科技等社会实践活动中直接形成的历史记录，是该局今后发展的重要依据和条件。火灾的发生给该局今后的工作带来了许多困难，同时还造成了政治上的不良影响和经济上的重大损失。

根据大兴安岭林管局和图里河林业局公安部门的调查，在排除了人为纵火破坏和雷击、自然静电造成火灾的因素后，查明火灾起因是由于与图里河林业局档案室毗邻的局工会办公室因照明线路接触不良，引燃顶棚，进而殃及档案室，烧毁了保存在里面的档案。

这又是一起因火灾烧毁档案而严重违反《档案法》的案例。一次火灾烧毁 2 万余卷档案在全国属罕见，属特大案件之一。火灾给国家财产、档案造成了重大损失，大部分档案无法得到弥补，由此带来的影响可想而知。档案部门和主管部门在火灾发生后对此案认真地进行了调查处理，吊销了图里河林业局国家二级企业档案管理单位证书。这件案件与其他案件相比，有特殊的地方。首先，档案损失惨重，根据所掌握的材料，此案例损失的档案从数量上来说是最多的一次。其次，从火灾发生的原因上看，既不是人为的故意或过失，也不是雷电等自然灾害造成的，而是照明线路接触不良引起的。根据调查组调查，有关人员对此次火灾不承担法律责任。再次，这样严重的案件发生在一个国家二级企业档案管理单位。此案例提醒人们思考一个问题，为什么一个国家二级企业档案管理单位还会发生如此严重的案件？主要原因还要从主观上找。领导的档案意识不强，忽视对档案的安全保护是此次火灾发生的主要原因。该局领导对此次火灾烧毁大量档案应负责任。该局在 1991 年冬被评为国家二级企业档案管理单位时，就曾有人向他们指出档案库的库房不符合防火要求，建议他们尽快调整。该局档案科的同志也曾多次要求领导调整，但均未引起领导的重视，以致这场火灾殃及档案。

该局领导对烧毁档案的认识是比较深刻的，并向大兴安岭林管局党委做了检查。火灾发生过程中，该局领导也赶到现场指挥灭火，抢救档案和其他财产，并在事后采取了得力的抢救、补救措施，拨专款 50 000 元用于档案重建工作。即使这样，损失也是无法弥补的。维护档案的安全与完整在《档案法》中有明确规定，国家对有关档案的保护如防火、防水、防盗等，都有严格要求，有关人员特别是领导应该从思想上真正重视起来，不能事到临头才想起自己的职责，最重要的是防患于未然。

六、开发利用现有的档案资源，实现档案的价值

案例七：一份档案带来的效益

1994 年 5 月，美国某公司远东办事处总负责人奎斯特先生委托广东某服装厂加工一批时装裤。合同签订之后，他透露还想加工一批衬衫的意向，但这种衬衫的图纸没有带来，表示以后拿来图纸再细谈。该服装厂深知，在外贸业务中，这样的大宗生意随时都可能被别人抢走。根据奎斯特对衬衫的款式、规格的介绍，厂领导联想起该厂曾在 1987 年加工过一批与奎斯特先生要求相近的衬衫。于是派秘书到厂档案室调来这批衬衫的图纸，请奎斯特先生审看，并表示可以根据这份图纸再结合他的要求设计出一份合格的图纸来。奎斯特先生听后表示了极大的兴趣，同意"先让技术科的先生们设计出一份草图来看看"。厂技术员依据档案图纸，仅用了一个多小时，就把一份衬衫的设计图纸摆到了奎斯特先生的面前。奎斯特先生看过之后，兴奋地连声说道："奇迹，奇迹，几乎完全一样。"他当即与该厂增签了一批 10 万件即 120 万美元的加工合同。一套图纸档案为该厂赢得了一笔大生意。

如何让保存在档案室里的"死"档案"活"起来，实现档案在新时期的价值，是每个档案工作者和档案主管部门应该认真思考的问题。开发利用好现存的档案资源不仅可以实现档案的价值，也会给本就不足的档案保护提供一定的资金支持。该厂利用档案做成了一笔可观生意的事件启发人们，企业强调改善生产经营和投资环境，不能只盯在改善硬件设施上，对诸如建立健全档案工作等配套的软件设施也必须紧紧跟上。企业档案是企业活动的真实记录，是企业对生产经营、质量、成本、技术、财务等方面进行管理的必要条件。它可以帮助企业进行科学的决策和管理，更好地帮助企业树立企业形象，提高企业声誉，从而使企业在市场竞争中立于不败之地。企业档案工作的好坏直接关系到企业的经济利益和正当权益。企业在管理好档案的同时，更重要的是要充分利用档案，大力开发档案的信息资源。也只有科学地保存、管理档案，大力开发利用档案，企业的生产经营等活动才能有序、高效地进行。

七、几起违法案例的启示

案例八：江苏省灌云县徐某烧毁档案案

徐某是江苏省灌云县伊山法庭审理的一起拖欠债款案的被告。1988 年 9 月 15 日，灌云县工业供销公司向伊山法庭起诉，要求理发个体户徐某归还欠

债 3 000 元，伊山法庭于 9 月 13 日下午传徐某到庭，并出示了有关证据，由此，只有初小文化的徐某便产生了销毁档案赖账的动机。当晚，徐某窜到法庭撬锁 4 把，窃走其本人债务案件卷宗 1 本及其他案件卷宗 2 本，回家后全部烧毁并将纸灰倒入公共厕所内灭迹。案发后，罪犯于 15 日被公安机关拘留。灌云县法院于 12 月 13 日判处徐某有期徒刑 6 年，剥夺政治权利 1 年。

此案是《档案法》施行以来在灌云县法院系统发生的第二起烧毁档案的严重违法案件（第一起案件是 1988 年 8 月 8 日稽某烧毁县人民法院档案案），暴露了灌云县法院系统档案管理中存在的严重问题，有鉴于此，连云港市纪委给予灌云县法院院长党内严重警告的处分。

案例九：新疆石河子人民检察院周某丢失档案案

石河子市人民检察院助理检察员周某，1988 年办理了一起盗窃案，起诉后，被告被判决无罪。检察院认为法院判决有误，向区检察院提出抗诉，区检察院支持抗诉。1988 年 8 月 8 日上午 10 点，周某将案卷置于办公桌上没有锁门，就直接去院办公室给抗诉书加盖印章，半小时后回到办公室，案卷已丢失。经多方查找没有下落。1988 年 9 月 13 日，院务会议决定给周某行政记过处分。

案例十：上海市闸北区环保办档案严重浸湿受损案

上海市闸北区环保办档案存放在地下室，自 1985 年放入之后，长期无人过问，致使长度约 400 厘米的档案受潮、发霉、结块、破损，其中约 40 厘米的档案已结成纸砖，其余档案多为边角破烂，或有严重霉斑。这批档案的受损情况直到 1988 年闸北区执法检查中才被发现，闸北区档案局已对此做了处理。

案例十一：四川省铜梁县鼠咬档案案

铜梁县大庙区食品站会计档案长期用 15 个竹篓和两个纸箱存放在地势低洼潮湿、仅 10 平方米的一间房里。从 1990 年起有关人员和主管公司领导相继发现档案材料被鼠咬，并向站领导反映，但未能引起重视，致使 1966—1978 年凭证 631 卷、账簿 16 册、报表 29 册全部被鼠咬成碎片。1970—1979 年共计被老鼠咬坏会计档案 861 卷（册），占总数的 56.1%。事件发生后，县档案局、商业局组织调查，责成当事者写出损毁档案的书面检查，县档案局向全县发了通报。

案例十二：擅自公布档案案

《档案法》第二十二条规定："属于国家所有的档案，由国家授权的档案馆或者有关机关公布，未经档案馆或者有关机关同意，任何组织和个人无权公布。"但是在有些地区，未经档案部门或有关部门的同意就擅自公布没有公开的馆藏档案材料的事件却时有发生。例如，安徽省党史办曾复印公布省档案馆保存的有关革命历史档案材料。六安地委党史办于 1989 年 2 月公开发行《六霍起义》《商南起义》两书，公布档案馆保存的许多鄂豫皖革命根据地的史料。在省档案局的要求下，上述单位于 1999 年 1 月 12 日写出书面检查。

以上案例告诉我们：

（1）违法行为的主体相当普遍，既有社会公众，又有国家干部，甚至还有档案工作人员本身，这说明我国现时的社会档案意识还不是很强，还没有真正为人们所理解，因此，《档案法》的学习、宣传和贯彻不应该有丝毫的松懈和片刻的停顿，相反，应该按照国家档案局的要求，"广泛、深入、持久、扎实"地进行下去。

（2）违法行为产生的原因既有民事纠纷，又有管理制度不严，甚至还有档案工作人员的玩忽职守，这说明，日常的档案工作还存在许多"死角"。为此，档案工作部门应该制定严格的档案管理制度，并把它落到实处，杜绝由于制度不严、工作麻痹和玩忽职守而造成档案损毁的行为。

（3）由于有些违反《档案法》的案件没能得到及时有效的处理，有人认为，《档案法》是个"软法"。其实，一个国家所创定的各种法律，共效力是同等的。关键就在于我们在有了一个健全的法规体系之后，建立一个对《档案法》的实施进行监督的机制，加强执法监督。因此，在今后的《档案法》贯彻的过程中，加强《档案法》的执法监督应该成为我们的一项重要任务，需要长期不懈地抓下去。违法事件的一再发生，也从侧面说明了这个问题。

（4）《档案法》实施之后，档案部门就成了一个执法监督部门。某些档案工作人员成为违法行为主体的这一事实说明，档案部门执法、守法的任务相当繁重，千万不能掉以轻心。

八、文件归档

案例十三：肖秘书的初次"归档"

某公司实习秘书肖某在整理公司文书准备归档时，把文书按照不同文种加以分类，在每类中按时间排列。还把文件后的附件一一分离出来，单独装订。在每份文件上标上页号，文件左侧统一用订书机装订。最后把这些文件按照时间顺序依次装入档案盒中，填好档案，然后移交给档案室。结果档案室管理员陆某看了后直摇头。

从上述案例看，秘书肖某在文书归档整理过程中存在着诸多不妥之处。

（1）无须对文书进行文种的区分，因为文件在排列时只考虑事由、时间和重要程度等因素。

（2）文书整理中公文附件一般不单独成件，而是和公文正文一起成一件。

（3）取消立卷以后，文件归档不需要再编页号。

（4）文件采用何种方式装订要考虑是否会破坏档案的原貌或能否长期保存，订书针对永久或长期保存的档案不太合适，因为容易锈蚀。

（5）文件排列时，首先要考虑事由因素，同一事由的应排在一起，同一事由内部按时间顺序或重要程度排列，不同事由的按时间顺序或重要程度排列。

（6）文件排列好后要加盖归档章。

（7）文件装盒前要考虑档案的分类方案，不同保管期限的档案不能装入同一盒中。

9

会议组织

一、会议室巧安排

李秘书正在制作"下周工作安排表"。下星期二上午有两个会议同时举行，一是党政联席会议，二是离退休人员迎新年座谈会。按照往常的做法，党政领导开会一般都要安排在楼上的第二会议室，那里较楼下的第一会议室布置得气派些，桌椅、沙发、茶几、空调一应俱全。李秘书不假思索地将党政联席会议的地点放在了第二会议室，而将离退休人员的迎新年座谈会放在了第一会议室，然后将安排表交给办公室胡主任审阅。胡主任看后，将党政联席会议的地点与离退休人员迎新年座谈会的地点对调了一下。李秘书看着主任红笔画钩的地方，心里想，我要学习的地方还真不少啊。

那么，李秘书为什么觉得自己需要学习的地方还不少呢？

一般说来，单位里最高层领导开会的地方与职能部门、员工开会的地方应有所区别，层次越高的会议安排越要正规，这是与会议出席者的身份相称的。从这个意义上来讲，李秘书的安排并没有什么不妥之处。而胡主任的高明之处在于他懂得运用心理手段巧妙地安排会议室。离退休人员的会议平时不常开，新年将至，他们团聚在一起，当他们走进明亮舒适、平时难得落座的会议室时，心里便会产生一股自豪感，也知道单位并不因为他们退休而冷落了他们，这样也就不会拘束，而是产生强烈的归属感。党政联席会议则较多召开，移至楼下会议室，他们一定会认为办公室同志的做法得体。

二、真实地拟写会议通知

为了迎接兄弟单位与上级有关部门的卫生检查，某单位领导决定召开一次迎接卫生检查的动员大会。局长要王秘书起草一份会议通知，请各有关部门负责人准时出席。

王秘书一边起草会议通知一边思索，某些部门的领导对环境卫生方面一向不大重视，要是他们知道召开卫生工作会议就可能不亲自出席而派其他人员参加，那该怎么办？于是，他灵机一动，拟写了一份会议通知：

会议通知

经局领导决定，兹定于×月×日×时在局办公大楼会议室召开各部门负责人会议。会议重要，请准时出席。

局办公室
×月×日

会议通知下发后不久，王秘书就接到了不少部门的电话，询问会议的内容，言语中颇有些责怪的意味。

应该说，王秘书的动机无可非议，但他的做法是不妥当的。作为一份规范的会议通知，时间、地点、会议内容、出席对象万万不可缺少。不能因为担心大家不来参加会议就将"真事"隐去，这样难免要引来一大串颇有微词的电话。较好的做法是将会议通知亲手交给出席人员，并简单说明为什么一定要对方参加，相信部门领导人也会理解的。

三、充分做好会前准备

案例一：主持词忘记送了

某地区党委全会闭幕式即将开始，领导已走上主席台准备入座。会务工作人员急忙赶过去，请示主持会议的领导同志："送审的主持词是否有改动？如属程序变动请告知，以便做好会务准备。"会议主持人却丈二和尚摸不着头脑："我没见过主持词，不知道会议由谁主持。现在就要开会了，不熟悉会议程序，我不能主持会议。"事情怎么会弄成这样的呢？原来，这位领导有两位秘书，其中一位事先接到了会务工作人员提前送来的主持词后，忘记送给领导；另一位秘书随领导到会场接待室后，因为领导与别的领导在交谈，也就没有按会务工作人员的要求及时请示，主观地认为领导没有特别交办，估计主持词不会有什么改变。结果会务工作人员传递过来的信息到这两位秘书这里就变成了无效的劳动，因而造成主席台上这一幕僵局。幸好会务组事先打印了几份送审的主持词，摆在几个主要领导同志的座位上，并做好了会务准备。因此，待领导临时商议，重新确定主持人后，会议仍按预定的程序进行，避免了一次重大的事故。

这个案例告诉我们，要避免会务工作事故的发生，会前的准备工作一定要细致、周密。在办会过程中经常出现的诸如放错歌曲、忘记摆主席台上的台签、领导人颁奖时搞错对象、会议接待弄错性别、会议议题临时变更等问题，都会给办会人员带来很大的被动。无论是组织什么会议，都要做好以下三点：一是要提前准备。会议议程、程序确定后，会务组应根据会议需要，编制注有主持人、讲话（传达、报告）人、发言人或宣读文件人员姓名的日程（议程）表送审。领导审定后，提前送达有关人员，使之明确任务，早做准备。二是要有多手准备。各类会务材料，如主持词、讲话（发言、传达）稿、在会上宣读的文件等，应在会前提前送达有关人员审阅。如送审的主持词、讲话稿有改动，则及时修改打印后再送。同时，另备一套材料，会前摆在有关人员的座位上，以应有人忘记带来之急，保证会议顺利进行。三是检查落实要细致。会务的各个环节，会前要逐一细致地检查落实。切忌粗枝大叶，凭主观臆断行事，以致由于疏忽而酿成事故。

四、组织会议应注意"时间管理"

美国时间管理学家麦肯锡在《时间管理——如何以较少的时间完成更多的工作》一书中曾向各种会议的组织者提出了 20 条建议。这些建议对秘书组织会议有值得借鉴之处。

会议之前：

（1）寻找会议的替代方式。

①由负责人作出决定，常常不必召开会议就可以解决。

②通过召开电话会议，可以替代那种常规的、共聚一室的会议。

③推迟开会，把这次会议的内容并在下一次会议里，看是否可以。

④尝试取消会议，自问"召开这次会议是必要的吗"。

⑤派一个代表去参加会议，这样可以给下属一个取得经验的机会，更可以节省自己的时间。

（2）限制你自己参加会议的次数和时间，只出席那些你必须参加的会议。

（3）尽量减少参加会议的人数，只让那些必不可少的、与会议结果利益相关的人员参加会议。

（4）选择适当时间，如果对某种类型的会议合适的话，可以尝试把会议的时间安排在午餐前、下班前或另一次会议召开之前。

（5）选择适当的会议地点，使与会人员很容易找到，并进出方便。会议室的大小要适中，会议室的设施要齐备，这一点也很重要。

（6）在召开会议之前，作为会议的组织者，对会议所要达到的目的要十分清楚。那种在会议开始之后只有经与会人员在发言中提示，才能对本次会议的目的有所了解、有所认识的人，是不合适做会议的组织者的。

（7）不管会议大小，作为会议的组织者都应事先安排好会议的议程，这样可以使参加会议的人在会议之前即可以有所准备——至少可以心中有数。

（8）计算参加会议者每分钟的薪金总额，加上大约 35% 的附加费用，据此计算出每分钟的会议费用和由每一个议题所占用的时间所消耗的费用。

（9）限定会议和每一个议程的时间，根据每一个议题的相对重要性，按比例分配会议的时间。

会议期间：

（10）准时开会。保证会议能够按时召开的诀窍就是按时开会，除此之外，没有别的办法。

（11）指定会议计时和记录的人，使每一个参加会议的人了解按照规定会议还剩下几分钟或者已经超过了几分钟。

（12）如果恰当的话，可以站着开会，这样可以提高会议讨论的效率。对于会议期间的临时来访者也不妨试用一下这个办法。

（13）按照会议的每一项议程进行下去，并用简洁明了的话讲明决定每一项议程所具有的意义。

（14）排除任何形式的对会议的干扰，仅在紧急情况时才允许中断会议。

（15）及时和明确评价会议对其预定目标实现的情况：这次会议的具体目标是什么，是分析一个问题，是研究一个新的方案，是作出一个决策，是听取某一个或某些事项的汇报，还是对某些关系或机构进行协调？通过这次会议，这个（或这些）目标达到了没有？

（16）在会议将要结束时，作为会议主持人应重申会议所得出的结论和会议所作决定指派某人的工作，以显示会议的成果并起到增强与会人的记忆和提醒作用。

（17）准时结束会议。按原定计划结束会议，使与会人可以回去处理自己的工作。要做到这样，作为会议的组织者就必须把一些重要的事情放在会议开始时先讨论，以保证那些未经讨论完的问题只是一些并不是很重要的事情。

（18）设计一个"会议评价表"，作为检查会议之用。要让参加会议的人员在离开会场之前回答这样一些问题，如会议组织者在会议之前发送的会议材料是否提前收到？会议的目的是否清楚？会议是否准时开始？如果没有，为什么？本次会议是否按预定的议程进行？讨论是否充分？有无出现离题太远的情况？会议的目的是否达到？指派任务和完成任务的期限是否规定明确？本次会议有多少时间没有得到充分的利用？为什么？"会议评价表"不署名，填好后马上收上来，以作会议主持人参考之用。

会议之后：

（19）指派专人迅速将会议记录整理出来，并尽可能在 24 小时或 48 小时之内将会议纪要发给参加会议的有关人员。如果大家在较短的时间内能收到会议纪要，那些需要参加会议而又因故没有参加会议的人员也可以得到补救。会议纪要还是个备忘录，也是检查会议的决定是否得到准确和如期落实的依据。

（20）撰写贯彻会议决定的工作进度报告。根据会议纪要检查决议的执行情况和工作进度，了解还有哪些工作没有如期完成，并把没有完成的事项列入下一次会议的议程。

五、协助领导开好会议

会议组织水平的高低，主要取决于主持者，在一定程度上也取决于安排会议的秘书。因此，秘书虽然无权直接主持会议，却可以帮助领导合理安排议题，做好准备，使领导能有计划地控制会议的进程。

提出问题仅是发现，分析问题也仅是论述，而在提出并分析问题后又进一步提出解决问题的建议或方案，这才是秘书思维的重点和关键所在。下面提供一套思路，用这套思路组织或主持会议，理性较强，但如果灵活地而不是按部就班地运用，那么会议的组织者或主持人就会觉得问题考虑得更加周全，会议的质量和效率也会大大地提高。因此，做好会议程序设计对提高会议效率与质量意义重大。

会前准备阶段：

（1）为何而开。基于现状要求还是基于发展需要；是否非开不可；要开，该用什么形式最经济。

（2）目标何在。预测、论证客观效果与经济效益。评价与会和有关人员对本次会议目标的认知性，即评价价值差异。

（3）方案如何形成。方案由谁提出；方案如何提出；产生过程可能会出现什么情况；针对可能出现的情况拟用什么相应措施；方案形成的经济效益可行性分析；方案如何提供讨论决策，即程序设计。

（4）方案提交讨论可能出现的情况。方案本身失败或成功的比例有多大；与会人员认可或否决的心理态势如何；与会人员的承受心理、基本素质、业务水平的分析、评价。

会中控制阶段：

（5）实际提交讨论的情况与预测情形之间的差异。方案与现状、目标、手段的可行性、现实性比较；原定目标有偏差怎么办；修正方向、角度和修正值需多大，能多大；各抒己见，各种意见、建议纷呈，又各有利弊或利弊对消怎么办。

（6）讨论趋势：看引导与综合的水平。可能压制某些意见，出现一言堂，一面倒；可能扭转某种僵局，气氛重新融洽；可澄清某种关系、思路，向预定目标进发；一般情况下，取决于主持者的会前准备工作和实际工作经验。

（7）陈述决策依据，交代决定事项前。主持者决策：必须有充分依据，尽量少凭借权力"我说了算"，否则，容易产生逆反心理。主持者决策方案，不能是力求平衡的"混杂物"，而须是与会人员（特别是主管或经办人员）基本认可的最优选择。

与会人员的意见或建议有期望被主持者采纳的心理意向；与会人员对某个问题的认识有可能在讨论中修正，有可能仍坚持己见，也有可能持与己无关的态度。

会末决策阶段：

（8）决定事项的执行、监督和反馈工作的布置。有可能，执行中出现的新情况，须修正或中断方案；有可能，执行者见执行方案有难度，或其他原因，擅自改变方案或迟迟不予执行。

必须明确：决定事项的执行单位；检查执行的单位（若权限不明，须用有效手段宣布）；完成（执行）决定的要求（时间、质量、数量等）；检查执行的标准、职责等；出现特殊情况的处理方案（或手段）；方案执行情况的反馈单位或人员。

（9）总结、分析相关因素，筹划下一轮会议方案。

六、不做"画蛇添足"的事情

案例二：加上"常务"二字引发的尴尬

某市人大召开了宣传调研工作座谈会，这次会议规格很高，市人大常委会主任、分管宣传调研的人大常委会的副主任、办公室主任以及部分宣传骨干、通讯员等应邀参加了座谈会。

会议的主要议程是传达全省人大宣传调研工作座谈会议精神，总结全市人大宣传调研工作的成绩，部署下一阶段的工作任务。会议的议程有序进行，会场气氛也相当融洽和谐，尤其是座谈发言争先恐后、十分踊跃，到了下午5点，许多同志还谈兴正浓，意犹未尽。最后一项议程是领导讲话，当主持人拿着秘书当天早晨临时拟写的主持词念到"下面请市人大常委会党组副书记、常务副主任孙某某同志给我们作重要指示"时，满面笑容的孙副主任顿时变得严肃起来，打断主持人的话说道："我不接受'常务副主任'这个称谓，因为根据《中华人民共和国地方各级人民代表大会和地方各级人民政府组织法》，对县级以上人大常委会的副主任从来没有'常务'和'非常务'的界定……"会场气氛顿时变得紧张起来，主持人无意中碰了个"软钉子"，脸上像喝了酒似的，从耳根红到脖子上。那个写主持词的秘书也目瞪口呆，脸红得像"关公"。

本来是一次民主求实、提神鼓劲、团结友好的会议，由于撰写会议主持词的秘书画蛇添足，在副主任前加上了"常务"二字，导致出现了尴尬的场面，不仅让做事严谨的领导不悦，让新进人大机关第一次主持会议的主持人下不了台，也让承办本次会议的主要负责人难堪。

分析产生尴尬局面的原因有二：一是秘书对会议主持词的作用认识不够。地方人大的各种会议尤其是人代会和人大常委会会议都事先由秘书拟好主持词，这并非因为从事人大工作的领导水平不高，只会照本宣科、依样画瓢，而是人大工作政治性、法律性、程序性强的特点决定了必须这样做。因为主持词是整个会议过程的"总调度"，主持词是否科学、严谨、规范，直接关系到会议的质量。合法的原则是写好人大主持词的前提，务求在言简意赅、通俗易懂的基础上不出现违法的词句。二是秘书对法律法规不熟悉，或者存在从众心理。新闻媒体上常有"常务副市长""常务副县长"的说法，口语中"常务副主任"的说法也并不鲜见，说者习惯成自然，听者也不置可否，不接受者少见，当面驳回并现身说法的更是少闻。没想到孙副主任是个较真的人。

关于县级以上地方各级人大常委会的副主任究竟有无"常务"之分，众说纷纭，各执一词，可以说是"公说公有理，婆说婆有理"。有人说："在新闻媒体、工作报告中有关'常务'的称谓应该属于公权领域的范畴，应当遵循'法无明文即禁止'的原则依法叫停。"也有人说："目前，媒体上有关'常务'的报道随处可见，存在就是合理。"但稍加留意，就不难发现，党中央、全国人大常委会、国务院所发的红头文件和国家级权威媒体十分严谨规范，从未出现过"常务副总理"和"常务副委员长"的提法。

这个案例给我们三点启示：

（1）秘书要追求"零缺陷"服务，无论是办文、办会、办事都要依法行事。要加强对法律法规的学习，会前要根据会议内容有针对性地熟悉有关法律法规，要用"小事大做、熟事生做、易事难做"的要求时刻为自己营造一种如履薄冰、如临深渊的工作环境。俗话说："不依规矩，不成方圆。"宪法和法律是依法执政、依法行政、公正司法的规矩和保障，也是做好各项工作的依据，没有宪法就没有人民代表大会制度，没有宪法就没有人大及其常委会的存在，没有宪法，"依法治国，建设社会主义法治国家"只能是一句空话，因此，要办好人大乃至其他各种会议，弘宪、护法是首要责任，秘书更要以身作则。

（2）会前的准备工作要充分，力求"做一""备二""考虑三"。文坛有句名言叫作"功夫在诗外"，意思是要写好一首诗，必须把功夫花在写作前的生活积累和构思上。戏剧界也有一句行话叫作"台上一分钟，台下十年功"，讲的是台下磨炼的重要性。办好一个会议是同样的道理，一个会期很短的会议，可能要花上十天半月甚至更长时间准备，大到会议的组织策划，小到领导报告甚至主持词中字、词、句的推敲。主持词应在会前提前撰写，定稿后送领导和主持人审阅，以便集思广益，进行必要的补充、修改和完善，这样就可以减少失误。"水到田边才开沟""泥巴萝卜吃一截揩一截""临时抱佛脚"等都是办会的大忌。

（3）要办好会议，对参会人员必须有全面准确的了解。孙子曰："知彼知己，百战不殆……不知彼，不知己，每战必殆。"参会的人大多熟悉法律法规，有很强的语言和口头表达能力，有些人发言偏好见好就收、点到为止，也有人善于短话长说，话匣子一打开便像脱缰的野马，一时半刻收不回。通盘考虑整个会务，为领导讲话预留充裕的时间也是做好会务工作的重要内容。

七、从一次不和谐的表彰大会所想到的

年底，某单位召开表彰大会，其中一个重要议程就是向所属各单位获得年度先进称号的集体和个人颁奖。这本来是一件皆大欢喜的好事，但一个细节的变化，却使与会领导不满意，会议组织者不舒服，获奖单位和个人不高兴，会议的喜庆气氛大打折扣。

事情是这样的：按照会议筹备预案，发奖前预先把奖状、荣誉证书按顺序放在主席台上，由各位领导分期分批向上台的人授奖，以做到一一对应，井然有序。但在授奖议程即将开始前，由于个别单位人员还没有赶到，某位工作人员就擅自把几家缺席单位的奖状、荣誉证书取出来了。他感觉这是个小细节，就没有及时向会议组织者汇报。在颁奖时麻烦出现了：领导手里拿的是 A 单位的奖状却在与 B 单位的人握手；司仪点到上台领奖的先进名单却迟迟不见领奖人踪影，主持人左顾右盼觉得奇怪；先上台的人还在找自己的奖状、证书，后一批获奖者已经在台下排队等候多时。于是场面大乱，台上的人好似"无头的苍蝇"——找不到方向，台下的人好似"外国人看中国戏"——搞不清所以然，全体参会者总体感觉非常不好。

由于一个细节上的问题，导致了一个低级错误，好端端的表彰会变得很不和谐，这个教训是深刻的。这件事说明，细节确实能够决定成败。进一步分析我们还可以发现，决定成败的是那些关键性细节。在工作中不能忽视任何一个细节，更要注意那些对全局具有影响的关键性细节。比如在颁奖会上，证书摆放端正与否也是一个细节，但这个细节不会影响到整个会议的效果。而奖品和证书的摆放顺序却是一个关键性的细节，稍有差池，就会导致整个会议的混乱。有一本关于细节的书说得很好："细节决定成败，但并不是所有的细节都会决定我们的成败。只有那些关键性的细节才具有决定性的作用，任何一件事情的发生，都有一个细节起着关键性的作用；而任何一个问题的解决，都有一

个决定性的细节举足轻重。"从事秘书工作，必须认真地、仔细地对待每一个细节，特别是那些关键性细节，来不得半点马虎。如果忽视细节，尤其是那些关键性的细节，就会把事情办砸，也会使自己吃尽苦头。

八、秘书工作时时、处处要讲政治

案例三：错排座次引出的故事

这是一个真实的故事，主人公是刚刚从基层调任 A 县人大常委会办公室副主任的老王。一天，A 县人大常委会召开会议，主要议程是听取刘县长关于全县经济发展战略的汇报。刘县长原在市直机关工作，刚刚被市委任命为 A 县县委副书记，并通过县人代会的选举成为 A 县的县长，这是他就任后第一次在县人大常委会上亮相。人大的领导对这个会很重视，交代分管会务工作的老王认真准备，不得出错。

初来乍到，为办好这次会议，老王很慎重，从会议通知到会场服务都精心安排，细致操作，费了很多工夫，很多事情都是亲自动手。会议终于开始了，老王自我感觉良好，似乎已经胸有成竹、万无一失了，稍稍松了一口气。但会议刚开了几分钟，他猛然发现，本来被他安排在主席台中间、县人大常委会钟主任身边就座的刘县长，竟然坐在了主席台一侧的列席台上！这让他惊出一身冷汗——难道是自己摆错了座签？老王冥思苦想。明明记得是在中间，怎么突然跑到边上去了？

刘县长的座次如何摆放，他是经过一番考虑的：刘县长是县委排名第一的副书记，钟主任是县人大常委会主任，人大常委会开会，钟主任坐在中间理所当然，而做报告的刘县长就应该坐在钟主任的右边——主席台的第二个位置。老王迅速地回忆了当时摆座签的情景，确认自己确实没有摆错。但现在刘县长却坐到了边上，他怀疑自己的记忆出了问题。

在圆满地完成各项议程后，会散了。看到刘县长从会场走出来，老王赶紧凑上前去，惴惴不安地说："刘县长，我向您做个检讨。"刘县长面带疑惑地说："做什么检讨？"老王嗫嚅着："都怪我粗心，把您的座签摆错了位置……"

刘县长似乎恍然大悟，他收敛了笑容，严肃地说："你原来摆的座签，位置确实是放错了，但我后来坐的位置没有错。我今天的身份是县长，是来向县常委会汇报工作，怎么能够和人大常委会主任一起坐在主席台的中间呢？座签是我自己拿到主席台边上去的。"

刘县长的政治意识和法治意识都很强，在不声不响之中纠正了老王所犯的排座次的错误，值得称道。但是，类似于老王所犯的错误却并不鲜见，尤其是在基层，这种问题还是比较多的。出现这种问题，关键在于有关人员缺乏必须具备的法律知识。

关于人大和政府的关系，宪法作了明确规定。人大是我国的权力机关，政府作为行政机关，是由权力机关产生并对其负责、受其监督的。在人大召开会议时，政府领导的排位自然应该在人大领导之后。也就是说，不但副县长应当排在人大常委会副主任之后，县长也要排在人大常委会副主任之后。即便在政府领导的党内排名比人大领导更靠前时也是如此——因为这是人大的会议，而不是党的会议。这与坚持党的领导并不矛盾，反而是更好地体现了我们党科学执政、民主执政、依法执政的理念和作风。

摆座签是会务工作的一个重要环节，看似简单，实则处处体现着政治。缺乏政治意识，就做不好这项工作，就有可能产生不良影响，甚至闹出政治笑话，影响整个会议的效果。在人大有关会务工作中，这种政治意识在很多时候表现为对人大与党委、政府关系的正确理解。

座签虽小，政治事大，秘书工作时时、处处都要讲政治。只有把讲政治的要求贯穿到办文、办会、办事的各个环节中去，才能真正做好秘书工作。

九、文秘工作者要不断加强学习

案例四：一次失误两天两夜来补救

2003年初，小张被选调到某城区人大常委会办公室任副主任，分管文秘、宣传、调研等工作。适逢人代会召开前夕，小张一报到便投入到紧张的会议筹备工作之中，并被任命为资料组组长。资料组的三个同志都是新手，他们不敢有丝毫的懈怠。先认真清点资料，查有无缺页、缺数、漏印现象，然后便紧锣密鼓地将资料装袋。他们花了整整一天的时间，才将数万份近百种会议资料分装在500多个文件袋中，提前完成了任务。

第二天，他们又进行了复查，自我感觉良好后，便请负责会务的办公室主任检查验收。主任仔细检查了他们的工作成果后问："材料都进袋了？"他们爽快地回答："保证万无一失！"主任半开玩笑半认真地说："是'一失万无'吧？会议还没开始，该选举的没选举，该审议的没审议，该表决的没表决，你就将各种资料连同报告文本装进文件袋发给代表，这不仅有悖于人代会的基本程序，也是对代表民主权利的漠视。到时，代表不起哄才怪呢。这不是'一失万无'又是什么？"

原来，人大办会的程序要求十分严格，如大会主席团和秘书长名单必须在预备会上选举，会议议程安排也必须在预备会上通过后才能下发。有些资料如会议日程（草案）、代表议案提出和处理办法（草案）、执行主席分组名单（草案）只发主席团第一次会议人员，待通过后，才可向代表发放正稿。有些资料，如人大常委会、政府、计划、财政、法院、检察院六大报告的决议（草案），还不能由文秘人员在会前"闭门造车"用公式化的语言定调印好，而应由代表先听取报告，再分团审议，根据审议意见写决议（草案），然后由大会主席团讨论，并提交各代表团审议后，再提请大会表决，这是人民代表大会议事最基本的程序。尚未审议就形成决议（草案）并连同报告文本在代表报到时就派发给他们，这无疑有悖于基本程序，也是对人大代表的不尊重。

认识到这个问题之后，他们把数万份资料从文件袋中掏出来分门别类清理好，然后拿出详细的材料分发清单，"按图索骥"，该装袋的资料装袋，不该装袋的则根据会议日程的安排和工作进展以及各代表团的实际人数分开打包并明确标示，就这样整整干了两天两夜。

由于不懂程序，一天的工作花了两天两夜的时间来补救，其教训可以说是刻骨铭心。从此案例中我们也能得到一些有益的启示。

（1）坚持和完善人民代表大会制度，要做的事很多，作为人大机关的文秘也责无旁贷，必须从大处着眼，小处着手，认认真真地办好每一份文、办好每一次会。人民代表大会顾名思义主要是通过会议（人代会、常委会会议）传递民声、代表民意、体现民权，因此，按规范化、制度化、程序化要求办好人大的各种会议，也是坚持和完善人民代表大会制度，支持和保证人民当家做主的题中应有之义。

（2）要严格按照程序办会，细节决定会议的成败。有些会议的政治性、法律性、程序性很强，这些特点就体现在办会的具体细节之中。细节虽小，关系甚大。有些环节不是可有可无的，也不是可以随意变换顺序的，超前则会违反程序而"欲速则不达"，滞后则会"放马后炮"而影响会议的效果，要严格按规矩、按程序办会，千万不能想当然、怕麻烦、走捷径、图省事。

（3）文秘工作者只有加强学习，才能适应新形势，解决新问题，创造新业绩。隔行如隔山，不同行业的秘书岗位有着不同的要求，若不学习，对工作和专业知识一知半解，就会"以其昏昏，使人昭昭"，小则影响办事效率，大则闹出政治笑话。

十、英特尔的开会文化

案例五：英特尔怎样开会

2004 年夏天，英特尔（Intel）公司的首席执行官（CEO）贝瑞特夫妇到我的办公室进行访问，对我们的全国办公网的系统设计十分赞赏。谈话间，我向他们指了指墙上的中英文《会议规则》，他们一见便高兴得跳了起来，要在《会议规则》牌子下合影。原来这个《会议规则》也是 Intel 的"产品"。

1996 年秋天，我率团访问了 Intel。在他们的会议室墙上，看到了这张《会议规则》，内容是对召集会议的人和参加会议的人的提醒，其标题是"问问你自己"。对被召集者提出的问题有："你知道本次会议的目的吗？""你是否拿到了会议议程？""你参加会议的任务是什么？做准备了吗？""你知道要把会议结果向谁传达和怎样传达吗？"还要求参加会议的人，会后要自己问自己：这是不是一次有成效的会议。对召集者提出的问题则有："会议需要做什么决定？""决定前要找谁商量？""谁会赞成或否定这一决定？""会后谁需要知道这项决定？"召集者只有思考或回答了这些问题才能使会议成功，也要自己问自己：这次会议是否富有成效？

我对接待我的科荷和波曼两位副总裁说，我要给这张《会议规则》拍张照片，他俩立即把这块《会议规则》的牌子由墙上取下来，并在背面签上了字，说这是送给我的礼物。牌子很大，放不进行李箱，我们便抱了回来。我们的计算机上都写着"intel inside"，Intel 是世界上最成功的计算机芯片公司。他们保持着世界领先地位有诸多原因，而其先进的开会文化就是其中之一。
（摘自赵启正《在同一世界》，辽宁教育出版社 2007 年版）

这个案例对秘书做好会务工作有如下启示：

（1）秘书作为会务工作的承担者，应借鉴英特尔公司先进的开会文化，通过优化会务工作来提高会议的效率。

（2）"你知道本次会议的目的吗？""你参加会议的任务是什么？""会议需要做什么决定？"启示我们重视会议的内容控制，做到目的不明确的会不开。

（3）会前的准备，与会人员范围的确定，会议议程的编排与实施等，都要注重会议的成效。

（4）"你知道要把会议结果向谁传达和怎样传达吗？"说明传达会议结果的重要性，秘书在会务工作中还要做好传达会议结果的材料工作，以保证会议决议传达到位。

十一、牢记会议服务的"三字经"

会务工作是一项非常重要的政务工作，是各级党政办公室优质服务的重要内容之一。如何做好会议服务工作，关键是要狠抓"三个字"：

（1）准备工作要狠抓一个"细"字。要使会务工作不出差错、少出差错，筹办会议时必须考虑周密，工作做细。一是会议筹办方案要细。要开好一个会议，往往有多个环节、多个方面的工作，从会议通知的起草、签发到会议议程的安排，从会场的布置到会议的宣传报道、安全保卫以及生活安排等，每一个环节都不能有差错。为了保证每一次会议都不出现疏忽，可以印制一个会议流程表，将会议的全部内容分列其中，每筹办一次会议，就填写一次表格，将工作要求和责任人填写在表中，这保证了会务工作井然有序，不出纰漏。二是会议材料准备要细。认真撰写好会议主持词及领导讲话稿，并按程序送相关领导审阅好、修改好。会议文件要认真起草、审核、审签，保证公文质量。会议材料的校对、核稿、印刷、装订、分袋更应细心，谨防忙中出错。三是会前检查要细。应该着重抓会场检查和文件检查。前者是对主席台设置、会标悬挂、座位牌摆放、水电供应、音响照明、空调设施、场地卫生和安全保卫、与会人员食宿安排等工作的检查。文件检查主要是检查各种文件材料是否准备齐全、有无遗漏等。

（2）组织工作要突出一个"严"字。搞好会议组织服务工作是保证会议顺利进行的重要条件，必须从严要求，狠抓落实。一是对会议服务人员要求严格。要明确责任，分工合作。大型会议还要设立若干个小组，由组长负责抓好工作落实。每一个为会议服务的工作人员都要以严谨的工作态度认真做好本职工作，并要接受会议组织者的检查。二是组织工作要严密。任何会议必须对其全过程进行安排，其中包括会议人员的组织、考核、会场纪律的维护，会议用车的调度等。这些环节都必须保证丝丝入扣，相互衔接。三是为会议服务的相关工作人员要严阵以待。有少数为会议服务的工作人员，总认为自己的工作经过了检查，未出差错，开会时便有些大意，有的甚至离开会场，一旦出现无法预见的突发事情，还得临时叫人解决，这将会严重影响会议的顺利进行。

（3）会议服务要强调一个"快"字。会议开始后，会议服务就显得尤为重要。工作人员在服务时，既要讲求动作快，但又不能大手大脚，出现失误。比如为在会上讲话的有关领导递送话筒，工作人员事先便要心中有数，一旦主持人宣布某某领导讲话，工作人员要在极短的时间内将话筒送到讲话领导前的合适位置上。在服务中动作要快，但又要快而不乱。比如在会中添加茶水，工作人员既不能动作缓慢，站在会场中影响会议效果，又不能为了讲求快速而使茶杯掉落或倒水过多而溢出。总的要求是又快又好。对于一些会间出现的突发事件，工作人员必须快速反应，及时处置。比如电路突出故障，就要及时修通或采取应急措施。如有个别上访人员冲击会场，就要马上将其带离，并协调相关部门处理。

十二、会务工作易疏忽处及对策

会议组织和管理是秘书的一项重要工作内容。在工作实践中感到会务工作容易出错的地方主要有以下几方面：

（1）名单出差错。参加会议的与会人员，往往对会议名单的关注度比较高，名单稍有差错，就会造成不良影响。会议名单应包括与会人员的姓名、性别、民族、单位、职务、房间号等。编制名单的时间往往比较紧，中间又会出现一些变动，如原来定的是正职领导参加，后改由副职领导参加；原来是男代表，后改为女代表等，因而容易出差错。另外，有时主办方由于人手紧张，临时借用他人编制的会议资料，因这些人员对与会人员的情况不熟悉，就更容易出错。因此材料收集完一定要加强审核。如果是通过电话报名的，一定要问清楚姓名怎么写。单从姓名来看，有的容易区分性别，有的难以区分，不能想当然。对手写体的报名表，不清楚的地方要打电话核实。安排房间最好有平面图辅助，这样调整时就不容易出差错。

（2）代表入场缺乏工作人员引导。现在的许多会议不光在主席台上放席卡，在与会人员和工作人员的座位上也都放席卡。这样做的好处确实不少，如哪些与会人员没有出席，哪些与会人员迟到或早退都能一目了然。但是，不少会议有专人引导主席台上的领导入座，却没人引导台下的与会人员入场，使得与会人员转来转去找不到座位，有些与会人员到会议开始时还未找到自己的座位，影响了会议秩序。会务工作不光要把领导服务好，也要为广大与会人员提供周到的服务。因此，与会人员入场时也要安排专门人员引导，这些专门人员事先应当熟悉座位的安排，席卡的摆放也要有一定的规律。

（3）会前报到易疏忽。需安排住宿的会议，一般提前一天报到，但也有的与会人员因故未能在规定时间内报到，而是在会议开始前赶到。因此，会议开始前的报到工作也很重要，不能忽视。

（4）颁奖仪式指挥不及时。颁奖仪式是会务工作中一项难度较大的内容，安排既要紧凑，又要隆重热烈。而且颁奖仪式是最容易出错的环节，其出错多数是因现场指挥不及时造成。颁奖领导准备就绪，领奖人员已在指定位置，礼仪小姐也已到位，但音乐响起时却没有人指挥领奖人员上台，使得领奖人员不知所措。所以颁奖仪式上一定要安排工作人员指引，如果要照相，对如何拿奖状或证书也要进行指点，做到基本一致。针对上述问题，必须做到以下几点：

①增强服务意识。对秘书来说，与会人员是"上帝"。与会人员满意不满意，虽然不是会议成败的唯一标准，但也是重要标准。这就要求秘书增强服务意识，想与会人员之所想，急与会人员之所急，千方百计为与会人员解决困难，努力为与会人员创造一个良好、温馨的环境。

②明确会务分工。明确会务分工是落实会务工作的关键。一些大型会议的会务分工，应制成表格，便于查阅和督促，也便于与会人员遇到问题能及时找到相应的工作人员。

③发扬严谨作风。要开好会议，就要对会议的议程进行研究，尤其是细节问题。对会议过程中可能出现的问题要有预估，并有应急措施或变通办法。对会议材料一定要认真审核、把关。如果材料内容较多，要指定专人进行统揽，防止内容脱节或互相矛盾。

十三、会务工作"四字诀"

会务工作是指领导机关为保障会议顺利召开所要完成的各项会议准备与实施工作。各级组织、各级领导和每一个参与会务工作的同志，都必须将筹划组织召开好重大会议，努力做好会务工作，作为一项必备的基本技能和工作实践看待。

（一）周密筹划决策——突出一个"谋"字

"凡事预则立，不预则废。"组织召开会议尤其是重大会议更是如此。因为，任何重大会议的顺利召开，都是建立在充分酝酿磋商、科学筹划决策、充分细致准备、严密组织实施和灵活快速应变的基础之上，否则就不可能取得好的效果。而这首先取决于领导机关对会议的重视程度，以及谋划水平的高低。谋划召开重大会议，应本着"宜早不宜迟"的原则，通常应在上一年度工作总结或年初开始，并列入年度重大工作或重要活动。负责承办会议的牵头部门应积极主动和创新性地开展工作。召开跨单位、跨地区甚至是国际性的会议，应在政策允许范围内，首先做好"反复磋商"工作，这一点非常重要。磋商的内容主要包括会议主题、具体研讨问题、会议时间及地点等。在此基础上，担负牵头任务的承办部门，根据领导意图和指示，及时起草"会议方案"，方案通常应当明确：会议主题、会议指导思想与目的、会议组织机构与职责、主要研讨内容、研讨方法与步骤、应参加会议人员与规模、成果表现形式及有关保障等事项。经过与联办单位对口部门酝酿、磋商并确定后，应及时将方案计划呈报部门领导和上级主管审批，以便快速、全面地展开各项会议准备工作。

（二）充分做好准备——突出一个"细"字

周密细致的准备，是做好会务工作的重要前提和保证。一旦领导决策已定，会议主题及方案确定，承办部门就应迅速贯彻落实。准备工作的第一步，就是要起草并寄发预先通知或征文函，主要明确组织单位、指导思想与目的、主要研讨内容、会议时间及组织形式、与会人员。必要时，应研究确定并写明需要研讨的具体问题或征文参考选题、征文范围及时限、论文排版和打印格式、论文传递的途径和要求，成果处理形式、主题说明等，以便参加会议的单位和人员尽快进入情况，抓紧准备会议交流或大会发言材料。具体承办业务机关人员，应根据领导指示，采取多种有效方式，在规定的时限内完成向有关单位和人员寄送会议邀请函或征文函的工作，并及时掌握与会人员的联系方式。对领导和高级专家会议代表，承办人应主动与其秘书或其联络人取得联系，及时掌握他们的研究进度及准备发言材料过程中遇到的问题。因为"材料"是会议的"魂"，参与会议的领导和专家的思想观点及其发言质量，直接影响到会议质量和效果。随着会议筹备工作的逐步深入和会议各项工作的日趋明朗，领导机关还应及时将自己的想法告诉部属，担任会务工作的机关人员要积极主动出谋划策，与领导同步"思考"，对每一个细小问题想细、想全、想深，特别要及时与联办单位、被邀请的领导专家保持密切联系，征求他们对会议有关工作的具体意见。其次，应认真细致地做好《秩序册》的制定、校对和印刷工作。《秩序册》的主要内容包括会议日程、会议代表名单、作息时间、注意事项、服务指南等，它是帮助与会人员迅速了解会议承办单位、熟悉会议日程和相互沟通联络的桥梁，也是组织召开会议的基本依据和行为准则，《秩序册》应本着"经济""简便""实用"的原则，少则一二页纸，多则十几页纸不等，由承办单位在与会人员正式报到前印刷完毕，并在与会人员报到时及时发放，以便他们尽快进入"角色"。再次，要及时召开会务工作协调会。这是会议之前落实分工、明确责任和快速展开的动员部署会，通常在会议材料基本就绪、参加大会交流及与会的人员、保障事项等基本确定，于会议正式召开前一个星期甚至2~3天内进行，通常由承办部门牵头，相关业务部门领导机关和保障人员参加，主要介绍会议准备工作情况、会议日程、保障事项，特别要明确材料组、会务组、保障组的具体任务，以便切实做好材料分发、会场组织和会议保障工作。车辆保障、吃住保障、音响保障、席位卡放置、材料发放、横幅标语制作、宣传报道、照相合影等，必须落实到人、责任到人、承包到人。要切实做好会议保密工作，加强对会场的空间控制，关闭手机，不使用无线话筒，防止失、泄密；需要做宣传报道时，必须依据国家保密法规、上级有关要求和会议材料秘密等级，明确宣传口径和范围。另外，会务人员要在代表报到时，迅速安排好食宿，发放《秩序册》和会议材料，预订返程票，及时组织领导专家发言，多媒体课件拷贝及试讲等。

（三）科学组织实施——突出一个"活"字

周密筹划和充分做好会议各项准备工作，实质上等于完成了会议的一半，但这不等于万事大吉。俗话说："计划不如变化快。"一旦会议事项确定，就要坚定不移地按计划进行，但也要根据实际情况的变化做必要的临时调整，以确保会议顺利实施。一是当实际情况与预想的情况基本一致时，必须按照既定的计划严密组织实施，没有非常特殊的情况不应随意更改会议日程和主要事项，避免"打乱仗"。正式举行的会议，通常应按"开幕式—主题报告—分组讨论—大会交流—闭幕式"的基本程序进行，必要时也可安排具有一定价值的参观见习和合影留念。二是当实际情况与原先制订的计划发生冲突时，应临机应变，迅速进行局部工作调整部署，及时向与会人员下达通知，明确会议调整有关事项。如在组织召开会议时，常常会遇到以下类似情况：上级首长机关突然到本单位检查工作，本单位主要领导需要陪同；天气不好，突然下大雨，室外活动尤其是照相合影不能如期举行，等等。为此，领导机关和会务工作人员必须因情施变，快速反应，确保会议顺利实施，努力取得良好的效果。

（四）注重勤俭朴实——突出一个"简"字

组织召开会议不是为了"撑面子"，而是实实在在地深入研究问题。因此，会议应本着"简洁""高效"的原则，力求时间短、人员精、场地够用、物品实用、会议效果好。一是聘请好特邀代表。特邀代表应当是与会议联系紧密且对会议内容有独到见解的领导和专家，因此，承办方不能"好大喜功""讲排场""摆阔气"，流于形式主义而无谓地耗费资金。二是会议材料要精，质量要高。对确定大会发言的材料，要规定提交论文的字数范围，通常以不超过5 000字为宜。三是大会发言时间要控制好。通常每位发言人员时间不要超过20分钟，重点讲观点、讲思想，不要涉及太多的过程。四是尽量缩短会期。会议安排要紧凑，时间能短则短，通常应在两天之内开完。五是会议开支要精打细算。高级领导专家主题报告酬金，应按标准发放，不能为了"领导满意"而违背原则。六是取消不必要的项目。如参观游览、赠送纪念品等。总之，开会是为了解决问题，不能流于形式。要努力把会议办成求实创新的大会，勤俭朴实的大会，真正达到交流思想、共谋良策、加强协作、互信互任、增进友谊、共谋共赢之目的。

10

信访工作

一、给信访者"号脉"

信访活动中，在每一个信访者不尽相同的需要层次里，最强烈、最稳定的需要产生相应的动机，这种动机可以称作主导性动机，是其信访行为的主要动力；其余与此相关的相对微弱、不太稳定的需要产生的动机，则可称为辅助性动机。例如，一个含冤数十载的信访者，他的主要动机是要求党和政府的信访部门为其平反昭雪，上访的同时，他希望接待他的信访工作者是一位专业水平高、热情而又富有同情心、讲究办事效率的老同志。这种在主导性动机之外的其他动机，就是辅助性动机。对这一点，作为信访工作者不可不作认真分析。此外，由于每一个信访者在社会地位、生活经历、文化素养、思想认识等方面的差异，必然导致其在信访活动中出现各式各样的心理特征，我们要学会给他们"号脉"，对症下药。

（一）紧张怯懦心理

持此心理的信访者，多是初次上访的普通基层群众，如工人、农民等。上访者出于心目中对政府的敬畏和传统的心理习惯而怕见"官"，但事关己身，又不得不见。未见时盼见，真见时怕见，内心矛盾，多出于自我安全的需要。其行为表现为拘谨局促、心慌意乱、手足无措，以抱手于胸或其他无意识的单一动作来掩饰自己的胆怯和紧张；语言表达上表现为逻辑混乱、语无伦次、词不达意。如果是检举、揭发、控告之类，则由于害怕承担责任和遭受打击报复，往往瞻前顾后、顾虑重重，多采用来信的方式，而且多用匿名或化名，并且在对当事人的处理上常提出过分的要求。

（二）疑虑、试探心理

产生此种心理的原因不仅出于自我安全的需要，同时也含有希望被人理解、同情和尊重的需要。这类信访者在个性心理特征上具有内向性。一方面，他们很注意察言观色，先看信访工作接待人员接待是否热情，对他们反映的问题是否重视，注意力是否集中，办事是否认真，因此故意进行语言试探，表现出不信任感。另一方面，信访者对自己要反映的问题是否能得到解决没有多大把握，试图通过试探性信访，摸摸"行情"，然后决定对策。当他们的有关问题未能得到明确答复，或虽然得到明确答复，但大大出乎本人意料之外时，也会产生怀疑，因此产生只相信上层领导，不信任低级别负责人和一般工作人员，只相信亲眼看到的"红头"文件，不相信宣传解释的心理倾斜，常持有怀疑的心态重复上访或越级上访。此种心理类型的信访者，多为与切身利益有关的经济方面的问题而来。

（三）幻想、投机心理

这类信访者的个人需要动机过强，他们明知其问题不好解决，为了创造解决问题的条件，总是竭力扩大其心理要求上的优势。一方面，他们沉湎于自我虚构的幻想之中，想入非非，在不可能实现的幻想中寻求满足，结果是其需求动机发生恶性膨胀。另一方面，他们往往挖空心思找出种种所谓的理由，采取软磨硬泡的方式，没完没了地纠缠不休，错误地认为"大闹大解决""小闹小解决""不闹不解决"，并通过对不明真相的上级领导或其他关系人进行游说，企图迫使各有关部门或领导让步，违心表态。这类信访者心理倾斜的产生，除对有关政策不甚了解外，在思想认识上受到社会上的错误价值观念和不良倾向的影响较深，且自我感觉良好，他们所要求解决的问题往往是按政策不能解决或不能完全解决的。接待此类上访者需十分谨慎，如果处理不当，对社会的负面影响很大。

（四）掩饰、欺骗心理

信访者在非分的心理需求得不到满足的前提下，在主观上就会产生不符合客观事实的认识，通过对他人或事物的批判行为来获得些微小的自我满足感。换而言之，即内心强烈盼望非真实的某事成为事实，因而形成一种错觉。弗洛伊德将这种心理现象称为"愿望性思考"。同时，持此种心理的信访者往往尽量避开那些不愉快的人或事再度出现，便蓄意歪曲或否认那些事实，使自己在信访活动中处于有利的位置。当此类信访者一再煞有介事地故意撒谎时，久而久之，其心理上也会深信自己所说的绝非谎言，陷入了自欺欺人的怪圈。对此类信访者，唯一的办法就是从调查研究入手，弄清事实的真相。

（五）偏激、激愤心理

持此种心理的信访者一般心灵都曾经受到过不同程度的伤害，遭受过不公正的待遇。其主导性心理需求是尊重和爱的需要，只不过将此推向极端，有些变态罢了。他们所反映的问题和提出的要求，往往是长期未能解决的但又有一定的合理性，或处于政策的"空档"或"边缘"之间，问题确实存在，但已有政策中没有与之相关的具体规定或无松动余地，难以变通。于是信访者牢骚满腹，因微小的刺激而大发脾气，情绪极不稳定，容易导致不良后果。此类信访者虽为数不多，但处理不当会造成不良后果，故应做好解释安抚工作，平息其心头的积怨，将其心理需求疏导到尊重和理解的需要上。

（六）社会赞许心理

此类信访者的出发点与社会的规范、社会的要求联系紧密。在信访内容上多以建议、意见为主，所提问题与个人切身利益无关，而是社会上普遍受人关注的热点问题。在信访过程中，这类信访者往往表现出强烈的意志行为。一般来说，他们不像有的信访者那样羞羞答答、遮遮掩掩，而是公开亮出自己的观点，理直气壮，遇到挫折后仍然一如既往。因为他们确信他们的行为是符合公众利益的。作为信访工作者，应当旗帜鲜明地支持他们的信访活动，解决他们所反映的问题。

信访者的个体情况是千差万别的，他们的需要不同，也就决定了动机和心理特征的不同。以上六种心理类型，并不能概括所有的信访者，只是一些比较普遍的类型罢了。即使是同一信访者，在一定的条件下，他的主导性动机也存在着一定程度的可变性。比如，一个要求学以致用、专业对口的信访者，调换对口的工作岗位是他的主导性动机。但在上访时，接待他的工作人员态度冷漠，甚至语含讥讽，信访者认为自己的人格受到侮辱，要向工作人员的上级负责人申诉的就不是专业不对口的问题，而是接待人员的工作态度问题了。这时，以前的辅助性动机，就变成主导性动机了。动机发生转化，心理特征也往往会转化。信访工作者对此应该有所认识，而不能呆板地看待这一问题。

信访工作是一项政策性很强的带有综合性质的工作，涉及面广，各种情况极其复杂，一个问题处理不当，往往容易诱发新的上访苗头，进而发展成为普遍性问题，影响安定团结。因此，在信访工作中，既要做到熟悉信访者的心理类型特点，对症下药，又不能为信访者的各种心理现象所左右，无原则地以感情代替政策。

案例一：供销社门市点该包给谁

梅锦县供销社办公室王秘书接待了一位姓张的来访者。张某反映，他与某乡供销社签订了承包某供销社门市点的合同，期限五年。前三年，因该门市点地处穷乡僻壤，群众购买力低，几乎是保本经营。后来许多农户也经营起农村日用品来，他承包的门市点生意更是难做，虽然苦心经营也没能改变窘迫局面。于是他改变经营范围，向农民供应优良种子和各种树苗，并教会农民们一些栽培技术，帮助农民发展生产。该乡农民逐渐富裕起来了，乡里也通了公路，张某的供销社门市点生意日益兴隆。此时，与县供销社副经理关系密切的该乡农民周某，对门市点的经营十分眼红，通过"关系"中止了张某的承包合同。张某上访，请求县供销社领导主持公道。王秘书记录了张某反映的情况后，感到此事很棘手，他有以下方式可供选择：

（1）将此事压下来，不向领导汇报。若以后有人问起，就推说忘记了。

（2）将此事只告知与周某关系密切的副经理，让其定夺。

（3）在报告办公室主任和供销社经理前，给副经理"透风"。

（4）直接向办公室主任和供销社经理汇报，并提出处理意见。

第一种方式是错误的。秘书知情不报，封锁消息，违背了秘书工作"上传下达，下传上达"的职责和信访工作制度，是绝对不能允许的。

第二种方式也是错误的。秘书出于私心或私情，明知副经理与本案有关，按规定应回避，却丧失原则，明知故犯，违反《信访条例》有关规定，应受到处罚。

第三种方式也是错误的。秘书四处讨好，处事圆滑，违背原则，最终结果是害人又害己。

第四种方式才是唯一正确的选择。秘书应坚持领导人亲自处理来信来访的制度，将信访中的重要问题向主要领导人汇报，并根据有关规定提出处理建议，供领导人选择，这才是秘书应坚持的正确原则。

秘书应采取第四种做法，一定要按信访工作原则办事。由于该问题属于信访中的重要事项，应由领导人亲自处理，秘书必须将该事项向领导人汇报。秘书知情不报，或者回避问题等，都是不合理的。在向领导汇报的同时，应根据有关规定提出相应的处理建议，供领导人参考，起到辅助决策的作用。

案例二：齐鲁制药有限公司董家基地信访事件

董家基地信访属历史遗留问题，该项目几年来信访一直不断，究其原因主要是该项目在建设初期与重点中学历城二中距离较近，随着近几年企业和学校规模的不断扩大，齐鲁制药有限公司与历城二中已连在一起，企业生产中产生的噪声、废气等影响到重点保护目标历城二中也就难以避免了。

根据市环保局要求，济南市环境监测中心站从以下几个方面开展了一系列的工作：一是组织相关技术人员对董家基地历史监测数据进行分析汇总；二是在深入调查及充分论证的基础上，专门组织监测人员对齐鲁制药厂东厂周边地下水、排放废水和大气环境现状进行了专项监测；三是根据监测站专家组的商讨结果对齐鲁制药有限公司董家基地内现有项目进行了一次全面的调查。通过上述有关工作的开展，形成了相关文件，基本上满足了信访的需要，客观公正地回答了群众在信访中提出的问题，也对企业的一系列技术改革投入进行了肯定。但是综观整个事件，企业生产过程中必然带来废气、噪声、废水等污染物的排放，即使在厂界达标的情况下，也会对周围敏感目标产生一定影响。

本案例给我们的启示：

一是对于历史遗留问题，首先要看整个片区规划是否合理。历史数据和现场监测数据说明，企业已投入大量资金进行了环保整治，污染物排放浓度均符合相关国家排放标准，但对于处于达标点上的重点保护目标来说是否合适还需进一步论证，这充分说明了片区规划要有前瞻性，同时也再次表明先有规划，再有建设，规划先行的重要性。

二是在各级环境保护管理机构的协调下，努力创造公开、公正、透明的良好氛围，加强企业与周边相关单位及群众的沟通交流，让相关投诉人员及时了解环保部门、企业为持续改进相关污染设施、维护良好的环境所采取的措施及下一步努力的方向，最大限度取得周边群众的理解，努力营造和谐共赢的局面。

三是信访处理人员必须提高自身业务水平，做好企业与信访人员之间的桥梁和纽带，既不包庇企业，又要把企业的实际情况和投入监测等情况向信访人员解释清楚。

案例三：247 省道"11·29"交通事故引发群体上访案

2011 年 11 月 28 日，湖北省天门市皂市镇人何某持 B2 照驾驶逾期未审验（无保险）的鄂 R－15928 号"王牌"小型货车装载精石灰（核载 1.5 吨，实装 12 吨），由天门出发至潜江。29 日凌晨经 247 省道潜江段，在总口管理区移民村将货车横置于道路上掉头时，遇胡某驾驶的鄂 N－62046 号桑塔纳小车行驶到此，胡某车上另载李某、杨某、马某、颜某。鄂 N－62046 号桑塔纳避让不及，撞在鄂 R－15928 号货车右侧前后轮中间，致胡某、李某、杨某、马某死亡，颜某重伤，两车受损。伤亡人员均为潜江市老新镇人。

事件发生后，潜江市委市政府高度重视，一方面以市政府应急办名义向省政府应急办进行了书面汇报。另一方面，市领导先后作出指示，要求医院全力抢救伤员；公安交警部门依法办案，迅速查明事故原因；全力做好伤亡人员家属的维稳工作。

11 月 30 日下午，因事故大队尚未出具事故鉴定结果，死者家属 100 余人，聚集在市公安局交警支队事故处理大队，且部分家属情绪比较激动，并商议次日聚众赴市政府上访。老新镇工作组一方面积极做好安抚工作，另一方面引导其通过正常渠道和合法程序解决。部分家属被劝回，但仍有部分家属滞留在市区，而且情绪比较激动。

12月1日上午，死者家属50余人赴市政府上访并围堵市政府大门。时任常务副市长时恒茂召集专班人员开会，研究布置相关工作。经市公安局、信访办、老新镇政府同志的共同努力，当天下午死者家属全部返回。

12月2日、3日，老新镇维稳工作组分头入户，做死者家属的工作，积极引导家属通过正常途径解决问题，并告知家属市政府正督办相关部门解决此事。

12月4日，四家死者家属形成同盟（以杨姓、马姓为主），准备组织人员次日游行上访。得知情况后，老新镇工作组连夜开会，将工作分成四个小组，由镇党委班子成员带队，所有工作人员全部上阵，并协同派出所民警、相关村干部于5日凌晨4时30分，在四个主要路口设置临时检查站，一旦发生紧急情况及时应对，力争将事态控制在当地。同时，安排所涉及的三个村支部书记24小时不间断了解家属动态，并第一时间向维稳工作组汇报。

12月5日上午，经老新镇工作劝阻无效后，上午9时死者家属约100人围堵市政府，并在大门前拉横幅，阻止公务车辆正常通行。市公安局维稳专班按程序进行了取证、喊话，同时信访办、老新镇等单位也全力做好劝解工作。10时许，部分情绪激动家属闯入市政府大院内，在院内焚烧纸钱，同时冲向办公大楼大厅内。10时30分，市委市政府作出紧急布置，同时由公安局迅速抽调特警及周边派出所民警100余人进行现场维稳，防止死者家属采取偏激行为。11时，市公安局下达了限时撤离的通知，并对部分煽动、唆使、闹事人员进行强制隔离。12时许，所有上访死者家属全部撤离市政府大楼，事态基本平息。

12月6日，经过全力劝解，死者家属同意按法律程序来解决问题，也认识到违规上访的错误行为。截至12月11日，死者遗体全部火化安葬，事态完全平息。

"11·29"事故最终得以迅速平息，主要有以下方面经验可值得总结：

一是领导重视，决策果断，靠前指挥。事故发生后市委市政府高度重视，市长、常务副市长分别在第一时间作出重要指示，常务副市长及市公安局主要负责同志亲临一线，坐阵指挥，并在关键路口采取果断措施，为成功处理此事起到了决定性作用。

二是快速反应，扬威造势，形成强大威慑力。12月5日，在死者家属冲击市政府大楼事件发生后，面对园林城区警力不够的态势，市公安局迅速布置，紧急调拨特警及周边派出所民警100余人赶赴现场，并按照处置战术要求，有效控制和稳定了局势。

三是上下联动，合力攻坚，全力做好安抚工作。"11·29"事故发生后，老新镇迅速成立了工作组，采取了走访慰问、促膝座谈、政策宣传等方式，为事件的平息起到了基础性作用。市信访办协同市公安局，共同配合，各负其职，形成了强大的合力，为事件的处置起到了关键性作用。

"11·29"事故起因很简单，案情也不复杂，但由于在事件前期处理过程中不够细致，导致了事态的进一步扩大。其原因有三：

一是对事态发展的严重程度估计不足。12月5日，死者家属围堵市政府，市公安局、信访办、老新镇政府采取了相应的措施，但对事态发展的严重性估计不足，应急处置措施不到位，警力布置也严重不足，致使事态进一步扩大，导致死者家属直接冲击市政府办公大楼。

二是基层组织发挥作用不够。虽然前期老新镇工作组作了大量的安排，也采取了部分相应措施，但没有有效地对重点人员做好稳控工作，没有在事发有效时间内对有关人员采取果断的劝阻措施，在某种程度上加剧了预防和处置工作的难度。

三是应对群体性违法上访的预案还需要完善。"11·29"事故引发的群体性上访事件虽然最终得到平息，但是针对类似恶性违法上访事件，总体上还是存在预案不足的问题。因此，相关预案亟待加强和完善。

案例四：一个特殊的上访者

因公致残的民工吴某，用一把摇摇欲坠的折叠椅支着身子，一步一喘，费了半天时间，才从火车站来到自治区信访局。一进大门，他便坐在候谈室的门边上，连话也说不出来。他蓬头垢面，浑身油腻，一条腿截肢，另一条腿已严重萎缩。此情此景，使人同情之感油然而生。接待的同志马上给他倒水让座，待他休息之后，便仔细询问了他的来意。吴某哽咽着向接待员讲述了自己的辛酸经历。

1979年，吴某积极响应政府的号召，到某地修建边防公路。在一次隧道作业中，由于塌方，他不幸负了重伤，胸椎骨折，脊椎断裂，一条腿瘫痪。随后，虽经区内外几家大医院精心治疗，但最终仍成了一个生活不能自理的残疾人，当时他年仅20岁。按当时的政策，自治区有关单位经过协商，对吴某的生活补助费、医疗费及所用的残疾人三轮车等，作了一次性处理，此事就算了结了。但是，随着时间的推移，原来发的补助费用光了，吴某的生活陷入了困境。两位兄长分居后，家里只有吴某和一位高堂老母，责任田无人耕种，两人的口粮成了问题，由于伤口复发而引起的多种疾病也无钱治疗。为此，他曾多次向当地政府反映，但问题一直未得到解决。出于无奈，他不得不拖着残废的身躯踏上了艰辛的上访之路。

接待人员根据吴某的反映和信访问题处理的原则，用车子将吴某送到原处理过吴某问题的单位，请原处理单位予以解决。可是，过了两天，吴某又回到了信访局，说原处理单位不予受理。经了解，原处理单位认为，原来已按政策对吴某的问题作过处理，现无新的文件规定，不便再作处理。再与当地政府联系，当地政府答复，吴某的问题应由原处理单位负责。对吴某的问题，究竟该不该解决，该由哪个单位解决呢？信访人员经过分析，认为吴某因公造成终身残疾，为国家需要付出了血的代价，按照党的一贯政策，对他的生活与治疗问题应予妥善解决。如果把他的问题推到社会上去，必然会造成不良影响，损害党和政府的形象。因此，信访局决定召集有关单位及吴某的亲属进行协商，以便统一认识，寻找解决问题的办法。

经过三次反复磋商，各有关单位和吴某的亲属终于统一了认识，取得了一致意见，并签订了解决吴某问题的协议书。协议签订后，吴某及亲属均表示满意。

随着协议的贯彻实施，吴某的生活安定了，也不再上访了。在信访部门派人回访时，他感动得流下了热泪。他特地给自治区信访局写了一封情真意切的感谢信。几年后，吴某因病去世了，当地政府取出他的存款，为他办理了丧事。

这个案例告诉我们，作为信访工作人员，对每一个信访者，都应当本着对人民高度负责的态度，做到：

群众来访喜相迎，起身让座请稍息；一杯开水先捧上，然后请教姓和名；
问清来意仔细听，叙述原委记分明；满腔热情态度好，说话和气诚相待；
来者激动我沉着，来者悲伤我同情；来者发火我冷静，来者困难我关心；
应该办的不推诿，不能办的解释清；转办告诉哪个办，联系交代指途径；
负责到底不厌烦，解决问题不失信；原则方针要坚持，法律政策宣传好；
来者离去送门外，再见再见细叮咛。
在处理吴某的问题上，接待及经办人员尽心尽责，赢得了群众好评。

案例五：下岗女工的上访事件

某公司下属工厂的女职工李某，眼睛深度近视，工厂被兼并时厂里先后三次为她安排工作，她都以视力不佳而拒绝上班，工厂只好将她作为待岗处理。她不甘心，1997年连续几次向市政府写了十几封绝命书，扬言要抛子自杀。市政府秘书小张按照职责的要求，并根据有关法律解决了这次信访工作。小张找到了该公司，建议他们在政策、条件许可的情况下，采取有效的措施予以化解。小张又专门对李某的情况做了实地调查。调查后认为情况属实，李某一家两口都已下岗，生活的确十分困难。小张认为，此事不宜再拖，否则真要闹出人命。为此，小张找到公司的负责人，又联系了当地有关主管部门，寻求解决问题的最佳途径。最后，公司会同厂方再次做了她的思想工作，在政策、条件许可的前提下提高了她的待岗工资，还视其实际情况不定期地给予补助，使李某一家的生活有了基本的保障。李某对此十分感激。

信访老户是信访工作的难点，但信访工作人员只要能以负责的态度、认真的工作精神去办，最终总是能解决问题的。当然也必须注意一些方法和政策。对群众的来信，要认真分析调查，并列出名单及时交给各有关单位，同时强调实行定领导、定人员、定任务、定措施、定时间、包查处的"五定一包"责任制。为保证责任制落到实处，单位要坚持每季度检查督促一次，每半年予以通报。

作为信访工作人员，在解决信访问题时，切忌产生厌烦情绪，或推诿不办，或草率应付，对每个信访者提出的问题都要认真地进行复查研究，逐个妥善处理。在解决问题中，如果信访者对上级单位有意见，经调查属实，应及时找单位领导研究解决此问题，而且应尽快解决，切不可拖延时间。如果发现某信访者在上访时纯属胡搅蛮缠，信访工作人员要对其进行批评教育，使其端正思想。要两方面做工作，使问题尽快解决。这些问题秘书不可不注意。

二、给群众写复信

给群众写复信，是领导机关和领导与群众交流思想、沟通感情、保持密切联系的一种形式，也是尊重人民民主权利，落实信访"件件有落实，事事有结果"的重要措施之一。一般来说，群众来信不外乎提出意见和建议，不服已有结论而提出申诉，要求解决各类具体问题和检举、揭发、批评等内容。对此，复信可分为下列九种形式：

（一）鼓励信

对提出具体意见和建议的来信予以肯定，并鼓励写信者参政议政的积极性，不断为党和国家的建设献计献策。如果所提意见被采纳，应在回信中告知，如果提意见有偏颇之处，或建议不可行，也应予以说明。这类复信的特点是要肯定来信人的主人翁意识。

（二）解答信

解答信是解答来信询问各种政策、法律和规定等问题而写的复信。这类信的核心是准确，要求严格按照政策予以明明白白的答复，无政策依据而本机关又不能答复的，可转请有关部门答复，或者向有关部门询问清楚后再答复，切忌模棱两可，更不允许随便应付。

（三）交代信

交代信即按"分级负责，归口办理"的办信原则转请有关部门处理的信件，复信告知其来信及其证件、钱、物等附件的下落，便于来信人心中有数，避免盲目来信、来访。这种复信一般比较简洁，三言两语即可。

（四）疏导信

疏导信即对群众中的一些不正确的想法和行为予以疏导，防止其盲目行动，造成严重后果的复信。例如，有的青年因生活、工作遭到挫折便欲自尽；有的人欲对不正义的行为采取不正当的手段进行报复等，都可采用这种复信形式。这类复信要求讲清道理，说明利害，鼓舞其生活或解决困难的信心。

（五）说服信

说服信即针对来信人对处理结论仍有疑虑、要求过高等类型的复信。这类复信应有理有据，注意上下级机关答复口径的一致性，消除其对基层处理单位的不信任感和对上级机关的侥幸心理，说服其息访，把主要精力放在发家致富、为国家作贡献上。

（六）稳定信

对反映问题比较复杂，涉及面广，或者案情重大、查处难度大，短时间不能结案的来信，复信说明情况，表明态度；或者群众对某一问题的不解而扬言要举行游行、罢工、集体上访和越级上访，做出偏激行动，需复信稳住群众情绪，使其客观、冷静，通过正确渠道解决问题。

（七）说明致歉信

一些群众因对领导同志的崇敬和信任，往往希望领导同志为其签名、题字、题词、作序、审稿等，一一满足这些要求显然是不可能的。这就需要给群众复信，说明领导同志，特别是党和国家的高级领导人，日理万机，来信又多，无暇一一满足群众的这些要求，并致以歉意。

（八）询问信

询问信即对来信询问有关详细情况的复信。有些群众来信反映的问题值得重视，但因某些情况未交代清楚而无法深入处理，便需复信询问有关情况。这种复信应注意是以弄清情况为目的，切忌透露处理意向，以免给工作造成被动。

（九）感谢信

群众出于对领导同志和领导机关的关心、爱护，往往馈赠礼品。对这类问题，复信的原则一般是婉言谢绝，把礼品退回；不能退回的，则作价退款；对有影响的知名人士、海外侨胞等人的礼品不便退回的，则应复信致谢。

以上九种，只是复信的一般形式，在实际工作中，根据群众来信的特点，可采取灵活的形式。但不管怎样，在给群众复信时要注意以下三个问题：

（1）反映的问题重大，或者带有倾向性的问题，或者说有名望的人来信，既可以请领导亲自复信，也可以由办公室代领导拟稿，以领导的名义复信，也可以由领导或者有关部门召集来信人在座谈会上答复。例如，1990 年 3 月，参加军训的北大学生给李铁映写信，反映他们的感受、看法和意见。李铁映则亲自回信，指导青年大学生走与人民相结合、与生产劳动相结合的道路（见《人民日报》1990 年 3 月 19 日）。又如 1990 年 2 月，北大 11 名学生联名给江总书记写信，希望江总书记多与大学生接触，并对一些重大问题提出了看法。江总书记看到来信后，本想给学生们亲自复信，但考虑再三，决定与学生们面谈，鼓励青年成才必须走艰苦锻炼之路，要有民族自豪感、民族自信心和民族气节（见《人民日报》1990 年 3 月 24 日），效果很好。

（2）对于反映的紧急问题，或者来信人住处不远的信件，办理信件的同志最好在请示领导之后，或者在领导人授权的情况下，直接走访来信人。

（3）需请有关承办单位单独复信，或几个单位联合复信的，信访工作人员应事先与这些单位沟通、协调办理。

三、用关怀和爱护对待干部诉求

案例六：李某的调动诉求

李某，女，2010 年 4 月由团县委书记调任黄岗乡任党委副书记、乡长，2011 年 12 月调整为乡党委书记、乡长。作为 C 县偏远海岛乡镇的一名领导干部，因交通不便，往往需要半个月以上才能返回县城家里一次，其配偶以李某当干部意愿太强、未能承担应尽的家庭责任为由,于2012年5月与李某离婚,6岁的女儿由李某抚养。2013年李某向组织提出,希望调回县直部门工作,以方便照顾其母亲和女儿。但李某提拔为乡党委书记时间较短,立即调回不利于黄岗乡整体干部队伍的稳定和全乡经济社会发展,县委希望李某任期满后再调整。2014年6月,为全面准确掌握乡、村两级领导班子运行和干部队伍整体状况,县委组织部成立考察组对各乡镇、渔村进行全面考察,在黄岗乡考察中,李某再次提出调回县直部门的申请,且讲述自己因工作无法顾及家中母亲和孩子时数度哽咽。考察组及时将李某的问题向县委领导进行反馈,后根据领导指示,将李某的问题作为专案进行调查处理。

C县因其特殊的地理位置,乡镇条件比较艰苦,县委对选择到乡镇任职的优秀干部在提拔重用上优先给予考虑。一定数量的乡镇干部,被提拔到乡镇任职一定年限后,会以家庭责任、身体状况等原因向组织申请调回,李某的诉求案件,属于C县干部个人诉求中比较有代表性的问题。处理方式的选择和处理结果的好坏,将影响干部队伍对组织部门的认同和组织公信力建设。在处理这起案件时,必须着重注意以下几个问题:一是李某与配偶离婚时,其丈夫认为李某是因为想当干部才选择留在乡镇工作,对李某在乡镇任职期间的工作表现、主观意愿需要调查核实。二是李某反映其女儿由母亲在家照顾,母亲患眼疾较重,不具备照顾孩子的条件和能力,问题的真实情况需要调查核实。三是调查核实要快,尽快拿出具体结论,让干部对组织充分信任。四是要做到对干部诉求的处理公开透明,处理结果有理有据,让干部本人满意,同事信服。

根据案情分析,县委组织部立即部署工作,对相关问题的调查核实工作在黄岗乡和县城区李某母亲家中同时进行。考察组与李某深入沟通,同乡领导班子成员和渔村"两委"干部谈心谈话,组织乡机关干部进行民主测评,从调查的结果看,李某没有因为提拔到领导岗位便满足于现状,任职期间作风务实,能沉下心开展工作,启动多个为民服务项目,基层群众认可度不断提升,工作责任心较强,节假日或遇恶劣天气主动要求在乡值班,11人参加民主评议,评议结果为优秀10票、基本称职1票。李某对调回县直部门没有职位、职级要求,愿意服从组织安排,未发现有"贪权、想当干部"的想法。为保证调查结果的真实性,到县城区李某母亲家中调查前并未提前通知,时间选在上午下班后。当调查组进入屋内的一刻,调查人员便被餐桌上的一幕震惊了:李某的母亲正在用餐,因其患眼疾,餐桌上一盒正在食用的面酱已经变质并生有蛆虫。调查组以慰问干部家属的名义同李某母亲交谈,老人对女儿在外工作不能照顾家庭比较体谅,但也提出因身体问题照顾李某的女儿比较吃力,希望组织能尽早安排李某回县任职。

调查组将有关情况汇报给县委主要领导，领导立即作出批示，要求县委组织部做好干部的关怀爱护工作，在下一批干部调整工作中将李某的问题列入计划。2014年8月，李某调回县金融办任职，在干部任免谈话中，李某对组织的关心和安排十分感谢，并表示免除了后顾之忧，将把更多的精力用到工作当中，不辜负县委、组织的认可和关心。

本案例处理给我们的启示：

（1）带着"爱护"的态度处理干部诉求。作为管理干部的组织部门，在接到干部诉求的案件后，一定要以对干部高度负责的态度处理问题，坚决不能把问题先压一压、放一放，久拖不决。要从干部本人出发，充分发扬"以人为本"的原则，尽量满足干部的合理要求，让干部感受"窝心"，维护好干部克服艰辛为海岛奉献的积极性。对于无法满足干部诉求的案件，要从爱护干部、帮助干部锻炼成长的角度为干部想办法，及时做好解释工作，为干部制定合理的任职规划，让干部安心，以免干部对组织工作产生不满，出现上访事件。

（2）带着"关怀"的目的开展干部考察。组织部门工作严谨、严肃，在开展干部考察工作时往往目的性较强，谈心谈话基本围绕干部的思想工作情况展开，被考察干部也会抓住机会向组织汇报工作业绩，展示自己对工作的担当，而生活中的困难和辛苦一般不会拿出来向组织反映。但组织对干部的了解应当是全方位的，干部考察是组织部门加强对干部了解的一个重要途径，在搭建谈思想、谈工作平台的同时，更应该给干部一个提建议、提要求的机会，鼓励干部讲真话、讲心里话，才能全面了解干部的学习和生活情况，尤其是那些身处一线、矛盾集中、在急难险重岗位工作的干部，那些经受挫折、感到委屈、情绪低落的干部，让干部切身感受到组织的公道、公平、公正。

（3）带着"家人"的情感做好干部工作。作为最了解干部的部门，组织部应该摆正心态，虽然不赞成干部有事没事老往领导那里跑，不希望干部为个人的事三番五次与领导磨，更反对通过找门子、托关系来打招呼，但对登门到组织部来谈工作、谈思想、反映情况的干部，要热情欢迎、认真对待。不能觉得干部向组织提要求便是拈轻怕重，向组织反映问题就是胸怀不够宽广，要把组织部的大门向干部敞开，让干部们"常回家看看"。对每一位来访的干部，不管他们谈什么工作、提什么要求，都要耐心倾听、负责地处理，多与党员干部交心谈心，了解他们的工作、思想动态，熟悉他们的家庭、生活情况，让干部切身感到家的温暖，这样才能让干部信任组织，敢讲真心话、愿讲真心话、常讲真心话。

四、注重信访调查，把信访苗头制止在萌芽状态

搞好信访调查，做到超前防患。主要应抓两项信访调查：一是在接待和处理来信来访中，坚持实事求是的原则，不偏听偏信，要通过调查核实后再进行处理，避免重复上访和出现偏差现象；二是根据各项改革措施的实施，要及时下到各单位开展信访调研工作，根据群众的意见、建议，写出调查报告，供领导决策参考。做到了超前预防，超前做好群众工作，超前解决好有可能引发群众上访的难点问题。具体做法是：做到"四个坚持"，发挥"三个作用"，理顺"两种关系"，提高"一个水平"。

1. 做到"四个坚持"

（1）坚持"领导接待日"制度。通过信访部门的精心组织和安排，领导把接待日看成倾听群众呼声、密切联系群众的好机会，不论工作多忙，都要抽空参加。

（2）坚持请示汇报制度。凡是群众来信来访中具有重大影响的问题，信访部门都应及时向领导请示汇报，取得领导的重视和支持；领导经常过问信访工作并听取汇报，及时研究解决信访工作难题。对上级信访部门转来的信访件，信访部门均按领导批示抓紧办理，并按时将处理结果向上级信访部门汇报。

（3）坚持信访信息反馈制度。信访部门制定了《信访信息工作报送制度》，要求各单位报送本单位的信访信息，便于及时掌握全局的信访动态。

（4）坚持信访调查核实制度。搞好信访调查核实工作，坚持实事求是的原则，防止出现偏差，保证信访事件的及时解决与妥善处理。

2. 发挥"三个作用"

（1）发挥倾听群众呼声的窗口作用。信访部门是领导机关联系群众的重要窗口和桥梁，群众有什么想法、意见、建议和困难，可以向信访部门反映。无论来信、来访者写些什么内容，提出什么要求，一律认真对待，做好登记，经过整理后报送领导阅示或交有关部门处理。

（2）发挥为群众排忧解难的作用。

（3）发挥维护稳定大局的作用。做好信访工作，对维护社会稳定起着至关重要的作用。

3. 理顺"两种关系"

（1）理顺上级与下级单位的信访工作关系。以"归口办理、分级负责、就地处理"为原则。通过理顺上下级单位的信访工作关系，使各单位均能做

到矛盾不上交，责任不推卸，下级单位能解决的问题绝不推到上级来，建立起信访工作网络。

（2）理顺信访部门与职能处室的关系。信访部门根据群众来信来访内容，分门别类归档登记，凡属职能部门处理的，及时转给有关职能部门归口办理。信访部门认真做好衔接、协调、督办，各职能部门密切配合，大力支持，从不推诿，形成"主要领导亲自抓，分管领导对口抓，信访部门具体抓，职能处室配合抓"的信访格局。

4. 提高"一个水平"

面对信访量的上升，来访人员的增多，解决信访问题难度加大的情况，要重视对信访工作人员的培训，提高信访工作人员的综合素质。信访工作坚持做到"热情接待，不摆官架子；态度和蔼，不动辄训人；耐心说服，不简单急躁；因人而异，不空洞说教；关心疾苦，不一推了事；高度负责，不敷衍搪塞；一视同仁，不感情用事；坚持原则，不随意迁就"，使来访者忧心而来，高兴而去。

五、信访督查的作用及方法

信访督查是指对信访处理以及处理方案实施过程的监督和检查，它是信访工作从启动到实施终结得以顺利进行的保证。督查工作不力或不到位，信访工作所形成的处理方案、决策、决议很可能仅停留在文本阶段。"形式化"的信访工作往往导致信访问题长期得不到解决，把小事拖成大事，简单问题变成复杂问题，久而久之群众就会认为信访不是他们反映问题、解决问题和带来合法利益的途径，从而失去对信访的热情和信任。

做好信访督查工作无疑对信访工作的圆满完成起着重要的作用。概括地讲，信访督查主要有以下几个作用：

（1）防止重复信访。造成重复信访的原因固然较多，也比较复杂，但归根到底在于上访的问题得不到解决，迫使信访者不得不再次走上上访之路。这其中，信访督查不力导致信访决策仅停留在文本上，或实施不合理、不彻底，使当事人并没有从信访活动中获得解决问题的方法。重复信访不仅增加信访部门的工作量，而且使初访变成复访，因而使信访者产生不满和对立情绪，可能引发对抗甚至暴力。如某郊区村民集体反映村主任作风霸道，贪污集体提留款等问题。市委责成区纪委处理，因处理结果不合理，使村民开始又一次信访。市信访部门接到信访后，随即交付有关部门责成拿出处理方案，但此后便不再过问此事。区纪委就此问题仍按原方案处理，结果迫使村民一而再再而三地上访。经过多次上访仍不能解决问题，村民不再信任政府，最终与村主任及其支持者展开了一场械斗，造成流血事件。信访部门的督查不力显然是村民重复信访和引发对抗的一个重要因素。假如信访部门能本着一切从群众利益出发的宗旨，认真做好信访督查工作，问题应能得以顺利解决。信访部门的督查不力应对此案负有不可推卸的责任。

（2）提高信访转化率。评价信访部门的工作指标和工作成果不是信访的决策，更不是信访的接待量，而是信访决策的转化率。因为信访部门不是职能部门，解决问题要依靠各职能部门，信访决策只是解决问题的第一步，在多数情况下是无法形成具体实施效果的，信访的转化才能使信访者获得信访效用。信访的转化率体现着信访部门的工作效能，提高信访的转化率应是信访部门追求的目标之一。而信访转化率的提高，关键在于督促各职能部门在形成决策后的实施即信访督查，做好信访督查工作能有效地提高信访转化率。

（3）降低人民内部矛盾激化率。在社会主义制度下，随着改革开放的深入和各种社会关系的调整，人民内部矛盾出现了新情况和新形式，尤其是涉及群众切身利益的矛盾比较突出，如医疗改革、人事制度改革等。如果这些矛盾因种种原因无法及时得到解决，势必影响团结稳定的大局。信访工作为解决人民内部矛盾提供了重要的渠道和形式，信访成效的高低与人民内部矛盾解决率的高低直接相关。

群众上访的初衷在于解决矛盾，如果信访决策不能尽快落实或因决策不妥而无法落实，实际上等于让群众矛盾的解决仍处于原地，无任何进展。久拖不决会导致矛盾积累加深，直至激化，以致造成不必要的伤害。使信访决策尽早落实的重要途径，是加强信访督查力度，把信访督查作为信访工作中重要的一环抓紧、抓好，使人民内部矛盾得以顺利解决，使矛盾的激化率大大减少。

要取得信访督查实效，方法至关重要，采取适当的方法是落实信访督查的重要保证。信访督查的方法较多，主要有以下三种：

（1）前期督查。实际上，群众的上访行为大多会发生在矛盾比较尖锐的情况下。从矛盾的累积到群众个体无能为力、无法解决的情况，会经历一个相对较长的时间段，在这一时间段里，根据获得的信息，大体上可以预测信访行为是否会发生。如果发现有信访的苗头，提前介入，制定预防措施，可使信访行为及时得到制止。出现信访苗头表明事态还没有发展到不可调和的境地，当事人的矛盾在外界力量的干预下，还有回旋的余地，调解起来相对容易些，可在较大程度上避免集体上访和越级上访。如某高校后勤社会化人员剥离、分流问题，因涉及个人切身利益，被剥离、分流的人员对此有想法，由于学校发现信访苗头，提前介入，制定了预防措施，后勤社会化改革的几年中没发生过一起集体上访和越级上访事件。所以，前期督查能起到事半功倍的效果。

启动前期督查的先决条件是拥有充分的信息，因而要求信访部门经常采取巡查的方式对辖区内民情进行了解，掌握群众的行为动向。信访部门除了自行巡查外，也可以联合其他职能部门进行联合巡查，获取全方位的信息。

（2）中期督查。信访决策的实施，是一个动态过程。信访决策交由有关部门处理，从启动实施到实施完毕需要一个过程。在这过程中的督查称中期督查或同步督查。督促有关部门执行信访决策情况，及时纠正工作中的失误，使信访决策真正落到实处。中期督查有助于决策及时得到实施，避免因拖延使当事人重复信访或集体上访，造成不必要的人力、物力资源浪费，甚至避免问题转化为严重的不可调和的矛盾。同时，中期督查还可及时发现信访决策正确与否。中期督查要求信访部门的工作人员与执行部门保持必要的联系和沟通，随时了解信访决策的执行情况。此外，执行部门也应主动向信访部门通报决策实施情况以及在执行过程中遇到的问题，保持与信访部门的联络，使信访决策能得到及时落实。

（3）跟踪督查。信访决策的实施可能会因为决策自身的缺陷造成不具备实施条件而无法全部实施的情况。跟踪督查的作用是了解和掌握这些情况，并及时反馈给决策部门以纠正决策的不足。如某高校刚实行"学分制"时，由于制度不成熟学生纷纷信访，信访部门及时把情况反馈给校领导，通过多年的实践，学校制定出比较完善的学分制。

信访决策实施还可能因为职能部门有意无意地只执行一部分或变相执行，使信访决策表面上已经实施，实际上并没有真正落实。为避免出现这种情况，信访部门在职能部门执行完信访决策后，应深入基层、深入群众，掌握第一手材料，对执行效果进行了解，检查执行情况。信访决策被执行后，信访者提出的问题能否得到合理的解决，是检验信访工作成效的一个标准。但由于种种原因，信访决策不可能使信访者都满意，对信访者不合理的要求，信访部门要做思想教育工作。为使信访工作获得满意效果，信访部门要对执行的结果进行测评，及时把握信访实效，对不理想的方案给予纠正。

六、新加坡处置群体性事件"三部曲"

新加坡素以"社会稳定"著称，一直被认为是全球治安最好的城市之一。2013年12月8日晚，新加坡南部闹市区的印度族群聚居区小印度发生一起群体性事件（新加坡官方和媒体称"小印度骚乱"）：一名33岁印度籍劳工醉酒后在交叉路与一辆私人巴士相撞后当场不治身亡，引发聚集在附近约400名南亚裔外籍工人攻击来到现场的警察等执法人员，导致至少41人在骚乱中受伤，16辆警车和9辆民防部队车辆遭到破坏。这是治安良好的新加坡自1969年以来发生的第二起骚乱，被称为新加坡"四十年一遇"的骚乱。事件发生后，新加坡政府依法果断采取一系列措施，不仅很快控制现场，也有效掌握舆论场，事件调查也快速跟进，各项工作有条不紊地进行。

（1）依法处置：第一时间迅速平稳控制事态。

车祸事故刚发生，新加坡警方依照交通事故来处理，进行伤员救治、事故调查等。不过，当事件演变为骚乱时，新加坡政府严格依照法律程序，迅速沉着应对事态，依法果断采取措施，使得骚乱在极短时间内得到平息，避免了进一步升级和扩大。这种"依法应急"的观念和行为不仅表现在现场处置上，也体现在对有关人员的后续处理上。

事发后，两名警察、数名医护人员和民防部队人员迅速到达现场，试图将受害人从车底搬离。此时，两名劳工带头闹事，一些人拿起玻璃瓶和商店外的花盆当作武器，推翻警车。据此，政府紧急调动 300 名警员、民防部队人员，在两个小时内控制了局面。警察特别行动指挥处的镇暴队采取驱散骚乱者和控制现场的策略，全副武装，拿起盾牌和警棍，在特定位置列队，向人群同时逼近，成功驱散骚乱者并逮捕涉案者。为防止事态出现反复和反弹，新加坡警方继续维护现场秩序。至午夜，现场被封锁，防暴警察仍在现场巡逻。

在现场得到控制后，新加坡警方迅即依法逮捕涉嫌参与骚乱的人员。根据新加坡《刑事诉讼法》第 64 条紧急逮捕规定，对于妨害公务聚众闹事的滋事者，警方予以当场逮捕，并将其交由法庭处置。

根据《新加坡刑事法典》第 147 条和 148 节规定，被指控参与骚乱的被告方可被判处高至七年的监禁及鞭刑；持武器骚乱者可被判处十年监禁及鞭刑；被指控方有权选择认罪或要求庭审，法庭也有权根据警方调查情况决定延长扣押期限。《新加坡移民法令》规定，新加坡有权将那些损害本地利益或影响本地公共安全的外国人直接遣返。2013 年 12 月 9 日凌晨，新加坡警方宣布已逮捕 27 名涉嫌参与骚乱的人员（其中印度裔 24 人），24 人于 10 日被起诉至法院。在审讯近 3 000 名外籍劳工后，另 8 名嫌疑人于事发两日后被逮捕。截至 2014 年 1 月，共有 25 名印度籍男子被控参与骚乱，另有 57 名外籍劳工因参与骚乱被遣送回国。涉嫌参与骚乱者也可依法维护自己的合法权益，新加坡律师公会无偿服务办公室安排律师为滋事者辩护，新加坡外交部也与印度最高专员署接洽为被告提供法律援助。

（2）尽快沟通：有效引导舆论和社会情绪。

骚乱事件发生后，社会出现了很多传言，特别是社交媒体充斥着各种负面信息与评论，很多国外媒体也对新加坡的外来劳工待遇、贫富差距、社会稳定等提出了种种质疑和批评。为此，新加坡政府和高层官员，通过召开新闻发布会、发表声明、领导人公开讲话等方式进行有效沟通。新加坡官方不仅迅速平息了骚乱现场，也牢牢掌握了舆论。

一是及时发布事件信息，表达官方的态度和立场。骚乱发生在当晚深夜1点30分，新加坡召开由副总理兼内政部部长、警察总监等主持的记者会，将事件定性为"持武器的严重骚乱"。新加坡政府高官通过社交媒体等方式，安抚外来客工、慰问应急处理力量。凌晨3点许，总理李显龙在 Facebook 留言，誓言将全力追击肇事者，让他们受到法律制裁。当日，总统陈庆炎和多名内阁部长也留言呼吁大家保持冷静，不要散播谣言。2013 年 12 月 9 日下午，李显龙向媒体发出声明，宣布内政部将成立调查委员会来彻查事件的来龙去脉，呼吁国人保持冷静，向警方提供相关信息、照片或视频，祝愿受伤警员早日康复。11 日，外交部兼律政部长尚穆根用淡米尔语与约 40 名印度籍劳工进行了约半小时的对话。在圣诞节前夕，李显龙到警局与 38 名在前线处置骚乱的内政团队人员进行早餐交流会，提振他们的士气。

二是将事件定性为孤立事件，呼吁社会保持冷静。新加坡 540 万总人口中有 100 万外籍劳工，主要从事建筑业、低端制造业和服务业，其中不少人来自印度、孟加拉国、巴基斯坦和中国。骚乱发生后，有人在网上批评外来劳工，发表排外或针对种族的情绪化言论。对此，新加坡官方呼吁民众秉持负责任和平和的态度，不要煽动排外情绪，抹黑所有外籍劳工。副总理兼内政部长张志贤严厉谴责滋事者的行为，确保警方严厉公正调查，呼吁民众保持冷静。12日，李显龙结束对韩国的访问前，接受随行记者访问时表示，"小印度骚乱"是发生在一个地方的孤立事件，人们不能因少数劳工暴乱而认定所有劳工都有问题。14 日，李显龙在东盟—日本 40 周年纪念峰会后，针对有人猜测骚乱发生的深层原因是劳工普遍遭苛待时强调："我们没有任何证据显示劳工遭苛待。这起骚乱具有突发性质和局部性，迹象显示酒精是导因之一。"

三是有力回击和澄清国际媒体的不实报道。骚乱发生后，印度 Sun TV Network 电视台进行了错误报道，新加坡驻印度最高专员立即致函交涉，电视台在 10 日晚上 7 时的黄金时段新闻报道中播放了事件的正确版本。18 日，新加坡驻台北商务办事处针对台湾中天新闻台《新闻龙卷风》节目，就骚乱所作的不实报道发表声明，指出节目内容具有误导性。28 日，美国《纽约时报》刊登有关骚乱是因外籍劳工不满薪资和居住环境所致的报道，30 日又在《国际纽约时报》重新刊登。新加坡驻美国大使致函报社阐述新加坡政府的观点，但《纽约时报》却并未刊登这封信函。对此，新加坡通讯及新闻部 14 日发表声明，批评《纽约时报》的做法。

（3）独立调查：对事件进行彻底调查并提出改进措施。

骚乱刚一结束，事件的调查工作便迅速跟进。警方在骚乱后展开了广泛细致的调查，动员 500 多名警员展开调查。调查人员在全岛各地，查问了将近 4 000 名劳工，420 人被带回警局协助进一步调查。因骚乱最初由一名劳工遭巴士碾死而引发，警方就调查结果郑重其事，决定委任一名独立专家重组车祸经过，以提供多一方的意见。

鉴于事态严重，骚乱隔天，李显龙下令内政部成立调查委员会，对事件进行彻底调查。13 日，由新加坡副总理兼国家安全统筹部部长及内政部部长张志贤委任的调查委员会成立。调查委员会数次开会商讨听证会的工作，包括对部分证据进行审查，在 57 名涉案的劳工被遣送回国前与当中 20 名涉案劳工进行面谈，与警察部队、民防部队人员、小印度的居民和店主以及涉及意外的巴士司机和协调员面谈等。事件调查将全程接受国会、媒体和社会各界的监督。调查委员会宣布将在 2 月 19 日举行公开听证会，邀请公众在听证会上陈情或者供证，调查结果将在听证会上呈堂。

在调查工作紧张有序开展的同时，一系列临时性或长期性的改进措施已开始采取。针对骚乱的发生，新加坡政府推出一系列维持安全与治安的临时性措施。例如，因当晚很多闹事者都喝了酒，当局怀疑酒精是肇祸原因之一。因此，新加坡政府宣布实施禁酒令，规定小印度每逢周末、公共假日和公共假日前夕禁止公众在公共场所饮酒；在售酒方面，餐馆、酒店、酒吧和咖啡店等场所周末能售卖酒精饮料，但顾客只能在店内饮用，不允许外带。新加坡当局检讨了小印度私人巴士载客服务，发现一些劳工宿舍离小印度较远，往来载客时间长，陆交局决定逐步增加巴士数量。同时，新加坡也开始考虑如何提高外籍劳工的归属感、提高社会公正水平、解决深层次的社会矛盾等根本性问题。例如，政府已责成由副总理兼财政部部长尚达曼领导的跨部门委员会，负责探讨劳工群体对新加坡人的影响和劳工福利两大课题。

11

协调工作

一、顾全大局，维护领导威信

一天，某市工业局秘书科王科长正在办公室批阅文件，这时本单位一位以爱上访告状闻名的退休干部谭某走了进来，说要找局长。王科长先热情地招呼他坐下，然后敲开局长办公室的门，请示局长如何处置。局长此时正忙于局里的业务，不想见谭某，于是非常干脆地向王科长说了句"告诉他我不在"，就又低头忙他的业务去了。王科长回到自己的办公室，对谭某说："领导不在办公室，你先回去，有什么事我可以代你转告。"谭某也就无话可说，悻悻地离开了秘书科。

过了一个多小时，王科长起身去档案室，来到走廊，想不到竟看见局长与谭某在卫生间门口握手寒暄并听到谭某说："刚才王秘书长说你不在办公室！""哪里，我一直在呀！"局长毫不迟疑地回答。王科长顿时感到像浇了一身凉水。

原来，谭某离开办公室后，并未回家，而是极不甘心地在办公室的走廊内来回走动，刚巧碰上局长上卫生间，急忙抢上前去打招呼，这才有了刚才这一幕。事后，谭某逢人就散布王科长不厚道，品质太差，欺上瞒下，没有资格当秘书长。王科长有口难辩，感到很委屈，但是后来一想，当领导的这样做也是出于无奈，当秘书的应该维护领导形象，否则将造成不良影响。所以，他从不对人解释此事，听到议论，也一笑了之。

这个案例告诉我们，在工作中，维护领导的形象也是秘书应具备的基本素质。领导由于工作繁忙和其他原因，不能或不愿接见某些来访者，这是正常的现象。秘书根据领导意图以各种方式回绝来访者，也是工作需要。王科长是遵照领导意图执行的，处理此事的做法无可厚非，尤其难能可贵的是他在遭人误解时，也能从大局出发，坦然处之。当然，作为一个领导者应当实事求是，前后一致，不要给下属出难题。

二、秘书的传话技巧

在领导集团中，成员之间常常让秘书代为通报情况、商议事情或请求等。正确、巧妙的传话，有利于领导统一认识、增进团结、消除误解、协调一致地工作。因此，掌握必要的传话技巧十分重要。

（一）分析传话内容——只传那些该传的话

一般来说，领导交代的传话内容，秘书都应该去传。但是从搞好团结和工作出发，秘书应该分析内容，当好参谋，对那些不该由秘书传的话，要向领导提出建议。如领导之间的批评意见，建议他们之间个别交谈；需要集体讨论才能解决的重大问题，不宜通过传话解决，建议召开会议讨论；有些内容不正确、不周密，容易引起误解的话，建议领导修正等。

（二）抓住传话要点——保证领导获得准确的信息

领导让秘书代为传话，一般只是口头交代，这就要求在接受任务时有集中的注意力、灵敏的反应力、牢固的记忆力和机智的组合力。在领导交代较多的传话内容时，能够去粗取精、理出头绪、抓住要点。一是切实弄清传话的中心意思；二是记住领导反复强调的话；三是没听清楚的可向领导提问，重要的问题还可将记录向领导复诵一遍。在传话时，不要妄加评论和加进自己的观点，不说含糊不清或可能引起误解的话。

（三）选择传话时机——使领导有一个良好的受话环境

选择恰当的传话时机，要因具体情况而定。一般来说，在领导心情不佳、与群众聚会、与外单位领导交谈或有领导家人在场等情况下，都不宜传话。因为传话的内容无论是通报情况、提供建议或者是商议事情，都要使领导有一个能冷静思考问题的环境。如果不注意这一点，就有可能使领导把考虑不周的意见提出来，有时还可能对秘书产生厌烦感。

（四）适度讲究礼节性言辞——融洽领导之间的感情

从心理角度来看，人们都希望得到尊重，领导成员之间也不例外，礼节性的言辞则是这种尊重的一定表现形式。领导之间在直接对话时，礼节性的言辞比较少，而在让秘书代为传话时，则使用得比较多。作为秘书，如果在传话时掐头去尾，砍掉了礼节性言辞，把话说得很生硬，就会影响传话效果。因此，秘书代领导传话，不仅要把礼节性言辞表达出来，而且还应该适度地进行渲染。例如，代主管领导向副职领导传话时，可以突出商议、信任、称赞的言辞；代为同级领导之间传话时，可以突出协商、帮助、支持的言辞等。运用渲染礼节性言辞，要态度诚恳、渲染适度，若超过一定的度，就会显得虚假、庸俗，引起领导反感。

（五）在叙述中显出评价——激励领导奋发向上

秘书不仅要给领导出主意、想办法，沟通上下、左右的关系，而且有激励领导的责任。秘书激励领导的方式很多，而在传话中让领导产生一种奋发向上的力量，则是秘书的精明之举。如向一位领导汇报另一位领导对某项工作的布置或对某个问题的处理意见时，可以在客观的陈述中，不露声色地强调其为工作着想的意图，激励该领导干好工作的责任感；当自己确实觉得某个领导的意见有创见性时，可在传话时用叙述的方法作出评价，在这种间接的评价中，使另一位领导产生超过对方的冲动感，释放出最大的能量；当一位领导的意见考虑得不甚周密，作为秘书又不好直接介入时，传话中可用叙述的方法给以恰当的评价，促使其他领导产生补短的行为动机。

（六）舍弃某些言辞——防止领导之间产生矛盾

秘书代为领导传话，有时必须有所舍弃。这跟秘书说真话、办实事并不矛盾。如有时几个领导在一起议论工作，可能涉及某个不在场的领导的是非，秘书就不能在传话时犯自由主义。领导之间出现意见不一致是正常的，秘书在传话时，把当时情况录音式地反映出来，是愚蠢的表现。正确的做法是应该把不利于团结的言辞舍去，把过头的话过滤掉，只讲对工作和团结有利的意见就行了。

三、秘书应有正确的角色定位

阳光公司的陈副总经理因一项对外业务工作，与李总经理争执起来。后来，陈副总经理在与公司的葛秘书外出乘车中，埋怨李总经理主观武断，不尊重他的意见，导致决策失误，给公司造成了损失。葛秘书知道李总经理和陈副总经理因工作意见不同，有些分歧。李总经理是位有能力、有魄力、办事雷厉风行的人，但不太注意工作方法，得罪了不少人，对此，职员颇有意见。陈副总经理考虑问题周到、群众关系好，也关心别人，但决断能力差些。从心底里讲，葛秘书个人感情更倾向于陈副总经理。今天，陈副总经理谈起他与李总经理之间的矛盾分歧，分明是想争得葛秘书对他的支持和同情。

葛秘书对此应如何办？

方法一：投其所好，表示对陈副总经理的支持、同情，并对李总经理的缺陷颇有微词。

方法二：维护第一把手的威信，据理力争，摆出李总经理为公司发展作出的种种努力和取得的累累成果。

方法三：直言敢陈，指出陈副总经理把领导之间的分歧公开给下级的做法不利于班子团结，也使下级无所适从。

方法四：保持沉默，对陈副总经理的话不表态，或转移话题，谈其他方面。

方法五：耐心解释，说好话，不说闲话，以弥合领导之间的裂痕。

在工作中，秘书经常会碰到这种情况。"神仙打仗，凡人发慌"，秘书最怕遇到的就是这类问题。在对待领导之间的意见分歧，特别是遇到某些领导在秘书面前或无意或有意或故意地指责、批评其他领导时，秘书必然处境尴尬、左右为难。如果处理不当，失去的将不仅仅是秘书角色行为规范，甚至会导致角色崩溃。所以，作为秘书应该把握原则，提高自己处理这类事件的能力。

秘书应该有清晰的角色定位。第一，认定自己是为领导工作提供服务的人员，从双方工作关系来看，领导处于主导地位，秘书处于辅助地位。第二，就我国目前情况看，秘书的服务对象往往是一个领导层，而不是某一个领导人，处理领导人之间的意见分歧时有一个平衡全局的难度。

因此，秘书必须摆正自己与所有领导人之间的关系，坚持有利于领导之间团结的原则，端正行为，把工作做好。领导是生活中的人，而不是神，他们各有自己的思维习惯、工作特点和个性特征，在工作过程中，不可能对所有问题在看法上、处理上完全一致。所以，领导之间产生一些矛盾、意见是很正常的。秘书在触及这类分歧、矛盾、误解乃至隔阂时，只可做到心中有数，谨慎从事，尽量减少矛盾，尽己能力做好协调工作。如果双方矛盾大，下级无协调能力时，不可介入这种纠纷，支持一方而反对另一方。这样不但于事无益，反而会使事态复杂化。在领导之间，秘书不得说不利于团结的话，更不可飞短流长，将领导之间的分歧捅出去。如果无法回避领导之间的分歧，也只能这样表示：希望领导以大局为重，相互谅解，搞好团结。即使遇到个别领导在自己面前议论其他领导，或发表不同意见时，秘书也应保持沉默，或作些解释，说好话而绝不说闲话。

在前面案例中，如果葛秘书从个人感情好恶出发偏向陈副总经理，并背后对李总经理提出批评意见，虽然暂时可以满足陈副总经理的心理需求，但这实际上不仅违背了秘书处理领导之间分歧的基本原则，而且会"推波助澜"，使陈副总经理觉得有人支持而自恃正确，可能会向错误的方向越走越远。显然第一种方法是不能采取的。

如果葛秘书摒弃个人感情倾向，用事实对陈副总经理的偏颇之处予以澄清，或者当面公开批评陈副总经理的不是，这样做固然精神可贵，但作为秘书，在领导之间支持一方反对另一方，也是不符合原则的，而且会在领导已有的裂痕间平添沟壑，在今后的工作中也可能会失去一方的信任。故第二、三种办法也是不可取的。

第四种办法，秘书根据自己的角色定位，保持沉默，一语不发。这实际上是一种婉转的表态，即表示不支持谈话者。聪明的人会觉察到自己的失言、失位，并反省自己。这是一种比较机智的办法。此外，秘书更可以巧妙地转移话题，谈其他业务或工作内容，或者谈社会新闻等，避开领导谈话的内容，以免介入领导间的分歧。如果怕别人误会自己"圆滑""世故"，也可在一方面前说另一方对他的关心，但要避免说教，因为领导懂得大道理。比如，葛秘书举出李总经理关心陈副总经理的一些具体细节，或者举出李总经理称赞、肯定陈副总经理的事例来，就会消除陈副总经理的怨气，呼唤出他深明大义的理性来，增强团结，以达到消除误会的目的。所以第五种办法也不失为好办法。

案例一：一首小诗化干戈

"千里寄书只为墙，让他三尺又何妨？长城万里今犹在，不见当年秦始皇。"这是清代礼部尚书张英当年在京任职期间，收到安徽桐城家人为与邻居争三尺屋基欲动干戈而特请他回乡助威的家书之后，断然提笔给全家写的一首小诗。

张英是康熙进士，康熙十六年迁侍讲学士，旋入值南书记，得圣祖信任，一时制诰（诰即古代的一种告诫性的文章或帝王对臣子的命令），多出其手。后官至文华殿大学士兼礼部尚书。应该说，张英是当时非常有影响力的人物，以他手中的特权去处理这件小事，可以说易如反掌，而这也是那些常常依势压人的小官僚们所习惯的做法。然而张英却没有这样做。张英的这首小诗传到了故里，家人见字主动让出地基三尺。结果邻居深受感动，随之放弃争执，也效仿让界三尺，双方言归于好。于是两家之间就形成了一条供人往来的六尺宽通道，这条通道就是至今仍在安徽桐城保存完好的"六尺巷"。

"六尺巷"的故事虽然发生在清代，但对于现在也有一定的借鉴意义，尤其是对我们如何做好协调工作有直接的启示。

（1）张英为人之道难能可贵。作为一代朝廷重臣，身居要职，不倚官势，正人正己，能够"从我做起"，实可谓世人之镜。可以说，"六尺巷"之举，是我们中华民族"人敬我一尺，我敬人一丈"的互敬互爱的传统美德的一个真实写照。也难怪家乡父老以此为荣，至今仍在故里以"六尺巷"为张英树碑立传。试想，如果张英专横跋扈，强奸民意，唯我独尊，出现的必然会是另一番情形，至少不会有今天"六尺巷"这动人的历史故事。

（2）处理矛盾、解决问题一定要讲究方式方法。张英的一首短诗就能化干戈为玉帛，分析起来，其不但决策有方，且诗内含很强的艺术性——化解矛盾的角度选得好。短短28字的一首小诗，有"长城""秦始皇"的历史典训，有"只为墙"的双方争端焦点及"让他三尺"的决断。诗谈古论今，叙事说理，语句淳朴且情理交融，可谓深入浅出，出神入化。不但诗脍炙人口，而且事让人心悦诚服。

作为封建社会的朝廷将相，张英的历史功过暂且不去考证，单就"六尺巷"的故事，张英所表现出的文学造诣以及"让他三尺"之举，确实是很值得后人学习和借鉴的。

四、秘书的缓冲技巧

缓冲是指矛盾或者冲突的缓和和化解。秘书工作的性质特点使秘书常常处在领导工作矛盾的风口浪尖上，遇到各种矛盾时，处理得好可以左右逢源，皆大欢喜；处理得不好则会使人难堪，影响工作。巧妙地运用一些方法，遵循一定的原则，对促使矛盾的缓和乃至解决是十分重要的。这是秘书的工作艺术，也是一种工作技巧。

（一）要搞"等距离外交"

工作中经常会由于个人的性格、气质不同，处理问题的方式方法、工作态度不同等，造成领导之间或领导与下属之间的工作冲突，从而使秘书处于左右为难的境地。这时秘书应当充当"润滑剂"，努力寻找矛盾双方的共同点，创造和谐的氛围、环境和条件。其中很重要的一点是搞好"等距离外交"，知道"说什么"和"怎么说"。例如，甲、乙两位领导要求秘书完成的工作在时间安排上发生冲突，当甲领导找到秘书要完成某项工作时说："我想请你尽快把这件工作完成，行吗？"秘书可以答："甲领导，我很愿意为您做完这件事，如果乙领导同意将他布置给我的工作推迟到明天，您愿意和他一起负责而他又不反对的话，那么我也赞成。"这样既表明了自己已经接受了其他领导的安排，又表示出自己很愿意为这位领导服务，只是时间上有冲突。这样甲领导一般都会谅解地接受推迟。同样是这件事，如果秘书说："甲领导，不行，因为乙领导已安排了其他工作。"其效果就会大不一样。在上述类似的矛盾冲突中，秘书的"等距离外交"思想是至关重要的。因此，秘书对待冲突双方要公正协调，绝不能亲一方疏一方，厚此薄彼，甚至以私充公。否则，容易造成矛盾一方在接受沟通时产生心理障碍，给化解矛盾造成困难。

（二）要善于"找台阶"

矛盾双方经过沟通、协调，是非日见分明，矛盾逐渐得到解决。但就大多数情况而言，矛盾双方有时没有明显的是与非，特别是针对领导之间的矛盾，秘书要见机说话，为他们打好圆场，巧妙地帮他们"找台阶"。实际上，是与非彼此心照不宣，秘书何不抓住这重归于好的机会呢？美国旧金山大学法学院院长杰伊·福尔伯格曾指出："调解人要以中立的态度倾听双方陈述各自的理由，不要期望认错或道歉。"这并非是说领导的素质不高，不敢正视自己的错误，而往往是在他人面前受其自尊心的制约不好言明罢了。在这种情况下，秘书顺水推舟会皆大欢喜。除此之外，有时秘书还应主动为矛盾一方承担一些过错，以维护领导的威信，保护领导的形象；有时秘书还可以用笑话为领导"找台阶"，以促使矛盾缓和。"瞧你们像老来少，这么认真！"要知道，人性都有软弱的一面，易被击垮，易被扶起，一两句圆场的话便可使他们恢复心理平衡，让他们重新和谐友好，秘书们何乐而不为？

（三）偶尔也需"难得糊涂"

秘书本应是原则性很强的明白人。矛盾双方对一些问题的看法出现片面性或偏激，甚至会涉及对矛盾一方个人的看法，这些都属非原则性矛盾。秘书在其沟通、协调过程中，只要动机公正，就不要怕说几句善意谎话。对某些分歧点应充当"糊涂人"，特别是对有关矛盾一方个人品质的言谈要"有进无出"，不利缓和矛盾的话要"两边瞒"，好事好话要"两头传"。传话时要有目的、有意识地进行双边沟通，起到暗中"筑路""架桥"的作用。

（四）把握"以静制动"

"以静制动"体现了秘书心胸豁达、遇事沉着冷静的大将风度。工作中经常需要秘书为领导工作中发生的矛盾"挡驾""分流"，特别是有人所提出的要求和反映的问题长期未解决，但又含有一定的合理性，或处在政策的"空档"和"边缘"时。这些人牢骚满腹，情绪很不稳定，遇到一点刺激便容易失去理智。在他们情绪十分冲动地来找领导时，已做好不顾一切大干一场的打算。此时如果采取硬碰硬的态度，就不是在明辨事理，而是在火上浇油。最好的办法就是使他们暂时"降温"，实行"冷处理"，可让其充分陈述缘由，先消怨气，促其头脑冷静、情绪稳定之后再解释说明，对其进行启发引导，这样可以避其锋芒，以柔克刚，有利于矛盾的化解。

（五）多一点"人情味"

缓和解决矛盾本应靠理性占上风，坚持原则性，但这并非摒弃"人情味"。相反，我们应动之以情，晓之以理。俗话说，"良言一句三冬暖""伸手不打笑脸人"，尤其是当矛盾一方在气头上时，往往会失去理智，使矛盾"白热化"，多一点"人情味"，则有利于矛盾一方尽快恢复理智，并能增加对秘书的信任感，增强秘书帮助化解矛盾的吸引力。例如，甲为落实政策，带着胸中的委屈和烦闷，欲找领导论理，如果秘书仅做一般"挡驾"，有可能使矛盾尖锐化。秘书对甲的到来除了热情接待之外，还应做一番情感交流，这样做或许可以使一场冲突的化解容易很多。

（六）来点"偷换论题"

"偷换论题"本是一种形式逻辑错误，但运用于缓解矛盾之中却独有妙处。一次，A君拿着交货合同到某厂要货，一到办公室就往桌上一摔："你们说说，你们不讲信用，以后是否还要我们购买你们的产品，我们的钱并不是非送给你们不可啊！"一边说一边还去找主管经营的某领导论理。秘书B君很有礼貌地把他按在沙发上，和他并排坐下来："贵姓啊？""免贵，姓刘。""噢，这么说我们算是一家人了。请问您是什么地方的人？""万县人。""那我们还是老乡。"由于转换话题，越谈越轻松了，A君那股直冒的火被暂时压了下来。接下来他们再谈正题，很容易就把这场矛盾化解了。

总之，缓冲技巧是在经验之石上激起的火花。它的内容丰富多彩，需要秘书根据不同的情况来区别对待。无论是应对哪一种类型的矛盾，作为秘书来说都只能充当"减压阀""消火栓"和"灭火器"，防止矛盾的激化，绝不允许秘书因为自己的处理方式给事情带来无法控制的局面。

案例二：清场

刚刚上任的某企业张经理新近召集了全厂决策层会议，就工厂办公楼前一堆废铁的处理问题展开了讨论。这一堆废铁不仅破坏了企业大院的绿化，影响大小车辆的通行，也使新落成的企业行政办公楼失去了应有的辉煌，严重地影响了企业的形象。张经理提出了自己的观点：立即清场，一周内把它处理掉。如果找不到买主，就当废料垃圾处理。

他的主张立即遭到厂工会主席老王的反对。他说："这是工人搞生产节约活动从老远的工地上一块一块捡回来的，是工人多年来爱国爱企业精神的体现，绝不能当垃圾处理。"

运输科长也表示为难："这么多边角料，要一周内处理掉，仅凭厂里的运力是做不到的。当前生产用车紧张，向外租车费用太高……"

党委书记老周也觉得老王和运输科长的话有道理，建议张经理适当调整。

张经理站起来说："各位讲的这些我都考虑过。但是十天后，外商要来厂里考察，洽谈项目。这堆废铁太难看了，不能因为它影响上千万美元的外资项目。所以，清场必须限期完成。由厂办主任李英代我全权负责，统一指挥，各部门必须服从安排。有意见可以保留，有困难必须克服。超过时限，由李英负责，有关部门不服从指挥，由部门一把手承担责任！不清除这些破烂，就无法打开新的局面……"

"这不是破烂，这是工人勤俭节约用汗水换来的价值几十万元的国家财产……"

"再贵重的东西，派不上用场也就是废物，不能因为它而影响厂里的开发。"

两个人你一言，我一语，互不相让，形成了对立。这对刚刚从秘书提升为办公室主任的李英来说，是一个两难的选择。她理解张经理的决定，清场必须执行。现代企业不能像收破烂的废品站，企业形象对企业发展有关键性的影响。她同样理解工会王主席，理解工人的优良传统和爱国爱企业的朴实感情。她感到太沉重了，一头是新任企业主管的威信，一头是全体工人的优良传统；一头是前途无量的国际性合作，一头是价值数十万元的国家财产和无价的全体工人的汗水。他们都是出于公心，都是可贵可敬的，为什么如此尖锐对立呢？难道真的是熊掌和鱼不可兼得吗？

李英按照这个思路开始运作起来了。她先从计划部门了解企业对钢材的需求，从物资部门了解各类钢材的价格，又跑批发市场、物资调剂市场和各施工工地，针对那堆边角料的用途，与有关生产厂家联系，最后以低于规格钢材30%的价格与红星农具厂、郊区五金厂和将军锁厂签订了转让合同，并限定在一周内由对方负责调运走所有的边角料。

李英的成功之处在于她采用了求同存异的方法。领导成员都是出于公心，为了企业利益着想，这点是解决矛盾的基础；各位领导都同意在保值前提下清除边角料，这点是协调矛盾的目标。达到了目标，其他问题就好解决了。李英在协调过程中，合理运用市场对资源的基础性配置作用，解决了边角料的处理与保值，清场与尊重工人劳动成果和勤俭节约办企业的优良传统的矛盾。另外，在整个协调工作中，她还利用了调查研究、公共关系、谈判技巧等手段，两全其美地完成了协调任务，值得我们好好学习。

五、协调工作切忌过分自信

案例三：田主任的错误

5月正是鲜花上市的时节，某市的精神文明表彰大会选在5月上旬的某一天召开。开幕这天上午，市政府礼堂主席台上摆满了鲜花，台下参加大会的人员都已到齐了，领导同志也已到休息室等候，会场播放着悦耳的歌曲。这时，距预定的大会开幕时间还有 15 分钟。

负责这次大会会务工作的市政府办公室田主任习惯性地在会场周围巡视了一遍，检查有无不足之处。一位记者走到他身边提出建议，说主席台的背景两侧应插上红旗才显得庄重。田主任一想："有道理，我原先怎么就没考虑到呢!"于是他立即将全体会务工作人员调到主席台上，要求重新布置主席台，搬走部分鲜花，在主席台背景两侧各插 3 杆红旗。当时有几个同志告诉他，只剩 15 分钟大会就要开幕了，恐怕来不及改动。田主任却自信地说："时间是够用的，干吧!"主席台的红色大幕被重新拉上了，只听见里面响起一阵杂乱的搬动声。

然而，15 分钟已经过去，主席台并没有像田主任估计的那样在预定的大会开幕时间之前就重新布置好，大会被推迟了近 20 分钟才开幕。市政府领导对此很不满意，批评了市政府办公室田主任。这件事在与会者中也造成了不良影响。

本案例中某市精神文明表彰大会不能按时开幕的原因很简单，即市政府办公室田主任过于自信，在大会即将开幕时临时动议，改变会场主席台的背景布置。一般来说，大会会场的布置是一项繁杂的工作，应该在开会的前一天完成。临开会前才决定并动手更改会场布置，是十分轻率的举动。其实，就精神文明表彰大会的性质而言，在主席台布置鲜花或红旗都可以。退一步说，假如会务组织者觉得插上红旗更合适一些，但已到了将要开幕的节骨眼上，只要不构成原则性的问题，也只能将错就错，不宜再作变动。田主任的错误，就在于他太自以为是，以致失去了正常的判断能力。

六、交谈中巧用逻辑避冲突

在人际交往中，有时别人会突然向你提出意想不到的问题，而你一时又弄不清对方问话的动机和目的，这个时候你怎样才能既使自己摆脱窘境，又不至于让问话者难堪，还可以给不怀好意者以迎头痛击呢? 许多成功的交际实例告诉我们，学会使用逻辑的应变技巧，巧妙地运用准确得体的语言可以使你在交际中处于有利地位，还可以避免可能发生的语言冲突。以下试选择了几个典型例子来说明这一点。

(一) 推理要注意找准突破口

湖南民间传说《巧媳妇》中有这样一则故事：巧姑是个聪明能干的少妇，她公公张老汉让她管家。巧姑把家务处理得井井有条，张老汉一时高兴，就在大门口贴上了"万事不求人"五个字。

知府老爷存心要整一整张老汉。有一天，知府老爷对张老汉说："你说得出这种大话，想必有大本事。好吧！限你三天之内，替我找出三件东西来：一是一头大公牛生的牛犊，二是灌得满大海的清油，三是一块遮天的黑布。要是找不出来，就办你个欺官之罪！"

张老汉回家后愁眉苦脸，吃不下饭睡不着觉。巧姑问公公有什么愁闷的事，张老汉把知府的话告诉了巧姑，巧姑一听，说："你放心吧！这事就让我来对付。"

过了三天，知府老爷来了，一进门便叫道："张老头，快出来！"

巧姑走上前说："禀大人，我公公没在家。"

知府瞪着眼说："他敢逃跑！他还有官差在身呢！"

巧姑说："他没有逃跑，是生孩子去了。"

知府奇怪了，说："世上只有女人生孩子，哪有男人生孩子的？"

巧姑说："你既然知道男人不能生孩子，为什么又要大公牛生的牛犊呢？"

知府一时无言对答，停了好久只得说道："这一件不要他办了，还有灌海的清油呢？"

"请大人把海水吸干，马上就灌。"

"海那么大，怎么吸得干？"

"不吸干，海里白茫茫一片水，油往哪儿灌？"

知府的脸一下子羞红了，说："这一件也不要了，还有遮天的黑布呢？"

巧姑说："请问大人，天有多宽？"

知府说："谁也没有量过，哪个晓得它有多宽！"

"既然不晓得天有多宽，那叫我们怎么去扯布呢？"

这样一来，知府老爷再也没有话说了。他红着脸，匆匆忙忙地钻进轿里跑了。

巧姑的推理过程是这样的：以"世上只有女人生孩子，哪有男人生孩子"为突破口推出"公牛不能生牛犊"，从"吸不干海水"推出"不能往海里灌清油"，从"不晓得天有多宽"推出"不能去扯遮天的黑布"。巧姑在智斗知府老爷的过程中，连用了三个假言推理：一个充分条件假言推理和两个必要条件假言推理。这样的推理让人心服口服，且有理有趣。巧姑巧妙的推理既让自己的公公避免了一场灾祸，又让仗势欺人的知府出尽了洋相，真是大快人心。

（二）推理要做到针锋相对

德国伟大诗人歌德有一天在魏玛公园散步，在通过只能容一个人走的小道时，遇见一个曾经尖锐地批评过他作品的人。这个人高声喊道："我从来不给傻子让路。"面对这种侮辱性的挑衅，歌德笑容满面地站在一旁说："而我则相反。"

现实生活中，有些人的问话仔细听来不但话中有话而且藏有恶意。批评家在这里说的"我从来不给傻子让路"，意即"只要是傻子，我从来不给让路"。这是一个肯定前件式的充分条件假言推理，在这个特殊的语言环境中，其小前提和结论都很明显，所以省略掉了，而且省略比不省略的表达效果更好。歌德则针锋相对，"以其人之道，还治其人之身"，他所说的"而我则相反"，也是一个省略了小前提和结论的肯定前件式的充分条件假言推理。这样的回答，充分表现了歌德的机智。

（三）推理要注意"偷换概念"

美国著名作家马克·吐温的长篇小说《镀金时代》深刻揭露了美国社会的阴暗面。小说发表后，他在一次酒会上回答记者提问时说："美国国会中有些议员是狗娓子养的。"这句话见报后，华盛顿的议员大为愤怒，要求马克·吐温赔礼道歉，否则将以法律手段对付他。马克·吐温于是又在《纽约时报》上发表启事，以示"道歉"，全文如下：日前鄙人在酒席上发言，说"美国国会中有些议员是狗娓子养的"。事后有人向我兴师问罪，我考虑再三，觉得有些话不恰当，也不符合事实。故特此登报申明，把我的话修改如下："美国国会中有的议员不是狗娓子养的。"马克·吐温第二次说的"有的议员"与第一次说的貌似指同一对象，实质上是偷换了概念，表面上看似道歉，而实际上又一次痛快淋漓地愚弄了美国国会中的某些议员，读来引人发笑。

（四）推理要注意联系实际

一辆公共汽车在急驶中猛然刹车，后面的一位男生撞在前面一位女生身上，女生很不愉快地说："德性！德性！"男生接口说："惯性！惯性！"男生在这里的机智回答，正是巧用了物体运动中都有"惯性"这一物理常识，使一场可能发生的口角在一片笑声中避免了。

七、要善于为他人提供"台阶"

在人际交往中，谁都有可能遇到难下"台阶"的情境或场面。在社交场合中，每个人都格外注意塑造良好的社交形象，都会比平时表现出更为强烈的自尊心和虚荣心。在这种心态支配下，如果你使他人下不了台，他人就会对你产生强烈的反感，甚至与你结仇；反之，如果你为他人提供了一个"台阶"，使他保住了面子、维护了自尊心，他人就会对你产生感激之情，甚至产生强烈的好感。

那么，在社交活动中如何适时地给他人或者自己提供一个恰当的"台阶"呢？

（一）挽对方面子作"台阶"

1953 年，周恩来总理率中国政府代表团慰问驻旅大的苏军。在我方举行的招待宴会上，一名苏军中尉翻译总理讲话时译错了一个地方，我方代表团的一位同志当场作了纠正。这使总理感到很意外，也使在场的苏联驻军司令大为恼火。因为部下在这种场合出现失误，司令有些丢面子，他马上走过去要撕下中尉的肩章和领章。宴会厅里的气氛顿时显得非常紧张。这时，周总理及时地为对方提供了一个"台阶"，他温和地说："两国语言要做到恰到好处的翻译是很不容易的，也可能是我讲得不够完善。"然后他慢慢重述了被译错了的那段话，让翻译仔细听清并准确地翻译出来，缓解了紧张气氛。总理讲完话，在同苏军将领、英雄模范干杯时，还特地同那位中尉翻译单独干杯。苏联驻军司令和其他将领看到这一场景，在干杯时感激万分，那位翻译更是被感动得举着酒杯久久不放。

在社交场合要特别注意给对方留面子，注意给对方提供一个恰当的"台阶"。特别是在重大的外交活动中，每个人的一举一动都代表着国家的形象。因此，当遇到意外情况使对方陷入尴尬境地时，在给对方提供"台阶"的同时如能采取某些措施及时为对方面子上增添一些光彩，会使对方更加感激你。周恩来妙打圆场缓解了当时尴尬的场面，帮助对方挽回了面子就是很好的例证。

（二）调侃自嘲自找"台阶"

一群 20 年后相见的老同学中，有一男一女曾是同桌，因而男同学说话遮拦便少一些。女同学的丈夫不久前因病去世，男同学对此并不知情，因而在玩笑中无所顾忌地提及其丈夫。另一知情同学连忙阻止，但那位男同学并未领会其意，玩笑反而开得更为厉害。阻止的同学只得说出实情，这个男同学显得非常尴尬。不过他迅速回过神来，先是在自己脸上打了一下，之后调侃地说："你看我这嘴，几十年过去了还和当学生时一样没有把门的，不知高低深浅，只知道胡说八道。该打嘴！该打嘴！"女同学见状，虽有说不出的苦涩，但仍大度地原谅了老同学的唐突，苦笑着说："不知者不为怪，事情过去很久了，现在可以不提它了。"

如果下不了台的事因自己不慎而生，最聪明的办法是多些调侃，少些掩饰；多些自嘲，少些自以为是；多些谦卑，少些趾高气扬。那位无意中触人隐痛的男同学，用调侃自嘲之法便轻松地为自己找到了可下的"台阶"。谁都可能碰上难下"台阶"的情境，但只要多想办法，给自己找一个"台阶"并不是太难的事。要给自己找个"台阶"，就要在窘境中及时调整思路，选择一个巧妙的角度改变眼前的被动局面，想方设法争取主动。

（三）用假设给人提供"台阶"

一个学生和班主任为男生能不能到女生宿舍串门的事争论起来，老师一口咬定绝对不能。学生一时不能说服老师，又见老师似有怒意，为了结束争论并给老师一个"台阶"下，他巧妙地说："如果老师说得正确，那我肯定错了。"

有时在与师长、上司等辩论时，如果你认定自己的观点绝对正确，可是出于礼貌又不能固执己见，在这种两难境地中，使用假设句往往能收到很好的效果。在特定的交际场合，有时碍于面子，有时把握不准，为了表达的需要都可以用假设句。"如果老师说得正确，那我肯定错了"本是一句废话，但由于附加了假设条件，使表达变得婉转含蓄，及时为对方提供了一个很好的"台阶"。那位学生其实并没有肯定老师的观点，老师听了却不再争执。亦庄亦谐、妙趣横生的假设缓解了当时紧张的气氛。

（四）以幽默语言作为"台阶"

作家冯骥才在美国访问时，一位美国朋友带着儿子去看他。他们谈话时，那壮得像牛犊似的孩子爬上冯骥才的床，站在上面拼命蹦跳。如果直截了当地请他下来，势必使其父产生歉意，也显得自己不够大方。于是，冯骥才便说了一句幽默的话："请你的儿子回到地球上来吧！"那位朋友说："好，我和他商量商量。"

幽默是人际交往的润滑剂，一句幽默的话语能使双方在笑声中相互谅解。这里，冯骥才用一句幽默语言，既达到了目的，又显得风趣、大度。

（五）用暗示给人找"台阶"

在广州一家著名酒店里，一位外宾吃完最后一道茶点后顺手把精美的景泰蓝食筷悄悄插入自己西装的内衣口袋里。服务小姐不动声色地迎上前去，双手擎着一只装有一双景泰蓝食筷的绸面小匣子说："我发现先生在用餐时，对我国的景泰蓝食筷爱不释手。非常感谢您对这种精细工艺品的赏识。为了表达我们的感激之情，经餐厅主管批准，我代表酒店将这双图案最为精美并且经过严格消毒处理的景泰蓝食筷送给您，并按照本店的'优惠价格'记在您的账簿上，您看好吗？"那位外宾当然明白这些话的弦外之音，在表示了谢意之后说自己多喝了两杯白兰地，头脑有点发晕，误将食筷插入内衣口袋里，并且聪明地顺着台阶说："既然这种食筷不消毒就不好使用，我就'以旧换新'吧！哈哈哈。"说着取出口袋里的食筷恭敬地放回餐桌上，接过服务小姐给他的小匣，不失风度地向收银台走去。

谁都不愿把自己的错误或隐私在公众面前"曝光"，因此，在交际中应尽量避免使对方当众出丑。服务小姐通过委婉的暗示，让对方知道了自己的错误，收到了很好的效果。

（六）不露声色提供"台阶"

一次，一位外宾在天津某饭店请客，10 个人吃饭要了 3 瓶酒。饭店服务员小丁知道 10 个人 5 道菜起码得有 5 瓶酒，看来客人手头不那么宽裕。于是，她不露声色地亲自给客人们斟酒。5 道菜后，客人们酒杯里的酒还满着。这位外宾脸上很光彩，感激小丁给他圆了场，临走时表示下次还来这里。

在这个情境下，小丁如果想让这位外宾"出洋相"实在是太容易了，但那样就会失去一位"回头客"。善于交际的人往往都会不动声色地让对方摆脱窘境。小丁不露声色的举动，既使当事者体面地下了"台阶"，又让在场的旁人没有觉察。因此，这位外宾对小丁感激不尽。

在人际交往中学一点给人下"台阶"的技巧，不仅能使你获得对方的好感，还有助于树立良好的社交形象。

八、善于透过现象看问题

常言道："兵无常势，水无常形。"协调沟通工作也是如此。针对不同的事项和不同的对象，必须采取不同的协调沟通方法。但无论你用什么方法，要想取得协调的成功，在协调沟通时都要善于抓住问题的要害。

历史上有很多杰出人士，由于他们具有高瞻远瞩的目光和洞察事物本质的能力，因此，往往能透过扑朔迷离、纷繁复杂的表面现象，抓住问题的要害，从而取得协调和决断的成功。这样的例子举不胜举。例如，三国时期，魏国司马懿之子司马昭，就是一个具有犀利眼光和高超判断能力的杰出政治家和军事家。

公元 263 年，把持魏国朝政的大将军司马昭在对蜀国的政治军事形势、地形、气候条件和综合国力等作出全面分析后，看出蜀国政权日趋衰弱，灭蜀条件已经成熟，于是，及时把握战机，派遣智勇双全、善于用兵的大将钟会和邓艾率兵征伐蜀国。魏军的军事行动完全按照司马昭的战略部署进行，蜀国大将姜维被邓艾牵制在汉中，钟会乘机"出其空虚之地"，一举攻克蜀汉战略要地汉中。接着，魏军势如破竹，直通成都。正如司马昭所料，蜀国"边城外破，士女内震"，朝野上下一片慌乱。最后，蜀后主刘禅投降，蜀国灭亡。岂料，邓艾和钟会伐蜀成功后，两人都有自立为王、反叛魏国的野心。《三国志》这样描写钟会："自谓功名盖世，不可复为人下，加猛将锐卒，皆在己手，遂谋反。"

面对邓艾和钟会先后叛乱的严峻局势，司马昭毫不惊慌，因为他在派钟会和邓艾伐取蜀国之前，就作了一番细致独到的分析，猜测这两人可能会谋反，事先就已经采取了一系列措施，把钟会和邓艾紧紧地控制在股掌之中。其实，早在司马昭派钟会伐蜀时，谋士邵悌就进言说："钟会不值得信任，不能派他去伐蜀。"他建议司马昭另选伐蜀统帅。司马昭笑着说："我难道不懂得这个道理吗？蜀国给天下带来灾难，使黎民不得安宁，我讨伐蜀国，胜利如在指掌之中。但众人都说蜀国不可以征伐，人如果犹豫胆怯，智慧和勇气就会丧失，没有智慧和勇气，即使勉强去了，估计也打不了胜仗。只有钟会与我的意见相同，现在派钟会去伐蜀国，一定可以灭掉蜀国。灭蜀之后，即使发生了你所担心的事情，又能怎么样呢？凡败军之将不可以同他谈论勇气，亡国的大夫不可以与他谋划保存国家，因为他们心胆都已被吓破了。倘若西蜀被攻破，残留下来的人震惊恐惧，没有勇气与钟会一起图谋不轨；中原的将士各自思乡心切，也不会与他同心。在这种情况下，倘若钟会作乱，只会自取灭族之祸罢了。所以，你不必为这件事担忧，只是不要把我的这些话告诉别人。"

从表面上看，钟会和邓艾两人皆有反心，在取了成都之后，必然会反叛，似乎不宜派遣他们去伐蜀。但司马昭通过深入细致的分析，看到了问题的本质，即钟会和邓艾两人都想称王，但又必然会相互牵制。即使邓艾和钟会在蜀地反叛成功，司马昭也不怕，因为他早已断定，蜀军败将不可用，蜀地人心不可依靠，他们成不了大事。况且司马昭听到钟会报来邓艾反叛的消息后，就挥军西行，表面上看是去镇压邓艾叛乱，实际上是准备在平息邓艾叛乱之后应对钟会的谋反。事实果如司马昭所料，当钟会借镇压反叛之名除掉邓艾后，自以为得计，就准备谋反。但这时司马昭已亲自率军十万屯驻长安，并令中护军贾充领军入斜谷，随时准备镇压钟会的叛乱。钟会发觉司马昭对他已有防范，慌忙诈传郭太后遗诏，公开打出讨伐司马昭的旗号，但其部将都不愿随他作乱，钟会就把他们都关押起来，"严兵围困欲尽杀之"。不料其谋泄露，军营一片哗然，部属起兵攻打钟会，钟会猝不及防，最终被杀，这场叛乱遂以失败而告终。正如司马昭所料，蜀亡之后，遗民宁可归于晋，也不拥护钟会再行割据。北方将士各自思归，更不愿随他留在蜀中。所以钟会作乱，只能是自取灭亡。

从这个故事中我们可以看出，司马昭之所以能在如此错综复杂的局势中先利用钟会和邓艾之勇轻松地灭掉蜀汉，后利用钟会和邓艾的矛盾迅速平息叛乱，稳定蜀中局势，是因为他不被事物的表象所蒙蔽，善于从纷繁复杂的矛盾中抓住主要矛盾，并预测矛盾的发展变化方向。简单地说，就是司马昭能准确抓住问题的要害。

协调沟通和用兵打仗一样，要想取得成功和胜利，就要善于抓住问题的要害，从一般情况中分析规律，从偶然事件中发现必然因素，通过简单的表象，挖掘出隐藏在表象后面的内因，并据此进行有针对性的协调沟通，从而推动问题的解决。古人对此有极为精辟的总结："百智之首，知人为上；百谋之尊，知时为先；预知成败，功业可立。""知彼知己，百战不殆；不知彼而知己，一胜一负；不知彼不知己，每战必殆。"

九、当有领导在你面前非议其他领导时怎么办

在机关工作时间长了，常会遇到这样的情况：当领导者之间发生了矛盾或产生了意见分歧后，有的领导往往愿意在秘书面前唠叨，表达对其他领导的不满。遇到这样的事情，秘书必须慎重对待，否则就会惹出麻烦。

小李在某单位当秘书，写得一手好材料，在领导那里很得宠，一起进入机关的同事都觉得他前途最"光明"，他本人也"自我感觉良好"，一副志得意满的样子。

工作一段时间后的一个星期天，几位同事在一起相聚，大家都很兴奋，小李却没精打采，往日的神气全不见了，让人很纳闷。酒过三巡后小李终于说话了："最近也不知道是我们局长哪儿出了毛病，还是我哪儿出了毛病，以前我写的材料他总说好，可现在他总是横挑鼻子竖挑眼的，好像换了一个人，真是莫明其妙！"

听了小李的话，有的满不在乎地说："这是你神经过敏，不要杞人忧天了。"

有的说："领导挑秘书点毛病是正常的，没什么不可理解的。"

小李又说："我总觉得他是在故意挑我的毛病。"

这时，一向不善言辞的小马说话了："病从口入，祸从口出，找不到其他原因就从这老俗话里找找吧。"

原来，他是聪明一世，糊涂一时。前不久，一位副局长在他面前发牢骚，对局长不注意听取副职意见、处事主观武断表示不满。实际上这位副局长说的也没错，局长确实有时候较主观。因此，小李便对副局长说："其他同志也有这方面的反映，局长确实应该注意。"结果这话不知怎么传到了局长的耳朵

里，局长听到的可能就是另外一种说法："连秘书都说他该注意了。"这样，局长便觉得小李在搬弄是非，非常不满，你想这下他的日子能好过吗？

那么，遇到有的领导在秘书面前谈对其他领导的不满时，秘书该怎么办呢？下面的"四要"或许能帮助秘书朋友从烦恼中走出来。

（一）要有是非观念

有的领导愿意在秘书面前表达对其他领导的不满，分析其原因不外乎以下几种：

一是信口开河。这样的领导一般性子比较急，心里装不下事，常常有意无意中就把自己的不满说了出来，说的时候又往往不择对象、不计后果。

二是"感情交流"。有的领导与秘书有一些共识，天长日久也建立了一定的个人感情，对其他领导有一些想法时也常常愿意对秘书讲，以宣泄自己的情感，求得心理补偿。

三是"基于义愤"。心有不平又无处可说，通过与秘书闲谈把自己不满的心情表达出来，只求一吐为快。

四是贬低他人，抬高自己。这纯是一种心术不正的行为，其他领导不一定有多少错，但常常被他说得一无是处，以此来抬高自己。

从根本上说，不论出自何种原因，作为领导在秘书面前发泄对其他领导的不满，甚至说一些贬低其他领导的话是完全不应该的。领导之间在工作中产生分歧或矛盾，应该通过当面交换意见或通过上级领导调解解决。作为秘书，当有的领导在自己面前谈对其他领导的不满时，首先应该在思想上建立起一道防线即是非界线，认识到这是不对的。确立是非观念是处理好这类问题的基础。

（二）要抛开得失心

明确了这个问题是对还是错，仅仅是为处理好这个问题奠定了基础，并不等于就能处理好这个问题。有的领导在秘书面前谈对其他领导的不满，一些秘书明明知道这是不对的，却又常常随声附和，有的甚至添枝加叶、扩大事实，因此就自觉不自觉地被卷进了是非之中，到头来把自己搞得"两头不是人"。为什么会这样呢？下面我们来分析一个事例：

某重型机械厂党委书记老王讲过这样一件事："我们厂党办有个年轻秘书姓陈，我刚上任时，上下领导都说他不错，很会处理各方面关系，工作也有能力。开始我也觉得他是个人才，有机会应该重用一下。可后来有件事让我改变了对他的看法。我刚调到这个厂时通过调研发现要提高厂里的经济效益，就必须深化改革，对现有的组织机构和干部进行一些调整，起用一些新人、能人。

可是对此老厂长有些想不通，跟我说：很多干部都是多年的老部下，对厂里的工作还是支持的，能不动就不要动，调下去了他们没面子，作为他们的老领导我也没面子。但是为深化改革，促进企业发展，我还是坚持自己的意见。于是，我一面做老厂长的工作，一面了解干部队伍的情况，考虑人选。由于对小陈印象不错，便找他了解干部队伍的情况。谈话中，小陈听出了我有调整干部的想法，也听出了老厂长在这个问题上有些想不通以及我对老厂长有些看法。小陈跟我谈了厂里的不少情况，也谈了一些干部的情况，其中也说了老厂长的一些不是。开始他说老厂长的一些不是基本上还是事实，和我调查了解的情况没多大出入，我就没在意；可后来他说老厂长的一些不是就有些过分了，我便不客气地批评了他几句，批评完也就完了，我也没往心里去。谁知没过几天，老厂长气冲冲地找我发火，说我背着他私自为调整干部作准备。我马上就想到可能是小陈在老厂长面前多嘴了，因为老厂长说的几件事我没和第二个人谈过。老厂长是个性格火暴、直心肠的人，静心深谈便说出了事情的原委。原来，这小陈见厂里要提拔新干部自己就着急了，想争取提拔一下，开始想在我这里讨好处，结果受了批评，不甘心又到老厂长那里套老交情，添枝加叶说我在私下准备调整干部人选，使老厂长觉得我不尊重他。后来我和老厂长相互消除了误解，在工厂深化改革、调整干部等一系列问题上达成了共识。小陈的小聪明自然耽误了自己的前程。"

上面这个例子，实事求是地讲，党委书记在秘书面前流露出对老厂长的不满是不妥的。但小陈错在哪里呢？以前他为什么能妥善处理好与各位领导的关系，赢得领导的信任，而这次却"翻船"了呢？原因就在于个人得失之心在作怪，遇到提拔的机会就坐不住了，心里的是非天平失去了平衡，自以为聪明却做了不该做的事，结果是聪明反被聪明误。要正确处理这方面的问题，不被卷进是非之中，工作中就不能带个人得失之心，抛开个人得失之心事情就会好办得多。一是不人云亦云，奉承一方，贬低另一方；二是不能不顾事实，人为地造成领导间更大的误解和矛盾；三是不能说话"没把门的"，想起什么就说什么。

（三）要善于补事

作为秘书，当领导之间产生意见分歧或矛盾时不能搬弄是非，采取冷眼旁观的态度，而应善于补事，多做补台的工作。那么，应当从哪些方面补事呢？

（1）要客观地反映事实真相。领导之间产生分歧或矛盾，很多时候是由于对一些情况不完全了解引起的，在这种情况下秘书应主动将自己了解的事实真相告诉领导，以消除领导间的误会，化解矛盾。

（2）要善于"熄火"。领导在气头上时秘书决不能再火上浇油，而要设法把话题引开，谈点能使他高兴的事，转移其注意力。待其气消了仔细一想，也许不用别人提醒什么自己就明白事情该怎么处理了。

（3）不做"长舌妇"。听到某领导对其他领导不满或说了贬低其他领导的话决不可传给对方，传的结果必然是成事不足，败事有余，而不传本身就是补事。

（四）要谨防由"知己"变"异己"

有的领导愿意在秘书面前谈对其他领导的不满，从某种意义上说是对秘书的信任，是把秘书看成了"知己"。因为人一般情况下是不会将自己内心的秘密说给一个不熟悉的人听的。所以，遇到有的领导在自己面前谈对其他领导不满时，秘书既要注意补事，又要注意防止被领导误解，防止由"知己"变成"异己"。一位颇为世故的同事曾对我说："要想不被当成'异己'又不得罪领导，最好的办法是不说好也不说坏，这样谁也不见怪。"这种说法也是不对的，一个正直负责的秘书不仅要善于补事，还要注意补事的方法。

（1）先听为上。当有的领导在秘书面前谈对其他领导的不满时，秘书一定要细心聆听，给对方机会，让他尽可能把想说的话说完，千万不要争辩、抱不平或神情上表示出不满，否则就会引起领导的不满。

（2）留心共同点。在听对方说话的时候，要留心去想他说的话，这样当对方把话说完时，他说的哪些是对的、哪些是不对的你心中就会非常清楚了。

（3）珍重信任。围绕对方正确的地方、可以理解的地方，在不影响领导团结或不致使领导之间矛盾进一步激化的前提下说几句理解的话，这样就不致使对方觉得你反感他说的事情或对他冷淡。

（4）婉转补事。秘书应当在表示出对对方理解的基础上，巧妙婉转地进行补事。例如，你可以通过说明事实真相来消除领导间的误解。你可以说："这个问题您搞错了，事情本来是这样的……"也可以说："这个问题好像是这样的……"两者相比，后一种说法不评价对方的对错，只是婉转地把事实说出来，这样更容易使领导接受。

（5）留意"红绿灯"。汽车司机要想安全行车，必须随时留意前方的红绿灯。秘书向领导提出建议，特别是企图纠正领导认识上的偏误时也要留意"红绿灯"。"红绿灯"就是听你说话的领导可能表现出来的专注、喜悦或厌烦、不悦的表情、神态。要是你看不到"红灯"即将亮出，一味地说个没完，那注定要撞到"异己"的牌子了。总之，当秘书的只要摆正位置，端正心态，恪守职业道德，就一定能处理好这方面的问题。

十、总工病了

关厂长四十有五，在工作上严格要求是出了名的，谁要在工作上打马虎眼，他粗大的嗓门会叫人受不了。然而，下级有个病痛，他忙到半夜也要亲自探望。

小陈是厂里新来的秘书，在她之前，已经有 3 个人因为关厂长的坏脾气而离开。小陈听说了别人对关厂长的看法，虽然大家都劝她不去为好，但她倒想去见识见识这个关厂长。上班的第一天，一切完全是规范化的。第一次见到关厂长，关厂长很礼貌地接待了小陈，交代了一些工作之后，关厂长便急着去忙事情了。关厂长留给小陈的第一印象还算不错。

几天后，关厂长通知小陈随他去与外商洽谈技术合作项目，早上 9：30 出发，同行的有总工和外请的翻译。这个项目小陈在技术科早就知道了，方案也是她在总工指导下制订的。还不到 8：00 的时候，她就到技术科准备一些资料。没想到，一阵急骤的电话铃声响起，对方的同事转告小陈，说关厂长找她，火气很大。小陈立即赶到关厂长办公室，关厂长上来就没有好气："上班时间串什么门儿？我让你在办公室等着，9：30 出发，你到处跑什么？"小陈也火了，不是还不到 9：30 吗？但还是忍住，沉默着听关厂长"发威"。

听到关厂长接下来的话，小陈才知道，原来是总工住院了，翻译也因事不能来，如果因此推迟谈判，对方可能会去找新的合作伙伴。关厂长为此事很着急，知道这个情况后，小陈原谅了关厂长的发火。"您对这个项目熟不熟悉？"小陈问。"主要内容清楚，有些细节不很熟悉。"关厂长说。"细节和全部内容我都熟悉，我参加过这个方案的起草。"小陈自信地说。关厂长眼睛一亮，但马上又暗了下来："可翻译没有来啊。""外商不是美国人吗？"小陈问。关厂长点了点头，小陈说道："我认为我能行。"小陈觉得没有必要谦虚。关厂长顿时惊喜万分，也意识到了自己之前的态度不好。他立刻让相关人员做好了准备工作和小陈一起出发了。

谈判成功了。在谈判当中，小陈又当翻译又和老外谈技术合作的细节，关厂长把关决断，配合得十分默契。由于小陈对对方的情况十分了解，还适当地称赞了几句对方的技术成就和经济实力，对方代表十分高兴，伸着大拇指用简单的华语说："关先生，我羡慕您呀！您的秘书才华出众，年轻有为。"回来的路上，关厂长对小陈的表现非常满意，当他在说着夸奖的话的时候，小陈却提醒关厂长要去医院看总工，对于关厂长要特设犒劳的邀请，小陈也婉言谢绝了。大家听说厂里新来的秘书把厂长"制伏"了，都很佩服她。可是小陈却认为：领导也是人，在他为难的时候，作为秘书应该亲近一点、热情一点，尽量帮他分忧；在他成功的时候、高兴的时候应该离远一点、冷静一点，尽量使他保持清醒。

这个案例告诉我们，人际关系的协调是秘书职能的重要方面。该材料主要反映的是秘书与领导者关系的协调。秘书与领导者的关系是对立统一的关系：秘书活动源于领导活动的需求而产生，又伴随领导活动的进行而展开，两者相互补偿，不可或缺。秘书与领导者的关系是一种上下级关系，秘书要遵从领导指挥，领会领导意图，为领导活动服务，成为领导者的得力助手，不可固执己见乃至越职越权。上述材料中，秘书小陈在追求一致与积极适应的原则下，正确处理了与关厂长的关系，积极发挥参谋作用，协助关厂长谈判成功。由此可见，人际关系协调在秘书工作中处于非常重要的位置，所以，秘书要加强人际关系协调能力，增强公共关系意识。秘书协调与领导关系的原则：第一，服从原则；第二，尊重原则；第三，请示原则。

十一、不吃"独食"

王某在一家广告策划公司工作，担任公司一把手的秘书。平时在公司里上上下下关系都不错，而且她还很有才气，工作之余经常做一些策划。有一次，她组织几个员工策划出来的创意得到了公司一把手的赏识。她的创意推出之后，还真的为公司带来一番好评和后续业务。她感到十分荣耀，逢人便提自己的努力与成就，同事们当然也向她表示祝贺。

过了个把月，她却失去了往日的笑容。她发现单位同事，包括她的上司和同事，似乎都在有意无意地和她过不去，并且回避着她。王某为什么会遇到这种结局？其实原因简单明了，她犯了"独享荣誉"的错误，也就是说，她吃了"独食"。就事论事，她策划的选题能够为公司牟利，作为主创人员的她，贡献当然很大，但这也离不开其他人的努力，他们当然也应分享这份荣誉。他们不会认为某个人才是唯一的功臣，至少也认为自己"没有功劳也有苦劳"，所以这位秘书"独享荣誉"，当然会引起别人的不满，尤其是她的上司，更会因此而产生一种不安全感，害怕她"功高震主"。

"吃独食"，也就是说一个人把成果独吞，这样会引起其他人的反感，从而为下一次合作带来障碍。俗话说，有福同享，有难同担。当你在工作和事业上取得些成绩，小有成就时，这当然是值得庆祝的一件事情，你也应当为自己高兴。但是有一点，如果赢得这一点成绩是集体的功劳，或者离不开他人的帮助，那你千万别把功劳据为己有，否则他人会觉得你好大喜功，抢占了他人的功劳。如果某项成绩的取得确实是你个人的努力，当然应该值得高兴，而且也会得到别人对你的祝贺。但你自己一定要明白，千万别高兴得过了头，一方面可能会伤害有些人的自尊心，另一方面，现实社会中患有"红眼病"的人不少，如果你过分狂喜，能不逼得人家眼红吗？所以，作为秘书，想要在工作上有特别的表现而且能够同时受到大家的欢迎，千万要记住一点——别吃"独食"，否则这份荣耀会给你的人际关系带来障碍。当你获得荣耀时，应该做到以下几点：

（1）与人分享。即使是口头上的感谢也算是与他人分享，而且你也可以让更多的人和你一起分享，反正说几句话对你也没什么损失！这让旁人觉得自己受到尊重，如果你的荣耀事实上是众人协力完成，那你更不应该忘记这一点。你可以采取多种与他人分享的方式，如请大家喝杯咖啡，或请大家吃一顿。"吃人嘴软，拿人手短"，别人分享了你的荣耀，就不会为难你了。

（2）感谢他人。要感谢同仁的协助，不要认为都是自己一个人的功劳。尤其要感谢上司，感谢他的提拔、指导。如果事实正是这样，那么你本该如此感谢；如果同仁的协助有限，上司也不值得恭维，你的感谢也就更为必要，虽然显得有点虚伪，但可以使你避免成为他人的箭靶。为什么很多人上台领奖时，他们首先要讲的话就是"我很高兴！但我要感谢……"，就是这个道理。这种"口惠而实不至"的感谢虽然缺乏"实质"意义，但听的人心里都很愉快，也就不会妒忌你了。

（3）为人谦卑。往往有些人一旦获得荣耀，就容易忘乎所以，并从此自我膨胀。这种心情是可以理解的，但旁人就遭殃了。他们要忍受你的嚣张，却又不敢出声，因为你正是春风得意。可是慢慢地，他们会在工作上有意无意地让你为难，让你碰钉子。因此有了荣耀时，应更加谦卑。别人看到你如此谦卑，当然不会找你麻烦，和你作对了。当你获得荣耀时，对他人要更加客气，荣耀越高，头就要越低。

其实，别独享荣耀，说穿了就是不要去威胁别人的生存空间，因为你的荣耀会让别人产生一种不安全感。而当你获得荣誉时，你去感谢他人、与人分享、为人谦卑，这正好让他人吃下了一颗定心丸。人性就是这么奇妙，没什么话好说。因此，当你获得荣耀时，一定要记住以上几点。如果你习惯了独享荣耀，那么总有一天你会独吞苦果！

十二、秘书的协调艺术

秘书部门的协调既重要又微妙，必须遵循协商办事的原则：

（1）把握身份，不以势压人。胡佛总统执政期间，25 000 余名第一次世界大战的退伍老兵请愿，要求政府给予"退伍军人补助金"。他们与政府进行了多次对话，但都互不相让。最后，胡佛拒绝了退伍老兵的一切要求，并出动军队将退伍老兵强行赶出了华盛顿。罗斯福上台后，退伍老兵们又以更大的声势请愿。同样，几次谈判未果。后来，罗斯福与夫人埃利诺商定，由埃利诺出面协调。埃利诺与总统助手路易斯一同前往，到了退伍老兵聚集地时，埃利诺让路易斯留在车上，她独自一个人下了车，没有丝毫犹豫地踏着齐踝深的泥水，微笑着向退伍老兵们走去。退伍老兵见到满身泥水的总统夫人，备受感动，忙把她扶了过来。埃利诺询问了他们的疾苦，倾听了他们的诉说，还和他们一起唱了歌，气氛非常热烈。在这种融洽的氛围中，埃利诺成功地说服了退伍老兵，使他们做出了让步，问题得到协商解决。

这个事例告诉我们，把握身份，动之以情，晓之以理，以情感人，以理服人，在协调工作中是十分重要的。如果只凭自己的身份和手里的"尚方宝剑"，居高临下，盛气凌人，甚至以势压人，不仅无助于问题的解决，反而会使矛盾激化。

（2）公正处事，不偏心偏爱。在日常工作中，上级与下级、部门与部门之间出现意见或分歧是难免的。秘书部门在协调这类问题时，应依据分歧的客观情况，从维护大局、有利于工作出发，客观公正地协调，决不能从个人好恶出发，厚此薄彼，偏心偏向。尤其要防止对有"背景"的偏袒，对无"背景"的打压的现象。比如，在领导决策与部门认识不一致时，只要不是原则问题，就不能一味强调"不折不扣"，压着部门去办；也不能违背领导意图，走所谓"群众路线"，而应当把领导的指示与客观实际结合起来，把对上负责与对下负责统一起来，在充分协商的基础上搞好"微调"，从而既保证领导意图的落实，又符合客观实际，能够被群众所接受。如果领导决策与客观实际出入较大，可将实际情况和部门建议及时向领导反馈，以便调整决策。当部门与部门之间发生矛盾需要协调沟通时，秘书部门应认真听取各方的意见，从中找出"共同点"，并以"参谋"的角色，提出容易被双方接受的意见和建议，使他们逐步取得共识，以达到令人满意的结果。

（3）诚实为本，不欺骗他人。协调时，要光明磊落、实实在在，一是一，二是二，不要小聪明，不玩弄权术。否则，最终会将协调的后路堵死。现实生活中，有这样一种现象，有的秘书牵头承办一项重大活动，开始协调的时候，因为需要别的部门出人、出钱、出物，就赔着笑脸与大家商量，一旦大功告成，往往独揽功劳，翻脸不认人。这种过河拆桥的做法，不仅不利于调动方方面面的积极因素，也有损秘书部门的形象。在与同级部门进行工作协调时，首先要想一想自己能够做些什么，怎样才能为对方完成工作创造便利条件；在与下级部门协调时，首先要想一想怎样帮助下级解决困难，是不是理解了下级的苦衷，是不是调动了下级的积极性。

十三、从王熙凤管理宁国府谈起

说到协调的艺术，《红楼梦》中王熙凤管理宁国府的做法，有许多值得我们借鉴的地方：

（1）协调须用脑。王熙凤首先对宁国府进行了认真的分析，归纳出宁国府的五大弊端："头一件是人口混杂，遗失东西；第二件，事无专执，临期推诿；第三件，需用过费，滥支冒领；第四件，任无大小，苦乐不均；第五件，家人豪纵，有脸者不服钤束，无脸者不能上进。此五件实是宁国府中风俗。"可谓一语中的。由此可见，要想把协调工作做好，首先要对协调的对象进行全面分析，将纷繁复杂的事物条分缕析，做到了然于心。这就要求我们在协调前要认真做好调查研究工作，广泛深入基层，充分掌握第一手材料，周密考虑工作的方方面面，尽可能把协调建立在事实的基础上，从而减少协调工作的盲目性和被动性。

（2）协调须明责。王熙凤根据具体情况对宁府的各色人等进行了分工，每个人都明确了自己的职责，工作效率明显提高，"不似先时只拣便宜的做，剩下的苦差没个招揽。各房中也不能趁乱失迷东西。便是人来客往，也都安静了，不比先前一个正摆茶，又去端饭，正陪举哀，又顾接客。如这些无头绪、慌乱、推托、偷闲、窃取等弊，次日一概都没了"。明确工作职责是落实协调工作的前提。协调工作千头万绪，特别是遇到大型会议和活动，事务多，人手杂，如果没有明确的分工，工作职责不清，就会陷入混乱状态。有的工作没人做，有的人不做工作，很容易丢三落四，有时还会因为一个小纰漏而影响大局。一旦出了问题，又都推卸责任。这样就连正常的运转都成问题，更谈不上有效的协调了。

（3）协调须赏罚分明。王熙凤按名查点，众皆到齐，只有一人未到。即命传到，那人求饶，凤姐便说："本来要饶你，只是我头一次宽了，下次就难管，不如现开发的好。"还是重罚了她。王熙凤杀一儆百的做法取得了明显的效果。宁府中人才知凤姐厉害，"众人不敢偷闲，自此兢兢业业，执事保全"。王熙凤在执行处罚时的态度是很坚决的，看似过于严格，实际是按制度办事，因为王熙凤已把丑话说在前了。她第一次点名时就说："如今都有定规，以后哪一行乱了，只和哪一行说话……不论大小事，我是皆有一定的时辰……说不得咱们大家辛苦这几日罢，事完了，你们家大爷自然赏你们。"同时，她对各头目也明确了纪律："来升家的每日揽总查看，或有偷懒的，赌钱吃酒的，打架拌嘴的，立刻来回我。你有徇情，经我查出，三四辈子的老脸就顾不成了。"可谓三令五申，在这种情况下再出问题，不处罚就会失去威信。

（4）协调须讲原则。协调工作往往涉及多方面的平衡，有的问题比较复杂，常常会遇到有些职能部门从自身利益出发，过分强调自己的困难，保护部门的利益，影响协调目的的实现。这就需要在实际工作中把灵活性和原则性结合起来。一方面要坚持客观、公平和公正，自觉地站在全局的高度，说服引导，把大家的思想统一起来，最终实现局部利益服从整体利益，眼前利益服从长远利益。一方面要敢与碰硬，要有不怕得罪人的勇气。对重点工作和应急任务，特别是久拖不决的难点问题，要敢于"唱黑脸"，排除阻力，切实加以解决。

（5）协调须虚心。需要指出的是，在实际协调工作中，我们不能学王熙凤盛气凌人的态度。有的秘书说话趾高气扬，动辄指挥人，让人感觉难以接近，更不用说解决实际问题了。如此言行，既破坏了自己的形象，也为协调工作带来障碍。我们必须树立正确的协调观，耐心听取不同的意见，取得协调对象的信任与合作，力戒作风轻率、方法草率、偏听偏信和感情用事。

12

秘书的公关意识

一、用真情实意感动人

案例一：一枚纽扣连着纽约城

1991 年的某一天，某中日合资企业总经理罗某的办公桌上放着一封从太平洋彼岸美国寄来的挂号信。信中指责该公司西服质量如何低劣等，将该公司骂得一文不值。罗经理感到事情不妙，心想公司 80% 的西服外销世界各地，信誉不错，怎么会出现这种情况呢？

为了弄清缘由，他吩咐公关部立即给那位美国顾客回了信，调查原因，赔礼道歉。谁知信发出了一个多月，竟杳无音信。为此罗经理辗转反侧，忐忑不安。他决心要把问题弄清楚，就带了一名推销员，乘飞机到美国纽约访问顾客。他们不顾旅途疲劳，几经周折，找到了那位顾客。当那位顾客得知公司总经理来调查情况，赔偿经济损失时，感激而又尴尬地耸耸肩说："No！No！No！你们真是太认真了。"

原来，这位顾客花了 400 美元买了一套该公司的高级西服，买时没有仔细看，回到家一试穿，发现少了一枚纽扣。美国人一向重视商品质量，花了钱竟买来一套质量不高的西服，觉得很倒霉，一气之下就写了这封信。后来他在纽约配了一颗扣子。

为了一套西服，该公司不远万里，来赔偿他的损失，这位顾客对此十分感动，当即以"读者来信"的形式，给纽约《消费者时报》投稿赞扬该公司讲究信誉的美德。这封信刊登之后，纽约的其他报纸争相转载，该公司一下子声名鹊起，轰动纽约，销售量大幅增加。该公司在一个月内收到五张纽约的订货单。

事后，罗经理针对这件事严加自责，在公司职工大会上，他当众宣布扣自己半年奖金 1 000 元，扣发其他领导奖金 500 元，责成公关部将这封信复印 100 多份，贴在车间的教育橱窗，以此强化职工的质量意识。

该公司敢于曝"丑"，这件事陆续刊登在《湖北日报》和《国内参考》等多家报纸上，引起了又一次轰动。北京市出现了购买该公司西服的热潮，就连一海之隔的日本报刊也作了转载，该公司也得到了许多日本人的喜爱。同年，该公司捧回了欧洲消费者博览会质量的金杯。

从案例中，我们可以得到三点启示：

（1）从大处着眼，从小处着手。企业领导要视产品质量如生命，围绕这个目标开展公关活动，其中一个重要手段是从大处着眼，小处着手，防微杜渐。否则，微小之失，会铸成千古之恨，断送一个企业的前途，后果不堪设想。上述案例中，一封顾客的反映信，大不了是一套西服，扩散范围小，持续时间短，无须大惊小怪。然而，这个公司领导处理问题深谋远虑，从"千里之堤，溃于蚁穴"的高度入手，针对公司80%的西服销往国外的特点，来分析这位顾客的来信，认为非同小可。因为这是一套高级西服，牵涉一名国外顾客，处理不好，会影响该公司西服在美国市场的销售，乃至断送欧洲和日本市场。对此，罗经理就充分利用了公关的原则，从小事做起，不放过蛛丝马迹，不惜重金，不远万里，去争取一名普普通通的顾客，为企业赢得了良好的声誉。

（2）道是无声胜有声。企业出现管理漏洞后，如何协调内部公众的关系，更需出奇制胜。该公司在处理这件事上，没有老生常谈，盲目指责职工的质量意识差，也没有简单追究职工的责任，而是别出心裁，反其道而行之，从领导自身找原因、作处理。从表面来看，经理扣自己和干部的奖金，似乎不近情理，不合章法，应该处理相关人员。实际上在这种难以查清事实的特殊情况下，扣发干部的奖金是对每一个职工亮了一张"黄牌"。这种协调公众关系的独特方法，道是无声胜有声，有效地增强了公司的凝聚力，强化了大家的质量意识。

（3）以心换心，情暖人心。在公关中，促进一般公众的情感发展过程的一个最重要的手段，就是以心换心，情暖人心，这种方法可以很快地拉近距离，化消极因素为积极因素，制止事态恶化。该公司灵活地运用了这个原理，用真情实意感动那位顾客，变逆意为顺意，使那位顾客自发向报社投稿，赞扬公司讲究信誉的美德。由此，通过新闻媒介的传播，该公司出乎意料地在当地市民中树立了良好的企业形象。该公司趁热打铁，利用这个现身说法的生动事例，又在国内进行公关策划，广泛宣传，产生连锁反应，感动了国内公众，赢得了许多客户，收到了意想不到的效果。

二、谨防仿效而掉入"陷阱"

仿效是人类的天性。有目的地仿效某个典型，既可能产生积极的效果，也可能将自己引入误区。这在推销企业形象的公关策划中尤其明显。

（一）比尔公司的公关困惑

比尔公司是美国最大的食品公司之一，主要生产面包，每年的营业额高达300亿美元，其中100亿美元外销到欧洲等地。1991年，美国卫生部的食品与药物管理局进行抽样检查，发现比尔公司的两箱面包中含有对人体有害的物质，食品与药物管理局立即通知该公司，并将情况公之于众。公众对此反应强烈。接连不断的批评和怀疑，使比尔公司陷入信誉危机。

比尔公司董事会急忙研究对策，大致有两种意见：①采取紧急措施，马上撤回行销于美国各地的面包，同时停业整顿、公布真相，做好解释工作。②只撤回发现有毒物质的同一批食品，生产继续进行，尽快查明原因并向社会道歉。

经过反复讨论，比尔公司决定按第一方案执行，撤回正在销售的面包。这一举措使比尔公司的损失高达 8 亿美元。为了让公众了解自己的诚意，比尔公司迅速召开了新闻发布会，解释了有毒物质的来源，并指出经过权威专家的复检，这些有毒物质的含量指标仍低于欧洲食品卫生标准。在欧洲，这两箱面包是属于合格食品。为了向公众公布真相，比尔等人作出决定：一方面将事实真相及处理结果录制下来向全国播放；另一方面向公众道歉，并重申尽管比尔公司的面包没有实际危害，但公司对所犯的错误毫不含糊。比尔公司不惜任何代价撤回全部食品，主要是不愿意破坏"顾客就是上帝"的信条。

然而，公众并没有接受比尔公司的"善意"，信誉危机反映在比尔公司的股票行情上，一段时间以来，公司股价下滑了将近50%，过了很长时间，才逐渐消除影响。公司的决策者感到很困惑，失误究竟在哪里？

实际上，比尔公司的举措与美国当时的最佳公关案例——1982 年美国芝加哥发生的一起泰诺尔药物中毒事件的处理方法是一样的。从反应形式看，比尔公司和约翰逊公司都把顾客当上帝，并且以极其虔诚的态度来服务这个"上帝"。然而从公众所关注的危机事件的立场来分析，两个公司的危机却有着本质的区别，即泰诺尔事件是由疯子破坏造成的客观上的过失，比尔公司面包含毒则是管理不善的人为事故。"上帝"同情那些客观失误者，却绝不宽恕主观过失者，尤其不能容忍故作姿态、故表"真情"的夸张宣传行为，也就是说，比尔公司不幸落入了仿效的"陷阱"。

（二）积极与消极的选择误区

公关专家艾维·李有句名言叫"讲真话"。其实，真话也有两面性。比尔公司讲了真话，展示了消极面，不但没能取悦公众，反而激起公众的怀疑和反感。在涉外公关的传播活动中，强调真话的积极面，无疑有着积极的意义。但是，在某些特殊情况下，消极面也有其积极作用，比如，报道某处受灾情况，就能唤起公众积极救助之情。"一方有难，八方支援"，这是人类自发的公关意识，当它变为一个组织自觉的公关行为时，将会产生什么结果呢？

1994 年，我国南方一些地区遭受特大洪水的袭击，某风景旅游名城也未能幸免。由于该市在国内外有着很高的知名度，有关方面便参照受灾求援的国际惯例，向海内外发动以募捐为内容的公关活动。他们将洪水灾害的破坏情况拍成电视资料，配上扣人心弦的解说词，大量发往海内外，寻求同情和救灾资助。不久，海外捐款纷纷汇来。但是，洪水灾害的恐怖印象也使旅游者谈虎色变，入境旅游的人数连续锐减，旅游收入与以往同期相比大为减少，而捐款所得还不足一年收入的零头。过分夸张的灾情宣传，扭曲了旅游组织的传播形象，致使该市灾后整顿旅游秩序的宣传可信度也大大降低。行家们评论其为"一起得不偿失的'公关'"。

与此相反，1985 年墨西哥大地震时，墨西哥旅游局则利用一切手段宣传抗震救灾，恢复旅游业的动态，向全世界展示他们的积极方面。结果，这个以旅游业为重要收入的国家很快摆脱了地震的阴影，旅游损失降到了最低点。同是旅游业遭受灾害，由于对积极和消极作用的认识不同，也就出现仿效上的差异，我国有些城市的旅游公关，没有认真分析积极与消极的辩证关系，以致跌入仿效国际惯例的"陷阱"。

三、公关活动需精心策划

案例二：诸葛亮的出山策划

诸葛亮的"隆中对"——"三分天下"之构想，在中国策划史上可谓精彩的一笔。一段半个多世纪的历史，他竟然事先就策划准了，可谓前无古人。"三分天下"的策划被人们津津乐道，这无形中掩盖了与"三分天下"策划息息相关的同样也很精妙的一项策划，这就是《三国演义》中诸葛亮的"出山策划"。

诸葛亮出山，确确实实是煞费苦心策划出来的。由于策划得实在是精妙绝伦，不露痕迹，才难被世人洞悉。但仔细分析，我们就能体会诸葛亮出山策划的良苦用心和超凡智慧。

要品出诸葛亮出山策划的妙处，先得澄清一个问题。即诸葛亮为何对好心荐他出山的徐庶"作色"回避？他真的认为辅助刘备是去送死，当"享祭之牺牲"吗？

《三国演义》第三十六回写道：徐庶走马荐诸葛之后，曾专门绕道卧龙岗，告之好友诸葛亮，言刘备不日即来相请出山。而诸葛亮当时仅以"君以我为享祭之牺牲乎"作答，且"拂袖而入"。表面看，诸葛亮的言行，正符合一个隐士清高的心理，不愿轻易去追逐名利。这也符合当时的现实。刘备当时正寄身于刘表篱下，仅借据弹丸之地，很难成气候。但细细思之，却是另一番情景。诸葛亮"每常比管仲、乐毅"，胸怀大志，老死卧龙岗终非所愿。而刘备来请他出山，则恰是他的夙愿，也很可能是唯一一次一展宏图的机会。他再清高，也不至于"清高"到轻易放过人生、事业的机会。当时的刘备，虽然势单力薄，偏居一隅，但其仁义之名已满布天下，连一代枭雄曹操煮酒论英雄时，也称天下英雄唯有刘备与他二人而已；在司马徽转述荆州、襄阳一带的民谣中，也把"天命有归""龙向南飞"应在刘备身上；连徐庶之母斥责曹操时也称赞刘备"仁声素著，世之黄童，白叟、牧子、樵夫皆知其名：真当世之英雄也"；而在"隆中对"时，诸葛亮更是当面称刘备"信义著于四海"，显然，诸葛亮心中早已注意到刘备。

他数次回避徐庶，是有他的谋划的。那就是他已断定徐母召徐庶到曹营的书信有诈。《三国演义》第三十七回写道：司马徽一听说徐母信召徐庶，就立即断言："此中曹操之计矣！吾素闻徐母最贤，岁为操所囚，必不肯召其子：此书必诈也。"而司马徽认为"胜吾十倍"的诸葛亮，与徐庶又是密友，以其智慧与对徐母的熟悉程度，均胜过司马徽，又岂能不知徐母书信有诈？知徐母书信有诈，而不向徐庶说破，却"作色"回避，诸葛亮是有其深意的。如绝大多数怀才俊彦一样，诸葛亮此时虽为隐士，心却在高堂之上，"等待春雷惊梦回，一声长啸安天下"。如今，徐庶离开刘备而去尽孝，无疑是为诸葛亮腾出位子。但一说破徐母书信有诈，徐庶则可能重返刘备之侧，刘备也就不一定非要请他出山不可了。为难中，诸葛亮只有佯怒作色，拂袖避过徐庶。

这时，诸葛亮面临的问题是刘备不日即将来卧龙岗请他出山，而他出山后辅助刘备的战略构想尚未策划出来，倘若仓促出山，整日陷入战事之中，无暇再进行战略策划，事业成功的可能性就要大打折扣了。这就需要时间，使他能在出山之前去做一番调查研究，进行一番战略策划。但在此期间，又必须稳住刘备，让刘备对自己欲舍不能。而且有了这段时间的缓冲，对徐庶也是一个无形的交代，即自己是不想去当牺牲品的，因此也没有立即被刘备请出山。于是，诸葛亮就对自己的出山作了周密的策划，其主要内容为：

（1）策划目标：争取时间，为即将辅助的明主刘备完成战略策划，使刘备携之出山。

（2）策划要求：

①争取半年的时间，以便自己外出调查，制定战略；

②烘托自己的才干，使来访的刘备更添渴求之情；

③谈论自己出山的意向，以取得舆论上的主动，并借机考验刘备的诚心。

（3）策划实施：

①借助密友崔州平、石广元、孟公威，兄弟诸葛均，岳父黄承彦，童子等

至亲知己，与来访的刘备接触周旋，既为自己争取时间，也可从侧面烘托出自己的才干；

②自己以"云游不定""归期也不定"为借口，外出调查打听消息，并策划制定出战略方针；

③一旦出山定天下的战略策划完成，自己便在茅庐中半掩柴门，高卧休整，以待刘备再次来访，从而用慧眼独具的战略策划折服刘备，从容出山。

《三国演义》中，诸葛亮这一策划得到顺利实施，并取得了预期的效果。这可从如下四方面看出：

（1）刘备一顾茅庐是头一年的秋耕时分，二顾茅庐是寒冬雪飘时分，三顾茅庐则为次年春暖花开的季节，前后约半年，时间正好够诸葛亮完成调查与策划。

（2）在"隆中对"中，诸葛亮纵论天下大势，如数家珍，言毕，还挂出一幅西川五十四州图，显然这都是诸葛亮历时半年调查的结果。在当时的交通条件下，要完成这样的调查，没有半年时间当然是不可能的。试想，诸葛亮如不想出山，就不必去调查，他何苦还要绘来一幅西川地图？又何苦为刘备先取荆州，再取益州，三分天下，鼎足而立之后再图天下的战略策划得如此头头是道？这绝不是躬耕陇亩、高卧草堂之隐士信口可道、信手可为的。

（3）在刘备前两次顾茅庐的过程中，与诸葛亮相交最深的四个密友，除徐庶已进曹营外，崔州平、孟公威、石广元以及诸葛亮的岳父、弟弟、童子皆悉数出面，唯不见诸葛亮。而诸葛亮这些亲友的言行举止，以及卧龙岗上且耕且歌的农人，他们的露面其实都指向一个相同的目的，即烘托一个高士隐居的人文氛围，使刘备更加仰慕这个尚未露面的高士。

（4）经过一番策划实施，诸葛亮赢得了时间，完成了调查研究与战略策划，刘备也更"仰望（诸葛）先生仁慈忠义，慨然展吕望之大才，施子房之鸿略"，并留书表示"再容斋戒薰沐，特拜尊颜"，这次诸葛亮便在茅庐中从容等到三顾而来的刘备，并以一席"隆中对"折服对方。面对刘备的诚心相请，诸葛亮只是稍作推辞，便慨然表示"愿效犬马之劳""不容不出山了"。

由此可见，诸葛亮的出山是经过一番精心策划的。而诸葛亮出山策划中行云流水、不着痕迹的艺术，无疑给我们如今的各类策划提供了借鉴。同时，诸葛亮的"出山策划"与"三分天下策划"之间的相关衔接，则更告诉我们一项重大决策的策划得以成功实施，往往不是孤立的，它还必须借助相关的、辅助性的策划。这正是我们分析诸葛亮"出山策划"的现实意义。

四、公关策划的技巧

文秘公关人员在企业的公关策划工作中，除了要坚持创新思维外，还要努力掌握公关策划技巧。因为在市场竞争中，处处充满着施计、用谋、伐交的战略战术，一个社会组织只有巧妙地运用公关策划技巧，才能确立有效的公关策略，设计出胜人一筹的公关方案。

（一）传播媒介的宣传法

公关传播媒介主要指大众传播媒介，包括报纸、杂志、广播、电视等。所谓宣传法，就是巧妙运用公关传播媒介等途径，达到构建良好公共关系的目的。从目前来看，这种宣传方法主要有两大渠道：一是通过公共部门自己办报刊、办广播、印发宣传资料进行宣传，塑造组织形象的活动；二是运用社会上的大众媒介为公关服务。这又包括两种具体的形式：一种是以广告的形式出现，把企业的形象塑造为广告的中心内容，着重宣传企业或社会组织的管理经验、经济效益、社会效益和已获得的社会声誉等；另一种方式是运用新闻报道、专题通讯、经验介绍、记者专访进行宣传。这种方式局限性较大，机会也少，并非任何企业、任何社会组织都能运用。

宣传法贵在一个"巧"字，懂得"巧"才能掌握宣传的主动权。北京长城饭店公关部十分善于运用这种公关技巧。比如，1984年，美国总统里根访华，临别前要举行盛大的答谢宴会。按照通常惯例，这样的宴会一般在人民大会堂进行。但这次例外，宴会举行的地点是刚刚开业不久的长城饭店。这是长城饭店公关部的工作人员经过多种渠道的努力才争取来的一个非常难得的机会。因为里根的答谢宴会既然在长城饭店举行，那么世界各地的新闻媒介必定会有所报道。这样，长城饭店便能一举成名。事实上，长城饭店的名声的确是跟着里根跑遍了世界的每一个角落。

总之，宣传法的关键是宣传，途径是利用一定的传播媒介进行自我宣传。

（二）欲擒故纵法

这种策划方法往往是在宣传难以奏效，或组织处于劣势时采用。所谓欲擒故纵，就是欲取之，故兴之，运用旁敲侧击的技巧，出奇制胜。

这里以策划推销为例。在策划推销的过程中，由于推销人员与推销对象之间存在着认识上的差距、利益上的冲突等隔阂因素，简单地从正面向推销对象展开推销攻势，往往使推销对象难以接受。这时就可采用欲擒故纵、旁敲侧击的技巧。某家用电器公司推销产品的做法，可谓是这方面的典范。1982年，该公司参加了广州市举办的秋季商品交易会。开始由于公司名气小，订货者寥寥无几，于是推销人员想了个妙招，大胆实施欲擒故纵法：第一天挂出"第一季度订货完毕"的招牌；第二天挂"第二季度订货已满"；第三天挂起"八三年订货没有了"；第四、五天挂出"请订八四年的货"的牌子。这几招打出去后，一时间顾客盈门，订单颇多。当然，这样做的前提条件是这个厂家产品的质量过硬。再比如，巴西圣保罗一家日用杂货店，在激烈的市场竞争中濒临破产。店老板便想到了欲擒故纵法，他别出心裁，把杂货店改为独一无二的"左撇子"商店，经销左撇子使用的一切用品。杂货店从此恢复了元气，利润连续翻番，顾客遍及几十个国家。这个商店之所以反败为胜，就是由于其运用欲擒故纵策划法经营奇特的商品。

（三）主动进攻法

主动进攻法，是指一个社会组织的既定目标与客观环境发生冲突后，要选择一些针对性较强的工作技巧减缓直至消除冲突因素，以保证社会组织的既定目标的实现。

在许多情况下，不管你是如何充满善意，或如何善于协调，客观环境与主观愿望之间的矛盾和差异始终存在，有时甚至还会出现不可逾越的障碍。面对这种情况，公关人员就要运用主动进攻策划法，以攻为守，以积极主动的方式改造环境，创造新的局面。在这方面，美国的克莱斯勒汽车公司做得十分出色。

1979年，克莱斯勒汽车公司受到中东石油危机和接踵而来的经济衰退的冲击，已濒临倒闭。新任总经理艾柯卡为了避免宣告破产这个最坏的选择，提出以公司全部财产作抵押，向美国联邦政府要求担保贷款。然而，这一违背"企业公平竞争"的要求，遭到参众两院许多议员的反对。于是，克莱斯勒汽车公司便运用主动进攻法，扭转这一被动局面。他们策划了一系列活动，通过各种传播渠道和传播媒介，不断地向议员们传播信息。首先，使他们了解克莱斯勒汽车公司的职工、经销商、供销商加在一起共有60万人，这些人的就业问题都与克莱斯勒的兴衰存亡密切相关。如果该公司破产，最终将使美国政府支付失业救济金、福利费和其他方面开支160亿美元，而该公司要求政府担保的贷款只有15亿美元。同时，向议员们提供了该公司内、外部有利因素的许多信息，一旦公司渡过难关，便可重整旗鼓，很快获得偿还贷款的能力。接着，艾柯卡又抛出一张令人瞩目的王牌：克莱斯勒把全国将因公司破产而失业的人数分选区进行统计，并将这一资料寄给各个议员。这些资料明确指出，克莱斯勒垮了，会给某个选区带来什么后果。这项活动的结果，使一些作为潜在公众的议员们明白了该公司的倒闭与否，与他们的竞选也有直接和间接的联系。最后，克莱斯勒汽车公司终于得到了参众两院多数议员的支持，国会在圣诞节前夕通过了贷款的法案。克莱斯勒汽车公司像一艘沉船又重新浮出了水面，开始了新的航程。这个公司的东山再起生动地说明，社会组织处于逆境时，只要能科学地运用主动进攻法，以攻为守，背水一战，就有可能化险为夷，转危为安，出现奇迹。

（四）"晕轮效应"法

所谓"晕轮效应"，亦称光环效应，是指认知主体常从一个局部的好（或坏）印象出发，扩散到全部好（或坏）的整体印象。比如，当一个人对另一个人的某些或某一方面的主要品质有了良好的印象，就会对这个人的其他缺点"视而不见"，进而认为这个人一切都好。消费者对于商品的认知，对于服务行业的服务工作也同样会产生这种"晕轮效应"。

"晕轮效应"法就是依据人们的"晕轮效应"心理，创造的一种巧妙的策划方法。其实质是根据人们爱屋及乌的心理，进行借题发挥的策划术。比如，北京的仿膳饭庄是一家专门经营宫廷风味菜点的饭庄，至今已有 220 多年的历史。改革以来，到北京的中外游客数量激增，为了吸引游客，饭庄的服务员便运用"晕轮效应"法，在为顾客上菜时，根据不同顾客、不同场合等具体情况，适时地穿插讲解关于宫廷菜点的传说，同时让顾客为能品尝到中国皇帝吃过的饭菜而感到莫大的荣幸。由此，仿膳饭庄美名远扬，经营蒸蒸日上。不难看出，仿膳饭庄的高明之处，就是运用"皇帝吃过的"这个光环，突出了饭庄的光环，使顾客感到，来到这里就像品尝到"皇帝吃过的"饭菜，所以纷纷慕名而来。

（五）重塑形象矫正法

重塑形象矫正法，是指组织形象受到严重损害，组织与公众关系严重失调时，策划一系列有效措施，协同组织的其他部门，挽回组织声誉的公关活动。

矫正策划法包括策划组织要反省自身，并立即采取多种有效措施，挽回影响；策划如何做好善后处理工作，使受损公众得到物质上和心理上的补偿；策划如何利用新闻媒介检讨自身，并宣布改进措施。例如，《亚洲华尔街日报》曾刊载了一篇这样的报道：一名美国顾客在东京一家百货公司买了一台索尼牌唱片机，回家后发觉漏装了内件。第二天一早，她正打算前往公司交涉，公司却先一步打来电话道歉。十分钟后，一辆汽车赶来，从车子里走出来的是公司的副总经理和一位年轻的职员。见到这位顾客，他俩便鞠躬，表示特来请罪。

除了送来一台合格的新唱片机外，又加送蛋糕一盒、毛巾一套和著名唱片一张。然后又介绍了该公司整整寻找了她一夜的经过。顾客听完这一感人肺腑的寻找过程，对公司感激不尽。这就是日商运用重塑形象矫正法的范例。

（六）巩固维系法

巩固维系法往往是在社会组织比较稳定的情况下采用的方法。这种方法是通过各种传播媒介，持续不断地向公众传递组织的各种信息，以巩固组织与公众之间的良好关系。运用好巩固维系法，才能保证组织特别是企业不断提高知名度与美誉度，做到声誉不丢，关系不断。

北京长城饭店的公关部就比较善于运用巩固维系法优化环境，拓宽经营路子。比如，1986 年的圣诞节，北京长城饭店公关部特邀了一批孩子来饭店装饰圣诞树。除了供应他们一天的吃喝外，临走时饭店还特地给每人一份小礼物。这批孩子分别来自各国驻华使馆，他们的父母都是各使馆的官员。长城饭店是具有国际一流水平的大型豪华宾馆，顾客主要是各国的访华人员。请这批孩子来饭店，从表面看是为孩子们举行一次活动，符合西方习俗，很容易被人们接受，但其真正的用意在于，希望通过这批孩子来维系长城饭店与各使馆的联系。这批孩子在饭店待了一天，长城饭店的名称及豪华设施，一定会在他们幼小的心灵中留下很深的印象，也就等于让他们替长城饭店当了义务宣传员。

巩固维系法的作用是巩固、维系良好的公共关系。其做法则是多种多样、五花八门的。

（七）开拓创新法

开拓创新法，也有人称建设策划法，往往是在组织刚刚成立或产品刚刚推出，或组织领导人刚刚上任时，为了提高组织、产品、领导人的知名度而采用的公关策划活动。开拓创新法，主要运用宣传和交际的高姿态，向社会公众主动作自我介绍。

美国的吉利公司曾运用开拓创新法取得了卓著的成绩。吉利公司有"剃刀王国"之称。但是，"吉利剃刀"从发明开始到推向市场，前后共经历了 8 年时间。上市第一年仅卖出了 168 把刀片和 51 个刀架。吉利坚信自己的产品迟早会走进千家万户，于是运用了开拓创新的方法，展开了宣传攻势。他请漫画家设计了几幅引人注目的广告漫画。一幅是一位满脸胡须的男子在与女友谈情说爱，那位小姐一手摸着自己的脸，一手指着男友茂密的胡子，一脸厌恶的表情，而那位男士满脸尴尬，惊讶地瞪着一把吉利安全刮胡刀。另一幅漫画上几个工作繁忙的男人，带着不同的表情，在火车上、公路上甚至蹲在厕所里使用吉利安全刀片刮胡子。这一番宣传使吉利公司销路大开，销售增长之快出人意料。特别是在第一次世界大战期间，吉利公司又策划出一项奇特的公关活动。他们把大批"老头牌"刮胡刀廉价供应给盟国战场上的将士用，美其名曰"优待前方将士"。刮胡刀立即受到了生活艰苦的大兵们的欢迎。战争结束后，大兵们把"老头牌"刀片带回世界各地，广为传播，产生了强大的公关效果。这就使吉利公司顺理成章地在世界各地建立了分公司。现在全世界有近10亿人使用吉利公司的产品，单是零售吉利公司产品的小店就有 1 000 万家以上。

（八）寓教于乐策划法

寓教于乐策划法是指利用举办各种公众感兴趣的社会活动，扩大企业或社会组织本身的社会影响，提高自我的社会声誉，赢得公众的支持、赞赏、爱护和了解，为企业或社会组织树立良好的社会形象创造条件。所谓群众感兴趣的活动，是指各种纪念会、庆祝典礼、赞助活动等。例如，漓江出版社运用寓教于乐策划法推销《文化知识——百万个为什么》丛书，取得了意想不到的效果。这套丛书共有 22 种 23 册，开始销量一般。于是，漓江出版社与一家报社和桂林长海机器厂联合举办《文化知识——百万个为什么》有奖读书知识竞赛，从几百万字的丛书中精选出 90 道竞赛题，借助报纸把这套丛书的影响扩大到城乡各地，激发了读者的参与意识。短短两个月内，出版社收到 2 万多份答卷。也就是说，在两个月内，至少有两万人看完了这套丛书。席卷全国的知识竞赛，刺激了读者的购书欲望，大批订单雪片般飞向出版社，2 万套丛书销售一空。

五、善于辨析"弦外之音"

加拿大作家斯蒂文的小说《琼斯的悲剧》中有一位年轻的牧师极其虔诚，有一次他到朋友家做客，唯恐失礼，每次告辞均因主人挽留而不能脱身，竟至在主人家吃饭、过夜。翌日，主人上班，又挽留他和孩子玩，他又老实地留下。主人下班见他还没走，既吃惊又生气，便开玩笑说想把他撵走，说该收他的伙食费了。琼斯信以为真，交出一个月的伙食费。后来，他在别人家里倍感无聊、痛苦，以致病魔缠身，奄奄一息……

诚然，这是一个寓言式的笑话，琼斯的木讷愚钝实属罕见，然而在公关交往的实际中类似那家主人的客套寒暄比比皆是，其中不少是"言不由衷"，并非真情实意，我们切不可信以为真，听不清"弦外之音"。

因此，在人际交往中要善于窥透对方的心理，要"听话听声，锣鼓听音"，不要被对方言不由衷的"虚情假意"所迷惑。在不少公关活动中，倘若仔细揣摩，我们会悟出有时对方话语表面意思与其内涵大相径庭，对方的话表面上是赞美，其潜台词有时却是对你的批评指责。

美国著名企业家洛克菲勒的公司职员艾德华·贝佛因处置不当使公司损失100万美元，洛克菲勒虽然不快，但他还是心平气和地对他说："棒极了，幸而你保全了公司投资的60%，但我们没法每次都这么幸运。"洛克菲勒的这段话表面上是赞美了贝佛为保全公司投资的60%资金所作的不懈努力，而实际上又是不无遗憾地指责了他的过失，其潜台词是："虽然没有赔尽老本，但你这宗生意是失败的，教训是惨痛的。"无疑，贝佛不该心安理得，而应既看到上司的谅解，又要体察到上司对自己"客气"的指责，从自身查找原因，以实际行动弥补过失。

上述一例，上司的话语虽有"赞美"之意，实则亦褒亦贬，褒少贬多，以贬为主，细细体味还是能理解的。但有时对方的"赞美"完全脱离公关交际的核心问题，是百分之百的"虚情假意"，若不认真思索品味，是较难悟出真谛的。最典型的例子莫过于美国学者戴尔·卡耐基在《人性的弱点》中记述他曾亲身经历的一件事：

一次，卡耐基去邮局寄挂号信，年复一年从事着单调工作的一位女办事员显得很不耐烦，服务态度极差。卡耐基等了好久，当女办事员给他的信件称重量时，卡耐基微笑着称赞她："太美了，真希望我也有你这样的头发！"闻听此言，那位女办事员喜出望外，兴奋异常。她惊讶地看着卡耐基，脸上的冰霜顿时消失，泛出微笑，继而十分热情周到地为卡耐基服务，直到办完一切手续。毋庸置疑，卡耐基对她的赞美，与邮政服务工作风马牛不相及，女办事员如果因为对方对自己头发的赞美而孤芳自赏、沾沾自喜，那么她本身的服务质量以后也不会有什么提高；倘若她对自己多问几个"为什么"，尤其是一个陌生顾客为什么要在自己工作时赞美自己的头发，这与自己的工作有无关系，就会逐渐悟出，这种与自己工作毫无关联的"赞美"，实则是对自己缺点与不足的委婉批评，自己应该考虑如何改进了。

不难看出，在人际交往中，对方话语里的"赞美"，有时半真半假，有时含而不露地蕴含着批评和指责，为此，我们必须从自身的不足查找原因，勇于解剖自己，提高素质，端正态度，改进方法，投入到深层次的思维海洋中，切莫在浅层次的思维沙滩洋洋自得，被几句贝壳般闪光的赞扬迷惑，而一味自以为是，贻误公关"战机"。

六、公关谈判中的"好道具"

企业在与社会组织或其他企业进行谈判时，有时往往显得十分艰难，特别是碰到生意场中那些"老奸巨猾"的人，这时，借助电话你可以在谈判中获得意想不到的效果，促使生意谈判成功。

（一）故意透露信息

美国一家公司与一家钢材销售商在谈判桌前讨价还价，经过几个回合，仍然没有达成协议。钢铁公司一位代表拿出移动电话拨通总部，同时做了记录。通话结束后，这位代表要求暂停谈判，并马上召集己方人员离开谈判室。几分钟后，钢铁公司的谈判成员返回到谈判室，表示绝不低于那个价格。结果双方就按钢铁公司的价格达成了协议。原来，钢铁公司的电话记录上写着几种直径的圆钢存货不多，有可能提价。他们在谈判暂停时忘记带走了记录而留在谈判室里了。自然地，他们一离开，销售商便获得了信息，因而同意了钢铁公司提出的价格。须知这是钢铁公司特意策划的。在谈判桌前，通过电话，可以故意（看似无意）透露一些信息给对方。作为卖方，可以透露出物价有可能上涨的消息，或者由于原材料紧张、涨价以及资金周转困难等原因，某产品可能暂停生产或缩减产量等消息。作为买方，可以透露出过些天将与另一家洽谈的消息，或者物价有可能下跌等有利于己方的消息。由于这些消息是通过你与第三者在电话中对话而传到谈判对方的耳朵中的，就给对方一种假象，似乎是天赐良机让其得知了重要信息，从而增加了可信度，这就有利于你在谈判中处于主动地位，使谈判向着有利于自己的方面转化。

（二）虚拟竞争者

某化工研究所与一家洗涤剂厂就一种新型的洗涤剂生产技术转让问题进行谈判。洗涤剂厂以该新型洗涤剂尚未接受市场检验，一时难以打开销路为由，提出分两次付清技术转让费，而研究所则坚持在技术资料转让后一次付清，双方互不相让，谈判陷入僵局。后来研究所接到另一家洗涤剂厂打来的电话，说是他们想就新型洗涤剂技术转让问题进行洽谈。正在谈判的洗涤剂厂从旁听完电话后，便不再坚持分期付款了。

其实，这个电话是研究所预先安排好的。这里运用的是借助电话制造虚拟竞争者的方法。谈判前预先安排一个人，在谈判适当的时候，作为竞争者（新的卖主或买主）打来电话，能刺激正在与自己谈判的对方的购买欲或销售欲，促使对方不再犹豫不决，从而作出决断；或者能软化对方的强硬态度，降低要求，促使谈判走向成功。

（三）暗中计算

某机电公司与一家汽车制造厂进行谈判，在汽车价格上相持许久之后，汽车厂提出一个新方案——汽车厂愿意将某几种型号的汽车价格降到比机电公司所要求的价格还要低，但要求将总金额提高1%。机电公司立即说有一件重要的事情要办理，拿起电话拨号并飞快地记录着。放下电话之后，机电公司表示可以接受新方案，因而谈判获得成功。

事实上，机电公司方面并没有打电话，而只是随便拨个号码，以打电话为名，迅速地将汽车厂提出的新方案进行计算，计算结果表明，新方案的总金额比机电公司提出的方案的总金额只略高一点。于是机电公司便同意了新方案。

七、学会拒绝

卓别林曾经说过这样一句话："学会说'不'吧！那你的生活将会好得多。"生活于社会的每个人，都有拒绝别人或被人拒绝的思想和行为体验。从公关礼仪的角度讲，文秘公关人员在公关活动中拒绝别人时应学会用语言的形式来实施拒绝。

（1）先在自己的心中有意识地、自觉地形成拒绝所必需的心理准备，这就是要有足够的勇气，这是拒绝成功的前提。倘若这种自觉太弱了，不但不能拒绝对方，恐怕反被对方所说服。有些人经常在说"不"前，或考虑到会伤害对方的自尊心，或预感到可能引起双方失去理智的可怕结局，而不能把"不"字或"不"的意思理直气壮地说出来，此后又后悔莫及，造成心理的自我抑制，也许因此失去了最佳的拒绝时机。

（2）要善于措辞，能够不说"不"而使人体会到"不"，使拒绝能实现于模糊和情理之中。以为树立拒绝的勇气后，就能将"不"字挂在嘴边的观念是十分可笑的，因为能愉快而又高兴地接受"不"字的人恐怕是没有的。斩钉截铁的"不"字或直截了当的"我不能""这不行"一定会引起对方很大的不满，增强其攻击性。要尽量避免"不"的这种刺激性，不说"不"而达到"不"的目的，具体方法有如下四种：①多余的敬语会扩大与对方的心理距离。敬语是陌生者行仪的言语，使用了敬语，会扩大心理距离，暗中传达拒绝对方的隐意。一位商人曾很有经验地告诉我们，假若你的顾客在看过商品之后还连连对你发出敬语，说得彬彬有礼，那么这笔生意便没有希望了。事实上，连连发出敬语会使对方感到彼此的距离很远，相求于对方的希望也就不大了。②巧妙的逻辑诱导也是拒绝的一方良药。战国时期韩宣王有一名叫摻留的臣僚。一次韩宣王想重用两个部下，问摻留有何意见，摻留说："魏国因重用此二人而失去一部分国土。在楚国，也因重用此二人而失去一部分国土。所以这两个人将来会不会把我国也出卖给外国呢？"这样的逻辑诱导，即使不是韩宣王也会放弃重用此二人的心意。这远比"我不同意重用这二人"之类的拒绝要高明得多。③连续不断地说"伤脑筋""怎么办"也是达到"不"的效果的又一捷径。有人每逢受托什么事时总会连续地说"伤脑筋""怎么办呢"，这实际上是一句另外含有"本来很想答应你委托的事"意味的话，但细一想，他又绝对没有说出所以伤脑筋或不知如何是好的理由来。当你受托办一件事时，可以说："这种事我还从来没办过呢！唉，真伤脑筋，怎么办呢？"由于不说出"伤脑筋""怎么办"的理由，所以对方也不知道如何说服你，最后甚至对方反而要说"对不起"了。即使对方要追根究底地盘问你伤脑筋的原因，你也可继续说："你要问伤脑筋的理由，我一言难尽呀，真是伤脑筋。"④用迂回寓意的方法加以拒绝就更见功底。西汉时大将军李广利为拉拢司马迁为己所用，派了一个能说会道的门客，把远征大宛时带回的一对白璧送给司马迁。司马迁摸了一下白璧，赞叹道："这样圆润，这样光洁，真是白璧无瑕啊！"但随即又说："白璧最可贵处是没有斑痕污点，所以人们才说'白璧无瑕'。白璧如此，人又何尝不是如此呢？我是一个平庸且品味低下的官员，从来没敢与白璧相比，但如果我收下这珍贵的白璧，那我身上的斑痕污点就多了。"司马迁巧妙地运用了寓意的手法拒绝了李广利的诱惑。

（3）要做好"不"字的"售后服务"。在大多数情况下，拒绝是靠"不"字来实现的，为了缓和"不"字以后对方的抗拒和不悦心理，就应在说"不"时好好地善后。但要紧的是，在"不"之后再想善后的事已为时过晚，必须在说"不"之前，或边说"不"边想到要如何善后。那么，"售后服务"的依据和准则又是什么呢？主要是设法将对方心理上不愉快的事物导向或转嫁到愉快的心理或愉快的事物方面去，让对方感到你的拒绝反而对他有利。日本明治时代的文豪岛崎藤村，曾就一个陌生人要托他写序文的事，回了一封拒绝信，信中说："来信洽询之事，以目前健康状况来说，实难遵命。这似乎有违知己的希望，心感歉疚，一个并不熟悉作者的人要写出一篇好的序言，是很困难也会令人不放心的。弟曾因为一书请福川兄代撰序言，可看过他写好的序言，实在是难以恭维，因为他根本就没有看过那本书，所写的序言也是风马牛不相及的。"这位青年不仅没有因此而责备他，反而对他特别尊敬。此外，当你拒绝某人或某事时，最好能帮他寻找替代物。例如，你接到一个邀请，但你并不想去，但直接拒绝又可能会引起对方的误解。在这种情况下，你最好跟他说："我很高兴你能邀请我参加，但我实在是有些脱不开身。这样吧，我让某某去，你看好吗？"因为采取了补救措施，一般来说，对方就不会再怪罪于你了。

八、公众演说中突然出现"短路"怎么办

秘书要经常代替领导到基层宣传精神，传达上级的意图，也就是说要经常面对公众作演说。但由于种种原因，或是讲前准备不充分，或是讲时情绪不稳定，或讲时精力不集中，都会出现"短路"现象，使演说处于停止状态。据说，丘吉尔首相初入政坛时，有次演说就因为一时忘词而差一点被听众哄下台来。而撒切尔夫人有一次在下议院演说时，由于情绪一时未进入正常状态，连事先准备好的开场白竟也好久都想不起来。当然，这种场面对谁来说都很尴尬。因此，秘书必须学会几招"应急"的办法，使自己从容应对困境。

（一）提问法

相传美国有位名气不小的演说家，有次演说时由于对讲稿不是很熟悉，讲到某处竟记不起下面的内容了。这时，他友善地、关切地向听众问道："女士们，先生们，我刚才所讲的是否听清楚了？"就在听众点头或小声回答的一瞬间，他很快就想起下面的词句了。显然，这位演说家就是运用提问法赢得了回忆时间。一般来说，在情绪波动不大和讲稿纯是自己所写的情况下，只要有一定的回忆时间，大多数演说者都能很快地理顺思路，使演说比较自然地进行下去，而随机提问就是争取时间的一种有效方法。

（二）重复法

一旦忘词，就用不同的语速和音量把刚刚说过的几句话或一段话再重复一遍，或根据其大意用新的话语再说明一番，这就是重复法。这种有意重复，不仅在客观上可以起到提醒和强调的作用，而且还可以使演说者获得比较充分的回忆时间。在重复的同时，敏捷的演说者往往能在较短的时间内迅速想起下文来。

（三）装饰法

此法与上述两法有异曲同工之妙。在一次报告会上，某领导干部的演说使人记忆犹新。在演说时，这位领导人很自然地偶尔扶扶话筒，偶尔提提眼镜，偶尔喝口水，偶尔摆弄一下讲桌边角上的书籍。这种装饰性动作也许出于需要，也许出于习惯，但主要意图还在于赢得回忆和思考时间。散会后，有人以某报特约通讯员的身份采访他时，他坦率地说是在作掩饰。由此看来，只要巧妙运用机智，装饰法也可收到较好的效果。

（四）跳跃法

自己写的演说词，即使出现了多种忘词的制约因素，也不会忘得一干二净，总会有记得的地方。如果陷入了忘词的困境，不妨想到哪里就从哪里往下讲吧。这种处理方法，可能会使演说的某些部分显得不连贯、不严谨甚至支离破碎，但总不至于因中断而影响整个演说的效果。假如忘记的句子或段落是比较重要的而且之后又能想起来，还可以巧妙地重述，如"我特别强调的是"，"这里需要着重提到的是"。如能如此补救，整个演说恐怕就不会有太多破绽和漏洞了。

（五）即兴法

万一上述诸法都不见效，那最好的办法就是即兴编造了。当然，即兴编造不是信口开河、东拉西扯，而是紧扣主题，根据上文的意思临时遣词造句。这是最值得提倡也是最难的一种补救方法。说它最值得提倡，是因为它比较灵活和自然，可靠性大；说它最困难，是因为如果没有丰富的经验和娴熟的技巧，很容易给听众造成强烈的反差，甚至导致失败。正因为如此，在背稿演说时，即兴演说能力强的人就比较主动，占有不可比拟的优势。

（六）速决法

在一次演说比赛上，一位青年朋友演说的前半部分相当不错。不料，讲到后半部分时老是卡壳，这位青年后来便索性将结尾部分提前讲后退台。这种做法虽然给听众留下了虎头蛇尾、草草收兵的印象，但总比长时间冥思苦想或时讲时停好，而且演说者还能比较体面地下台。因此，在远不能熟练地应用上述诸法的情况下，速决法就是最后的招数，尽管是不太理想的招数。

九、谈判桌上的策略

秘书经常要参加各种谈判，做谈判记录，因此必须学会怎样协助领导促使谈判成功。这一点在商界或企业中显得尤其重要。

（一）以退为进的策略

自古以来，军事斗争中人们经常运用以退为进的策略。谈判也如同打仗一样，"退一步，进两步"，以退为进是谈判桌上常用的一种制胜策略和技巧。比如，一家美国大航空公司要在纽约城建立航空站，想要爱生电力公司以低价优惠供应电力，但遭到电力公司的拒绝，并推说公共服务委员会不批准，因此谈判陷入窘境。后来航空公司索性不谈判，声称自己建厂划得来，不依靠电力公司而决定自己建设发电厂。电力公司听到这一消息，立即改变原来的态度，主动请求公共服务委员会从中说情，表示给予这类新用户优惠的价格。到这个时候电力公司才和航空公司达成协议。在这场谈判的开始阶段，主动权掌握在电力公司一方，因为航空公司有求于电力公司。当自己的谈判要求被拒绝后，航空公司便要了一个花招，给电力公司施加压力，因为若失去为一家大航空公司提供电力的机会，就意味着电力公司要少赚一大笔钱，所以电力公司急忙改变原来的态度，表示愿意以优惠的价格供电。这时谈判的主动权又转移到航空公司一方，从而迫使电力公司再降低供电价格。航空公司先退了一步，然后前进了两步，生意反而谈成了。

（二）声东击西的策略

声东击西即以假象给对手造成错觉，伪装攻击目标。就是在谈判中忽而左忽而右，即取即予，不放弃而示之以放弃，欲放弃而示之不放弃。具体讲，是谈判人员出于某种需要有意把议题引向对自己并不重要的问题上去，而待时机成熟后再转到对自己一方真正重要的问题上来。

声东击西的策略，主要是转移谈判对方的注意力，可以争取时间，或争得时机，以便想出更好的办法。有时还可以延缓对方所要采取的行动。总之，它可以帮助人们悄悄地达到目标而不必付出太大的代价。

（三）绵里藏针的策略

在谈判桌上常常见到一些谈判人员表面上不露声色，有时甚至显得迟钝、犹豫，然而他们却机智地赢得了时间，取得了主动权，获得了意想不到的谈判成果，这就是绵里藏针的策略。比如，在1956年的美苏两国的最高领导人谈判中，苏联领导人赫鲁晓夫自恃比美国总统艾森豪威尔聪明，闹出了大笑话。在谈判中，不论赫鲁晓夫提什么问题，美国总统都表现得似懂非懂、糊里糊涂，总是先看看他的国务卿杜斯勒，等杜斯勒递过条子来后，艾森豪威尔才慢条斯理地回答问题。当时赫鲁晓夫很看不起艾森豪威尔，认为他智力低下，而自己作为苏联领袖，当然知道任何问题的答案，因而无视他人告诉自己要说些什么话。赫鲁晓夫当场讥讽地问道："究竟谁是美国的最高领袖？是杜斯勒还是艾森豪威尔？"其实，艾森豪威尔这种貌似迟钝犹豫的表现，是大智若愚，正是一种绵里藏针的隐藏力量。结果，艾森豪威尔一举两得，一方面争取到了思考问题的时间；另一方面又获得了别人的提示和启迪。

在谈判桌上要运用好这一策略，关键是要善于沉默，沉默有时能收到意想不到的效果。如果一方是个脾气急躁的人，就会急于打破沉默，透露自己的"天机"。

（四）讨价还价的策略

在谈判桌上，由于双方存在着利益的对立，所以相互间的讨价还价是不可避免的。在经济谈判中，报价和还价是整个谈判的核心和最重要的环节。报价是还价的基础。

1. 报价的策略

（1）抓住报价时机。谈判开始时不要急于报价。因为不论一方提出的价格多么合理，价格本身不能使人产生成交的欲望，对方注重的首先是所谈对象自身的使用价值，等对方对项目的使用价值有所了解之后，再谈项目价格问题。提出价格最恰当的时机是对方询问价格的时候，因为这说明对方已对所提供的项目发生了兴趣，这时提出价格是水到渠成的，可以减少谈判的阻力。

（2）价格比较策略。如果你的产品和别人的产品质量相等，那么价格相同才算合理。报价略低于别人的价格，才有竞争力。如果你的报价高于别人的价格，必须充分说明并使对方相信你的产品质量明显优越于其他同类产品，否则对方是不能接受的。

（3）价格分割策略。这是利用对方的求廉心理，报价时造成对方心理上的价格便宜感。比如，某化工产品每吨 5 000 元，报成每千克 5 元，这是用较小的单位报价。这种以千克报价的方式比以吨报价更具有吸引力。

（4）不以整数开价。整数，容易使对方认为你的价格是"估"出来的，而不是按成本和一定的利润算出来的。比如，一台 29 英寸的电视机初次交易开价是 5 000 元，对方并不知道你的生产成本究竟是多少，利润又是多少，很可能尝试还价到 2 500 元或 3 500 元。如果报价是 4 980 元，对方就会认为这是一个经过严格计算的价格，就不可能以 50% 或 30% 的幅度还价。当然，报价时要把准备让步的幅度计算在内，以便在经过谈判之后，仍能保证事先定的价格。

2. 还价的策略

（1）摸清价格虚实的策略。谈判人员要透过对方报价的内容，判断对方的意图，以便研究对策，对对方的报价内容要进行审查。对缺少报价依据的提议要持怀疑态度，发现对方报价中隐藏的秘密。

（2）要善于弄清报价的真相。可采用如下办法：①强调按谈判的议事日程办事，迫使对方提供资料。②运用竞争的力量挤出真相。③运用国家法律、政策向对方施加压力，了解真相。④在没有了解真相之前延期成交，否则谈判只好告吹。

（3）穷追不舍的策略。这种策略用在还价中，常常是借助"假如……，那么……"或是"如果……那么……"之类的话来实现的。这样的问题在谈判中往往很有效。例如，"假如我再增加一倍的订货数量，那么你怎样给我价格优惠？""如果我要预付款或减少服务项目，那么你的价格的折扣提高多少？"如此等等。类似这样的问题要拒绝回答不太容易，而回答者稍有不慎就会给对方留下口实或暴露自己的底数。所以，许多谈判人员宁愿早作让步，也不愿意接受这些提问。

（4）得寸进尺的策略。这种策略是指向对方索取时一次取一点，最后聚沙成塔。它主要抓住人们对"一点"不在乎的心理，所以在还价中很奏效。运用这一策略时要注意两点：①运用这一策略时，不要引起对方的注意。②主谈人要树立小利也是利的思想。纵使只是对方的少许让步，也值得争取。

（五）休会的策略

在谈判进行到一定的阶段或遇到某种谈判障碍时，谈判双方或一方提出休会的请求，使谈判的双方有机会恢复体力和调整谈判策略，以使谈判能顺利进行，取得双方都满意的结局。

休会的主要形式有两种：一种是主动休会。如由于谈判中出现新的或意外的情况，使谈判局势已无法驾驭，为研究调整对策需提出休会；两轮谈判阶段相接之际，为便于双方检查自己过去工作的成果、谈判进度、谋划或展望下一阶段的谈判进程提出休会；谈判进度缓慢，工作效率低下，谈判人员精神涣散，为变更谈判气氛或改善谈判环境提出休会。另一种是被动休会。如由于谈判双方固执己见，互不相让，呈现僵局，为缓和气氛，寻找出路，调整对策需要休会；谈判时间长，谈判人员精力不支，已呈周期性起伏时，为恢复体力，重新掀起谈判高潮而提出休会。

一般来说，下列五种情况最合适提出休会：①在谈判出现问题、陷入僵局时。②在谈判的某一阶段接近尾声，需要调整下一阶段的谈判策略时。③在谈判出现疑难问题或新问题时。④在谈判出现低潮，需要恢复谈判人员的精力，从而提高谈判效率时。⑤在谈判中，如果一方不满现状时。以上情况均可提出休会。

在休会期间，除要考虑下一步谈判的问题和谈判策略外，谈判人员可以有意识地同对手进行私下接触，一起去娱乐、游玩，增进双方的了解和友谊，消除双方的隔阂，焕发合作精神，为下一步谈判创造积极的气氛。

十、秘书应处理好十大关系

办公室是一个部门、单位的综合办事机构。办公室的枢纽地位和工作的从属性质要求办公室人员掌握高超的处事艺术，协调和处理好上下左右的关系，以确保工作的高效和有序。

（一）要处理好上与下的关系

秘书对上要忠诚、对下要真诚，做到对上负责与对下负责的统一。对上，要准确把握领导的决策思路和工作意图，不折不扣地抓好贯彻落实；要经常以报送信息、报告、请示、总结等形式向上级汇报工作、反映情况，努力争取领导的帮助和支持。对下，要讲真话、办实事，履好职、服好务，加强与基层的联系，积极争取基层的理解和配合。

（二）要处理好左与右的关系

要处理好左与右的关系，即要处理好与兄弟办公室之间的关系。秘书要不断强化大局意识，全力支持兄弟办公室的工作，在工作中不指手画脚，遇到困难不袖手旁观，名利面前不争拿抢要；要经常与兄弟办公室沟通信息、联络感情、相互学习、取长补短，不断加强彼此之间的友谊，着力营造和衷共济的良好氛围。

（三）要处理好大与小的关系

办公室工作无小事。有些工作看起来是小事，但稍有不慎、疏忽大意就可能影响大事，甚至造成严重后果。因此，秘书一定要重视小事、注重细节，绝不能因某些工作细小而不为或不屑。要从小事做起，从细节抓起，尽量把每一项工作、每一个细节做得尽善尽美，努力将文件办成美文佳作，将会议办得圆满成功，将事情办得无可挑剔。

（四）要处理好主与次的关系

要处理好主与次的关系，即要抓住主要矛盾和矛盾的主要方面，突出重点、兼顾全局，做到面上服务与点上服务的有机结合。面上服务就是要搞好"三服务"，即服务领导、服务机关、服务基层；点上服务就是对主要领导的服务。办公室作为服务机构，要充分发挥职能作用，努力为领导营造良好的工作环境，保证他们全身心地投入工作。

（五）要处理好方与圆的关系

要处理好方与圆的关系，即处事要善于把握分寸，做到方圆有度、进退得当。要坚持原则，该"方"的地方不糊涂，不以感情代替政策，不以好恶代替原则，不偏不倚、不卑不亢，真正做到有理、有据、有节；要机动灵活，该"圆"的地方不呆板，在不违背原则的前提下多提供方便，在不影响工作的前提下多联络感情。在日常工作中，要真正做到主动热情，不回避矛盾，平等待人，不居高临下。

（六）要处理好急与缓的关系

要处理好急与缓的关系，即要坚持"急事急办、特事特办、缓事妥办"的原则，统筹兼顾、合理安排各项工作。急事要强调"快"，做到快而不乱、快中有实；缓事要把握"稳"，做到细致周到、稳而不拖、稳中求进。秘书要不断强化效率意识和时间观念，绝不能把简单问题复杂化，办事啰唆、不得要领、反反复复，要突出重点、删繁就简、高效运转，确保工作有条不紊地向前推进。

（七）要处理好虚与实的关系

要处理好虚与实的关系，即要有所为有所不为。秘书要注意回避日常琐事，科学运筹、超前谋划各项工作，在为领导服务中不断提高自我，加速自身进步。在搞好服务的同时，要留一些时间来学习和思考，不断提高工作水平；要创新工作方法，努力减轻自身压力，不断提升工作效率。

（八）要处理好远与近的关系

要处理好远与近的关系，即既要坚持向前看增强预见性，又要坚持实地看增强有效性；不要只顾干好当前工作而阻碍长远发展，也不要只注重谋划长远而忽视当前工作。秘书要统筹兼顾，做到当前工作不缺位、不掉队，扎实开展、有序推进；长远工作不好高骛远、脱离实际，突出超前谋划、科学预测，确保目标实现。

（九）要处理好高与低的关系

要处理好高与低的关系，即要坚持"高调做事、低调做人"的原则，对工作"不求过得去，要求过得硬"，力求高质量、高水平地做好各项工作。做人要务求实在，做老实人、善良人、谨慎人；要真诚待人、诚信处事，要言行一致、表里如一；要谨言慎行，不说三道四、道听途说；要顾全大局、维护团结，与大家和谐共处。

（十）要处理好补位与越位的关系

要处理好补位与越位的关系，即做到"到位不越位，参谋不决断"。秘书要不断强化补位意识，做到思想同心、目标同向、工作同步，要整合优势、相互支持，要补台不拆台，补位不缺位，努力形成"分工分责不分家，遇到问题共同抓"的良好格局。办公室主任要善于站在领导角度思考问题、谋划工作，但绝不能"越位"决策和指挥，更不能打着领导旗号办私事、谋私利。只有这样，才能切实做到参谋不决断、帮忙不添乱、服务不谋私。

十一、当领导遇到困难或公司出现危机时怎么办

周某在一家房地产公司当文秘。周某的打字室与老板的办公室之间只隔着一块大玻璃，老板的举止她只要愿意就可以看得清清楚楚，但她很少向那边多看一眼。周某每天都有打不完的材料，她知道工作认真刻苦是她唯一可以和别人争短长的资本。她处处为公司打算，打印纸舍不得浪费一张，如果不是要紧的文件，她会把一张打印纸两面用。

一年后，公司资金运作困难，员工工资开始告急，人们纷纷跳槽，最后总经理办公室的工作人员就剩下她一个。人少了，周某的工作量也陡然加重，除了打字，还要做些接听电话、为老板整理文件的杂活儿。有一天，周某走进老板的办公室，直截了当地问老板："您认为您的公司已经垮了吗？"老板很惊讶，说："没有！""既然没有，您就不应该这样消沉。现在的情况确实不好，可很多公司都面临着同样的问题，并非只是我们这一家。而且虽然您的2 000万美元砸在了工程上，成了一笔死钱，可公司没有全死呀！我们不是还有一个公寓项目吗？只要好好做，这个项目就可以成为公司重整旗鼓的开始。"说完她拿出那个项目的策划文案。隔了几天周某被派去负责那个项目，两个月后，那片位置不算好的公寓全部先期出售。周某为公司拿到了2 000万美元的支票，公司终于有了起色。

过了三年，公司改成股份制，老板当了董事长，周某则成了新公司第一任总经理。老板在新公司的周年庆上当着全体员工热泪满眶地对周某说道："谢谢你，当初没有你的那番话和你的支持，我不可能走出那次危机，也不可能有今天。我永远感激你在我最困难的时候给予我的鼓励和帮助。"周某却说道："这是我的分内之事，也是每一个公司员工应该做的。"台下顿时掌声雷动。

这个案例给我们的启发：

（1）作为秘书要具有基本的职业操守，在领导遇到困难或公司出现危机的时候，第一反应不应该是辞职或跳槽。

（2）如果秘书在危机中仍忠心耿耿，与领导风雨同舟，并能尽最大努力帮其渡过难关的话，将会被领导赏识，对个人的发展将大有裨益。

十二、一张订单

华夏贸易公司经销部经理近几天一直为订货量越来越少、销售额下降发愁，而且现在正是销售淡季，很难拓展销售渠道。

一天下午，经销部经理突然接到法国某访华团公司的订单，而且是一笔数额不小的买卖，相当于公司大半年的销售额。他连忙拿了订单到总经理办公室。总经理一看，就明白了，站在一旁的沈秘书更是露出了会心的微笑。这飞来的订单究竟与沈秘书有什么关系呢？

按常理，与法国客人签订合同、做生意，销售部不可能不知道，销售部经理真是百思不得其解。最后还是由总经理解开了这个谜：一对法国夫妇来华旅游，在北京机场下了飞机后，还要转乘火车去南方某省。这对法国夫妇对于中国的一切都很陌生，不知如何是好，于是就在机场乱拨了一个电话，竟打到了该贸易公司的总经理办公室，接电话的正好是沈秘书。沈秘书从电话里得知对方的身份和困难，对方请求帮助时，他马上请示了我，然后用英语回答对方："请不要着急，我们是华夏贸易公司，愿意向二位提供帮助。"随后立即派车到机场，把这对夫妇送去宾馆安顿下来，又陪他们游玩了几天，代购了去某省的车票，直到送上火车，热情话别。这一切，沈秘书都做得非常真诚、得体，给两位外国客人留下了深刻印象。我们收到订单距他们回国正好1个月，看来这笔大买卖正是被接待的法国夫妇促成的，当然这也要归功于沈秘书的公关意识和接待艺术，为本公司塑造了良好的形象。销售部经理恍然大悟，深有感触地说："看来接待工作中也有公关。搞好接待，不仅可以广交朋友，树立公司形象，而且可以促进产品销售，为公司赢得经济效益。难怪有人说'接待也是生产力'呢！"。

接待是秘书机构的一项经常性的事务工作，是秘书树立良好组织形象、有效协助领导工作的重要渠道。它虽然是一项事务性较强的工作，但又与一个组织的对外形象和沟通协调密切相关，发挥着不可替代的作用。通过接待工作，企业不仅可以展示企业作风和企业文化，也可以对外树立良好形象、推销自我。接待工作做好了，不仅会给上级领导和来宾留下深刻的印象，而且无形中也会为企业带来商机，带来社会效益和经济效益。因此，秘书要充分利用接待工作的每一个细节展示企业的全新风采和企业独具魅力的特色文化，明晓每一次接待机会会增强企业的凝聚力和向心力，提升企业的知名度和影响力。同时，秘书还要对接待结果进行科学的评估与监测，及时做好来宾反馈信息的收集和处理工作，不断优化接待流程，力求接待活动效益的最大化。

本案中华夏贸易公司的沈秘书接待外宾时，非常真诚、热情、得体，做到了秘书接待工作中的礼仪要求，起到了代表公司形象和联络的作用，并为公司带来了实际收益，充分说明了秘书接待工作的重要性。

13

事务工作

一、认清授权，提高办事效率

案例一：王秘书的两个"不该"

小王是某机关一位非常出色的秘书，自 1990 年受此"重任"以来，一向以谦虚、谨慎、勤奋、好学、踏实、能干而赢得好评。近来正当小王以更加忘我的精神全身心地投入秘书工作时，却接连发生了两件不该发生的事，一度使这位精明之人陷入困惑之中。然而经过小王一番"巧妙"处理之后，问题迎刃而解，干戈终成玉帛。

不该受此批评

和往常一样，早上 7 点刚过，小王就来到办公室，开始了一天的紧张工作。落座不久，一位打字社的同志来找他，要求结清去年机关的打字费用。小王非常热情地接待了这位同志，在认真核对计账单证之后，填写了一份财务报销单，并告知其下午来取。

上午报销时间到了，主任唤小王去议事，细心的小王就把报销单一同带上，顺便请主任签批报销。正当主任阅批时，分管财务工作的副主任也来到主任室，看到桌上的报销单，劈头就问："我在，你（指小王）为什么找主任批？"问得小王哑口无言。就连在场的计财处长也为之惊诧。是小王不懂规矩，无意所为，只为图个"顺便"吗？不像，小王向来都是个非常谨慎小心的人。是明知应由副主任签字的事而有意找主任签字，无视副主任的存在吗？也不像，小王不是个不按规矩办事的人。是与副主任有过节而有意回避吗？更不像，他们之间的关系历来很好。那么，究竟是什么原因造成这种情况的呢？其中必有蹊跷。

原来，在此之前，主任曾告诉办公室负责文秘工作的同志，副主任是协助主任工作的，主任又分管秘书工作，今后添设备、购买物品等，可向主任请示并签批……

这就难怪了，小王是遵照主任的指示行事的。在此有难言之隐时，作为秘书，小王应当怎样对待和处理这一突如其来的质问和批评呢？

其一，直言不讳，直截了当地把主任的"指示"告诉对方，并说明副主任的指责错了。

其二，强调缘由，说明这些打字的活是主任同意的，"谁答应谁签批"，亦在情理之中。

其三，耐心解释，要回面子，说明自己只是"顺便"而为，并无他意。

其四，委曲求全，接受批评，承认错误，并向副主任道歉，表明今后改正的决心。

其五，保持沉默，既不强调客观理由，也不表示接受，洗耳恭听，一言不发；或抓住适当的时机，有意岔开话题，分散矛头指向。

假如你是秘书小王，你会怎么办呢？

我们知道，秘书作为机关不可缺少的角色，在日常工作中要涉及各个层次的人物，其中既包括本机关主管领导，也包括本机关各内设机构的领导，还包括全机关各机构的工作人员。处理好各级领导间的关系以及自身同各层领导、同志间的关系，是秘书必备的基本功。尤其是当处于夹缝之中时，秘书要学会驾驭矛盾、引导局势、协调关系、讲究方法、逢源有度，这是对秘书素质和能力的一项综合性要求。

小王作为秘书，在上述情况发生时，如果采取直言相告的处理方法，不仅达不到化解矛盾的效果，相反会把矛盾引向主任与副主任之间，进而转移矛盾焦点，造成领导间隔阂，甚至可能促使矛盾升级；即使副主任能够忍气吞声，也将埋下积怨，矛盾迟早会爆发出来，显然第一种方法是不可取的。如果采取以各种理由进行解释的处理方法，有时又很难自圆其说，一方面会使自身威信降低，另一方面也会使副主任失去对自己的信任，故第二和第三种方法也是不可取的。如果采取卑躬屈膝的处理方法，任凭其批评、指责，避直就曲，一味屈从，不仅有失秘书的人格和尊严，也不符合秘书工作的基本原则，不利于分清正误，不利于养成良好的工作作风，长此下去，也会使秘书丧志失智，不利于秘书作用的发挥和秘书的自我提高与发展，因此第四种方法也是不可取的。只有采取沉默避锋的处理方法，保持冷静克制的态度，不争辩，不认错，或借助他人询问工作事宜之机，有意避开锋芒，转移话题，让矛盾一方的怨气自消自灭，才不失为一种好方法。这样做，不仅可以缓解副主任激愤的心情，消除尴尬的局面，而且还可以使各位主任都能冷静地反省自身在决策、言行中的欠妥之处，意识到在作出某项决定前应事先在主任层内协商一致，在处理上下工作关系时应学会尊重下级、平等待人。

小王在经过慎重权衡之后，选择了最后一种方法。尽管心里也有很大的委屈，可终因他处理"巧妙""恰当"，而使这一事件得以平息，并收到意想不到的效果。事后，主任请小王不要把这件事记在心上，并在当天有另一位同志来报销时，主动让主管财务的副主任签字；副主任于次日一早找小王谈心，检讨自己当时粗暴的态度，请小王原谅。

案例二：不该负此"责任"

3月的一天，主任召集协助其分管文秘工作的副主任、秘书和文书开会，非常严肃地通报了本机关丢失一份机密文件的情况，要求秘书和文书说明原因，查找工作漏洞，并为此承担后果责任。

照常理，小王作为本机关秘书，自然有不可推卸的责任。问题是本机关收传达室文件只经过机要员（签收人）、文书（传递人）和分管文秘工作的副主任（签批人），从不经过秘书之手，因此，机关每天收到多少文件、什么文件，作为秘书，小王一概不知，此事让他来负责，岂不冤枉？

那么，应当怎样对待这件事呢？办法有四：

其一，据理陈词，说明此事与己无关，应按职权分工确定负责人。

其二，不予理睬，只管干好本职工作，不接受不明不白之冤。

其三，承担责任，代人受过，把全部过错都揽在自己身上。

其四，帮助有关人员分析原因，总结教训，制定改进措施，并承担一定责任。

从这个案例中，我们看出在办公室日常管理中存在的漏洞。秘书身处文件收发的窗口，有时会直接接触到这类文件。当发生机密文件丢失的事件时，秘书对此负责是理所当然的。但是，由于机密文件有严格的传阅范围，加之按职责分工的秘书又不具体负责文件运转和文件管理工作，在这种情况下，作为秘书如何对待领导批评，确有一个如何选择的问题。

如果选择第一种方法，显然是把主要责任推向副主任和文书两人，这样做的结果是造成秘书与上下左右关系僵化，不利于今后工作的开展。如果选择第二种方法，只能说明秘书奉行"事不关己，高高挂起"的处事原则，有失秘书身份。如果选择第三种方法，把责任全部承担过来，不利于责任人吸取教训、改进工作，显然不可取。只有采取正确、科学的态度，一方面积极协助有关人员分析危害、查找症结、研究补救措施；另一方面主动承担一部分责任，分散焦点，才有助于责任人稳定思想，坚定干好工作的信心和决心。因此，采取第四种方法才是明智之举。小王正是采取了这一正确的处理方法，才进一步赢得了同志们的依赖和钦佩，使上下左右关系协调，工作顺利开展。

二、如何处理领导交办的非公务性事宜

所谓领导交办的非公务性事宜，一般可分为三类：

（1）领导个人及其家庭一些需要协助办理的事情。如领导外出开会或出

差期间留下的一些属私人性质的事情，需要秘书代为办理的。另外，当领导处于住院治疗、长年进修等特殊情况下，个人的一些事情往往需要委托秘书代劳。

（2）领导家属托办的一些杂务。一般指领导外出期间，家庭发生紧急情况，其家属往往首先想到是的秘书。这时秘书应当一方面向办公室分管上级汇报请示，另一方面积极采取有效措施尽力处理，待办理有结果或事态基本稳定之后，再向领导报告事因与办理情况。

（3）领导亲朋委托办理的一些具体事务。如领导的上下级、同学、战友、亲戚、故旧等需委托办理的一些事情。

妥善处理领导及其相关人员交办的一些非公务性事宜，不仅能使领导专心致志地工作，而且也是秘书锻炼处世能力的一种途径，故应从如下四个方面来加以处理：

（1）应抱着热情、积极、乐于助人的态度去办理领导交办的非公务性事宜。

（2）应按照领导的意图办理。①要弄清事情原委和办理程序、措施与要求等。②要认真思考，反复检查，防止遗漏和出错。③涉及私密或不宜张扬的事情，严格保密。④守时、保质、保量地完成任务。⑤遇到意外情况及时请示，完成任务后要及时汇报。

（3）坚持秘书独立的人格和正直处世的准则。首先，不把办理非公务性事宜当作向领导邀功的资本或胁迫领导对等办事的手段，防止以此为借口导致公私掺和的现象发生。其次，在原则问题上坚持立场，不趋炎附势，不违心苟同，绝不做背离党性与人性的事情，保持自身纯洁正直的本性。

（4）注意把握办事过程中的气氛和艺术。办理非公务性事宜时，要热情大方、注意分寸，把握好尺度，切忌喧宾夺主、固执己见；要努力营造出适度的处理环境，完成领导交办的任务。

案例三：张秘书的两种方案

一天，某县委院里停放着一辆黑色轿车，正准备上车的 A 书记突然回过头来对送行的张秘书说："张秘书，我爱人明天从北京回来，你与行政科李科长联系一下，派一辆小车，12 点以前去机场把她接回来。我要到市里开几天会，就请你帮助办一下吧。"

张秘书左右为难。明知 A 书记是用公车办私事，又无付车费之意（机场往返一次要 80 元），与制度不合，更何况前不久 A 书记还在机关大会上批评了公车私用的现象。但如不照办，后果也不堪设想。这该如何是好？

张秘书眉头一皱，马上想到两方案：

其一，听完 A 书记吩咐后立即说："A 书记，你放心去开会，我一定办好。"第二天一早，叫一辆出租车，准时到机场把书记夫人接回，车费当然由张秘书自己掏了。这样既完成了任务，又博得了书记及其夫人的好感。

其二，当听完 A 书记吩咐之后，立即就说："请书记放心去开会，我一定把事办好。"接着张秘书便找李科长安排一辆小车，然后去会计室交车费。财会人员知道是接书记夫人的，可能不肯收费。张秘书便可说："钱一定要付，这是制度规定的，何况这钱是书记让我专门交车费的。他前几天还在会上强调了公车私用的收费制度，你们不收钱，我怎么向书记交代，这也有损于领导的形象。"以此来说服会计收费。

张秘书衡量两种方案的得失后，决定用后一种。他圆满地完成了书记交办的任务，又帮助领导模范地执行了制度，树立了良好的领导形象，给机关带了一个好头，张秘书也获得了领导的赞赏与信任。

应该说张秘书设想的两种方案在实践中均可行。相比较而言，第二种更好些。按制度交费用车，既遵守机关制度，又树立了领导形象。但两种方案均有不可取之处，即由秘书掏自己的私钱为领导办私事。若能用适当的方法和言辞，让书记掏钱，则更能显示出秘书的原则性与灵活性。

三、冷静处理突发事故

案例四：谢秘书处理交通事故

某星期日下午 5 点，某县工商局办公室谢秘书正在值班，突然电话铃响了，传来了急切的声音："出事啦，请局里赶快派人来。""同志，你冷静一下，到底出什么事了，把情况讲清楚。"原来局里的一辆面包车与一辆大卡车相撞，司机重伤，另有 3 人受伤，车损严重，已不能开动，请求局里紧急处理。

谢秘书做好电话记录后，定了定神，思考了此案的处理办法。他想到三种方式：

其一，按照值班电话的常规处理办法，等第二天上班时间向领导汇报后，按领导指示处理。

其二，立即汇报，请领导亲自来处理。

其三，紧急事故紧急处理，然后再向领导汇报。

谢秘书决定采用第三种办法，立即处理。首先，他给事故附近的工商所打电话，请他们迅速派人去保护好现场并妥善照顾好伤员；接着，给县人民医院打电话，请求迅速派救护车去现场抢救伤员，并请外科住院部做好抢救伤员的准备；然后再给县交警大队打电话，请立即派人去现场处理交通事故；最后，向领导汇报事故情况以及所采取的三条措施。做完这些，已是晚上6点半，谢秘书便下班回家了。

这是一起突发性交通事故，处理起来难度较大。谢秘书按第三种方案处理及采取的四条措施基本可行，但还有三个方面不能忽视：①他所打的三个电话是否落实，应进行查询督促，不能"一打了事"。②有多人负伤，这么大一个事故，不能完全推给县交警大队和人民医院处理，局里应立即派人到现场做好协调与处理善后事宜。③发生了大事故，未处理之前，随时可能有新的情况发生，办公室无论如何应该有人留守，以便及时沟通信息。谢秘书碰上此事还"下班回家"，是一次严重的失职。

案例五：职权与灾情孰重

某年8月，某县曾经发生过这样一件事：某乡分管农、林、水、牧、渔的副乡长到杭州出差，去时遗忘了向有关领导和乡政府秘书交办有关事宜。当时，正值旱情严重，为了抗旱救灾，上级政府给乡里拨了25吨平价农用柴油。但是又恰巧乡长和书记都不在，留下的几个副职领导谁也不敢做主分配柴油。于是对这批抗旱救灾平价油的分配，就成了秘书的一大难题。慎重起见，秘书在参照了往年的分配情况后，根据各村的旱情，制订了一个分配方案，把油分了下去。几天以后，那位副乡长出差回来，听说此事，与秘书争吵起来。副乡长认为，自己没有授权，秘书当然无权处理这样大的事情。而秘书则认为，由于当时在乡的副职领导都不做主，又不能眼看着让庄稼旱死，自己的决定是不得已而为之。最后，事情闹到了县里。

我们认为，这件事至少给人以四点启示：

（1）在乡级政府里，不论是主管还是分管的领导出差，都要明确向有关同志交代有关工作。如果离开时间较长的话，必须有明确的授权指示。在一般情况下，副职出差，正职领导应该处理其分管事务；如果其他领导也都不在，秘书是可根据实际情况处理一些紧迫情况。

（2）作为秘书必须弄清哪些是自己职权范围内的事，哪些是属于领导职权范围内的事。是领导分内的事，要由领导去办，否则就是越权。秘书作为领导的助手和参谋，在领导不在时，即使领导没有授权，也要从大局出发敢于处理一些紧要的大事。对于这一点领导应给予理解和支持。同时，秘书在事后必须把处理的情况和结果向有关领导作出详细的汇报，不得隐瞒有关事实。

（3）乡政府要建立起权责分明的值班领导责任制，当其他领导出差、开会或者下乡时，值班领导要负起全责，这样，遇事才不至于互相推诿，从而也就不至于只让秘书一人承担责任。

（4）鉴于长期以来有些地方的乡政府秘书都是超负荷工作，有的身兼数职，每天都有干不完的活，平时也就无所谓"领导的事""秘书的事"，以至于酿成种种不愉快，这种情况应引起有关领导的重视和关心。

基于以上认识，我们认为，那位分管的副乡长因借口"遗忘"而贻误工作，首先应自责"挨板子"。几位副职领导无视旱情而"不敢做主"，显然是失职，也应陪"挨板子"。至于秘书，以旱情为重，"越权"行事，应予以表扬，如无谋私行为，尽可免于"挨板子"。

案例六：剧毒农药落入江中

1995年某月某日深夜，某市府值班室的秘书接到市交通部门打来的紧急电话，告知某某装卸公司在某码头装卸农药时，不慎将一桶剧毒农药落入江中。若农药扩散入水中，人畜饮用后会死亡。该秘书应该采取什么措施？

值班是秘书部门的基本任务之一。值班的主要目的是使上级的重要指示和下级反映的重大、紧急事情能得到及时地传达和处理，协调各部门关系，确保工作顺利进行。值班秘书将电话内容认真记录下来，及时向领导汇报，并将领导的指示向有关部门、地区、人员迅速传达，催其尽快落实。这是常规的处理办法。但在这种人命关天、多耽搁一分钟就可能危及更多人生命安全的情况下，值班秘书换一种思路更好。虽说秘书工作是项辅助性工作，但并不表明秘书工作应事事等待领导指示，自己不用动脑筋，不发挥主动性。事实上，在处理日常事务时，往往是秘书部门首先提出一个建设性意见，再由领导补充批示的。所以，值班秘书在此种情况下应保持冷静的头脑，首先想到的应是如何将险情减少到最低程度。在这一思想的指导下，依照以往对此类事件的处理原则和经验，可先通知市交通部门立即组织力量进行打捞，并将打捞结果上报；然后电话通知市防疫部门派人员赶往出事地点，对水质进行化验，并将化验结果上报；随后打电话给沿江各地区政府，让他们继续与防疫部门保持联系，并通知沿江水厂停止从江中取水，同时保证居民生活用水的供应；最后向市委值班人员和市政府领导汇报情况（包括自己采取的措施），请求领导指示。至此，值班秘书的任务并没有结束，他还应坚守工作岗位，时刻关注事态的发展、动向以及领导指示落实情况，及时向领导汇报。

四、妥善处理"家属参政"问题

案例七：首长回家一小时

有一篇小品文叫"首长回家一小时"，写的是一个无权的干部家属到首长家，想请首长家属在首长面前说个情，帮助解决招工指标问题。首长家属说："老头子的事我从不参与，用一句时髦的话叫'家属不参政'，所以这件事我没有办法。"这时首长下班回家了，一眼看见了茶几上放着些苹果和梨，便说："这么好看？"首长家属接了一句："好看不好吃，又酸又贵，好几次了，都是这样，你们司令部的管理处怎么搞的？""嗯，是有几次了，我们研究研究。"看到这里我们不难发现，首长的家属已在无意之中参政了。对于这种情况，作为首长的秘书应怎么办？

从这个案例来看，家属的意见对首长有很大的影响力。而对于家属参政这种现象，似乎历来都有。比如，古代的皇帝，有时因宠妃的一句话而大动干戈，也有时因妃子的一句话而避免了犯错误。虽然现在的首长与古代的皇帝不能相提并论，但是家属的话会左右首长的意图，这也是不争的事实。作为秘书，既无权反对家属参政，也不能助长家属参政的风气，而是要具体问题具体分析，用正确的态度、方法去解决问题。

对于家属参政这种行为，首先要坚持三个原则：

（1）首长的家属参政是一种客观存在，不必大惊小怪，作为秘书要有充分的思想准备，坦然相对。

（2）家属参政利弊相间，作为秘书要趋利避害，正确对待，首长考虑不周的问题，家属参与也有一定的弥补作用。

（3）要尽量避免首长家属参政，不可趋炎附势，有时家属的意见不一定错，但秘书要维护首长的尊严。

坚持了这些原则，要使秘书在对待家属参政问题上做到"三不"：

（1）不主动与首长家属谈论公务。在与首长家属的接触中，当首长家属主动提起公务话题时，多倾听，少插话。首长家属问起公务时，对不能借故回避的问题只作原则性回答，不具体分析讨论。

（2）不直接向首长家属请示或汇报工作。首长在时，不能绕过首长去找家属处理问题；首长不在时，也不能认为首长的家属有能力，就随便请示或汇报工作。

（3）不直接按首长家属的意见办理公务。首长家属找秘书办理本应属首长职权范围内的事时，秘书应主动向首长汇报，听取首长的处理意见，办理后应将结果先向首长汇报，再向家属通气，或通过首长传给家属；家属向秘书传达首长的指示时，秘书应设法向首长核实，确认无误后再去办理。

作为一个秘书，不仅仅是听令于首长，也要替首长分忧解难，出谋划策，共同办理好事务，维护首长的威严，这些都是秘书的本职工作。

五、接打电话的技巧

案例八：接打电话要自报家门

上海某合资企业曾经发生过这样一件事：一次，总经理室电话铃响，秘书小胡抓起听筒报了一声"喂"，对方便说"请老王接电话"。该公司的总经理即姓王。小胡不敢怠慢，赶紧把听筒递给了他。王总经理刚一开口，对方便是一阵责怪。王总经理觉得很奇怪，便询问对方的身份。一番口舌之后，才明白这是一场打错电话所造成的误会。事后，王总经理狠狠地批评了小胡。但是，小胡却认为，打错电话是区区小事，不必小题大做，自己不过是转接电话，并无过错。

作为秘书，小胡的看法显然是不妥当的。

（1）电话是现代社会简便高效的通信工具，一个电话信息往往会产生巨大的经济效益和社会效益。为保证电话的畅通，通话必须准确、简短，避免周折、耽搁。但长期以来，人们接打电话，不习惯于主动自我介绍，只用"喂"来呼叫或答应，直到对方询问后，才通报自己的身份。这样做的后果，首先是无谓地增加了为辨别对方身份所花的时间。这对于工作节奏快、时间资源宝贵的现代社会来说，无疑是一种浪费。更重要的一点是，由于无效地占用了电话，不仅延长了他人拨打本机的等待时间（即占线时间），致使有效电话信息无法及时传递，而且会因此引起一系列的连锁反应，造成整个电话通信网络的堵塞。只要稍微懂点现代通信理论，就会明白这一点。从这个意义上说，王总经理批评小胡并非小题大做。

（2）电话是代替会晤面谈的。打电话时，由于双方无法见面，加上声音在线路传输中的失真，客观上给辨别对方的身份带来了困难。因此，双方主动自报家门、自我介绍，既是通话的基本礼节，也是通话的基本前提。电话接通时，先说话的是被叫方，被叫方摘机后应先自报家门，以便主叫方直接判断拨打正确与否。如证实拨打错误，在主叫方表示歉意后，双方即可挂机，避免继续无效占用电话。小胡当时作为被叫方，理应主动先自我介绍，然而他却没有这样做。

（3）作为秘书，应有准确地为领导接转电话的责任。在对方没有作自我介绍的情况下，秘书应当有礼貌地询问对方的身份，以便决定接转与否。秘书小胡接到电话后，既未作自我介绍，又未辨别对方身份，就匆忙转给领导，导致王总经理误接电话。这一失职理应批评。

秘书接打电话，首先自报家门，实际上是秘书现代信息意识、效率意识、公关意识和服务意识的综合体现。

案例九：偶然疏忽的后果

某地发生较大的地震后，汛期又即将来临。一日，南方某省领导机关的值班秘书接到国家防汛指挥部的电话，要检查了解该地区防汛抗灾准备工作情况，要求尽快作一次汇报，并指明要检查大中型水库坝基安全可靠程度。值班秘书接电话时，听错为防震指挥部来的电话，当时对地震惊恐的"余波"还影响着人们的心理，认为"防震"也是理所当然的，而没有对打来的电话认真核对，便将听错的电话向领导汇报。当时领导班子几个主要成员正在与兄弟省区来的领导同志商讨经济协作的事情，被迫中断了商讨。省领导马上召集省直各有关部门的负责人开会，研究防震工作，并准备按电话的要求向上级有关部门汇报。大家在研究时，想到如此紧急的电话，是否是上级防震部门预测到本地区最近可能发生地震，于是由省办公厅主任亲自去电询问上级防震部门，得到的答复是：没有预测到本地区最近会发生地震，也没有要他们汇报有关情况。经再次查问，原来是防汛指挥部来的电话。一场虚惊总算化解了，但教训是应当吸取的。虽然未直接导致经济上的损失，但牵动了领导一班人的行动，打乱了领导机关的工作部署，影响了领导机关工作的决策，不能不说是个较大的失误。

通观这个案例，可以看出问题就出在这位接电话的秘书身上。这位同志是讲粤语和客家话长大的，对普通话的语音辨别能力差，别人讲普通话的"汛"，他听成是"震"。"汛""震"相混闹出了上述笑话和事故，可见语音是语言交流不可忽视的因素。语音听错了，语言的意思就变样了，听者就可能做出有违说者初衷的举动，传递错信息，上级的指示就会被歪曲甚至被理解成相反的意思。后果是贻误领导的决策，造成工作损失。

秘书工作要建立必要的制度，接电话应是制度中的重要一项。有了制度，工作就增加了一项监督的职能；有执行制度作保证，就可以防止或减少工作中的差错。制度的主要内容，包括听到电话铃声后，应尽快接听，并随时准备纸笔，重要的事情要及时记录下来，有条件的还可以同时进行录音。记录的项目，除如实记下对方讲述的内容外，还要记明来电的时间、单位、姓名以及必要的联系电话等。记下对方讲话的内容后，要当即重复一遍进行核对，对方确认无误后方进行办理。记录的内容不要加入记录者的任何主观猜测，否则电话的内容就会走样，继而出现偏差。上述"汛震"之错就是一例。

秘书要注意思想政治修养。要搞好工作，首先要有一个健康的思想，切不可夹杂着不健康的思想情绪去处理事情。上述听电话的差错，就是受地震惊恐情绪的干扰，而把"防汛"想当然地认为是"防震"。这种教训不可忘掉。

六、秘书合理挡驾"三要诀"

为领导创造一个安静的工作环境，是秘书的职责之一。如果领导办公室人来人往，领导无法集中精力思考和决定重大问题，甚至无法办公，则是秘书的失职。

作为秘书，既不能将来访者一概挡驾于领导办公室门外，也不能将来访者一概请进领导办公室内，而要做到该见的引见，不该见的则不引见，进行合理挡驾。

（1）要问清来访者的真实身份，将身份不明者和无关人员挡驾于办公室之外。秘书经常碰到这样的情况：办公室突然闯进一个人，说"我找你们领导"，或是找"某领导"。此时，秘书既不能不假思索地将其引进领导办公室，也不能问"你是谁"，抢白人家一顿，而应该热情地问清来访者尊姓大名，有何贵干。查一查身份证件，看一看介绍信，均是必不可少的。这样做的目的是将混入机关的盲流人员和无关人员挡驾于领导办公室之外，以免领导受到非正常干扰。

（2）要问清来访者真实意图，将无须领导接见的人员挡驾于领导办公室之外。来机关办事的人很多，不问来意，全部引见给领导，既无必要也不可行。秘书要将来访者合理分流，或者介绍到业务部门，或者介绍到其他机关，或者根据职责分工和政策规定自行接待。这些都要求秘书弄清来访者的真实意图。有经验的秘书都知道，来访者有相当一部分是不熟悉机关内部情况的，之所以张口闭口找领导，是因为他们不清楚应该找哪个部门。其实，在来访者中，有的不过是送一份通知，或是办一件小事，或者是提出某些并不需要领导亲自听取的申诉和控告，这些找某个具体的业务部门就可以了，完全没有必要引见给领导。问清来访者的真实意图，秘书就可以决定该不该将来访者引见给领导，以减少次要事务对领导工作的干扰。

（3）要分清轻重缓急，当领导在接待重要来访者时，将一般来访者挡驾于领导办公室之外。需要领导接待的来访者，大致可以分为四类。第一类是上级机关来本机关直接找领导研究工作的人员；第二类是前来联系非领导决定不可的重要事务的人员；第三类是对本单位工作或业务有重要影响的人员；第四类是到机关看望领导和找领导办事的亲朋好友。如果同时有几位需要领导接待的来访者，除了要问清身份和来访意图外，还要做到"三弄清"：一是谁是应约而来，谁是无约而来。应约而来者优先引见，无约而来者因时而定。二是谁是重要客人，谁是一般客人。重要的客人优先引见，一般客人暂缓引见。三是谁有急事，谁无急事。有急事者优先引见，无急事者暂缓引见。无论是哪一类来访者，引见给领导之前，事先都必须征得领导同意，否则不得将来访者引入领导办公室。这样做的目的，主要是不给正在思考、研究和决定重要问题或接待重要来访者的领导造成干扰，以使领导能集中注意力做好手头工作。

案例十："不速之客"

在接待工作中，秘书经常会遇到一些不太受人欢迎的"不速之客"，如上门推销产品的，强行摊派或募捐的，拉广告或要求赞助的，也有以上访为由企图达到不正当目的的无理取闹者。做好这些人的接待工作，无论对展示秘书个人风采、树立单位良好形象，还是为领导做好挡驾工作，把一部分没有必要由领导亲自接待的来访者过滤掉，使领导集中精力处理大事、要事，都具有十分重要的现实意义。

这些不速之客具有一些共同特点：一是不预约。他们知道通过预约求见领导成功的可能性很小，为防止吃"闭门羹"便采取直接上门的方式。二是口气大。这些人一进门大都喊着要找主要领导或"一把手"，或千方百计讨要领导的联系方式，以求通过走上层路线达到自己的目的。三是很执着。这些人大都有三寸不烂之舌和软磨硬泡的功夫，常会摆出一副不达目的绝不收兵的架势，所以接待他们时秘书一定要以礼相待、对症下药。下面这个事例能给我们有益的启示：

对方一进门，黄秘书凭直觉已经感觉到对方只是个广告推销员，但对方既然说与李总经理有约，也不好点破他的造访目的。接过名片一看，他果然是某家杂志社广告业务部的钱经理。黄秘书仍然热情地让座、端茶，然后问道：

"您是否和李总约定在上午会面？"

"如果您方便，我希望马上见到李总。"

黄秘书明白了，肯定是没有预约的。如果是李总亲自约定的，会有具体准确的时间。"您看，很不凑巧，今天上午李总刚好有个临时会谈。我马上设法和他取得联系，告诉他您在等候，或者另约时间，可以吗？"钱经理马上表示可以。黄秘书接着说："您看我怎么向李总汇报您的情况？"

　　黄秘书很快弄清楚了，钱经理是为杂志社编纂本市最新工商业名录做广告、拉客户的。

　　这类事已不是第一次遇到，黄秘书深知接待不可草率生硬，来访者中不乏"无冕之王"，还是"恭敬送神"为好。

　　从李总那儿得到的答复只有两个字："不见。"黄秘书当然不能对钱经理"直言相告"。

　　"钱先生，真对不起，李总正和一位客户讨论合同，我不方便进去打断。您看已近中午，怕要耽误您太多的时间了。您看是这样，我公司是华德公司的一家子公司，虽在本市，但多数业务往来还是在外省和与外商之间，全国工商名录上我公司已在册，本市工商名录上再登当然对本公司也有益，具体事项我一定请示李总，并用电话与您联系。您看，我可以打名片上您的联络电话吧？"

　　"好，好。"嘴上说好，钱先生已显不悦。

　　"另外，刚才看您送来的资料，我想起我的同行孙小姐曾和我谈起过她供职的公司正要做公关形象广告和业务宣传，您看我是否可以介绍他们公司与您合作？……噢，她的联系电话是这个，这是她的名片，您可以直接跟孙小姐联系。"

　　"好，好！"钱先生说这个"好"时和上次不一样。

　　"钱先生，这资料是否可以多留一份给我？尽管我公司业务范围不太合适，但周末的同行联谊会上，我可以帮您向其他合适的公司宣传、介绍，恐怕更方便些，您看是否可以？"

　　钱先生告退时的微笑透露出真诚的谢意，很大成分是因为他受到了热情的接待。

　　这里，黄秘书接待的是一位不受欢迎的广告推销员——钱经理。钱经理的请求虽然没有得到满足，但告退时依然带着"微笑"并表示了"真诚的谢意"。黄秘书之所以能取得如此好的接待效果，是因为他具有良好的教养，严格遵循了接待工作的基本原则。那么，他是怎么做的呢？

　　（1）礼貌待客。这主要体现在三个方面：一是坚持一视同仁的原则。在接待工作中，无论来客是权势显赫的大人物还是微不足道的小角色，都应给予同等的尊重和礼遇。此案例中钱经理一进门，黄秘书凭直觉就已判断出对方是个广告推销员，但他并没有揭穿其"庐山真面目"，也没有怒形于色，而是热情地让座、端茶、问事。二是言必称"您"。这不仅是一种尊称，更是以对方为中心、以对方的事情为自己的事情的体现。这样就能给客人一种受重视而不是被怠慢的感觉。三是尽量为对方着想。当钱经理希望尽快见到李总时，黄秘书立即作出了"我马上设法和他（李总）取得联系"的表态；当"不便"打扰李总时，他又向对方表示"我一定请示李总，并用电话与您联系"；当对方眼看要无功而返之时，他又主动把自己的同行孙小姐推荐给对方。这里，黄秘书没有简单地打发对方，而是以真心、诚心、耐心善待对方，从而赢得了对方的理解、体谅、信任和感激。

（2）弄清对方的身份和来访的目的。秘书在请示领导是否接待来访者之前，首先要做的一件事就是弄清对方的身份和来访目的。这可以从对方递上的名片来判断，也可以从与对方的交谈中来分析，还可以凭自己的直觉和经验来推测。当对方不愿说出来访目的时，秘书可以说明这是公司的规定和领导的要求，可以明确告诉对方"您不告诉我谈话的内容，我就不方便安排您和领导会谈"。秘书还可以说："希望您体谅我们做秘书的难处，如果领导问起来我什么都不知道，肯定会挨批的。"在这则案例中，黄秘书先是凭自己的直觉判断出了对方的身份，后来对方递过来的名片印证了他判断的准确性；接着，他通过巧妙的问询弄明白了对方事先并没有和李总预约；最后，他又以"您看我怎么向李总汇报您的情况"的问话摸清了对方的来访目的。这样，他在请示李总时就不会出现一问三不知的情况了，也为李总最终决定是否会见提供了依据。

（3）请示领导。一般情况下，秘书在弄清来访者的身份和目的后，不能直接告诉对方领导在还是不在、眼下工作忙还是闲，而应该以"我去看一下他是否在"为由乘机去请示领导。如果领导愿意见则安排会见，如果领导不愿意见则要委婉地答复对方："对不起，他现在不在。"这样，就不会给客人留下缺乏诚意的印象。在这则案例中，黄秘书没有擅作主张，而是按程序请示了李总。他的做法无可挑剔。

（4）传达领导意图。秘书在传达领导意图时既要忠于领导意图，确保"原汁原味"，又要讲究技巧，让对方乐于接受。

七、克服用印的十种消极心理

俗话说："官凭印信虎凭山。"印信（公章）是领导、机关、单位行使职权的信物，是权力的象征。用印是秘书的一项日常性工作，用印工作具有严肃性、权威性、机密性等特征，因此要求秘书要妥善地管好印，认真地用好印。目前，在管印和用印方面还存在不少问题，有以下十种消极心理，需要引起秘书的注意，以便认真克服。

（一）迷茫心理

由于抱着"当一天和尚撞一天钟"的态度，对管印用印的条款、渠道似懂非懂，迷迷糊糊，自然也就难免出差错。

（二）麻痹和懒惰心理

其主要表现是：不按规定保管印信，不是把公章放置在保险的地方，而是随意放在存取方便、不符合安全保密规定的地方；不严格执行用印签批手续，不填写"用印签批单"和"用印登记簿"；一些本该由内部使用的印章，却违反保密规定随便对外使用；为图省力，不在机密文件、信封及证明材料上加盖"齐封章""骑缝章"；不及时清理公章上的污垢，将就或凑合着用；对作废印章既不切角也不妥善封存或及时上交，随意弃置一旁。

（三）唯上是从心理

一些秘书把勤勤恳恳工作同唯唯诺诺做人画等号，把坚持党性原则前提下的服从与百依百顺的盲从等同起来。在用印时，只要是领导批了的、交代了的就照办。甚至明知是违反原则规定的，也不敢讲真话、进忠言，反而"心领神会"，一切都按领导说的办。

（四）从众心理

顺从社会上流行的"好人主义"，碰到不该用印的事情，架不住熟人的明讲暗求，以友情为重，开放绿灯。对一些违反用印规定的习惯做法，因为是前任传下来的、领导默认的、大家习以为常的，就心安理得地照"老规矩"办。

（五）特权心理

自信有用印大权，倘若一处不中意，盖个章也得叫人费费神，不叫人跑跑腿，也要叫人磨破嘴。

（六）交易心理

拿原则做交易，信奉今天我给你"方便方便"，明天你对我"通融通融"；现在我"高抬贵手"，日后你"让开大道，退避三舍"。以盖公章、开假证明为条件，索取"小实惠"，捞取"好处费"。

（七）私利心理

"看人下菜"，看人行事。对有权有势有路子的，日后可能飞黄腾达的，关系好的，就办得快一些，甚至违反规定也无所顾忌。而对无权无势无路子的，则能推就推，能拖就拖，本来符合规定可以办的，也要想方设法，找出几条规定，设几道关卡。

（八）轻视心理

视用印为儿戏，把严肃的用印庸俗化。一般联系工作要用，日常琐事批条子要用，发个小稿子也要用个大印，而且不适当地降低用印的规格。结果图章满天飞，使人们对印信失去信任，久而久之，鲜红的大印成了聋子的耳朵——摆设。

（九）侥幸心理

懂得违反用印原则和规定会招致严重的后果，但对社会生活和人员思想的复杂性估计不足，总有一种"可能不会出问题"的侥幸心理。如随便将公章拿出保管处，胡乱放置；用印不亲自实施，而交给他人自行用印，且不监印，当"甩手掌柜"。

（十）搪塞应付心理

不坚持原则，遇到矛盾绕着走：一是当碰到用印双方发生争执、对方态度又特别强硬时，为了尽快顺利"解决"矛盾，就把公章当"开塞露"用。二是对某些人的不佳处境、遭遇以及实际困难怀有恻隐之心，明知开介绍信、盖公章无用处，但为了表示同情和关心，就把盖公章、开介绍信当作"宽心丸"用。三是为了和某些人消除过去的隔阂和误会，在某些不能用印的事情上，却显得非常主动热情，开一张"热情方"，送上一剂"逍遥散"。

上述十种心理病症只是秘书用印不良心理表现的一部分。它们违背秘书的素质要求，不符合秘书的角色行为规范，严重影响党政部门的威望，必须引起各领导和秘书的重视，予以自觉地纠正。

八、秘书要"分身有术"

在办公室工作中往往出现这样的场面：两部电话同时响起，几个上司同时发出指示，这时秘书怎么办？

以协助他人提高工作绩效为目的的外企秘书最先要适应的是"面对各方

同时提出的要求如何满足"。通常，除了高级职位的上司配有专职秘书以外，多数情况下，一个秘书都是服务于一个部门。这种情况下外企秘书必须善于有效地协助几位上司工作。这就需要秘书合理分配工作时间，确认优先服务对象，明确区分工作职责。

对于部门内例行的任务，秘书可以规定一些专项时间去完成。因此，要制定一份时间分配表，显示完成几位上司布置的工作所需的时间分布。这可使自己统计出每位上司给的工作量，并可反映出哪部分工作可以安排其他人去做。当你有太多要做的工作，以致其中某些工作需要重新分配时，分配表会特别有助于上司决定哪些工作改由别人去处理。这份表格还将有助于上司了解秘书的工作量，并便于他自己计划工作。

工作优先权管理是组织工作及合理分配相应工作时间所遇到的最大问题。按时间顺序依次完成上司交代的工作显然是不行的，因为每项工作的紧迫性程度不尽相同。

协助每位上司工作时，通常做法是第一优先为职务最高者服务，第二为其次，以此类推。这种安排有利于和上司建立良好的关系。但同样也会产生问题，特别是如果低级职员察觉秘书不能准时或根本完不成他们的工作时，就很可能进行投诉，有时也会影响到几位上司之间的关系。为避免出现这类问题，就要学会权衡最高级别者的工作的紧急程度，作出自己的判断后就不要和任何人去讨论，并着手完成手头的工作。不过，当自己的工作堆积到一定程度时，必须向直接上司报告，他有责任评估整个工作的负荷，并决定秘书是否需要额外的帮助。

有些上司为使他们的要求取得优先权，会在所有的要求上贴上"加急"的标签。碰到这种情况，秘书要对哪些是真正的急件作出判断。如果对方规定的工作期限难以接受，就不要接手。否则，一旦完不成就是秘书的责任，甚至会导致自己被上司和同事视为能力低下，这不仅会影响自己的前途，亦会挫伤自信心。

秘书的才能在于控制自己的工作计划，有效地协助几位上司工作。每位上司都希望自己是特殊的，可以得到秘书的全力支持。当一位上司的工作妨碍了秘书向另一位上司提供他所期待的帮助时，必须向他致歉。尤其是最体谅自己的那位上司，不要因为他会容忍而将他吩咐的工作一拖再拖。

如果几位平级上司因秘书的时间分配产生分歧，保持沉默或机敏地建议他们自己解决一些小问题，是比较主动的做法。

不要做不属于自己的工作。做好自己的本职工作是做秘书的准则。

九、协助领导管理时间

秘书作为领导的参谋和助手，不仅要办文、办事，还要协助领导管理好时间，这样才能使领导在有限的时间之内举事立业，大展宏图。

协助领导管理好时间，必须具备以下两个条件：①领导对秘书充分信任。秘书处于从属地位，只有得到领导的信任，成为领导工作的伙伴，并且了解领导的工作习惯、工作方式、工作计划、工作内容及性格爱好，才有可能协助领导管理好时间。②秘书有较高的认识水平、业务能力和管理知识，才能与领导有些共同的语言，才能不居领导之位而想领导之事，协助领导规划好工作，管理好时间。

协助领导管理时间的主要方式有过滤筛选式、暗示提醒式、合并分割式、规划预控式。

（一）过滤筛选式

领导在企业中处于中心地位，常常遇到来自各方面的干扰，如内外的会议、下级的工作汇报、职工因个人生活福利问题的上访、频繁的应酬活动、下级无法解决的问题等。面对这些问题，秘书应给领导组织一张时间保护网。对来自各方面的事项、活动和问题，都要进行一番过滤和筛选。凡不需要领导接待的来访者，可由秘书接待，或"扳道叉"转有关部门分管领导；对工作汇报，秘书则应了解其内容和所需时间，帮助汇报人员明确重点，缩短时间，并根据领导的工作计划，确定听取汇报的时间；对于各种会议通知和应酬活动，秘书也应分别了解其内容、目的及出席对象，并确定是否由领导亲自参加；对基层提出的问题，一般由部门或分管领导处理。

（二）暗示提醒式

在领导忘记管理时间的情况下，秘书通过含蓄、间接的方式对领导的心理和行为产生影响，使领导注意时间的管理。暗示的方式有语言暗示、动作暗示和环境暗示。语言暗示是秘书通过含蓄得体的语言提醒领导注意时间管理。如在领导办公会上，就某个问题展开了长时间毫无结果的争论，使原定的会议任务难以完成。在这种情况下，秘书可选择时机提醒"这个问题已经讨论一个多小时了"，轻描淡写的一句话就可能使领导从热烈的争论中醒悟过来，注意到会议时间的掌握。动作暗示是秘书通过动作来提醒领导注意时间管理。例如在大会上，领导讲话情绪高涨，已经过了吃午饭的时间还在滔滔不绝。在这种情况下，秘书如果坐在前排，就可以抬起手臂看看手表，如果秘书与领导关系密切，还可以用手指指手表，以提醒领导注意时间。环境暗示是秘书通过环境的布置提醒领导。可在领导会议室内设置自鸣钟、墙上挂惜时条幅等。

（三）合并分割式

合并就是秘书要发挥办公部门的综合作用，帮助领导将同类工作合并进行。如秘书可以建议领导将几个内容、对象相近的会议合并为一个会议。分割就是将需要领导花大量时间处理的工作分割成若干个小单元，利用领导的零碎时间，一小块、一小块地"吃掉"。如领导每天要用大量时间阅读文件和报表，秘书则可以在领导外出参加会议时给他带上几份文件，以便领导利用会前时间阅读。秘书还可以对一些内容相同的文件进行一番"分割"，将重复的语句剔除，将重要的段落画出，这样可以帮助领导节约时间。

（四）规划预控式

规划是为提高领导时间的利用率和有效性，由秘书协助领导对未来工作时间进行安排和筹划。秘书可以利用帮助领导起草年、季、月工作安排的机会明确工作目标，确定主要工作和时间消耗标准。秘书还可以利用帮助领导安排周工作日程和当日工作的机会，安排周和日的时间管理计划。预控是秘书在领导时间计划实施前运用各种方式进行准备，以保证实现领导的时间计划。例如，领导计划用三个小时开完领导办公会，为了实现这个时间预控目标，秘书就要做好如下几项准备工作：①要协助领导确定会议议题，使会议避免讨论未纳入议题的问题。②要向与会者事先通报会议议题，提示与会者做好准备，必要时可向与会者提供有关资料。③向与会者通报会议计划时间，明确每一个人的发言时间，只有这样才能实现领导对时间的预控目标。

十、先来后到

上午，研发部办公室刘秘书正忙着打印一份重要的研发报告，是下午李经理要向总经理汇报的。她想集中精力赶紧把报告打完，谁知道，一会儿一个电话，叫她通知这通知那；一会儿来一个人，让她解决这事那事。刘秘书恨不得变成哪吒，生出三头六臂，把这些杂无头绪的事情都搞定。

正在刘秘书懊恼之际，听见有人敲门，心想又是谁呀？嘴里忙说："请进。"推门而进的是一个四十几岁的中年男人。刘秘书问他："您好！请问有什么需要帮忙的？"来人说："我是泰达公司的洪金龙，想见你们李经理，今天早上我跟他约好10点钟见面。"刘秘书看了一眼墙上的挂钟，还有10分钟就10点了，就说："那您先坐会吧。"接着，就又低头忙碌起来。

紧接着，刘秘书又听见有人敲门，说声："请进。"这次推门而进的是他们研发部的常客，也是李经理的老同学，市政府科技处的张处长。刘秘书马上热情地迎上去，说道："张处长您好！您是来找我们李经理的吧，快请坐，我给您沏茶。"说着，手脚利索地沏好茶端给了张处长。张处长接过茶，说："谢谢，今天有时间就直接过来了，想跟你经理谈谈市里那个项目的事情，他今天上午没别的事吧？"刘秘书忙说："李经理上午没什么事，我这就带您过去。"说完，就要带张处长去李经理的办公室。这时，站在旁边的客人生气了，大声说："你这个秘书懂不懂先来后到的道理？难道这就是你们公司的待客之道？我是小公司的人，不配受你这大公司秘书的接待，既然我在你们公司是不受欢迎的人，那我就先告辞了。"说完，摔门而去。刘秘书一时愣住了，脸唰地一下红到耳根，张处长也尴尬地站在原地。

秘书在接待客人的时候，无论如何也不能违反先来后到这条公平的原则。更不能厚此薄彼，势利眼。应该给予每个客人一视同仁的接待和服务，牢记"来者都是客"这句话，不能让客人感觉受到了轻视。尤其是对待那些来自小公司或职务较低的客人更应该热情接待，不要给人家店大欺客的感觉，要想得长远一些。或许，将来小公司变成了大公司，职务较低的人当上了总经理，想起曾经在你们公司受到如此不公平的待遇，还会跟你们公司打交道吗？所以秘书一时的怠慢，有可能既损害了公司的形象，也丧失了公司潜在的顾客和合作对象。同时，即使是在当时受到厚待的客人，也不一定心存感激，反而会对公司产生看法，觉得公司缺少诚信。以后打交道，也会心存忌惮。因此，本案例中刘秘书的做法很不可取。秘书应该时刻提醒自己代表的是公司的形象，要提高自己的专业素养。

十一、违规用印的后果

机关企事业或社会团体的印章，是这个机构、组织作为一个法人地位、权力的标志和凭证，具有法律效力。印章的使用有严格的规章制度，用印必须遵循一定的手续，不能违章用印，擅自用印。一个单位掌握印鉴的人，他的手起落之间，担负着重大责任。

某厅办公室印鉴管理员，一日中午将近下班时，遇到下属公司一个常来办事的党支部书记兼经理，拿着一份他女儿参加成人高考的登记表，要求其签署主管部门意见，并加盖厅的公章。开始印鉴管理员要他找厅人事主管处盖章，但这位经理借口"已经下班，没时间了"，并说"单位已同意盖章了"。碍于"熟人、面子"并以"她考上才算数"为理由，不坚持原则，而在登记表上签署意见，加盖该厅的印章。

一年后，群众揭发，这位经理弄虚作假，以权谋私，用单位指标，骗取单位和主管厅签印，送不合条件的子女入高校读书。经有关部门查实，除对当事人作了纪律处分外，对不坚持原则、越权、违纪，随意用印的某厅办公室印鉴管理员也给予党纪处分，并取消其当年"优秀党员"称号。对该经理所在公司的印章管理员也进行批评教育，责令其作出书面检讨。

十二、电话号码

某公司彭经理在给一有业务往来的公司经理打电话时，话筒传来"该公司电话号码早已变更"的声音。事情紧急，但看该公司客户住址、电话一览表时，该公司仍是原住址、号码。彭经理便冲着肖秘书发起火来，肖秘书辩解道："这事不该我管！"彭经理火气更大："难道该我管！"他把责备的目光投向办公室申主任。申主任红着脸说："我记得办公室曾寄来张变更电话号码通知单，是谁收的？"于是，大家一齐动手，可找了好一阵也未找到。彭经理火气更大："你们是干什么的？一件小事都做不好，公司是你们白拿钱的地方？"还是小龙灵活些，他赶紧拨通查号台，才找到该公司变更后的电话号码。这样，虽然止住了彭经理的火气进一步爆发，但全办公室的人心里都不好受。你认为从这事中应该吸取什么教训？

这件事的起因有二：一是该公司办公室工作责任制未落实到人，连修改客户电话地址一览表的人是谁都不清楚；二是公司办公室管理文书档案方式混乱。如果我们深究一下，为什么要待领导发现后，才被动地去处理问题？这样会造成什么影响？为什么同办公室的人要互相推卸责任？为什么对领导的批评还要辩解？等等。也许，这样问一下，就不会就事论事了。秘书应时时刻刻把握秘书工作原则、秘书常识，自觉而主动地运用到工作中去，多动脑筋，发挥积极精神，从细小的工作中悟出其中奥妙来。比如，这件事，收信人或拆阅信件的人，或其他知情人，有了主动精神，在办公室主任没安排的情况下，顺手改动一下，拾遗补阙，主动做些应该办的事，不仅使工作化被动为主动，体现出你的协作精神来，而且将会把你磨炼得更成熟些。秘书要多动脑筋，多想问题，多做事情，包括做"分外"事。在领导冲着你发火时，哪怕不是你的错，也不要当场辩解。那样做，不仅会使领导更加生气，而且更显得你是那么没有涵养，还会引起办公室同事之间的不团结。这不是说秘书是领导的"出气筒"，该当"受气包"，而是你应该理解领导当时的心理状态，让他把火气发出来，同时赶紧设法把失误纠正，让领导心里求得平衡。有些误解在适当时机可以向领导解释，有的则不必去斤斤计较，领导心中是有数的。

十三、压缩会议

某公司朱总经理上月参加各种会议达 27 次，差不多天天泡"会海"，他深感自己如不从"会海"中解放出来，加强学习，提高自身素质，深入实际，掌握各种信息，便难于指挥这个上千人的企业。他思索后，要求秘书部门拿一个解决问题的方案。这个任务落到何秘书身上。

何秘书接受任务后，为了弄清情况，首先，他详细查阅了本单位的"大事记"。对近一年来公司经理月平均参加会议次数，以及会议性质进行了解，又特别对朱总上月参加的会议进行详细分析。上月，朱总参加市各领导部门召开的会议 6 次，参加往来单位会议 7 次，出席本公司下属部门会议 6 次，公司总部召开会议 8 次。在此基础上，何秘书进一步分析，近一年来，公司总经理月平均参加 20 次以上的会议，有一半左右本来是可以不参加的。如上月，市领导部门和往来单位 13 次会议中，只有 6 次非朱总参加不可，其余 6 次可派公司副职或其他人去参加；6 次下属部门会议，仅 1 次非朱总参加不可；公司总部 8 次会议，有 1 次朱总可以不参加。这样分析计算，朱总上月可以不参加的会议有 12 次之多。就是朱总非参加不可的 15 次会议中，还有交错重叠的现象。比如，贯彻×号文件精神，市、公司、公司下属部门的会议，朱总都参加过，甚至某公司贯彻该文件的具体做法的现场会，有关部门也点名要"一把手"参加。这样，极易造成领导沉于"会海"。在弄清情况后，何秘书草拟了一份《加强会议计划管理的意见》，文中除了简单地提到端正会议指导思想、改进会风、提高办事效率外，着重拟订了将会议纳入规范化、程序化轨道：一是限制会议次数。根据需要与精简原则，公司一级会议每月不得超过 6 次，岁末月尾，由秘书部门根据领导意图与业务部门需要拟制出下年、下月公司会务活动安排，明确各会议的时间、规模和主要解决的问题，最后由公司领导审定核实。二是适时调节计划。会议计划一经审定，原则上按计划执行，如客观情况有变，需增减会议次数、扩大范围、改换内容，必须由主办部门会同秘书部门作出调整，报领导批准后执行，不得擅自更改。执行《意见》半年来，朱总每月仅参加会议 10 次左右，大大减轻了负担。

不开会，不行；开会多了，也不行。目前，会多是普遍现象，如何解决这一问题，把会议纳入规范化、程序化、制度化的轨道势在必行，该公司的办法值得借鉴。

十四、小李错在哪里

某机关王处长主持一项工作，需要半年左右完成。但阶段工作检查很不理想，让办公室发文批评通报另外一部门的属下（抽调负责一个子项目），内部通报其办事不尽职。结果过了几天之后，真相大白，是王处长冤枉了那位属下，王处长十分后悔，决定亲自打电话向那个属下道歉，这时一旁的李秘书得意地说："不用了，那份通报我根本没有发下去，因为我知道你会后悔的。"王处长听了后如释重负，然后又怀疑地问她："压了整整两个星期？"李秘书说："是的。"

"那么最近发到欧洲那几封信也压下了吗？"李秘书说："没有，因为我知道那些信是不该压的。"结果没想到王处长大怒："这事是你做主还是我做主？"李秘书说："我做错了吗？"王处长说："是的。"就这样李秘书被记了一个小过，只是没有公开。当然李秘书觉得自己满肚子的委屈，逢人便倒苦水，诉委屈。不久整个单位都知道了这件事情。结果，半个月之后，李秘书就被调走了。

这个案例给秘书的教训是：

（1）李秘书不该自作主张扣押领导信件，而不与领导沟通。

（2）她不该自以为是，觉得领导犯了错误会有后悔的一天，而自己帮领导避免了一个错误就洋洋自得，以功臣自居。

（3）她不该逢人便讲，给自己"申冤"，把事情弄得人尽皆知，有损领导威望。

十五、值班工作"五字诀"

"严、实、细、快、深"五个字对做好值班工作有着很强的针对性和指导性。

（一）做好值班工作，首要是"严"

一是严肃对待。值班工作无小事，事事关系大局。对每一项工作、每一件事情，都要"严"字当头，慎重处理，要善于从政治和全局的高度去研判，分清主次、大小、轻重、缓急，做到严肃对待、认真办理。二是严格管理。既要从实际出发修改和完善已经过时的制度，又要根据新的形势和任务探索建立新的制度。要用制度去规范行为，不断提高工作规范化水平。三是严格考核。针对各项工作制定具体考核标准，做到细化、量化、目标化、责任化。围绕工作目标搞好各项考核，逐步建立科学的值班工作评价机制。

（二）做好值班工作，前提是"实"

一是踏实的工作态度。做好值班工作须时刻牢记"两个务必"，树立勤奋敬业、无私奉献的精神，发扬艰苦奋斗的作风，耐得住清贫，受得住寂寞，经得住考验，挡得住诱惑，做到干一行、爱一行、钻一行、精一行。二是求实的工作精神。坚持时时、事事、处处说实话、办实事、求实效。向领导报送紧急重要信息时，要认真核实，弄清事情发生、发展的基本脉络，提高上报信息的准确性和客观性。处置突发情况和督办落实领导批示意见，要坚持对上负责与对下负责的一致性，把对党的忠诚体现到为人民群众服务中去。三是务实的工作作风。坚决克服"重形式、轻效果"的错误倾向，做事情力求扎实，不搞形式主义，不摆花架子。要通过电话抽查与实地检查相结合、工作通报与新闻媒体曝光相结合等多种办法，加大值班工作督促检查力度，对作风飘忽、弄虚作假等问题及时发现、及时纠正。

（三）做好值班工作，基础是"细"

一是考虑要细。分析考虑问题做到细致入微，既有整体把握又有相关分析，在思维空间上不留死角、不落环节。凡事多想、多看、多问、多记，细心虑事、谨慎从事，努力把每一件事情想周全、办到位。二是安排要细。对全局性工作，既要有长期谋划又要有短期安排，做到年初有部署，月月有分析，季度有检查，年终有总结。对日常工作要经常研究，及时总结经验、完善措施。对突发重大事件，要有应急处置预案，确保随时妥善处理。三是落实要细。从小事做起、从细节抓起，凡事不出现拖、压、误、漏现象，保证工作标准不打折扣、工作程序不抄近路，努力把每一件事情做精致，把每一项工作做成品牌。

（四）做好值班工作，关键是"快"

一是反应快。对紧急突发事件要争取在第一时间作出判断，正确分析和把握事情的性质和发展趋势，准确地提出处理建议。二是办理快。接打每一个电话、收发每一份文件、接办每一件事情，能一分钟办完的事情绝不延缓一秒，能当班办完的事情绝不拖到下一班，能当天处理完的事情绝不等到第二天，力争做到"零停留""零延误"。三是反馈快。克服"重办理、轻反馈"的现象，对事情办理进度要及时跟踪，对领导交办事项要专人盯办。当事情办理完毕或进行到一定阶段时，要及时搜集情况，快速进行汇总和反馈，以便各级领导尽快掌握各项工作的进展情况，切实为领导及时作出科学决策做好服务。

（五）做好值班工作，根本是"深"

一是认识要深刻。对值班工作本身及其面临的形势要有正确、全面的认识，不断增强做好值班工作的责任感和使命感。二是工作要深入。值班工作具有较强的被动性和不可预见性，但也有其内在的规律性，关键在于如何深入研究和把握。要抓好重点，把紧急情况、重大事件报告作为值班工作的第一要务，下大力气提高信息报送的时效性和准确性；要抓好难点，切实加强值班网络建设，建立各级党委协调联动、反应敏捷、指挥得当、处置得力的快速反应机制，提高应急处置能力；要抓好着力点，完善值班工作规范，强化值班工作职能，增强值班工作整体效能。三是措施要深化。不断创新工作理念、工作机制和工作方法，增强值班工作预见性，善于发现倾向性、苗头性问题，善于把握事物本质，预判事物发展趋势，及时为领导提供前瞻性预案。

14

保密工作

一、严格控制泄密渠道

案例一：剪报与"间谍案"

1935 年，欧洲的上空战云密布，希特勒正在秘密地准备一场新的侵略战争。恰在这时，德国发生了一起震惊世界的"间谍奇案"：一个叫伯尔特尔德·雅可布的英国记者兼军事评论家，出版了一本小册子，这本书从多方面披露了德军的核心机密，其中包括德军参谋部的人员组成、部队指挥官兵的名字、各个军区的情况，甚至有 168 名指挥官的简历。

希特勒看到这本小册子后大发雷霆，立即召见他的情报顾问官瓦尔特·尼古拉上校，严加训斥，并命令他一定要追查出泄露机密之人。

为了查出这一案件的同谋，尼古拉将雅可布从伦敦骗到瑞士，又把他绑架到柏林的盖世太保总部进行审讯。但当听到雅可布的回答后，尼古拉目瞪口呆。原来雅可布小册子上的全部内容，竟然都是根据德国公开报纸报道的消息写出来的。雅可布是个有心人，积累了许多剪报资料和摘录卡片，经过综合研究，整理出大量德军的秘密资料。例如，关于威鲁上校是第二十五师的第二十六团团长、修腾梅鲁曼少校是该师的通讯军官、夏拉少将是第二十五师师长的资料，是从乌尔姆出版社的社会消息版面上得到的。这则消息报道了夏拉少将从二十五师师部驻扎地斯图加特专程来参加二十六团团长威鲁上校的女儿与修腾少校的结婚典礼。事后，尼古拉向希特勒报告说："我的元首，这个雅可布的同谋者除开我们自己的军事刊物和每日报刊之外并没有别人。他的材料是从讣告、结婚启事等文件的片断材料中搜集起来的。"不久，雅可布便被释放了，这一间谍案不了了之。

从这里我们可以看出，善于积累资料是多么重要！雅可布是个记者兼军事评论家，他很注意各种报纸、刊物上的各种新闻，尤其是对军事方面的消息特别敏感，这就使他从中收集并掌握了德军的重要机密。秘书应该从雅可布身上得到启示，做生活的有心人，多方注意情况，特别是与本行业有关的信息，以便及时、准确地为领导提供参考，帮助领导作出科学的决策。

二、加强涉密档案的保护

随着社会主义市场经济体制的建立，企业间的相互竞争日益激烈。商战烽火迭起，各企业单位都在厉兵秣马，欲与同行一决雌雄。因此，科技档案这一能为企业带来财富的商业秘密，便成了企业同行窃取与反窃取、争夺与反争夺的目标。以下两则科技档案泄密案就值得我们深思。

案例二：平板硫化机技术泄露案

某橡胶机械技术科职工章某，不久前与当地轻工机械厂私下协商，以提供橡胶机械厂平板硫化机生产技术给轻工机械厂为条件，让轻工机械厂聘请其为技术员。协议还商定，章某若给轻工机械厂提供技术信息资料，对方除一次性付给章某酬金外，还将按产品出厂销售收入的 8% 奖励章某。协议商定后，章某利用自己在橡胶机械厂技术科工作的便利，窃取了该厂的硫化机生产图样，并携该图纸离开原厂到轻工机械厂工作。为此，章某获得轻工机械厂付给的所谓养老保险酬金 15 万元。其余奖金按"协定"，根据产品销售额的 8% 奖励。

到 1994 年 3 月底，轻工机械厂凭借橡胶机械厂的图纸已生产平板硫化机 36 台，售出了 24 台。章某按协议获取奖金 2 400 元。在此过程中，橡胶机械厂发现轻工机械厂窃取了其生产技术并将产品投放市场，曾通过报刊"严正声明"，要求轻工机械厂立即停止侵权行为。但对方置若罔闻，仍然通过广告和新闻媒体大肆宣传"自己的产品"。

为此，橡胶机械厂诉至法院。法院受理后，即对案件进行内查外调。通过大量的查证工作，在查清事实的基础上，传唤双方到庭调解。但多次调解均未奏效。故此，法院认为，橡胶机械厂的平板硫化机技术是该厂独自开发设计并通过省级鉴定的科技成果，章某及轻工机械厂窃取对方科技档案的行为属不正当竞争行为。为保护当事人合法权益，1994 年 5 月 4 日，人民法院依法一审判决轻工机械厂立即停止对原告的技术侵权，不得继续生产销售平板硫化机产品，并在当地报刊登侵权启事，为原告消除影响，赔偿原告经济损失 72 万元，收缴章某非法所得款 174 万元。

案例三：CT 051 型输纱器技术泄露案

某实业总公司曾于 1989 年开发新产品 CT 051 型输纱器，该产品曾被列入 20 世纪 90 年代国家火炬计划。产品面市后销路好，经济效益显著。曾在该公司任技术员的王某，利用职务之便，窃取了 CT 051 型输纱器工艺图纸及销售档案复印件和 1993 年综合计划各一份，并于 1993 年 5 月调离该公司时，将上述档案资料偷带回家。

1994 年 1 月 4 日，附近某机床厂在打听到王某手中有 CT 051 型输纱器技术资料和经营信息等档案材料时，遂派工作人员向其索取。1 月 6 日，王某把上述档案资料送到该机床厂副厂长办公室。这位副厂长当即表示，项目获得经济效益后，即支付王某的报酬。该实业总公司及时发现了这一侵权行为，遂向工商行政管理部门举报。工商行政管理部门接报后，迅速对案件进行了查处。因为查处及时，这家机床厂尚未来得及使用该技术档案资料，故未能给某实业总公司造成经济损失。对此，该市工商局依照有关法律条文的规定，责令这家机床厂停止侵犯某实业总公司权益的违法行为，并对这家机床厂非法获取的CT 051 型输纱技术信息和经营信息档案资料予以没收。

上述两则科技泄密案例给予我们如下启示：

（1）必须进一步完善和强化企业档案工作。首先，要进一步强化科技档案文件材料的保管措施和管理力量。其次，建立健全并实施严格规章制度，进而保证档案材料的保密与安全。比如，某些关键材料不得由单人接触、不能随意带离规定的地点等，对调离本企业的技术人员要有严格的检查制度，使其履行技术保密协议，一旦违约将依法对其追究责任。

（2）必须强化技术人员的法律意识。近年来，一些企业单位的技术人员一方面法律意识淡薄，另一方面挡不住金钱的诱惑，因此铤而走险，致使偷窃、贩卖科技档案材料的案件屡屡发生。在企业中，一般能够接触技术秘密档案的大多为技术人员。因此，对这部分人员应进行《中华人民共和国档案法》和《中华人民共和国反不正当竞争法》等法律知识的教育，强化其法律意识。

（3）必须强化依法监督、检查的深度和力度。依法强化对档案工作监督、检查的深度和力度，其中就包括指导企业增强科技档案信息的反窃密意识，完善防范措施，保证经济技术信息的保密和安全，维护自身的合法权益，提高其保护能力。应该说，这已成为档案行政管理部门当前监督、指导档案工作的重要内容之一。

在商战迭起、竞争激烈的社会主义市场经济体制下，企业必须克服麻痹心理，增强忧患意识，强化档案管理，提高法制观念，依法保护档案，这样才能保障自身的合法权益不受侵害，经济利益不受损失。

三、泄密事件的负效应

案例四：黑色的"内参"

1979 年，西方某国驻华武官无意中从一未加密的普通电话中获得了我军对越自卫还击作战的时间、兵力调遣等重大军事机密。

1981 年 9 月 20 日，我国首次用一枚运载火箭发射了三颗人造卫星。为保守机密，新华社只作了一个简单的报道。而这次一箭送三星，在国际上却引起了爆炸性的反响，许多驻华武官均受命向我国官方及媒体刺探情报。卫星发射后仅三天，北京一家广播电台蓦然抛出了一篇题为"太空奥妙夺桂冠"的广播稿。9月23日，北京一家晚报又刊登了《我国第九颗人造地球卫星》的报道。两篇文章将三颗卫星运行的轨道、无线电遥测频率等全盘托出，另一家报纸甚至直接登出照片。境外情报机关如获至宝，我国军事部门大为吃惊。

1992年某日，在报刊"大扩版""大写真"的浪潮冲击下，某省报周末版赫然刊出了"武警大写真"，该省国家战略储备地点的方位、警力配备等军事机密，竟被报界公之于众。

类似的泄密事件数不胜数。例如，某杂志曾将金融界一高层人士介绍人民币对外币汇率制定方法这一"核心机密"的内容全文刊出，将金融界的重要机密曝光。《光明日报》曾发过某记者写的"奥运金牌也有他们一份贡献"的稿件，把我国乒乓球队研究的双打"制胜法"、杨文意和教练陈运鹏悉心研究数年的"加长划水幅度，划水过程均匀加力"成果、帆板铜牌获得者张小冬使用的由青岛海洋大学与国家体委共同攻关的"手持电子风速风向仪"等情况一一作了详细报道。我国体育界殚精竭虑、耗尽心血换来的成果，就这样轻而易举地被"老记"们"开放"给了人家。更有甚者，党的十四大报告都被泄密。1993年8月30日上午，北京市中级人民法院对新华通讯社国内新闻部记者吴士深进行了终审判决，因其犯有为境外人员非法提供国家机密罪，被判处无期徒刑，剥夺政治权利终身。同案犯《中国健康教育通讯》杂志社编辑、吴士深的妻子马涛被判处有期徒刑6年，剥夺政治权利1年。这就是当时香港和北京新闻界瞩目的香港记者梁慧珉收买大陆记者吴士深和马涛窃取国家重大机密案。

案例五：经济泄密酿造的"苦酒"

世界"冷战"戛然结束，全球"商战"烽烟骤起。中国实行改革开放，海内外在对我国政治、军事情报的收集毫不放松的同时，对我国经济、科技情报的收集则更为猖獗，他们每时每刻都在处心积虑地窥视和窃取中国的经济、科技情报。

面对现实，中国企业家不得不惊讶地承认，经济间谍就潜伏在身边。他们采取种种不正当的手段，非法窃取经济情报和科技情报，给国家和企业造成无法估量的损失。据最高人民法院的统计，1993年全国各级法院受理的技术秘密侵权案比1992年同期增长了150%，经济秘密侵权案增长130%。

战场上泄露军事机密可能造成全军覆灭，市场竞争中泄露经济情报就有可能造成无法弥补的经济损失，这一点似乎还未引起我国企业家们的足够重视。经济领域的泄密事件频频发生，造成了不可估量的损失。情报界有一句话说得好："一个情报能造就一百个企业。"我们还可以补充一句："一个情报也可以摧毁一百个企业。"在现代市场竞争中，谁掌握了信息谁就掌握了竞争的主动权，并能赢得胜利。正如美国可口可乐饮料公司的经营策略所言：保住秘密就保住了市场。

我国生产的龙须草席具有悠久的历史，曾被莱比锡世界工艺品博览会誉为"中国独有的工艺品"，列为我国免检商品，为国家赢得了大量外汇。20 世纪80 年代初，日本某株式会社派人专门来某省对龙须草席生产厂家进行"考察"，参观了生产的全部过程，对每一道工序都作了详细的了解和拍照。日本人回去后不到 3 个月，就制造出代替手工锤草的机器。此后，龙须草席的国际市场即被日本人完全垄断，导致我国龙须草席出口厂家全部倒闭。

景泰蓝工艺品是中国的独创，堪称国宝。但近年来，竟有日本人扛着摄像机参观我国的景泰蓝工厂，我方人士还拍拍洋人的摄像机说："拍吧，拍下全部制作工艺，拿回去让人知道中国人的厉害。"然而不过两年，日本人制作的景泰蓝大量进入市场，景泰蓝这个中国出口创汇的"拳头"产品，价格一落千丈。

中国宣纸有"千年寿纸""纸中之王"的美称，尤以安徽宣州县所产最为正宗，1915 年曾获巴拿马国际博览会金质奖章。日本人早已企图攫取其中绝密，派出情报人员到宣州刺探后发现印有泾县宣纸厂标志的车，立即尾随而至，但这回碰了壁，泾县宣纸厂谢绝参观并将所有厂车的标志涂去。但是次年另一批日本人到浙江一个由泾县造纸厂扶持的造纸厂时，该厂热情接待，有问必答，连蒸煮原材料的碱水浓度这样的细节也言无不尽。说了还不算，临别时还赠送檀树皮、长稻草浆和阳桃藤等原料。于是日本人带回去"研究研究"之后，竟宣布"世界宣纸，泾县第一，日本第二，浙江第三，台湾第四"。

综上所述，在市场经济条件下，尤其是改革开放的初期，由于我们没有这方面的经验，在自觉保守企业机密方面确实付出了不小的代价。当然，导致经济、科技情报泄密的因素是多种多样的，但总的来说，不外乎三个方面：

（1）窃密手段无孔不入。日本设有广播监听室，昼夜 24 小时监听和收录我国中央和地方各省市电台的广播节目，并立即整理分类存档。某一大国情报机关的大型计算机系统内，已储存了一大批中国"有关人员"的材料，并按职业和政治态度进行了分类，哪些人应当作一般官员交往，哪些人可以通过吃吃喝喝搞到"一般"情报，哪些人可以通过心照不宣的办法建立情报关系，均一一登记在"册"。

目前，外国及港澳商社常驻北京的有 1 000 余家，计 4 000 人，这其中有相当一部分人在从事"与其身份不符"的活动。如美国中央情报局的一名特务 1988 年来中国，在一个贸易机构以经商为掩护，从事经济情报活动，搜集了我国某部门工业布局、内部生产项目等大量经济情报。

（2）大众传媒弄巧成拙。在经济间谍战役中，大众传媒泄密已成为间谍部门取得情报的最大来源。大众传播媒介是一种公开化的信息载体，而信息在现代社会里就是一种重要的战略资源。由于大众传播媒介包含的信息量大、传播迅速，内容涉及一个国家政治、经济、军事、文化、科技等各个领域，而且公开发行，从中收集情报既合法又简便，能够以最少的支出得到最大的收获，因此，几乎所有的情报机构都把从大众媒介上收集情报视为一条重要途径。

据有关资料表明，目前情报机构有 80% 以上的情报是从报刊等公开出版物中获得的。比如日本的"中国问题研究所"就是主要通过研究我国报刊来收集中国情报的机构，不少来华人员与驻华人员都大量选购我国的报刊进行分析研究和整理归纳。日本的民间情报机构"海外贸易振兴会"，曾通过我国报刊积累了大量我国经济方面的材料，经过分析研究后还出了《关于中华人民共和国国民经济情报》一书。

令人气恼的是，由于旧体制和某些片面宣传的误导，近年来，中国有的科技人员重名轻利，有重大科技成果不先申报专利，而是为了在未来市场抢占领地，急于将论文放到国外报刊读物上发表，去争所谓"世界第一"，最终弄成"墙里开花墙外红"的局面。

《中华人民共和国保守国家机密法》第二十条明文规定，报刊等信息载体必须遵守有关保密规定，不得泄露国家机密。许多新闻单位据此开展了各种保密教育和培训。然而，新闻作业者队伍不断扩大，新闻传媒越办越多，泄密的可能性也就越来越大。

（3）防线从内部被击破。在激烈的市场竞争中，任何一种知识都是参与竞争的资本。在科学技术中，并非绘成图纸，形成文字、公式或配方的才是技术秘密。有许许多多的东西，包括各种各样的专门技艺、操作方法、小改小革、数据、构思、窍门、经验、外形、颜色，甚至是某种姿势，只要是"我所独有"的就是秘密，英文称这为"Know-How"。为此，只有时刻警觉，加强保密工作观念，才能防患于未然。然而，这一点正是我们所欠缺的。

外国情报人员坦率承认，在中国的公共汽车上、饭馆里、私人聚会上，即使不开口说话，也能随便听到许多有用的情报。

上海的有关部门指出，自 1987 年以来，上海某外国商社从上海部分人士处获得了一批机密、绝密级情报，而代价不过是金钱和"代办出国签证"。

四、泄密的心理动因

案例六："跳槽"致富的职业

王某是那种长相精明，说话讨人喜欢的人。别看年仅30岁，可已经调了10余个单位，足见他的公关功夫不赖。圈里人都称他为"跳来跳去"的人。熟知他的人说，他虽然频频调动，却不具备任何一项丰富的经验。然而王某的钱袋却是随着每一次的"跳槽"而逐渐鼓了起来。去年底，他曾供职过的某企业状告他将本企业商业秘密带到了另一家企业，致使他与那家企业被判赔偿经济损失23万元，其中王某个人承担3万元。事后，他竟若无其事。因为，据说王某每次"跳槽"几乎都能得到一笔数量不小的"信息费"。原来他是把窃取所在单位的技术机密作为"跳槽"致富的手段了。

企业商业秘密的泄露大致通过三种人：一是企业人员"马大哈"，说话不注意场合，机密文件随手乱放，未经允许公开发表技术论文等。二是竞争对手派出的"孙悟空"钻进了自家"铁扇公主的肚子"，出现了商业技术方面的"情报间谍"。三是企业雇员里出现了借"跳槽"之名携走商业技术秘密的人。其中，第三种人最令企业头痛。最为世界关注的"跳槽"泄密案件，可能要数美国通用汽车公司的一位经理"跳槽"到德国大众汽车公司一案了。

案例七：携密"跳槽"最难防

美国头号企业通用汽车公司在德国的一间下属公司的经理洛佩斯突然"跳槽"至德国大众汽车公司的时候，带走了10 000多页包括工业秘密在内的各种秘密文件、原料采购及零部件供应商的关系，使大众汽车公司不仅熟悉竞争对手的策略，而且在车型替代期限、市场趋势和价格等方面处于竞争的主动地位。

难怪美国一位知识产权方面的专业律师鲍尔比指出，商业泄密最常见的方式是公司职员"跳槽"。这是最难防范的一招，损失也难以估量。

案例八："跳槽"导致专利技术大曝光

江某，山东烟台开发区亚新利电器有限公司技术开发部部长，不仅掌握着令竞争对手垂涎的技术资料，也同时具备了"跳槽"的身价资本。一日，正当他"恨无蟾宫折桂路，剑在箧中待时飞"时，烟台东方电子信息产业集团的负责人登门拜访来了。在对江某深表惜才爱才之意后，当即拍板让其在集团下属的雅禾电子有限公司任副总经理，并将其妻调入集团工作。接着江某又随来访者查看了调动后分配的新房。雅禾公司总经理又进一步许诺，调动后江某可从当年开发的新产品收益中拿到一定比例的提成。

江某去意已定，开始"私自拿走"（江某自白）亚新利有价值的技术资料共215页，同时还复制了计算机储存的一些重要技术资料。之后，又故意将计算机硬盘中的资料全部洗掉，并以住房、职务、高工资、高额利润提成为诱饵，在短期内使亚新利的16名业务骨干违背合同，"跳槽"到东方雅禾公司，从事同样的工作。江某不仅出卖了亚新利的商业机密，同时给亚新利的生产经营制造了障碍，从而使东方雅禾公司抢占了市场份额，致使亚新利一度被迫停产。

像江某这种不讲道德、严重损害原单位利益的"跳槽"者虽不多见，但人才流动与另谋高就之时"私自拿走"原单位商业技术机密所引发的技术权益流失、专利秘密曝光现象却屡见不鲜。

早在20世纪80年代，南京某研究所成功研制了TSM通信计费系统，其产品市场占有前景广阔，利润丰厚。1988年，国内某同类厂以有偿形式获取该技术后，9个月内创利300万元。面对滚滚财源，该厂禁不住动了邪念，企图独占产品市场，便向该研究所的7名技术人员频频投下金钱、住房等诱饵。这些技术人员也心领神会，在"跳槽"时带走了整套加密的软件技术及后续实施的改进技术，使研究所遭受了巨大的经济损失。无独有偶，当中国船舶工业总公司的EF研究所投入大量人力、物力和财力终于在1991年成功地解决了水电解制氢的科研难题时，却不料该所的18位研究人员携带该项目技术的生产技巧和全部工艺流程资料，集体"跳槽"到了外省某经济技术开发区，并在那里利用这项科研机密创造了巨大的经济效益，当年就订下1 400多万元的购销合同，而原研究所却徒劳无获。

可见，技术人员"跳槽"，原企业失去的不单单是几个技术人员，而可能是几十万、几百万，甚至上千万元的经济损失。

案例九："跳槽"致使客户销路大转移

1994年11月，某市的空调订货竞争十分激烈。11月7日，A电器公司产品订货会刚刚降下帷幕；8日，B空调器产品订货会接踵而至。令人疑惑不解的是，主持B空调器订货会的销售经理和所有业务员都是前一天A空调器销售订货的原班人马。这时人们才明白，原来A公司的业务员集体"反水"跳到B空调器厂。有趣的是，几乎与此同时，原B空调器厂的10多员业务员也集体"跳槽"，摇身变成了 C 空调器厂的业务员，并马上从汇丰空调器产品订货会上拉走了 100 多家原汇丰的客户。

销售人员的单个"跳槽"，只能带走部分客户和销售渠道，而集体"跳槽"却会带走一个企业的管理方法、生产技术、销售策略、供应渠道、客户关系等，这必将给原企业带来伤筋动骨的巨大"杀伤"。比如，广东一家空调器厂的总经理曾带着一批骨干"跳槽"到另一家空调器厂，致使原厂生产的空调在国内市场的占有率一度从第二位降至第三位。再如 1994 年 7 月，中国青年旅行社总社欧美部的 10 余名业务骨干携带着"青旅"客户档案"跳槽"到中国旅行社总社组建了"中旅"欧美二部，并与原"青旅"的国外客户进行联系，致使"青旅"的国外客户在一周内纷纷以种种理由取消了原订的旅游团队 151 个。此番集体"跳槽"，使"青旅"减少计划收入 2 196.4 万元，并造成经营利润损失 353 万元。

更有甚者，有的销售部门、销售人员打着甲企业的招牌，暗地里却在为乙企业服务，在甲企业拿工资的同时又在乙企业拿利润提成，这种脚踏两只船，头伸多只"槽"的暗"跳槽"现象则更令企业难以察觉，防不胜防。

众多泄密案造成的政治上影响之坏和经济上损失之重是难以用语言和数字来表述的。社会心理学认为，人的心理对一个人的实践活动有巨大的制约和支配作用。因此，加强对涉密人员的失密心理动因的透析和探讨研究，对防止国家秘密被遗失、泄露和窃取具有不可忽视和不可缺少的作用。那么，在失密、泄密事件中，涉密人员受到哪些心理动因的支配和制约呢？有关专家认为，主要有三种：

（一）欲望的驱使

人的欲望是个性倾向性的集中表现，它影响着人的整个精神面貌，是个人思想言论和行为举止的最高调节器。个别涉密人员，由于个人主义严重，受欲望驱使，主动投靠，泄露国家机密，干出亲者痛仇者快的事情来。这些欲望有如下四方面：

（1）金钱欲。金钱，这一经济社会的宠物，像潘多拉的魔盒一样，不时对保密工作释放出许多祸患来。一些自制力差的涉密人员居然"靠山吃山，靠水吃水"，为了金钱堕落到不顾国体、人格，出卖灵魂的地步。此类案例不胜枚举。

（2）出国欲。有些人为了达到出国的目的，利用工作之便，窃取国家的绝密材料数份，以换取为其出国的经济担保。

（3）地位欲。改革开放后，在外国公司任职的人多了起来。一些人为了谋求高薪职位，利欲熏心地故意泄密。

（4）显露欲。有些涉密人员在写作或对外交谈时，为了显示自己才华横溢、论据确凿、说理透彻，往往违反保密规定，写一些不该写的事，说一些不该说的话。

（二）情感冲动

情感是人类特有的一种心理现象，是人对客观事物或对象的感受和体验。积极健康的情感对于协调社会有机体、促进人际关系、保持社会和谐稳定有重要的作用，但如果不能正确调节自己的情感，就会发生扭曲现象。这种扭曲现象发生在涉密人员身上主要有四种：

（1）重义泄密。涉密人员如果被"为朋友两肋插刀"的江湖义气冲昏头脑，单纯顾及亲友、老乡、熟人的情谊，置国家利益于不顾，就容易说出一些不该说的话，干出一些不该干的事来。

（2）讨好泄密。个别意志薄弱的涉密人员，为异性所动心时，极可能控制不住自己的行为，情不自禁地将国家的秘密当作讨人欢心的资料泄露给对方。因此，"美女计""美男计"是一切窃密者的常用伎俩和有效手段。"对付男人最好的办法是女人，对付女人最好的办法是男人"成为间谍战中的一大法宝。

（3）酒后失控泄密。古人云："酒后吐真言。"酒喝到一定程度，人的自我支配、自我控制能力降低，给泄密提供了温床。

（4）好胜泄密。作为学有所长的知识分子，他们的自尊心很强，不能容忍别人对自己才能和水平的怀疑和奚落。但当好胜的心理冲破了理智的防线时，知识倒成了泄密的资本。

（三）注意力分散

当人专注于某项工作时，人的心理活动对这一工作具有指向性和集中性；而一旦注意力指向无关的活动和客体时，就会发生精神懈怠，极易发生泄密。

另外，对保密工作的错误认识，也是泄密案件发生的重要原因。如有的人认为保密工作多此一举、无关紧要，因而采取应付或轻视的态度；有的人认为在间谍卫星、激光窃听等高新技术装备面前有密难保，或认为保也保不住，因而对保密工作失去信心，听之任之。这些错误的观念和做法，都会给国家和人民的事业造成重大的损失。

五、构筑保密大堤

在市场竞争日趋激烈的今天，企业的商业秘密在一定程度上决定了一个企业的荣辱兴衰。因此，企业的自我保护意识也显得至关重要。面对一而再，再而三的"跳槽"侵权案，企业该怎么办？《中华人民共和国反不正当竞争法》第二十条规定："被侵害的经营者的合法权益受到不正当的竞争行为损害的，可以向人民法院提起诉讼。"前文所提到的烟台亚新利公司携密"跳槽"的江某甚至被检察院以盗窃嫌疑罪逮捕。像江某这样被追究刑事责任的"跳槽"者虽然罕见，但被法院判定赔偿的事例从 1995 年以来已结案多起。

案例十：无规矩不成方圆

1995 年 1 月，山东省特艺品进出口公司状告本单位 4 名业务员携带原告与国内外签订的大量合同、订单货单、客户资料及样品擅自离岗，同时利用上述商业秘密与另一被告——青岛澳青工艺品有限公司秘密合作，严重侵犯了原告的经营权、出口权，造成了 10 余笔业务受损。此案由青岛市市南区人民法院于当年 5 月 12 日审结，被告经判决应赔偿原告经济损失 44.6833 万元。其中 4 位业务员各赔偿 2.8 万元，澳青工艺品有限公司赔偿 33.4833 万元。

在此之前，类似案件多由劳动仲裁部门裁决，即使法院受理也以调解告终。该案可以说开了由法院判决"跳槽"赔偿案的先河，具有突破性意义。

在一些发达国家，虽然职员"跳槽"属于正常行为，但也有许多规矩需要遵循，诸如原工作手续交接、财产清理、提前报告等，不允许将不属于个人的商业技术机密"顺手牵羊"带走。有的国家甚至规定某些部门的"跳槽"人员三年内不得从事与原单位相同的职业，并要求调离人员签署一份不泄露原单位商业技术秘密的协议，以备追究其违反协议后的法律责任等。

面对虎视眈眈的国际竞争者，中国经济如何保守机密？有关专家认为，现阶段不妨从以下五个方面着手：

（1）强化企业内部管理，健全各项制度，防止商业机密泄露或被窃取。如加强技术资料和商业文件的保管，在文件上注明"保密"或"机密"字样，限制文件的份数和发放范围；限定掌握关键技术机密的人员，缩小关键性技术的知密面；严格执行档案管理制度。

（2）完善劳动合同制度，加强技术人员的稳定性。企业对掌握商业秘密较多的专业技术人员必须签订劳动合同，其合同有效期要灵活把握，技术人员合同期尽量一定五十年，以防止企业出资培养的人才流失，稳定技术人员队伍。

（3）正确运用已颁布的法律法规，保护企业的商业秘密。尽管我国目前尚无关于商业秘密保护的法律体系，但是在实体法和程序法中已有所体现，如《民事诉讼法》第一百二十条第二款明确规定："涉及商业秘密的案件，当事人申诉不公开审理的，可以不公开审理。"这在我国立法上首次采用了商业秘密这一概念，并纳入了程序法予以保护。《民法通则》第一百一十八条也规定，对科技成果包括诀窍、工艺配方等商业秘密予以保护。

（4）求得司法保护，及时追究泄露或窃取企业商业秘密的违法侵权者。企业对于泄露商业秘密者，要依法及时采取行政处罚、经济赔偿及司法制裁手段。对于窃取企业商业机密的违法者应及时诉诸法律，将侵害行为制止在萌芽状态，避免给企业造成重大经济损失。

（5）充分利用已颁布的《反不正当竞争法》。我国的《反不正当竞争法》已经出台，窃取他人商业机密是要严惩的不正当竞争行为。企业应当充分利用这一法律保护自己的商业秘密，追究窃密者的法律责任。

六、加强办公自动化的保密

办公自动化（简称 OA）为办公提供了便捷，但秘密泄露的渠道同时也多了起来。由于目前普遍存在工作人员素质低、未能熟练地掌握办公自动化技术、与现代化管理的高要求不相适应等情况，保密工作漏洞很大，主要表现在如下四方面：

（一）计算机的保密漏洞

计算机是各单位实现办公自动化所配备的主要工具，它以其优质高效的信息处理功能赢得了人们的青睐，但如果使用时不注意加强保密工作，它也会成为泄密的主要工具。以现在比较先进和被看好的互联网来说，它主要是由硬件、软件和网络构成，泄密渠道也由这三个方面组成。

（1）软件。办公自动化的信息存贮介质主要是磁盘、磁带等，他们因为大容量的存贮功能，使用起来极为方便，因而被广泛采用，但这也就注定它们会成为窃密者的突破点。现在的普通办公计算机只认命令不认人，假如碰上"梁上君子"，它同样也会"无私奉献"，从而使懂得电子技术的不法之徒可以轻而易举地盗走大量文件。还有一种利用软件程序进行窃密的手段也要十分警惕。它是窃密者将自己设计的一个窃密软件程序偷偷地装入计算机用户的软件中，当用户编辑文本时，此程序自动把文件拷贝下来，并存在窃密者的文件目录中而达到窃密的目的。此手段由于可在当事人无防备的情况下窃取秘密，防不胜防，所以成为一些窃密者极乐意采用的方法。

（2）硬件。由于计算机是一种电子设备，当它开机工作时会向四周射出一定能量的电磁波，这种电磁波经过专用接收机接收，可被翻译成可读形式，从而造成泄密。此外，计算机的一些操作命令也容易造成泄密。如 DOS 删除命令并不能彻底删除文件，而只是去除了文件名和文件分配表中零扇区指针，利用 NORTON 等软件就可以将其恢复。至于解除普通的隐藏和加密技术，对于搞计算机的人来说更是"小菜一碟"，保密效果也不理想。

（3）网络。网络由主机、工作站、终端及其连线组成。它主要的泄密渠道为端口和传输线路电磁辐射。由于用户是通过端口进入网络的，因此，只要窃密者盗取了用户的口令，即可进入网络，窃取用户所享有的"信息"。网络传输线路传输微波所产生的辐射只要用相应的电子设备就能够截获，还有常被窃密者采取的搭载手段都可以使计算机在使用时泄露秘密。

随着电子技术的发展，笔记本电脑正逐渐走入人们的日常生活，由于笔记本电脑大部分是无线发射电磁波，也就是说信息是在空气中传输的，截获这些信息对于高技术犯罪分子来说更是"举手之劳"。特别是在现在计算机正处在走向联网大趋势的情况下，一些"神通广大"的高技术犯罪分子，几乎可以进入到任何加密信息网络中，掘取他们所需要的东西，我们更要加强警惕，对信息的调用、传输、保存一定要谨慎。

（二）电话、传真机等电子通信设备的保密漏洞

据俄罗斯新闻媒体 1996 年 4 月 24 日透露，21 日晚，52 岁的车臣领导人杜达耶夫在他的卫星电话旁边被两枚空对地导弹击中炸死。杜达耶夫恐怕临死都没想到，他经历了 16 个月残酷的战争都没有死去，最后竟然由于自己同外界联系的可靠工具——便携式卫星电话的出卖而被导弹击中炸死。21 日晚，当杜达耶夫拿起电话要与莫斯科一位对于结束车臣战争的谈判可能充当调停人的俄罗斯政界人士通话时，电话刚接通几分钟，两枚导弹就在距叛乱分子控制的格希丘村 1.5 千米的地方爆炸。杜达耶夫和他的两名助手在导弹爆炸后死去。

据在格罗兹尼的俄罗斯官员说，杜达耶夫的卫星电话发出的信号给导弹指引了方向。在过去的 3 个月里，俄罗斯空军为打死杜达耶夫已试图采取了两次行动，只是由于前两次杜达耶夫通话时间很短，才使导弹失去了目标。据杜达耶夫叛乱政府中的人事后说，这次攻击是俄罗斯特工人员实施的，西方某些国家通过间谍卫星参与了这次行动。

这个事例告诉我们，在日常生活中，电话、传真机等日常办公业务中最常用的通信工具，也极易造成泄密。通常人们知道通话内容的被窃一般是被搭线

窃取的，所以有人就把秘密写在纸上进行传真而不用电话口授，以为这就安全了，其实这也是不保险的。传真机是一种电子设备，当它工作时就会产生电磁辐射。只要在一定的距离内，采用相应的接收设备，就可以接收到传真机传输的信息，所以它也不是100%的安全。近年来，随着无线通信技术的飞速发展，手机被大量使用，人们在联系工作、商谈业务时，手机处处可见。由于手机不同于传真机的有线传输而采用无线传输，或借助于转播台和卫星，它的无线电波完全暴露在空气当中，极易被不法分子截获。特别是在现在手机盗号十分猖獗的情况下，一部或若干部"伪机"能同时收到真机的通话内容，窃取秘密就更容易了。

（三）打印设备的保密漏洞

现在各单位的打印设备有打字机、打印机、油印机、复印机和激光照排机等，对于这些设备，特别是彩色喷墨打印机和彩色复印机的管理使用，单位一般都比较重视，但对这些机器形成的文件废品的妥善处理相对来说就差一些，尤其是在对非"白纸黑字"式废品的处理上，如蜡纸、色带的处理就比较疏忽。有人认为蜡纸脏乎乎的没有什么价值，特别是色带字迹不清的，就一扔了事。事实上，作废扔掉的蜡纸、色带也是可以被某些窃密人"变废为宝"的，他们利用的就是人们麻痹大意的思想。蜡纸、色带经过一些技术处理后重新判读出所截内容是可以做到的。某刊物就曾刊登过国外一家企业利用作废的色带窃取秘密而掌握竞争主动权的事例。

（四）文字档案和音像资料录制保存的保密漏洞

（1）在文字、音像档案形成过程中，如不严格控制文件的分发数量，或不将秘密资料同普通资料分开鉴定归档，容易造成泄密。

（2）在使用文字、音像档案时，如不按照档案借阅和有关保密规定，或不约束使用档案人员的言行，任由他们不分场合信口开河，也容易造成泄密。

（3）在文字、音像档案销毁过程中，如不严格履行销毁程序，将失去保存价值却没有解密的文件同非保密文件用同一方式简单处理，或不将有重份的文件加以管理或销毁，同样容易造成泄密。当前，一些单位的碎纸机不是全粉碎而是粉碎成条形的；烧毁档案时，不注意把纸灰碾成灰渣，这些都容易造成泄密。此外，一些档案资料多的单位使用缩微技术来保存资料，妥善处理拍摄过程中使用过的胶卷底片也是一个重要的保密环节，要注意不能将废旧底片随意扔掉或只作简单处理就丢弃掉，不然往往会被窃密者以"捡破烂"的方式获取。

总之，办公自动化过程中的保密工作是不容忽视的。各单位领导要加强对这方面工作的管理。具体措施如下：

（1）要加强对本单位人员的保密知识教育。有相当一部分人，泄密了连自己都还不知道，保密知识十分缺乏。加强保密知识的教育是提高人们保密意识的重要手段，只有人们的保密意识普遍提高了，国家的秘密才有基本的保障。

（2）要加强对使用办公自动化设备的人员的培训。培训他们如何正确使用各种办公机器，如何将秘密信息妥善传输出去，如何处理文印废品等。主要抓好三个方面：①要抓好计算机的管理使用。计算机通常的保密方法是口令加密，但比较简单，易被识破，所以最好能采用硬件、软件同时加密的方法，有条件的单位还可以采用各种高档次的入口控制系统。②抓好无线通信设备的管理使用。手机等无线通信设备的购买、维修一定要到电信部门或其指定的部门，不要图便宜、方便找个体户修。手机不要轻易地借予他人使用，如果发现有伪机进网，最好能及时与电信部门取得联系，争取尽早变更号码。③要抓好打印设备的管理使用。不要随便让外人使用，打印文件的份数要严格控制，形成的废品或使用过的蜡纸、色带要妥善处理，以绝后患。

（3）要对秘密信息加强管理。要建立健全保密守则，严查真管，出了问题严肃处理，特别是要注意加强对游离于保密部门监控之外、未经保密部门登记、没有严格履行签收手续而含有保密内容的会议文件、传真电报、领导讲话和业务部门直接往来等文件材料的保密管理。

七、同学聚会上的炫耀

王鹏参加工作有三年了，后天就是他们毕业三周年纪念日，由于正好是个周六，老班长就召集留在本市的同学聚聚。

王鹏那天正好有时间，想想大家虽然在同一个城市工作，可是都忙忙碌碌的，没怎么联系，应该去见见。他自我感觉还不错，刚毕业时就应聘到一家规模颇大的集团公司当总经理秘书，现在已升为总经理助理。不知道老同学们都怎么样了，他很期待周六的见面。

周六上午10点，大家在聚富酒楼的包间见面了。老同学见面分外亲热。他们都是学经济管理专业的，大多数还是在公司和企业工作，只有个别人在政府机关工作。同行话题多，聊得很投机。

吃饭的时间到了，班长说大家聚在一起不容易，今天得喝个痛快，不醉不归。酒过三巡，菜过五味，大家开始有些醉意。这时，同学刘明羡慕地说："王鹏这小子混得不错，当上总经理助理了，听说公司还挺有实力，祝贺你啊。"在大学的时候就跟王鹏不太合得来的周涛接着说:"他们公司还行,但是比不上李阳他们公司有实力,人家李阳也是总经理助理。"王鹏本来有些得意,听周涛这么贬他,有些不高兴。从来就争强好胜的他有些酒意地说:"李阳他们公司现在是比我们公司强一点,不过,不用很长时间我们就会超过他们。"周涛半信半疑地说:"王鹏你喝醉了吧,怎么还是改不了爱吹牛的毛病。"王鹏一听,急了,大声说:"谁吹牛?我们公司的事我最清楚,我们公司正投巨资秘密研发一种新产品,技术含量高,成本低,等新产品上市,李阳他们公司也得甘拜下风。"周涛嘲讽地说:"什么时候的事,我看猴年马月能出来吧?"王鹏说:"不相信?等着瞧,要不了几个月,就能让你看到成果。"他们两人在较着劲,而坐在对面的李阳,只是淡淡地笑着,没说话。这次同学聚会后,过了几个月,王鹏他们公司的新产品经过鉴定隆重上市了,市场反应不错。可他们公司的新产品上市没几天,李阳他们的公司也推出了类似的新产品,反响也很好。王鹏公司的总经理很郁闷,我们这次的新产品研发行动很秘密,怎么他们公司的动作这么迅速?站在一边的王鹏陷入了沉思。

世界各国对"秘书"一词的定义,在本质上有一个共同的意思就是"秘密"。这体现出各国对秘书有一个共同的职业要求,那就是要求秘书"保守秘密""守口如瓶"。由于工作的需要,有些事情领导不会对秘书保密,秘书比别人知道的秘密会更多一些。但是,作为职业秘书,必须自觉遵守职业道德,严守职业纪律,不能利用这种特殊的身份去炫耀,在不适当的场合,与不适当的对象包括自己的亲朋好友泄露组织的秘密。王鹏作为公司的高级秘书,他的保密意识太差,同学会上争强好胜,为了自己的面子,为了显示自己比别人强,泄露了公司的机密而不自知。他的确应该好好地反思。

八、真实的谎言

公司近期气氛比较沉重,暗潮汹涌,进入一个非常微妙的时期。因为每年这个时候,都要进行例行的人事调整。

这些天张秘书的办公室却很热闹:一会儿财务部李经理过来转了一圈;一会儿公关部周经理也借故来了一趟;一会儿研发部经理打来电话,张秘书询问他有什么事情,他也没说出所以然来。不了解内情的人可能会觉得很奇怪,但是对于经验丰富的张秘书来说,已见怪不怪了。她心里很明白,这些部门经理之所以总往她这儿跑,就是因为她是总经理秘书,近水楼台先得月,知道一些关于人事调动的内幕消息,想事先从她这儿打听一些消息,但既然他们不好意思明说,她也乐得假装糊涂。中午在餐厅吃饭的时候,销售部的田科长端着饭菜来到她对面坐下。寒暄了几句,就话锋一转问道:"小张,咱们平时关系不错，我就不拐弯抹角了，能跟我透点消息吗？这次我们销售部的人事是怎么变动的？咱们总经理很信任你，有机会的话，帮我在总经理面前多说几句好话。"张秘书一听，该来的还是来了，望着田科长期望的眼神，她却只能回答："对不起，田科长，我不太清楚。"田科长对她的回答有点失望，不高兴地说："你不知道谁知道，是不想告诉我吧！"张秘书只好说："田科长，我真的不知道。所有人事方面的文件都是人力资源部做的，不是我起草的。"其实，张秘书说的话一半是真的，一半是假的。文件是人力资源部起草的没错，但是在经过她的手送给总经理的时候，她看过里面的内容。接下来，田科长只好转移话题，闲聊几句就悻悻地走了。看着田科长的背影，张秘书也有些难过，人事调整对于田科长这些中层干部影响较大。但是，职场的生存环境就是这么残酷，作为职业秘书，她必须严守不泄露秘密这条最基本的职业道德，否则，她的饭碗也就不知什么时候会被砸掉了。

张秘书的做法是对的，所有的组织都有自己内部的规章制度，所有的职业也都有应该遵守的职业纪律。秘书身处组织的核心要害部门，长期在领导身边服务，经常接触重要文件和资料，掌握的秘密多，知道的秘密早，了解的秘密深，因而必须自觉地树立保密观念，严守秘密。同时，聪明的秘书不仅会对组织事务守口如瓶，也会尽量使自己避免介入太敏感或令人尴尬的事情中。

九、不知该说什么好

小王所在的公司最近要参加市里的招标，总经理很重视，连续几天召开了相关部门的会议，讨论研究竞标的事情。经过严格的论证，竞标书的内容终于确定下来。总经理让秘书小王打印出来交给他，准备派专人去市招标办公室送标书。小王接受任务后，立即着手录入，刚打了一小段，电话就响起来了，原来是维修部的小张打来电话，告诉她，会议室的投影仪修好了，让她过去查验一下。小王说声："好。我马上去。"小王放下电话后，心想没有几分钟就回来了，所以电脑也没有关，标书草稿也没有收起来，就去会议室了。小张正在会议室等她，他们一起试了一下投影仪，没有发现什么问题，一切正常。之后，小王谢过小张后就回办公室了。推门进去后，小王发现就这么一会儿工夫，她的办公室里就坐了两个人，都是她的好朋友，一个是企划部的小苏，一个是后勤部的小唐。她们俩一个在看电脑，一个在翻标书草稿，看见她进来就说："你去哪里了，等你半天了。"小王快步走回自己的位子，抢回小苏手里的标书说："别看了。"小苏说："真小气，看看怕啥，咱们公司要是能竞标成功不是件大好事吗？哎，小王，你说咱们公司竞标成功的几率有多大啊？"小王说："快别说了，你们俩记住千万别出去乱说，这可是咱们公司的商业机密。"小唐说："得了，你对我们还保密？再说了，秘密的东西你还随便放在桌子上让别人看？"小王一听傻了眼，不知该说什么好了。

一个组织有很多属于秘密、机密、绝密等不同秘密级别的文件和信息，这些文件和信息一旦泄露出去会给组织造成不可估量的损失。秘书因为工作的性质，经常会接触到这些文件和信息，因而必须自觉地树立保密观念，严守秘密。本案例中的王秘书，保密意识薄弱，把属于公司机密的标书草案和录入的电子文本随便置于其他人很容易看到的地方。倘若看到的人不能保守秘密，一旦泄露，被竞争对手知悉，后果就很严重了。因此，秘书在打印这些秘密文件的时候，如果临时有其他事情需要马上去办，一定要把文件收好，把已在电脑上录入的电子文件关闭，如果要离开办公室，还要把电脑关机，秘书的电脑还应该设立只有自己知道的密码，同时，电脑不能让外人使用，以保证电脑里的秘密文件和信息不被其他人看到。

十、"速效救心丸"泄密事件的启示

天津市第六中药厂技术人员谢某为制作、贩卖假药分子提供属国家机密级保密项目"速效救心丸"产品的配方和制作工艺，于1995年3月22日被天津市北辰区人民法院以泄露国家重要机密罪依法判处有期徒刑两年。

天津市第六中药厂生产的"速效救心丸"是治疗心脏病的药品，其增加"冠脉血流量，缓解心绞痛"的作用已广为人知，是全国中医院首批急症用药之一，被国家有关部门认定为世界独有的国家指定急救药品。根据《中华人民共和国保守国家秘密法》的有关规定，按照科技保密法定程序，该项目被国家医药管理局和国家科技保密办公室确定为国家机密级保密项目。

1994年5月制造贩卖假药分子黄某等人，找到当时任天津市第六中药厂药剂师的谢某，提出让谢某传授制造"速效救心丸"的方法，自行生产假药。谢某在接受黄某等人的宴请后，遂将"速效救心丸"的配方、生产工艺以及部分原料提供给黄等人，并开列清单让黄某等人购置生产工具和原料，随后谢某亲自操作示范传授制作滴丸技艺。1994年5月至7月间黄某等人共非法生产、出售假冒"速效救心丸"100公斤，非法获利2.2万余元。此后，黄某等人再次非法生产假冒"速效救心丸"30公斤，并分装4万个药瓶，在出售前被公安机关抓获。

此案被新闻界以打假典型予以披露后，天津市科委科技保密处及时与市医药局、市中药集团、市第六中药厂和北辰区法院取得联系，深入第六中药厂进行调查了解，初步认定第六中药厂涉嫌泄露国家秘密并及时上报主管部门。随即成立了由国家科技保密办公室、国家保密局、市国家保密局、市科委组成的联合调查组进行更深一步的调查。后经北辰区法院周密细致的审理，确认谢某故意泄露国家机密级保密项目，已构成泄露国家重要机密罪，依法判处谢某有期徒刑两年，其余案犯也受到法律制裁。

十一、秘书人员的保密艺术

秘书在领导身边工作，是掌握涉密信息较多的人，因而也是少数别有用心者攻坚窃密的重要目标。努力做好保密工作，对秘书而言不仅是严格的纪律要求，更是一门值得探讨的艺术。

一是引其入套控制法。就是在回答对方提问之前提出自己的问题，设置圈套引其入内，从而变被动回答为主动出击，控制谈话过程，达到进退自如、后发制人的效果。罗斯福在任美国总统前，曾任海军要职。有一次，一位朋友想从他那里探取海军建立潜艇基地的绝密消息，罗斯福并未简单地回绝这位好友的探问，而是悄悄地问他："你能保密吗？"对方信誓旦旦回答说："绝对能！"罗斯福微笑着说："那么，我也能。"罗斯福委婉含蓄的应答，既没有使重要的军情泄露，又不致使朋友陷入尴尬难堪的境地。罗斯福能够巧妙地处理这个难题，是因为他选择了"能保密吗"这个对方必然要给予肯定回答的问题，使其陷入"圈套"，而自己却"解了套"。

二是绕开正题脱套法。就是借助探密者的反话，巧问妙答，绕开正题摆脱对方的圈套。有的人到秘书那里打听情况时，不是直接问自己想知道的问题，而是指东问西，直话曲说，使对方在不知不觉中吐露实情。对付这个问题的关键是不能让探密者"牵着鼻子走"，而是要抓住其"反话""曲话"，岔开话题，避开正题，巧妙回答。某地准备调整一批干部，有个同志担心自己下岗，就去找领导的秘书探听虚实："我就是领导能力相对弱一些，这次打算提出退下来，你认为组织会同意吗？"这位秘书笑笑说："那你就好好提高领导能力吧，只要能力强了，在什么地方都有用武之地。"这位秘书能够避开探密者的关键，就在于其一开始就知道对方在用正话反说的办法来套取真情，从而很聪明地抓住反话，绕开他想知道的正题，轻松摆脱了"圈套"，始终没有涉及这位干部的实质性问题，可谓巧解妙答，脱套有术。

三是避实就虚模糊法。就是避开实质性问题，虚化正题，运用弹性的模糊语言回答问题。苏联卫国战争期间，敌人用酷刑逼卓娅说出斯大林的去向，为保证斯大林的安全，卓娅坦然答道："斯大林在自己的岗位上！"卓娅虽然是面对敌人的审讯，但其答话技巧却给我们以很大的启发。秘书在与人交流中，努力寻找那些伸缩性大、模糊性强、具有"弹性"的语言应答，使探密者捉摸不定，能够有效地保守秘密。"早晚你会知道""到时候再说""你的情况领导都了解",都是秘书将模糊语言的艺术运用到保密工作时的常用语。

四是风趣幽默激将法。就是利用一定的语言、信息,"刺激"探密者的自尊心,诱导其维护自己遵纪守法的形象,从而达到保密的目的。某同志想弄清自己的下一步工作安排,去找在上级机关当秘书的老同学探听虚实,刚进门就听到老同学嚷道:"老同学,今天又要刺探点什么情报啊?"此话一出,这位探密者的自尊心受到刺激,立刻说:"老同学,你也太警觉了,我可不是为这个而来的哟。"这便是超前控制对方发问的激将法。运用这种方法要区分对象,因人而异,要充分了解探密者的性格、气质,语气要诙谐亲切,语言要风趣幽默,寓意要深刻含蓄,不能有讽刺嘲弄之意。这种方法一般用于亲朋、故旧及关系甚密者,运用时要注意把握时机,或在发问之前,或在说话之中。

五是金蝉脱壳避实法。就是回避探密者提出的实质性问题,以无关大局的、众所周知的或范围很宽、秘密之外的内容作巧妙回答。周总理避实就虚巧答记者提问就是生动一例。据说在一次记者招待会上,一位西方记者问道:"总理先生,请问中国人民银行有多少资金?"周总理爽快地答道:"中国人民银行的货币资金嘛,有18元8角8分。"之后他解释说,人民币面值有10元、5元、2元、1元等,加起来正好是这个数。周总理妙答这位西方记者的关键是反应十分灵敏,构思也非常精巧,在对方提问后,迅速找出了范围宽、内容虚、恰如其分的事实,一言既出就使对方难以继续发问。

六是寓理于事推脱法。就是寓理于事,用此事喻彼理推脱探密者。某人找到上级领导的秘书,想打听领导对自己任用的意见。秘书一方面热情接待,另一方面对这位同志大加赞扬:"我记得有一次,你老同事儿子面临提拔,老同事问你是什么意见,你不但没有告诉他,还批了他一顿。"这位同志听了秘书的夸奖哭笑不得,没好意思再追问自己的事。这位秘书的高明之处就是巧妙地运用了寓理于事推脱法,明为赞其功实是贬其过,用其长制其短,以赞扬其坚持保密原则封其"探密"之口,从而在彼此心照不宣中达到了保密的目的。

15

秘书的应聘技巧

一、秘书应聘应讲究技巧

案例一：一次应聘秘书的经历

某日，《市场信息报》上刊登了这样一则"招聘秘书"的广告：

我们，一家正在发展的中外合资企业，特招聘秘书一名。我们将对合格的应聘者提供可观的薪水、假期及午餐等待遇。

欢迎具有一定的工作经验并能从事开拓性工作的先生、女士前来应聘。

ABC 公司

二○○九年十月

ABC 公司是一家很有名气的中外合资企业，能进入这样的公司工作，是每一个文秘人员梦寐以求的。问题是李某刚从秘书学校毕业，谈不上"具有一定的工作经验"。尽管如此，他还是决定去试一试。

招聘工作是在 ABC 公司办公大楼底层的一个房间里进行的。房间的一头坐着 2 位主考官，另一头则挤满了应聘者，李某仔细地数了数，应聘者共有 21 人，他是最后一名。

直到这时，他才发现自己犯了一个不大不小的错误，别人都是西装革履，风度翩翩，只有他穿着夹克衫，躲在人群的最后，太不惹眼了。

招聘口试开始了，主考人依次向每个应聘者提问，每人回答限时为 5 分钟，在回答完各种问题后，再综合衡量，最后决定取舍。

主考者的提问，不外乎以下几个方面，比如，请提供学历证书，有什么特殊技能，你认为如何才能做好秘书工作等。而应聘者也几乎都是一个模式，正襟危坐中尽量给对方一个忠厚老实的印象，在 5 分钟的时间内，引起对方的重视。

轮到李某时，不知怎么地，他忽然决定改变所有的一切。于是，他迅速地拿出随身携带的铅笔和笔记本，潇洒地坐到应聘席上。

"在此之前你有多长的秘书工作经历？"两位主考官单刀直入地问。

"没有，一点也没有。"他如实地回答，声音洪亮，使全屋的人都大吃一惊！

"那么，你……"他胸有成竹地知道他们该问第二个问题了，没等主考官话音落地，就一气呵成地用一句英语打断了主考官的发问："Don't you ask something else?"（你们不会问点别的东西吗？）

"噢！你的英语口语还可以嘛！"

李某立即补充道："我有英语口语合格证书。"在两位主考官交换了一个不易察觉的眼色后，其中的一个突然盯着李某手中的纸和铅笔发问道："请告诉我，你现在在干什么？"

"速记。记下我们之间的谈话，回去整理一下，或许日后有用。"说着，李某便随手把速记文字交到主考官手中。他看到了主考官藏而不露的笑容。就这样，在众人的惊奇和羡慕中，李某"OK"！

通过这次招聘经历，他终于懂得，扬长避短就OK！

案例二：庞统的两次"面试"

庞统是《三国演义》中一位卓有才华的谋士，号凤雏，襄阳人，与南阳卧龙先生诸葛亮齐名。水镜先生曾向刘备进言："卧龙、凤雏，两人得一，可安天下"（第三十六回）。赤壁大战中，庞统协助诸葛亮和周瑜的"火"攻战略，向曹操巧施连环计，为孙、刘联军火烧曹军战船乃至以后魏蜀吴三足鼎立局面的形成立下了大功。赤壁之战后，庞统声名远播，闻名遐迩。此时，孙、刘两家为巩固成果再创辉煌，纷纷厉兵秣马、招贤纳士。这本应是庞统一展抱负的大好时机，没想到，在相当长一段时期内，这位贤士却处于报国无门、空坐冷凳的尴尬境地。这是什么原因呢？细究起来，这与他的两次不成功的"面试"有关。

庞统的第一次"面试"是在东吴孙权处。周瑜死后，鲁肃自感"碌碌庸才，误蒙公瑾重荐，其实不称所职"，特向孙权推荐庞统，言道此人"上通天文，下晓地理；谋略不减管、乐，枢机可并于孙、吴。往日周公瑾多用其言，孔明亦深服其智"。孙权听后大喜，忙催促请来相见。庞统遂来拜谒，施礼已毕，孙权见庞统"浓眉掀鼻，黑面短髯，形容古怪"，心中不悦。就直入正题，试其学问。孙权问道："先生一生所学以何为主？"庞统答曰："所学不别拘泥，随机应变。"意即所学庞杂，涉猎甚广。孙权又问："先生的才学与周瑜相比如何？"庞统笑曰："我所学的东西与周瑜大不相同。"孙权生平最喜爱周瑜，见庞统甚轻视之，心中就更加不悦。随口说道："先生请先回去，等用你之时，再去相请。"庞统无奈，长叹一声退出。鲁肃一见，忙进去询问："主公为何不用庞统？"孙权答道："他是一个狂妄之徒，用他有什么好处？"鲁肃劝道："赤壁之战时，庞统曾献连环计，立首功一件，主公想必是知道的。"孙权强辩道："这是曹操愿把战船钉在一起，与庞统何干？我发誓不用此人。"鲁肃见劝说无效，只得退出。对庞统抱歉道："不是我不推荐你，怎奈主公不用。你要有耐心啊！"庞统失望而归。

　　庞统的第二次"面试"紧接他在东吴碰壁之后。其实，早在庞统应聘东吴之前，诸葛亮就料到孙权必不用庞统，因此专门为庞统留书一封，信上说你"稍不如意，可来荆州共抚玄德，此人宽仁厚德，必不负公之所学"，并嘱托刘备"凤雏到日，宜即重用"。庞统在东吴应聘受挫，鲁肃过意不去，也为庞统写了一封举荐信让他转投刘备。庞手握两位名人的举荐信，再加上他本人确有才华，第二次"面试"想必会顺利过关了吧。

　　很不凑巧，庞统抵荆州时，诸葛亮恰恰按察四郡未回，接待他的是刘备。庞统参见刘备，"长揖不拜"，刘备就已不悦。又见庞统相貌丑陋，心中更是不喜。刘备问道："先生远道而来，很辛苦吧？"庞统答道："我听说刘皇叔招贤纳士，特来相投。"刘备就随口说："荆楚之地刚刚安定，百废待兴，只是苦无闲职。离此东北方一百三十里处，有一耒阳县，现缺少一位县宰，就委屈你去担任吧。今后如有空缺，必当重用。"庞统愤愤而出。

　　庞统这次"面试"与前次相比，似乎有所收获，做了耒阳县宰。但这区区百里之地对于庞统这类大贤来说实在是太不相称了。无怪乎他到耒阳县后倦于世事，颇有"英雄无用武之地"的感慨。

　　这段故事虽短，却耐人寻味。首先，作为招聘方，孙权负父兄重托据守江东，又颇有举贤任能的美名，对庞统本应"不拘一格"录用之，没想到他却鼠目寸光，一叶障目，拒之千里之外。其次，作为求职者，庞统此次"面试"也有失策之处。第一，狂妄成性，不受约束，不修边幅。这在平时本无可厚非，但在求职这种特殊场合，"主考官"又是东吴之主，他仍这样放肆就极不合适了，破坏了交谈的良好气氛，难怪孙权不悦。人际关系学告诉我们，个人的外观修饰和言谈举止是构成人际交往中"第一印象"的基本条件。良好的仪表、得体的言谈、礼貌的举止是获得交际成功的先决条件。第二，庞统快人快语，口无遮拦，谈及孙权宠爱有加的周瑜时，流露出轻视之意，致使孙权更加不悦，引起反感。人际关系准则和常识告诉我们，人际沟通重在有"共同语言"，这就是所谓"酒逢知己千杯少，话不投机半句多"。了解对方的喜怒哀乐和兴趣点，投其所好，才能较好地与对方进行情感交流。一个求职者对招聘单位特别是招聘者的情况知之甚少甚至一无所知时，其应聘结果就不可能好。

　　探究庞统两次"面试"不成功的原因，我们不难发现刘备犯了与孙权同样的错误，两人只是单凭主观臆断，不做调查研究就决定取舍。他们与贤人失之交臂与其录用人才的态度有直接的关系。俗话说："人不可貌相，海水不可斗量。"在录用人才时，应坚持实事求是，认真负责的态度。在确定事实的前提下，既求贤若渴，又不唐突塞责。宁可虚位以待，也绝不滥竽充数。对有才者绝不求全责备，而应见其才知其短，扬其长避其短，这才是正确的录用人才之道。而作为求职者，庞统并未注意自己的言行，给对方留下了不好的印象，也是不可取的。

二、扮演好自己的特定角色

S去某证券公司应聘试工。她在家里是个娇气任性的独生女，平时懒懒散散，丢三落四。其父母时常告诫她："你这个样子到社会上是要吃苦头的！"不知是父母的话真正打动了她，还是她渐渐长大了，当她坐在证券公司柜台前的时候，俨然是个工作认真、训练有素的"白领小姐"。在证券部老师的指导下，她很快适应了业务，面对众多不同性别、年龄、职业、文化水平、素养的股民们各式各样的提问和要求，她都能做到微笑服务，百问不厌；在处理繁忙的业务时，她能做到谨慎仔细，有条不紊，常常能预防错误的发生；对于客户不合理的要求，既能礼貌待客，又能坚持原则。有一次，一位客户在不能出示相关文件证明他是股东身份的情况下，仍强行要求S为他办理有关手续，并盛气凌人地从口袋里接二连三地掏出港澳居住证、驾驶执照、印有某公司总经理头衔的名片和大叠美钞甩在柜台上，S仍从容不迫地解释道："先生，很遗憾，这些都不能证明您的股东身份，我无法为您办理有关手续，相信您也是能理解的，公司这样做也是为了维护广大股东的利益。麻烦您下次来时携带好必要的证件。我非常乐意再次为您服务。"这番话说得得体委婉，柔中带刚。这位客户自觉理屈词穷，悻悻地走了。S用合乎情理的话语维护了公司的声誉和形象，坚持了工作原则，扮演好了一个称职员工的角色。S还虚心地向公司的前辈们求教，不分年龄大小，都尊敬地称呼对方为老师。就这样，S顺利地通过了试工，在趋之若鹜、强手如林的应聘竞争中，她击败了对手，得到了这个令人艳羡的工作。

俗话说："装龙像龙，装凤像凤，装个老鼠会打洞。"话虽粗俗，但细想起来，颇有几分道理。按照社会学的观点，人们在社会生活中总是充当一定的"角色"，在社会交往中，一个人的言行举止要符合自己在一定场合所扮演的特定角色的要求。S之所以应聘成功，主要是她具备了用人单位所要求的学历、专业等条件，但不可否认的是，S能在特定的社会环境中，使自己的言行举止符合自己在特定环境中所扮演的角色的要求，这是她取得成功的重要原因之一。在客户面前，微笑服务，百问不厌，是一个热情为客户服务的称职的工作人员；在证券公司其他员工面前，她虚心求教，是一个热情好学的小徒弟。虽仅在证券公司试工，但她已把自己当作证券公司的一员来要求，处理事务认真仔细，说话委婉得体，维护了公司的形象和声誉。正因为 S 说了扮演这些特定角色该说的话——得体委婉；做了这些特定角色应该做的事——准确快速，因此赢得了客户的好评和同事们的赞扬。若 S 把她在家中这个特定场合里、在父母面前所扮演的任性娇气的独生女儿角色原封不动地搬到证券公司的试工场合来，其后果不堪设想。

秘书是社会特定的角色之一，其特殊任务决定了其特殊的地位。它要求秘书服务要到位，出力不越位，参谋不错位。

三、第十二个应聘者

某大公司招聘人才，经过三轮淘汰，还剩下 11 名应聘者，最终将留用 6 名。因此，第四轮由总裁亲自面试。

奇怪的是，面试考场出现 12 名考生。总裁问："谁不是应聘的？" 坐在最后一排的一个男子站起身说："先生，我第一轮就被淘汰了，但我想参加一下面试。"在场的人都笑了，包括站在门口闲看的那个老头子。总裁饶有兴趣地问："你第一关都过不了，来这儿有什么意义呢？"男子说："我掌握了很多财富，因此，我本人即是财富。"大家又一次笑得很开心，觉得此人要么太狂妄，要么就是脑子有毛病。男子说："我只有一个本科学历，一个中级职称，但我有 11 年的工作经验，曾在 18 家公司任过职……"总裁打断他："你的学历、职称都不算高，工作 11 年倒是很不错，但先后跳槽 18 家公司，太令人吃惊了，我不欣赏。"男子站起身："先生，我没有跳槽，而是那 18 家公司先后倒闭了。"在场的人第三次笑了，一个考生说："你真是倒霉蛋！"男子也笑了："相反，我认为这就是我的财富！我不倒霉，我只有 31 岁。"这时，站在门口的老头子走进来，给总裁倒茶。男子继续说："我很了解那 18 家公司，我曾与大伙努力挽救它们，虽然不成功，但我从他们的错误与失败中学到许多东西。很多人只是追求成功的经验，而我，更有经验避免错误与失败！"

男子离开座位，一边转身一边说："我深知，成功的经验大抵相似，很难模仿，而失败的原因各有不同。与其用 11 年学习成功的经验，不如用同样的时间研究错误与失败。别人的成功经历很难成为我们的财富，但别人的失败过程却是！"男子就要出门了，忽然又回过头："这 11 年经历的 18 家公司，培养、锻炼了我对人、对事、对未来的敏锐洞察力，举个小例子吧——真正的考官不是您，而是这位倒茶的老人……"

全场 11 个考生哗然，惊愕地盯着倒茶的老头。那老头笑了："很好！你第一个被录取了。"

学生在一片唏嘘声中，真切地体悟了面试就如同上战场，真应该做好各方面的准备，才能在人潮涌动的应聘队伍中独占鳌头，并最终胜出。

四、两次秘书求职经历

大学期间，我学的是文秘。所以毕业时，我决定找一份与秘书有关的工作。

招聘会上，我好不容易相中一家公司，却发现该公司的招聘展台围满了前来应聘的人群。大家奋不顾身地往展台挤，还不断给招聘人员投简历。不一会儿，小小的展台便堆满了小山似的简历。那位瘦个子招聘人员虽是手忙脚乱不停地整理，可还是抵挡不住拥挤人群投递过来的快如雪片的简历，一会儿就乱成一堆。

在拥挤人群中搏出一条血路的我，费了好大劲才挤到前台。我把自荐书递过去后，正欲作番排山倒海似的自我推销，忽然，耳边一个清脆的声音传来了："老师，您需要帮忙吗？我来帮你整理简历吧？"我定眼一看，是我身边一位被挤得跌跌撞撞的长发飘飘女孩的声音。我狠狠地瞪了她一眼，别在这儿打岔坏我的好事了，人家才不吃你那一套呢！

没想到那位招聘人员紧锁的眉头忽地一展，连忙点头说："好好好，你过来，我正需要人手帮忙呢！忙了这大半天，还是第一次听到有人这么体贴的问询。"

应聘结果不言而喻，那位适时卖乖的女孩就凭那一句体贴的问询，使她在众多求职者中脱颖而出被录用了。当那位瘦个子招聘人员用一句"一个合格的秘书必须眼里有活"来回绝我时，我气不打一处出：眼里有活，你们需要人手，多来几个人不就得了。

令人欣慰的是，无功而返的我于第二天接到了另外一家看好我的单位前去复试的通知。

第三天，我精心准备了一番后，便早早赶到了那家单位。一踏进该公司的大门，我就倒吸了一口凉气。情形和前天如出一辙，应试大厅人山人海，人声鼎沸。

经过几个小时的漫长等待，终于听到工作人员叫我的名字了。我迈着轻快的步子穿过人群，来到了应试台。不料，见到那位肥头大耳的主考官后，我发现，由于天气的炎热，加上应聘者无休无止喧闹以及一堆堆凌乱、散杂的自荐书，体态臃肿的他已明显露出了一种心烦意乱的疲倦表情。

见状，我灵机一动，赶忙上前对正要决定暂停当天招聘的工作人员说："老师，您需要帮忙吗？我来帮你整理简历吧？"这可是我前天刚学来的应聘"必杀技"，保证管用。我正要对自己的小聪明暗自窃喜，不料，却看见那位胖胖的主考官对我不耐烦地大手一挥，凶巴巴地说："你烦不烦呀，还要给我添乱！"

真是见鬼了，明明是管用的办法，已有例为证了，怎么到我身上会是这种结果呢？我悻悻地转身欲走。忽然听见一个清脆响亮的声音在大厅回荡："如果大家想给自己一个机会，就请大家安静，自动按秩序排好队。"话音刚落，大厅还真一下就安静了下来。我定眼一看，唉，又是一位长发飘飘的女孩。在长发女孩的组织下，应聘者自动有序地排起了队。很自然地，招聘会又继续进行了。

在我面试完后，考官对我说："作为一个秘书，眼里有活当然是好事。但，一个优秀的秘书仅眼里有活是远远不够的，她还必须具备找适当、有用的活儿的能力。你怎么就没想到帮我维持秩序呢？"考官一席话让我茅塞顿开。

主考官对长发女孩的赞许已宣布了招聘的结果，自知无缘被聘的我和其他应聘人一样慢慢地离去。不过我并非一无所获，这三天两次的求职经历告诉我：做任何事都需要有心人，学习别人不能简单地模仿，只有勤奋铸就的真正的聪明机智才能帮助我走向成功。

五、招聘者需要的求职信

一个企业招聘时，往往会有成千上万的求职信纷至沓来，谁会有耐心阅读你冗长、费时的求职信呢？1992 年哈佛大学人力资源部研究结果也表明，求职信文字如果超过 400 个单词，阅读者只会留下 1/4 的印象。因此求职信的文字表述，宜"少"而"实"。在如此"苛刻"的字数要求中，求职信还能承担求职的作用吗？答案是肯定的。求职信不妨从以下三方面来表述：

首先要弄清"你是谁"。这部分的必要元素有姓名、性别、年龄、身高、体重、政治面貌、就读学校或就职单位、所学专业等基本情况。有人担心对方的理解力，因此加了一些诠释性的内容，造成求职信文字冗长，其实大可不必。从你填写的身高、体重等信息中，招聘者就会清楚地意识到你的初步健康状况。如果你是中国海洋大学勘察工程与技术专业本科毕业，那么业内人士会很清楚地了解，你毕业的院校既是"211 大学"，又是"985 大学"，势必会产生名校效应，竞争的筹码会高些。而你填写的专业名称，可以让招聘者明白，你所学的专业，是否符合招聘者的需要。

其次是"求什么"。即希望得到的工作岗位，譬如某学院工商管理系企业管理专业专任教师。

再次是"怎样求"。这是求职信的核心部分，即你有什么优势，你与众不同的实力，可以保证你在众多求职者中能脱颖而出。这一部分，可以从以下几方面表述：

（1）教育背景，要列出求学期间学习的专业主干课程。以便让招聘者了解你所学的专业是否与招聘者的工作要求对口。如一名大学毕业生，针对应聘公司的行政秘书一职，有针对性地列举了所学的主干课程：

大学期间，学习成绩一直优秀。全面系统地掌握了秘书原理与实务、秘书写作、办公自动化、秘书心理学、档案管理、秘书公共关系与礼仪、经济法、人力资源管理、基础会计等行政秘书相关知识。具有一定的分析问题、解决问题的能力。在学好专业课的同时，努力学习英语、计算机的知识。计算机通过全国计算机二级水平考试，计算机操作娴熟。英语通过六级考试，口语流利，具有较强的笔译能力。

你所填写的专业主干课程，加上计算机操作能力，英语口译、笔译能力，无疑适合招聘者的业务需要。

（2）招聘单位会很看重你最近的工作经验。因为招聘者会从你的工作经验中，了解你加盟以后能为本公司发展带来怎样的效益。某公司招聘一名营销部门的经理，一名应聘者有针对性地写道：

在广东深圳××公司市场营销部，我曾负责三年的销售工作，我负责的华东区域的饮料产品销售市场的占有率一直在65%以上，三年的销售业绩一直居于本公司的前列。我相信我的销售经验与敬业精神完全可以适应贵公司的营销部门经理一职。

这位应聘者用数字说话，简要说明工作经历，充分展示了自己从事营销工作的业绩，无疑会给招聘者留下深刻的印象。

如果你是应届毕业生，没有相应的工作经历，可以展示高校期间参与的社团工作、义务工作、训练营队活动、实习和实训经历等，以此证明你的工作经验与能力。如：

在学校期间，本人积极参加社会实践活动，在任院团委宣传委员期间，曾在学院党委宣传部组织的《邓小平时代》一书推介活动中，深入各系举行多场推介会，发行册数激增，很好地宣传了一代伟人邓小平的思想。

还有一位应届毕业生，列举了高校期间参加义工的收获，来展示自己的工作经验，弥补了缺乏工作经历的空白。

求职信结尾增加一些感情元素，写上礼节性的感谢言辞，期盼加盟招聘公司的热切、谦恭的心情，效果会更好一些。

感谢贵公司能审核我的求职信，期盼成为贵公司的一员。我将用我的热情、勤奋、知识、能力，回报贵公司的厚爱。盼望能得到一次面试的机会。

此致

敬礼

最后，根据情况也可以提供毕业证、学术论文、获奖证明、专家教授推荐信等来证明自己的资历、能力、工作经历。

一封简短、有针对性、表述正确而又洋溢着热情、期盼心情的求职信，可以打动招聘者，恰似搭建好一座通往成功求职的桥梁。

六、勿把求职简历当商品广告写

求职更像恋爱求婚，因为只有相互了解、相互倾慕、门当户对才会有婚姻结果。同样，只有当你对用人单位情有独钟才可以发出求职的意愿，也只有用人单位收到你的信息并对你产生好感后，才会发出诚聘的信号。如果不懂得这个道理，将自己描绘成十全十美的商品式人物广而告之，等众多用人单位接驾，只能是一厢情愿。再者，如果你不谙行情全面撒网，用人单位也不会把你当成香饽饽而只会把你当成烂茄子。

因此，求职简历必须围绕求职愿望写，并把握以下几个关键：

（一）直抒胸臆表达求职愿望

应当在简历第一页最显著的位置表达自己的求职愿望。在个人求职简历中，求职愿望是招聘主管最想知道的，否则，一分钟之内看不到你的求职岗位，你的简历很可能被扔进垃圾箱。求职岗位不要过多过滥，要列出自己梦想并且最擅长的一、二项职业，使招聘主管一眼即能看出你想应聘的职位，并对号入座安排你的岗位，否则，如果你什么都会干，反而会让人产生怀疑。

笔者曾接待过一个本科生，在他的简历中找了半天才看到求职愿望，当笔者问其本专业是什么、想做什么、会做什么、曾经做过什么时，回答都是五个字"机电一体化"。我就不明白了，机械领域包含200多个职业工种，电器电子领域包含90多个职业工种，你到底是全才还是什么都不会？如果你是"机电一体化"全才，笔者才不信，企业肯定也不信。

（二）用经历和实力作为求职愿望的支撑

求职愿望一经定位，要用事实证明你具有这方面的才能和潜质，并用理论成绩和实践经历作为证据，支持你所具有的实力。

比如说，你的求职愿望是企业人力资源管理人员，你应当以专业术语描述在劳动合同、员工招聘、绩效考核、工资福利、劳动标准等方面的真知灼见，并把这些真知灼见、理论功底和社会实践巧妙地结合起来。如果有著作、论文、奖励、专家评价、实习鉴定、企业邀请函等则更具有说服力。

对于实践经历不可一笔带过，要具体描述你曾经在什么时间、什么单位干过什么、干成过什么，你的成果、建议和意见是否得到采纳和应用，其影响力怎样。

（三）爱好与特长要支持求职愿望

如果你的求职愿望是秘书，你可以爱好文学、历史、哲学、书法、绘画，如果你偏偏爱好辩论、演讲、炒股，哪个单位和领导敢用你这样的秘书？如果你求职愿望是警卫员，你的爱好应当是拳击、擒拿格斗，如果你偏偏爱好刺绣，那你肯定走错了门。

特长和荣誉可以写，但必须与求职岗位密切相关，比如优秀共产党员、文学创作泰山奖、歌咏比赛第一名等，都可以证明你的政治素质、写作能力和自身天赋，任何单位都不可能熟视无睹。

（四）细化量化你的成绩

如果你求职销售职位，应当将曾经取得的销售业绩详细描述出来，时间、地点、销售数量、利润等都要明确具体，如果只写一句"销售实习中受到企业的好评"只会让人觉得你在敷衍。如果你曾经多次获得组织奖，也不必一一列举，只需选择一两次比较重要的活动便可，组织的层级、活动的人数、活动的性质、取得的效果、自己作为组织者的位次等要交代清楚。

一个大学生托我帮忙介绍工作，我说你评价自己组织能力强，那你都组织过什么活动？他说当过课代表没组织过什么活动，我说如果认为这份简历是假的你不会有意见吧？他答道怎么会是假的呢，大家都是这样写的。我说通过你的回答就可以把你的另一句自我评价"诚实正直"也否定了，他表示如果都这么认真，那简历就没法写了，我告诫道"兢兢业业、认真负责"也值得怀疑。直到最后，我把他简历中的所有的溢美之词全部彻底地否定了。因此，我的意思是，如果没有比较突出的成绩也就罢了，如果你非要写的话，一定要实实在在、有数、有量。

（五）自我评价可以不写

接触过的大学生简历，自我评价基本是千篇一律，什么好听写什么、什么时尚写什么，其实都很空洞。什么"忠诚、勤奋、负责、向上、自信、开朗、乐观、正直、诚实"，什么"团队精神、组织能力、包容能力、责任心强"等，如果这些溢美之词属实的话，那你一定是将来的哈默、爱德华、盖茨，到我们这座小庙混清闲岂不误了你的前程？

七、国有企业对秘书人才的要求

为了帮助秘书专业学生了解最新的秘书就业动态，认识自身存在的不足和需要努力的方向，我们对秘书人才的市场需求状况做了一个调查。鉴于不少学生毕业后将面向企业尤其是国有企业发展，我们把调查范围限定于省内的10家国有大中型企业。本书试对部分调查内容进行梳理，希望从中一窥国有企业对秘书人才的要求。

（一）"硬件"方面的要求

①对性别要求的占10%；
②对年龄有要求的占50%；
③要求有行业背景的占40%；
④要求有党员资格的占10%；
⑤要求有工作经验的占20%；
⑥要求通过英语四级的占30%；
⑦要求有计算机能力的占60%；
⑧要求大学本科及以上学历的占100%。
由此可以看出，各企业对秘书的学历、年龄等方面有不同的要求。

在性别方面，有要求的企业很少。这说明秘书不再是女性的专利，尤其在国有企业或政府机关，男秘书经常担任办公室主任等重要角色，成为管理和处理日常行政事务的重要人员，成为行政首长的得力助手。据调查，近两年文秘专业毕业生的就业情况是男生好于女生。与女性相比，男性的生理机能决定其更能承担连续性工作，他们不仅可以代替老板处理身边事，也适合代表老板到外地洽谈生意，加之男秘书家务负担相对较轻，所以从效益角度考虑，企业更倾向于选用男秘书。但从全国来看，女秘书仍然占据优势地位，这是由女性的心理素质决定的。大多数女性温柔体贴，长于形象思维，善于管理，乐于做程序性、重复性工作，适于做体力较轻但技术要求规范、单纯的工作。所以，在西方国家的初级秘书中，女性一般占到90%。

在年龄方面，半数企业对秘书的年龄有要求。大多数国企招聘全日制高校应届毕业生，年龄在22~25岁之间，少部分企业放宽到28岁甚至40岁。这说明，大部分企业倾向于招聘应届毕业生，可能是因为年轻人有朝气、有拼劲、有活力，可以为企业注入活水，是企业后续发展不可或缺的储备人才。然而，没有工作经验也是应届毕业生的短板。尽管只有20%的企业明确要求应聘者必须具有工作经验或实习经历，但是随着社会的发展，用人单位对毕业生工作经验方面的要求会越来越高，很多企业包括国有企业都不愿招聘只会夸夸其谈而毫无工作经验的求职者。这就提醒秘书专业的学生必须多参加社会实践，充分利用业余时间和假期到相关单位实习锻炼，不放过每一次磨炼机会。

在行业背景方面，40%的企业要求求职者了解本行业的有关知识或者所学专业与本行业有关联，有的企业甚至要求求职者热爱并有志于献身相关行业。这说明，随着经济社会的发展，仅有秘书知识已很难适应人才市场的要求。另据相关秘书机构调查显示，有40.41%的人认为好秘书必须具备本行业的专业知识背景，34.30%的人觉得具备行业知识的秘书更有出路，只有9.92%的人认为秘书不需要行业知识，能做好老板的助手就行了。随着全球分工越来越细，各行各业对人才的专业化程度要求也越来越高，秘书职位也开始强调业务背景。为了满足用人单位的要求，秘书专业学生除了要学好本专业的基础课外，还必须广泛涉猎各方面知识，与时俱进，全面发展。

在政治条件方面，有10%的企业优先考虑党员，但大多数企业并没有这方面的限制。这说明有的企业很看重秘书是否具有深厚的政治理论素养，这与国有企业的国有性质有很大关系。当代秘书面临着新世纪竞争激烈的国际大环境和改革开放深入推进的国内新形势，只有具备政治辨别力、政治敏锐性、政治观察力以及较高的政策水平，才能从政治上把握和处理问题，才能在大是大非的问题上保持头脑清醒，才能保证党的路线、方针、政策和上级的各项指示在国有企业得到正确、全面、认真地贯彻落实。

在英语四级、计算机运用能力、学历等方面，分别有30%、60%、100%的企业有严格要求。尽管英语在现实工作中运用得并不广泛，但自从我国加入世贸组织，全球经济一体化的趋势越来越明显，国家的发展已与世界密不可分。在这样的背景下，国有企业与外国的经贸往来日益密切，这要求秘书必须具有良好的英语水平。至于计算机的运用能力，其重要性已越来越不可替代。尤其进入"无纸化"办公时代，计算机的运用水平关乎办公效率的高低，所以很多企业要求秘书通过国家计算机二级考试，熟练掌握计算机办公软件

（Word、Excel、PPT、Photoshop 等）。此外很多企业要求秘书打字速度快，懂得一些基本的电脑维修知识，具有信息管理能力。

学历方面，所有被调查的企业都要求秘书必须具有大学本科及以上学历，且为国家计划内招收的全日制高校应届毕业生，具有相应的学位证书。以上这些用人要求都说明，随着时代的变迁和现代化水平的提高，企业对秘书的知识水平和实践能力提出了更高的要求。这提醒秘书专业学生，只有加强学习，掌握各方面知识技能，不断提高自身的综合素质，才能应对千变万化的市场需求。

（二）"软件"方面的要求

① 漂亮的占 2%；

② 好管、听话的占 6%；

③ "花瓶型"的占 12%；

④ 善解人意、能做朋友的占 25%；

⑤ "管家"型的 62%；

⑥ 能干、能独当一面的占 67%。

由此可以看出，大多数企业青睐善解人意、能干、管家型的秘书，仅有极少部分喜欢漂亮的"花瓶型"秘书。这说明，随着秘书工作复杂程度的提高，企业对秘书的能力要求也在提高，这体现出企业对秘书人才软实力的重视。

不同的企业对秘书的综合素质有不同的要求：

① 60% 对道德修养有要求；

② 70% 对表达能力有要求；

③ 70% 对身心素质有要求；

④ 60% 对公关礼仪有要求；

⑤ 60% 对团队精神有要求；

⑥ 40% 对信息能力有要求；

⑦ 90% 对工作态度有要求；

⑧ 20% 对学习创新能力有要求；

⑨ 90% 对组织协调能力有要求。

在道德修养方面，有 60% 的企业有明确要求。企业希望秘书品行端正，遵纪守法；思想政治素质好，为人诚信；德才兼备，无不良记录，有良好的职业道德等。说明企业很看重秘书是否具有良好的职业操守和人格修养。近些年来秘书犯罪的现象屡屡发生，引起了人们对秘书道德素质的担忧。秘书肩负辅助领导的重任，所以对其道德修养和人格人品有更高的要求。具体来说秘书应该做到：①遵纪守法，廉洁奉公，不假借领导名义以权谋私。②忠于职守，自觉履行岗位职责，辅助领导做好各项工作。要有强烈的事业心和责任感，不擅权越位，不掺杂私念，不渎职失职。③恪守信用，严守机密，自觉加强保密观念。④谦虚谨慎，实事求是。秘书应虚心听取各方面的意见，在工作中要善于协调矛盾，搞好合作。在搜集信息、汇报情况、提供意见、拟写文件等方面都必须端正思想，坚持实事求是的原则。

在表达能力方面，有70%的企业要求秘书具有良好的语言表达能力和文字表达能力。不少公司优先考虑具有卓越的口语表达能力和公文写作能力的中文及新闻专业毕业生；一些公司要求秘书具备较强的综合概括能力、语言表达能力和文字写作能力；另一些要求秘书熟练掌握各种常用事务文书、机关公文的写作，普通话发音标准且书法良好；还有一些公司要求秘书掌握讲话稿和新闻稿等文体的写作，最好具有编辑、宣传、调研能力，发表过文章且具有良好文学素养者优先考虑，等等。

在身心素质方面，有70%的企业明确要求秘书人员必须身体健康，能承受工作压力；能控制自己的情绪，具有良好的情商；能够换位思考，体谅别人，不患得患失、斤斤计较。因此，秘书平时应注意锻炼身体，养成良好的工作和生活习惯。与此同时，秘书应博览群书，开阔胸襟，培养广泛兴趣，丰富自己的业余生活。还要善于反省，善于自我调适，有自信心，懂得科学安排工作。最后，要有意识地培养自己的交往能力，充分发挥自己的主观能动性。

在公关礼仪方面，有60%的企业明确要求秘书有较好的气质形象和亲和力，懂得公务礼仪并运用于接待服务工作，有的企业还要求秘书具有较强的危机公关能力。适度的礼仪能营造出良好的合作氛围，有效的公关将树立起良好的企业形象。

在团队合作方面，60%的企业有所要求。众人拾柴火焰高，当今社会，随着知识经济时代的到来，各种知识、技术不断推陈出新，社会需求越来越多样化，很多情况下靠单打独斗已很难完全处理好各种错综复杂的问题，因此，是否拥有团队合作精神成为很多企业选贤任能的一个重要标准。

在信息管理方面，有40%的企业要求秘书具有较强的信息管理能力。只有具备较强的信息收集与分析能力，对全局和未来的把握才具有准确性。信息是现代社会的宝贵资源，信息工作将受到越来越多企业的高度重视。要做好信息工作，秘书应掌握如下能力：①信息获取能力。掌握并建立自己的常规信息渠道，善于开发新的秘书工作信息资源，及时、准确、全面地获取所需要的信息。②信息选择能力。准确无误地理解、识别、判断、筛选信息，以达到去粗取精、去伪存真、为我所用的目的。③信息预测能力。能从现有的信息推断和预见未来，这样的能力对秘书辅助领导决策具有决定意义。④信息处理能力。善于对信息进行深加工，具体来讲就是对信息进行综合分析、整理排序、归类处理等。⑤信息运用能力。这是指在获取和处理信息的基础上，把自己的思想和见解融入其中，并通过恰当的渠道把这些信息传递给他人，与他人交流和共享，实现信息工作的最终目标。

关于工作态度，有 90% 的企业要求秘书爱岗敬业、克己奉公、任劳任怨、吃苦耐劳，工作认真细致、踏实肯干、善于学习等。说明大多数企业赏识兢兢业业以及责任心、事业心、进取心强的秘书。

在学习和创新能力方面，有 20% 的企业看重秘书在大学期间的专业成绩排名，要求成绩优秀。从成绩可以看出一个人的学习态度和学习能力，学习优秀者走上工作岗位后往往能较快地脱颖而出。此外，很多企业要求秘书具有创新精神，有较强的接受新事物的能力和分析问题、解决问题的能力。这说明，学习和创新能力已成为秘书工作者必须具备的素质。学习能力决定能否适应秘书工作的发展要求，而创新能力决定能否迎接挑战和解决新问题。

在组织协调方面，90% 的企业要求秘书具有较强的沟通协调能力、组织领导能力。协调是秘书的一项经常性工作，秘书应在领导的交办下，积极主动地沟通信息，协调关系，使大家统一步调，促进工作灵活运行，提高工作效率。这要求秘书在完成任务的前提下，对人力、物力、财力等进行有效的资源整合，一旦有矛盾和冲突发生，能协调处置各方的利益和不同意见。因此，秘书在平时的学习和生活中应该提高自己的组织协调能力，掌握统筹兼顾、求同存异、换位思考的工作方法，培养全局意识和沟通意识。

八、董事长秘书招聘条件

1. 岗位职责

①全面负责安排董事长日常工作安排及出差行程安排；

②协助董事长安排各项高层会议的日程与议程，撰写和跟进落实高层会议、主题会议等公司会议纪要；

③撰写董事长的有关讲话稿、报告、文件、信函等综合性文件，做好董事长及集团各部门上、下行文的保存、管理、督办工作；

④协助董事长处理外部公共关系，参与对外商务活动，负责董事长重要客户的接待与安排；

⑤完成董事长安排的其他督办、协调、落实事宜。

2. 任职资格

①年龄 35 岁以上，男女不限，会驾驶；

②大学本科或以上学历，中文、企业管理、经济、法律等相关专业，有本行业董事长或总经理秘书经验者优先；

③两年以上文秘工作经验，具备较好的秘书实务处理能力，良好的职业素养和职业操守，能承受较长的工作时间和工作压力；

④知识结构全面，人际交往能力优秀，沟通、表达能力优秀，工作认真细致、踏实严谨、有条理性、逻辑性，执行力较强；

⑤有扎实的文字功底，文笔好、具有良好书面写作及表达能力，熟练掌握Excel、PPT、Word 等办公软件，具备高效率的文件处理能力。

附录一：宝钛集团有限公司招聘党办秘书例题选析

企业党办秘书具有特殊的岗位要求。宝钛集团有限公司党办在招聘秘书的过程中，以个人与岗位匹配为出发点，通过编制有效的能力素质测试题，将个人特长与岗位需求较好地统一起来，达到了为岗位选拔合适人才的目的。

试题1：有人认为，谨言慎行是秘书岗位的职业要求，有人却有不同的看法。请表明您的观点，并就此进行论述。字数在400字左右。

分析：这是一道限制型论述题，题中对答案涉及的范围、答题的方式及字数都作了具体要求。此题测试的是应试者的书面表达能力、学习能力及职业个性倾向。一是了解应试者的文字功底，包括语言表述是否正确、流畅，文章结构层次是否清晰，书写是否工整等；二是了解应试者是否具有良好的学习能力，是否能够及时补充自己所需的知识，并运用所学知识分析、解决问题；三是了解应试者的职业个性倾向，即应试者是否具有秘书岗位所需要的谨言慎行的职业素质。

参考答案要点：首先表明自己的观点——秘书必须做到谨言慎行。然后围绕这一观点展开论述。秘书是为领导服务的，秘书的一言一行不仅关系到领导个人和组织的形象，而且直接影响到各项工作的开展。因此，一要做到"慎言"，即不该说的不说；二要做到"慎闻"，即不该听的不听；三要做到"慎行"，即不该做的不做；四要做到"慎出"，即不该露的脸不露。秘书只有从小事做起，严格要求自己，规范言行举止，加强修养，提高素质，才能不断提高综合服务的水平。

试题2：请快速阅读下面一段文字，并就其主旨简要口述您的看法。
有一次，海尔集团总裁张瑞敏和副总裁杨绵绵率高层人员前往西安分公司视察工作。当飞机在咸阳机场降落时，海尔集团营销中心西安分公司的经理已在机场迎接他们。在驱车驶往西安分公司的路上，杨绵绵提议，请西安营销经理做一回海尔产品在西安市场的导游，介绍一下当地的营销情况。于是，西安分公司经理开始用数据说明销售情况。当问到一个敏感问题时，他却为自己找了很多借口，想搪塞过去。

张瑞敏立刻打断他的汇报，给大家讲了一个故事：美国西点军校是世界名校，该校有个久远的规定，即长官问话时，学生或者下级军官只能选择四种标准答案中的一种："报告长官，是！""报告长官，不是！""报告长官，我没有借口！""报告长官，我不知道！"如果选定其中的任何一种回答，就要对此回答承担责任，除选择一种答案外，别的话都不要说。

分析：此题是一道情景题，所要考察的是应试者的理解能力、口头表达能力和职业个性倾向。一是考察应试者能否通过分析、判断，准确理解和敏锐把握背景材料的主旨和事物的本质，并透彻、全面地提出自己的见解；二是了解应试者是否表达顺畅、逻辑清晰；三是了解应试者的职业个性倾向，是赞同营销经理的做法还是认为向领导汇报工作时对没有做到或做好的事不能给自己找借口。

参考答案要点：该文的主旨是秘书对没有做到或做好的工作不要找任何借口，找借口就等于推卸责任。张瑞敏讲这个故事，是对营销经理的善意批评。在战场上，一个找借口欺骗长官的士兵，就意味着对生命不负责任，就意味着流血牺牲；同样，秘书向领导汇报工作时也不能找任何借口，因为领导认可任何一种借口，都意味着给对手一个打败自己的机会。

附录二：秘书应聘面试五十题

1. 您为何对我公司感兴趣？
2. 哪种职业是您所喜欢的？
3. 在您的上一份工作中您最喜欢和不喜欢的是什么？
4. 您是怎样获得您以前那份工作的？
5. 是什么原因促使您离开原公司？
6. 谈谈您的优点和缺点。
7. 您的健康状况如何？
8. 您的父母做什么工作？
9. 您的个人嗜好、生活习惯。
10. 您的长远计划和短期（近期）计划是什么？
11. 在工作中遇到压力，您怎样应付？
12. 您的组织和管理能力如何？
13. 您较适合第一线工作还是后勤工作？
14. 您要求什么样的薪金？
15. 如果您被本公司录用，您怎样看待自己的前途？
16. 作为一个专业人员，您怎样评价自己？
17. 五年之内，您希望达到怎样的职位（在本公司）？
18. 您对原工作单位的上司有什么看法？
19. 为什么您用了很长的时间才找到工作？
20. 对您来说，成功的意义是什么？
21. 您觉得以往最好和最坏的上司是什么样的人？
22. 您愿意让我了解您什么？
23. 如果以往的十年让您重新安排，您打算怎样？
24. 您对我公司增加利润和降低成本有何建议？
25. 您认为您在我们这个公司会有什么作为？
26. 您喜欢进入大公司还是小公司任职？为什么？

27. 您认为我们会录用您吗？

28. 您对您的同事或合作者有什么要求？

29. 除了上司，有人给您工作指示，您会有什么反应？

30. 您喜欢独自工作，还是大家一起干？

31. 什么样的人会和您合不来？

32. 在您应聘的这一行业里，什么样的个性您认为是重要的？

33. 您看过哪些专业书？

34. 对于枯燥刻板的工作、定时工作和超时工作等，您有什么看法？

35. 您最近看什么书？

36. 您平时喜欢阅读什么报刊？

37. 能否给我讲个故事？（内容不限）

38. 您有没有被辞退过？原因是什么？

39. 您曾有什么业绩令您脱颖而出？

40. 您认为自己最有发展潜力的是哪一方面？

41. 您在生活中遇到的最大困难是什么？您是如何应付的？

42. 您对我公司有多少了解？

43. 当您和一些您不太喜欢的人在一起共事时，您将采取何种态度和他们相处？

44. 您认为给您带来很大乐趣的是哪些事情？

45. 当您面对一份全新的、没有经验的工作时，您将采用什么方法去适应这份工作？

46. 当您发现您的同级或上级的能力不如您时，您将如何自处？

47. 在生活中，您最崇拜哪些人？

48. 您对目前应聘的工作，有什么感性认识和工作设想？

49. 您能否注意调节自己的情绪？用什么方法调节？

50. 每天您有多少时间用于户外或室内的健身活动？

附录三：女秘书，你能晋升管理决策层吗

　　职场中的女秘书，也许最终想得到一个较高的职位，以充分发挥自己的组织和管理才干，成就自己梦寐以求的一份事业。但是，职场如战场，身为女性，在职场中进退沉浮又谈何容易。作为一名女秘书，如果你想晋升管理决策层，那么，就请你独立完成下面的测试，看看自己是否具备良好的素质，是否能够从激烈的竞争中脱颖而出，从而攀上管理阶层的天梯。

测试题目：

　　1. 你跟公司的一位搭档合作完成了一份报告，并得到好评。问题是，你的那位搭档在这份报告中并未付出太多的精力，几乎都是你的心血，这时你会怎样？

　　A. 发誓以后不与人合作，自己独立完成每一份工作；

　　B. 告诉上司真正该受赞赏的应该是你；

　　C. 保持沉默，说不定将来你需要那位搭档帮忙；

　　D. 跟朋友商量，看看将来如何才能避免发生类似的情况。

　　2. 你正忙得不可开交，而你的一位同事却在你身旁喋喋不休，你会：

　　A. 解释你现在正忙，没时间跟她倾谈；

　　B. 让她坐下来慢慢谈，听她发牢骚可以令你放松神经；

　　C. 告诉她现在你没有时间聊天，但你可以在下班以后跟她坐下来喝杯咖啡，让她一吐为快；

　　D. 给她一点零食，并让她看一些新近出版的报刊，总之，让她闭嘴。

　　3. 在每周例会上，大老板请你发表意见，你的作风是：

　　A. 十分热心，想到什么就说什么；

　　B. 只会在你认为很有必要表达自己的意见时才发言；

　　C. 散会后，你发出便笺表达你的意见，因为那时你的思路会较为清晰；

　　D. 让那些比较有创意的同事先发表意见，因为人们都知道你的长处在于组织及让计划全面展开。

4. 检查结果证实你怀孕了。欢欣过后，你开始沮丧，因为你正在为公司筹备一个重要的计划，而此项计划又刚好将在你的产假期间实行，你会：

A. 想尽办法促使公司提早实施该计划；

B. 工作照做，直至产假来临才将工作移交给同事；

C. 请上司把工作的计划转交给别人负责；

D. 向上司保证，即使你不休产假也一定要把计划完成。

5. 现在已接近下班时间，上司要你准备明天早上向一位你完全陌生的顾客做一次报告，你会：

A. 问上司可否请一位同事帮忙，使工作能顺利完成；

B. 回答说"没问题"，然后通宵达旦地准备；

C. 让上司知道你很珍惜这个机会，然后再向上司多争取些时间；

D. 晚上"开夜车"，务求明天可以做一个充分的报告。

6. 你的顶头上司在办公室与一位异性亲密拥吻，被你撞个正着，你会：

A. 暂时不声张，考虑日后用这些材料作为跟上司讨价还价的本钱；

B. 跟公司的另一位同事分享这宗桃色新闻，但只在对方发誓保守秘密之后；

C. 向上司表示你会守口如瓶，安慰上司以博取他的欢心；

D. 若无其事，当作一切都没有发生过。

7. 上星期已到期的一堆文件还积压在桌上未清理完，现在又有一批新的堆了上来，并注明是急件，你认为最佳策略是：

A. 把工作带回家，披星戴月地赶工，并停止所有社交活动，直至完成所有工作为止；

B. 把急件先处理好，不要紧的就搁置在一旁；

C. 把工作逐一分派给下属去完成；

D. 向上司坦诚相告，让他知道你需要多些时间或减少些工作量，方能有更佳的工作效率。

8. 要脱颖而出升上高位并不容易，但现在你成功了。在你就职之际，你认为一个好上司应该（下列各项赞成的请写"Y"，不赞成的请写"N"，不太清楚的请写"?"）：

A. 先把下属作为朋友，其次才把他作为职员；

B. 尽量不鼓励职员互相沟通、建立友谊，以防他们合作谋反；

C. 以身作则，经常在下班后仍留在公司里工作；

D. 确保自己在所有决策上都有最后裁决权；

E. 较多地强调目标，较少地强调工作量；

F. 做每件事都要贯彻始终，较高重视细节；

G. 把自己的大部分工作派给别人去做。

9. 这是一个炎炎夏日的星期五下午，公司同事都下班了，而你的桌子上仍堆满文件，你会：

A. 心里盘算，既然你的脑子已飞去度周末，那何不让身体也随之而去呢？

B. 只有在完成了桌子上的所有工作之后才会离开；

C. 先回家，但打算周一早上提前来；

D. 把文件带回家。

10. 你与那英俊不凡的昔日男友（其实你一直希望能与之重新和好）约好一起吃晚饭，这是他调异地工作前的最后一晚。他特意订了座位与你共进浪漫晚餐。问题来了，一小时前，你得到公司指示，派你去一家大公司出席招待会，这实在是你的荣幸。你会怎样安排？

A. 请求一位同事代你出席，你可以下一次再讨上司欢心；

B. 把昔日男友一同带去，你说既可以完成公司的任务，又可以在招待会后与其共进浪漫晚餐；

C. 跟昔日男友解释，你有公务在身，不能奉陪；

D. 答应出席招待会，但"忘记"在招待会上出现。

11. 与男友闹翻，影响了你的工作表现。上司要你解释，你会说：

A. 你的私人问题不少，但你保证他们不会影响你的工作；

B. 说声对不起，但不会泄露任何私人困扰；

C. 搬出所有能令你解脱责任的借口；

D. 替上司承担一项计划，以对上司作出补偿。

12. 在公司举办的一场竞赛中，你表现得很出色。有一位职位比你高的同事在你背后重重地拍了一下，表示对你的赞赏，你会：

A. 微笑，并"以牙还牙"，当面捶他一下；

B. 没有任何表示；

C. 哈哈一笑了事；

D. 狠狠地瞪对方一眼，然后与之保持距离。

序号 \ 选项	A	B	C	D
1	1	3	0	2
2	0	1	2	3
3	3	2	0	1
4	2	3	1	0
5	2	3	0	1
6	0	3	1	2
7	3	0	2	1
8	3	0	2	1
9	1	3	2	0
10	0	3	2	1
11	3	0	1	2
12	2	3	0	1

在各项统计得分中，以得分高者为优秀。

附录四：如何与难缠的老板打交道

上任才两天的新老板怒气冲冲地下令撤走一张一直搁着的桌子，原因是他看到一个雇员工作时倚着桌子翻看货单。渐渐地，他咆哮着训斥雇员，几乎成了家常便饭，时不时地还会威胁工厂里的每一个人。更有甚者，待到雇员们下班回家，他准会将厂里的垃圾箱抖个底朝天，希望找到雇员不忠的证据。

对许多工作来说，这种人并不陌生。上百万的美国人在喜怒无常的老板手下工作。1984 年创造性领导中心进行了一项企业行政研究，受试者中将近有 75% 的人报告说他们至少碰到一个难以忍受的老板。

心理学家马迪·格罗西说："其实，所有老板都有这样或那样的问题。"原因在于老板们缺乏训练。绝大多数老板被提升为管理人员，他们凭借的是在早期工作中埋头苦干，成绩突出，而不是有"将"才。

不确定的经济周期加重了坏老板的症候群。坏老板常常表现出公认的惯技。哈里·利文森，马萨诸塞州沃尔特汉姆的一位管理心理学家，将坏老板分类编目，从"粗鲁型"到"软骨病"患者，再到爱挑剔的"至善论"者。假如你正受坏老板之害，可能他（她）不止有一个方面的问题，但无妨，只要你策略得当，就能妥善地处理好与他（她）的关系。

一、粗鲁型

美国宾夕法尼亚州的一家小广告公司，新到一位账目经理，刚工作第一周，他就答应退还一些材料给客户。当他在公司成员会上提起此事的时候，老板的脸涨得像甜菜根一样通红，且嘴唇直抖，呵斥道："你应当给客户打电话，向人家坦白自己初来乍到，什么都不懂，按照惯例，本公司材料一概不退。"

几个月之后，这位账目经理目睹了一位财会在老板吹胡子瞪眼睛下战战兢兢，颇有感触，觉得是恐惧喂养了暴戾。雇员越是谨小慎微，害怕老板发火，就是越容易遭到老板的"剋"。"他活像校园里一个恃强凌弱的学生。"这位经理回忆说，"从孩提时代我就发现，只要你勇敢地面对，即使最粗鲁的人也会作出让步"。

他用新近找到的信心与丰富的广告公司的经验、知识武装自己之后，在老板的"粗暴"面前再也不会手足无措了。"如果他提高嗓门，我也提高嗓门"，他回忆说。虽本性难移，但老板待他还是有开始有了勉勉强强的尊重。最终这位年轻人获得了升迁，而且老板也很少再对他撒野使粗。

尽管勇敢地面对"粗暴型"的老板经常有效，但也有可能把事情弄得更糟。马迪·格罗西推荐了另一种策略——在老板平静下来之后同他讲理。有些老板就是脾气坏，他们自己对此也很懊恼。"如果老板想对自己的过度反应作出补偿，那么过一天，他准会'讨好你'，他（她）会对自己昨日的坏行为有种负罪感。"格罗西建议，不妨对老板好好解释一下他的脾气如何伤害了你。例如，"我知道你是为了我的工作好，但你的大叫大嚷让我心烦意乱，这让我的实际工作效率下降了"。

不管你采取怎样的策略，还是要尽快调整好同粗鲁型老板之间的关系，因为一旦支配与从属的关系确立，想改变就难了。费尔希还说道："可能的情况下，在私下里同你的老板对抗，避免失礼。"如果你的老板继续专横跋扈，那你就试试心理学家伦那德·费尔德尔（《工作不顺心怎么办》一书作者）开的药方：

其一，老板勃然大怒时，你要沉着，不妨在心里重复这样的话："神经病，别理他。"

其二，专注于老板长相幽默的方面。假如他长了副双下巴，你看他的肉是如何抖动的。只要你认识到即使是最吓人的人也还是有脆弱的地方，你要放松也就容易得多。

其三，等你的老板缓过气来，然后慢条斯理地给他一句尖酸的回话："我好想听清楚你说些什么，但你得说慢点才行。"

二、工作狂型

不少老板不懂得工作与休息之间的辩证法。如果你想晚上或星期六找他们，那就打电话到他们的办公室准没错。更糟的是，这种老板甚至还让你睡不安宁，几乎让你无法从工作中摆脱出来，去独自享受家庭生活。

作为秘书要设定你的承受极限。要明白无误地让老板相信，紧急情况下你会招之即来，但在平常要照惯例，让人能在规定的时间下班回家。如果他发火，那你必须向他保证来日早上你会首先处理急务。让他给定最急办的事，这样你就能够决定哪些事能等一等。

如果你与老板关系不错，那就可以考虑一下同他公开讨论一些问题。你的目标是让他相信他在逼你，而你有着同样重要的个人家庭责任。

三、"软骨病"患者

"我的老板在这样的一个假定基础上，即我们都了解自己的工作职责，来雇用人，"在新英格兰的一家小公司工作的一位妇女说，"不幸的是，他又害怕争论，畏惧冲突。如果有人犯了错误，我们都是踮着脚尖，唯恐避之不及，而不是行动起来改正它"。

她的老板就是一个"软骨病"患者，他在办公室排斥规章制度，甚至排斥基本的金字塔形的管理秩序。结果，一位秘书将一份重要的商务信函扣压了一个多月，给客户的税收账单造成很大危害。由于没有人监督公司的支撑架构，那位秘书没有受到丝毫的惩罚，因而无人防止类似事件的再度发生。窝囊废往往惧怕挑起冲突，不能负起任何责任来。

因此，"你必须有主人翁思想，"李·考尔比，一位来自明尼阿汉利斯的管理学顾问建议道："告诉'软骨病'患者：'我觉得这事非做不可，你认为如何？'你在不触犯你老板的基础上，领个头。"

帮助优柔寡断的老板建立信心是另一个好策略。例如，假如你能提供铁的事实与数据，然后你就能够提供你拟采取的任何行动的依据，不失礼貌地将窝囊的老板带到一个比较坚定的境地。

四、至善论者

南希·阿尔里切斯刚刚走出大学校门就得到了一份全职工作，主管一家小报的广告设计与版面编排。在期限的最后一天，报社那位有怪癖的总管突然从她背后探出头来，检查她工作中的错误，连珠炮似的发问，最后的一个问题令阿尔里切斯不舒服："你肯定能按时发排吗？"

"我从未超过任何一个最后期限"，阿尔里切斯说，"然而每个星期，他都问同样的问题。我觉得受到轻视，他对我缺乏信心"。

令人啼笑皆非的是，这位总管使整个编辑部的工作效率下降了。这倒印证了伏尔泰的话："至善论者其实是好的反面。"

"记住，"伦纳德·费尔德尔说，"至善论者清静不得，总是没事找事。"碰到至善论者，要改善你的处境，就得使他专注于全局，不一叶障目。假如他要求你重做你刚做完的事情，那你就提一下分配给你的下一个任务，问问他究竟该做哪一个。一旦被至善论者缠上，就永远有一双眼睛监督着你。

最后，在感情上保护自己。"你绝无可能从至善论者那里得到激励，"马林吉尔说，"你得靠自己，通过询问别人征得关于你工作的别的看法。"

五、冷酷型

许多人对老板的漠然感到寒气逼人。或许他从不邀请他们与会，或从不给他们讨论问题的机会。"一个优秀的老板，其根本就在于将前景清楚地展示给大家。"杰拉德·罗切说，"本不应当令雇员们对老板的心思感到丈二和尚摸不着头脑。"

"如果你的老板不能给你指明方向，"罗切说，"最糟的就是你无所作为。自己确定行动的方向，然后对你的老板说'除非我得到其他指令，否则我就准备这样做。'"

其他的策略：当你的老板不邀请你参加会议，或不让你参与决策，你就设法清楚地摆出你的观点。"告诉他，你的信息很有可能将被证明是有价值的。"李·考尔比建议道。假如这一招仍不管用，那就找一个中间人，此人不仅尊重你的工作，而且能够说服老板听听你的意见。

摸透你的老板，能够在许多方面加强你的发言权。例如，尝试着给你的老板提供解决同一问题的两种方法——一种正中他的下怀，另一种能帮助达到你的目标。即使是最难缠的老板，通常也会让你以自己的方式去解决问题，前提是他对你的忠心深信不疑。

越坏的老板教给你的东西越多。例如粗鲁的老板，通常是处理复杂局面的能手，即所谓的"快刀斩乱麻"；至善论者，经常能促使你对自己的前程来一个超越，即所谓的"严师出高徒"。

同难缠的老板相处，迫使你确定优先目标，克服恐惧，并学会通过谈判改善你的工作环境。熟练掌握缓和关系的技巧，将使你在工作中长期受益。"从恼人的老板麾下走出来的雇员，因其驾驭复杂事情的能力强，经常赢得上级的尊敬与重用，"列文森说，"因为难缠的老板能够促使下属快速应变，那些坚持到底的人通常进步很快。"

当你升迁之后，还会发现难缠的老板还教会了你不要对下属做什么——有朝一日，你自己会成为一个好上司。

参考文献

［1］王根宝. 与领导相处的艺术［M］. 北京：海潮出版社，1993.

［2］黄桐华. 秘书工作实例评析［M］. 南宁：广西人民出版社，1997.

［3］董继超. 秘书实务［M］. 北京：线装书局，2000.

［4］欧阳周，陶琪. 现代秘书学——理论与实务［M］. 长沙：中南大学出版社，2000.

［5］陈合宜. 秘书学［M］. 广州：暨南大学出版社，2001.

［6］向国敏. 现代秘书学与秘书实务新编［M］. 上海：华东师范大学出版社，2001.

［7］丁晓昌，冒志祥. 秘书学与秘书工作社［M］. 苏州：苏州大学出版社，2002.

［8］袁维国，方国雄. 秘书学［M］. 北京：高等教育出版社，2002.

［9］司徒允昌，陈家桢. 秘书学教程［M］. 上海：上海人民出版社，2003.

［10］杨树森. 秘书学概论［M］. 合肥：安徽人民出版社，2005.

［11］孙荣. 秘书学概要［M］. 上海：上海社会科学院出版社，2006.

［12］杨树森. 秘书实务［M］. 合肥：安徽大学出版社，2006.

［13］蔡超，杨锋. 现代秘书实务［M］. 广州：暨南大学出版社，2006.

［14］陆瑜芳. 秘书实务［M］. 上海：上海社会科学院出版社，2006.

［15］杨继明. 秘书学［M］. 北京：中国农业出版社，2006.

［16］张同钦，杨锋. 秘书学概论［M］. 广州：暨南大学出版社，2006.

［17］胡亚学，郝懿. 秘书理论与实务［M］. 大连：东北财经大学出版社，2007.

［18］孙荣. 秘书工作案例［M］. 上海：复旦大学出版社，2007.

［19］孙芳芳. 秘书理论与实务［M］. 杭州：浙江大学出版社，2007.

［20］谭一平. 职业秘书实务［M］. 北京：中国人民大学出版社，2007.

［21］孟庆荣. 秘书职业技能实训教程［M］. 北京：清华大学出版

社，2007.

　　[22] 雷鸣，吴良勤. 秘书日常工作实训 [M]. 北京：中国人民大学出版社，2008.

　　[23] 谭一平，吴良勤. 秘书人际沟通实训 [M]. 北京：中国人民大学出版社，2008.

　　[24] 雷鸣. 办公室事务管理 [M]. 北京：中国劳动保障出版社，2009.

　　[25] 杨锋. 秘书工作案例与分析 [M]. 广州：暨南大学出版社，2010.

　　[26] 孟庆荣，陈征澳. 秘书工作案例及分析 [M]. 北京：清华大学出版社，2010.

　　[27] 谭一平，史玉峤. 秘书工作理论与实践 [M]. 北京：清华大学出版社，2014.

后 记

作为《秘书学与秘书实务教程》配套教材，《办公室工作：案例、方法与技巧》也走过了 6 个年头。作为编撰者，我们的内心充满着成长的喜悦。此时，我们首先要感谢的仍然是对两本书的出版给予大力支持的暨南大学出版社杜小陆和胡艳晴两位编辑，是他们的关心和支持，让我们更加顺利地完成了工作。

秘书工作的内容、手段会随着秘书工作的深入发展而呈现出新的变化，这就要求秘书学课程的教学内容、案例运用也保持同步更新。为了吸收秘书工作与研究的新信息，确保教材内容的时代性，我们对原书中诸多陈旧的案例进行了撤换，也对一些在实际使用过程中可能导致分歧的表述进行了调整，力争将秘书工作的实际需要与时代结合起来，并体现出教材的"鲜活性"与"正能量"特征。多年的秘书学课程教学实践，让我们深深感到，秘书工作仅靠一本哪怕是堪称完美的教材也还是远远不够的，生动活泼的案例教学方法对于学生来说，也许更具有启发意义。"他山之石，可以攻玉"，这正是我们怀揣敬畏之心，勉力而为，努力选好经典案例的意义所在。

除参考文献所列外，本书在写作过程中也参阅了《秘书》《秘书之友》《秘书工作》《办公室工作》等杂志中的相关资料，不能一一注明，就此说明，并深致谢意。

本书案例的增删与点评、文字的修改与润饰、体例的编排与统稿工作均由李正春主持完成。由于作者水平和时间所限，本书的编写一定存在诸多疏漏之处，期待秘书学界同仁的批评指教。

作 者
2016 年 10 月于苏州